公路工程试验检测技术手册系列

Luji Lumian Shiyan Jiance Jishu Shouce

路基路面试验检测技术手册

江苏省交通科学研究院

梁新政
丁武洋 主编

人民交通出版社

内 容 提 要

本书共8章，主要介绍了路基路面所涉及的试验检测项目、方法、原理，内容包括土工、砂石材料、无机结合料稳定材料、水泥和水泥混凝土、沥青和沥青混合料等材料的试验检测方法，路基路面现场试验检测，以及试验数据处理等。

本书适用于公路工程试验检测人员使用，也可作为检测试验员、检测工程师的考试参考用书。

图书在版编目(CIP)数据

路基路面试验检测技术手册/梁新政，丁武洋主编.—北京：人民交通出版社，2008.7

ISBN 978-7-114-07158-4

Ⅰ.路… Ⅱ.①梁…②丁… Ⅲ.①公路路基—检测—技术手册②道路工程—路面—技术手册 Ⅳ.U416-62

中国版本图书馆 CIP 数据核字(2008)第067392号

公路工程试验检测技术手册系列

书　　名：路基路面试验检测技术手册

著 作 者：梁新政　丁武洋

责任编辑：沈鸿雁　丁润铎

出版发行：人民交通出版社

地　　址：(100011)北京市朝阳区安定门外外馆斜街3号

网　　址：http://www.ccpress.com.cn

销售电话：(010)59757969　59757973

总 经 销：北京中交盛世书刊有限公司

经　　销：各地新华书店

印　　刷：北京密东印刷有限公司

开　　本：787×1092　1/16

印　　张：22.5

字　　数：538千

版　　次：2009年3月　第1版

印　　次：2010年3月　第2次印刷

印　　数：2501—4500册

书　　号：ISBN 978-7-114-07158-4

定　　价：55.00元

《路基路面试验检测技术手册》

编审委员会

主 任 委 员：符冠华

副主任委员：王军华　朱绍玮

参 编 人 员：(以姓氏笔画为序)

丁武洋　马志国　万晓峰　王　军　王　俊

朱晓文　李求源　李英涛　李　尚　李毅慧

张宇峰　张家圣　赵帮亚　范　萌　何　森

周诚玺　周爱成　陈书豪　承　宇　段鸿杰

梁新政　温言旭　曾庆伟

审 定 人 员：(以姓氏笔画为序)

朱晓宁　吴晓明　张志祥　徐　剑　徐　宏

凌　晨　梁新政

前　言

近十年来，我国公路建设进入了一个飞速发展时期，伴随而来是大量新建公路以及部分旧路改造，公路工程试验检测作为质量监控体系中的重要环节日益显得重要，因此，提高目前公路工程试验检测的技术水平已成为时代的要求。另一方面，在交通建设持续发展的同时，公路试验检测技术也有了进一步的发展，使得相关技术规范和技术、方法等随之有了较大的调整变化。

本书作为“公路工程试验检测技术手册系列”之一，旨在为广大从事路基路面试验检测的技术人员提供一本可指导实际操作的工具书。

本书面向具有一定工程经验的技术人员，注重理论与实践并重，工程性较强。鉴于目前公路试验检测涉及的规范与规程众多，且分散于各行业的管理之类，本书对此进行了归纳整理，提取了相关资料方便读者查阅。在突出实用性与操作性的同时，我们也将相关领域中的一些新内容和最新技术纳入其中。全书力求图文并茂，以便读者对检测仪器、公路病害等内容有更直观的理解；同时根据需要列举了一些最新的工程实例，使读者在了解和掌握基本知识的同时对相关领域内的技术进步有更深的把握。

全书共 8 章，涵盖了路基路面质量检验评定办法、土工试验检测、砂石材料试验检测、无机结合料稳定材料试验检测、水泥和水泥混凝土试验检测、沥青和沥青混合料试验检测、路基路面现场试验检测、试验检测数据处理等内容。

本书由江苏省交通科学研究院组织编写。其中第 1、8 章由李英涛编写，第 2 章由陈书豪、范萌编写，第 3、4 章由周爱成编写，第 6 章由周爱成、李英涛共同编写，第 5、7 章由曾庆伟编写。全书由梁新政、丁武洋总体策划，并作了统稿和最后的审定。

本书在编写过程中参考了有关标准、规范、教材等资料，在此谨向有关编著者表示衷心的感谢。限于编者的学识水平和实践经验，书中难免有错漏之处，恳请各位读者批评指正。

编　者

2008 年 9 月

目　录

第 1 章　概　　述

1.1　试验检测的目的和意义

公路工程试验检测技术是一门正在发展的新兴学科，它集试验检测基本理论、测试操作基本技能及公路工程相关学科基础知识于一体，是工程设计参数、施工质量控制、施工验收评定、养护管理决策的主要依据。通过试验检测能充分利用当地原材料，节省建设成本；能迅速推广应用新材料、新技术、新工艺，将科技成果转化为生产力，创造社会价值；能用定量的方法科学地评定材料和构件的质量，提高质量评定结果的可信度与利用价值；能合理地控制并科学地评定工程质量，将工程、特别是重大工程的质量事故率降低到最小。因此，工程试验检测工作对于提高工程质量、加快工程进度、降低工程造价、推动公路工程施工技术进步意义重大。

为使公路工程产品质量满足使用要求，必须在精心设计的基础上，严格按照设计文件和现行施工技术规范的要求认真组织施工。作为施工技术人员、工程试验检测人员或质量控制管理人员，在整个施工期间，应在掌握并领会设计文件，熟悉现行施工技术规范和试验检测规程的前提下，严格做好路用材料质量、施工控制参数、现场施工过程质量和分部分项工程验收等环节。

随着公路技术等级的提高，各级公路管理部门和施工单位已对加强质量检测与施工质量控制和验收工作予以了高度重视。但在许多工程中，仍有部分单位不具备原材料质量试验检测和施工质量控制试验检测的基本条件；有些单位虽然已购置了一定数量的试验检测仪器设备，也建立了试验检测机构并配备了相应的试验检测技术人员，但由于多种原因，使已建成的实验室不能发挥应有的作用。工程实践经验证明，不重视施工检测和施工现场质量控制管理工作，而仅靠经验评估是造成工程出现早期破坏的重要原因之一。因此，要想切实提高道路工程施工质量、缩短施工工期、降低工程投资，在建立健全工程质量控制检查制度的同时，必须配备一定数量的试验检测设备和相应的具有一定经验的专职试验检测技术人员。

1.2　试验检测规程和细则

试验检测工作是质检机构的一项主要工作，试验检测结果的准确性、可靠性将直接影响质检机构的工作质量。为了确保提供的数据准确可靠，要求质检人员在试验检测工作的全过程中必须严格遵守有关试验检测规程，并力求消除试验检测中的人为误差，提高试验检测的精度。

1.2.1　试验检测标准和规程

质检机构必须具备所检测项目业务范围内的有关技术标准、操作规程、工作规范等技术文件。对于不具备正式标准的项目内容，也可以检测机构指定的有关内部暂行操作规程或技术文件为依据，对原材料或工程质量进行检测；但这要求有检测机构的正式文件，同时只有在受检单位同意后才能按这种标准或技术文件对原材料或工程质量做出是否合格的结论，否则只能按项目认证。

质检机构检测的依据是设计文件、技术标准及试验检测规程，特殊情况下可由用户提供检测要求。若现行标准缺少结果判断方法或结果判断方法不明确，用户应提供明确的结果判断方法。

1.2.1.1 试验检测方法分类

按检测目的分类，试验检测方法可分为：①作为学术研究手段进行的试验检测；②作为设计依据参数进行的试验检测；③作为工程质量控制检查或质量保证进行的试验检测；④作为竣工验收评定进行的试验检测；⑤作为积累技术资料进行的养护管理或后评估试验检测；⑥作为工程质量事故调查分析进行的试验检测。其中③、④、⑥是本书讨论的重点内容。

由于③、④项具有检查验收、控制评定的作用，所以要求这种试验无论“在什么时候、由谁来做和在哪个地方做”，数据都应有很好的重复性。对于工程项目试验检测而言，除了材料试验外，对结构部件来说还有结构试验检测，这就需要找出两者间的内在联系；另外，还要考虑结构试验检测的经济性和有重要意义的非破坏性试验检测方法。

在试验检测中求真值是非常困难的。由于在工程材料试验中施加于试件上的条件单纯化，因而通常不能得到真值，一般只要得到满足一定误差要求的相对值就可以了。但在分析工程材料特性时，只用相对值有时不能达到预期的目的，因此怎样用试验检测的部分数据求算理论值就成为人们所关注的问题。

众所周知，由于试验条件的不同，数据往往有相当大的差别。就以材料试验为例，试件的形状尺寸、试验加载方式、速度和养生状态等因素都对试验数据有较大的影响，而且试验机的种类、试验场地的环境条件等也会给试验结果带来一定的影响。倘若这些影响因素能够消除，则可能从试验检测数据中找到材料性能的差异。可是，通常根本无法消除这些因素，所以对于能控制的因素，常借助一定的条件，将这些影响因素限制在最小的范围之内。具体方法就是按现行的标准进行试验检测，即将可控制的因素固定在分散性为最小的条件中。在这个基础上，以共同的条件对材料进行比较，以便获得比较真实可靠的试验检测结果。

1.2.1.2 试验检测规程

主要的公路工程试验检测相关规程、规范有：

(1)公路土工试验规程(JTG E40—2007)；

(2)公路工程沥青及沥青混合料试验规程(JTJ 052—2000)；

(3)公路工程水泥及水泥混凝土试验规程(JTG E30—2005)；

(4)公路工程集料试验规程(JTG E42—2005)；

(5)公路工程无机结合料稳定材料试验规程(JTJ 057—94)；

(6)公路路基路面现场测试规程(JTG E60—2008)；

(7)公路土工合成材料试验规程(JTJ E50—2006)；

(8)公路工程质量检验评定标准(土建工程)(JTJ F80/1—2004)；

(9)公路水泥混凝土路面设计规范(JTG D40—2002)；

(10)公路路基设计规范(JTG D30—2004);

(11)公路沥青路面设计规范(JTG D50—2006);

(12)公路路面基层施工技术规范(JTJ 034—2000);

(13)公路沥青路面施工技术规范(JTG F40—2004);

(14)公路水泥混凝土路面滑模施工技术规范(JTJ/T 037.1—2000);

(15)普通混凝土配合比设计规程(JGJ 55—2000);

(16)公路沥青玛蹄脂碎石路面技术指南(SHC F40-01—2002);

(17)公路水泥混凝土路面施工技术规范(JTJ F30—2003);

(18)公路水泥路面养护技术规范(JTJ 073.1—2001);

(19)公路路基施工技术规范(JTG F10—2006);

(20)公路排水设计规范(JTJ 018—97);

(21)公路沥青路面养护技术规范(JTJ 073.2—2001);

(22)公路工程技术标准(JTG B01—2003)等。

1.2.2　试验检测工作细则

每项试验检测方法应根据有关国家或部颁现行最新技术标准、操作规程和有关行业工作规范制订详细的实施细则。

1.2.2.1　实施细则的制订

具体工程的实际情况是复杂多样的。在进行试验检测时,由于有些标准规定不够细,同时一些质检机构的检测操作人员可能是新手,他们虽然已通过本单位的考核,但不一定很熟练;而且更重要的是,质检机构的工作比工厂生产产品要难,故每步都应该按规定要求进行认真地实施,为此必须制订有关实施细则。

1.2.2.2　实施细则的内容

(1)技术标准、规定要求、检测方法、操作规程等。

(2)抽样方法及样本大小。

(3)检测项目、被测参数大小及允许变化范围。

(4)检测仪器设备的名称、型号、量程、准确度、分辨率。

(5)检测人员组成和检测系统框图。

(6)对检测仪器的检查、标定项目和结果。

(7)对检测仪器和样品或试件的基本要求。

(8)对环境条件等的要求,以及从保证计量检测结果可靠角度出发所允许的变化范围的规定。

(9)在检测过程中发生异常现象的处理办法。

(10)在检测过程中发生意外事故的处理办法。

(11)检测结果计算整理分析方法。

凡要求对整体工程项目或新产品进行质量判断的检测项目,均应进行抽样检测。凡送样检测的材料、产品,检测结果仅对样品负责,不对整体质量作任何评价。

1.2.2.3　实施细则的有关方法

(1)抽样方法为随机抽样。确定样本大小后,由委托试验检测单位提供编号进行随机抽样。原则上抽样人不得与产品直接见面,样本应在生产单位或使用单位已经检测合格的基础上抽取。特殊情况下,也允许在生产场所已经检测合格的产品中抽取。抽样前,不得事先通知被检产品单位,抽样结束后,样品应立即封存,连同出厂检测合格证一并送往指定试验检测地点。

(2)样本大小的确定方法。凡产品技术标准中已规定样本大小的,按标准规定执行;凡产品技术标准中未明确规定样本大小的,按试验检测规程或相应技术标准中的方法确定;也可按百分比抽样方法进行。百分比抽样的抽样基数不得小于样本的5倍;在生产场所抽样时,当天产量不得小于均衡生产时的基本日均产量;在使用抽样时,抽样基数不得小于样本的2倍。

(3)样本确定后抽样人应以适当的方式封存,由样本所在部门以适当的方式运往检测部门。运输方式应不损坏样本的外观及性能。样品箱、样品桶、样品的包装也应满足上述要求。

(4)抽样结束后,由抽样人填写样品登记表。登记表应包括以下内容:产品生产单位,产品名称、型号,样品中单件产品编号及封样的编号,抽样依据、样本大小、抽样基数,抽样地点,运输方式,抽样日期,抽样人姓名、封样人姓名。

(5)检测准确度确定方法可参照第8章相关内容进行。

1.2.2.4　注意事项

(1)对于比较重要的检测项目,若采用专用检测设备,应通过试验确定其检测数据的重复性。

(2)对于某些比较简单的试验检测项目,如果标准规定得很细,能满足上述要求时,可不必制订实施细则。

1.2.3　试验检测原始记录

原始记录是试验检测结果的如实记载,不允许随意更改,更不许删减。

原始记录应印成一定格式的记录表,其格式根据检测的要求不同可以有所不同。原始记录表应包括产品名称、型号、规格,产品编号、生产单位,抽样地点,检测项目、检测编号、检测地点,温度、湿度,主要检测仪器名称、型号、编号,检测原始记录数据、数据处理结果,检测人、复核人,试验日期等。

记录表中应包括所要求记录的信息及其他必要信息,以便在必要时能够判断检测工作在哪个环节可能出现差错;同时可根据原始记录提供的信息,能在一定准确度内重复所作的检测工作。

工程试验检测原始记录一般不得用铅笔填写,内容应填写完整,应有试验检测人员和计算校核人员的签名。原始记录如果确需更改,作废数据应画两条水平线,将正确数据填在上方,加盖更改人印章。原始记录应集中保管,保管期一般不得少于两年。原始记录保存方式也可用计算机软盘。

原始记录经过计算后的结果即检测结果必须有人校核,校核者必须在本领域有五年以上工作经验。校核者必须在试验检测记录和报告中签字,以示负责。校核者必须认真核对检测数据,校核量不得少于所检测项目的 5% 。

1.2.4　试验检测结果处理

1.2.4.1　试验检测数据整理

试验检测结果的整理是试验检测工作中的一个重要内容。由于试验检测中得到的数据都是近似值,而且在运算过程中,还可能要运用无理数构成的常数,因此为了获得准确的试验检测结果,同时也为了节省运算时间,必须按误差理论的规定和数字修改规则舍取所需要的数据。此外,误差表达方式反映了对试验检测结果的认识是否正确,也利于用户对试验检测结果的正确理解。由于目前尚未规定报告上必须注明不确定度,暂时可以不考虑。

(1)数据处理应注意检测数据有效位数的确定方法,检测数据异常值的判定方法,区分可剔除异常值和不可剔除异常值,整理后的数据应填入原始记录的相应部分。

(2)检测数据的有效位数应与检测系统的准确度相适应,不足部分以“0”补齐,以便测试数据位数相等。

(3)同一参数检测数据个数少于 3 时,用算术平均值法;测试个数大于 3 时,建议采用数理统计方法求算代表值。

(4)测试数据异常值的判断,对于每一单元内检测结果中的异常值用格拉布斯(Grabbs)法,检测各实验室平均值中的异常值用狄克逊(Dixon)法。

这里要强调的是,对比检测是用 3 台与原检测仪器准确度相同的仪器对检测项目进行重复性试验。若检测结果与原检测数据相符,则证明此异常值是由产品性能波动造成的;若不相符,则证明此值是因仪器造成的,可以提出。

1.2.4.2　试验检测结果判断

在工程质量检验评定中,施工质量的不合格率是大家所关心的问题。由于所抽子样的数据都是随机变量,它们总是存在一定波动。看到数据有一些变化或某检测数据低于技术规范要求,就认为施工质量或产品有问题,这样的判断方法是不慎重的,也是缺乏科学依据的,因此很容易给施工带来损失。

1.3　路基工程质量检评项目

1.3.1　一般规定

(1)土方路基和石方路基的实测项目技术指标的规定值或允许偏差按高速公路、一级公路和其他公路(指二级及以下公路)两档设定,其中土方路基压实度按高速公路和一级公路、二级公路、三四级公路三档设定。

(2)本章规定的实测项目的检查频率,如果检查路段以延米计时,则为双车道公路每一检查段内的最低检查频率;多车道公路必须按车道数与双车道之比,相应增加检查数量。

(3)路基压实度须分层检测,并符合《公路工程质量检验评定标准》(JTG F80/1—2004)附录 B 规定。路基其他检查项目均在路基顶面进行检查测定。

(4)路肩工程可作为路面工程的一个分项工程进行检查评定。

(5)服务区停车场、收费广场的土方工程压实标准可按土方路基要求进行监控。

1.3.2　土方路基

(1)基本要求

①在路基用地和取土坑范围内,应清除地表植被、杂物、积水、淤泥和表土,处理坑塘,并按规范和设计要求对基底进行压实。

②路基填料应符合规范和设计的规定,经认真调查、试验后合理选用。

③填方路基须分层填筑压实,每层表面平整,路拱合适,排水良好。

④施工临时排水系统应与设计排水系统结合,避免冲刷边坡,勿使路基附近积水。

⑤在设定取土区内合理取土,不得滥开滥挖。完工后应按要求对取土坑和弃土场进行修整,保持合理的几何外形。

(2)实测项目(表1-1)

土方路基实测项目　　表1-1

项次	检查项目			规定值或允许偏差			检查方法和频率	权值
				高速公路一级公路	其他公路			
					二级公路	三、四级公路		
1Δ	压实度(%)	零填及挖方(m)	0~0.30	—	—	94	按《公路工程质量检验评定标准》(JTG F80/1—2004)附录B检查密度法:每200m每压实层测4处	3
			0~0.80	≥96	≥95	—		
		填方(m)	0~0.80	≥96	≥95	≥94		
			0.80~1.50	≥94	≥94	≥93		
			>1.50	≥93	≥92	≥90		
2Δ	弯沉(0.01mm)			不大于设计要求值			按《公路工程质量检验评定标准》(JTG F80/1—2004)附录I检查	3
3	纵断高程(mm)			+10,-15	+10,-20		水准仪:每200m测4断面	2
4	中线偏位(mm)			50	100		经纬仪:每200m测4点,弯道加HY、YH两点	2
5	宽度(mm)			不小于设计			米尺:每200m测4处	2
6	平整度(mm)			15	20		3m直尺:每200m测2处×10尺	2
7	横坡(%)			±0.3	±0.5		水准仪:每200m测4个断面	1
8	边坡			不陡于设计值			尺量:每200m测4处	1

注:①表列压实度以重型击实试验法为准,评定路段内的压实度平均值下置信界限不得小于规定标准,单个测定值不得小于极值(表列规定值减5个百分点);小于表列规定值2个百分点的测点,按其数量占总检查点的百分率计算合格率。

②采用核子仪检验压实度时应进行标定试验,确认其可靠性。

③特殊干旱、特殊潮湿地区或过湿土路基,可按交通运输部颁发的路基设计、施工规范所规定的压实度标准进行评定。

④三、四级公路修筑沥青混凝土或水泥混凝土路面时,其路基压实度应采用二级公路标准。

1.3.3 石方路基

(1)基本要求

①石方路堑的开挖宜采用光面爆破法。爆破后应及时清理险石、松石,确保边坡安全、稳定。

②修筑填石路堤时应进行地表清理,逐层水平填筑石块,摆放平稳,码砌边部。填筑层厚度及石块尺寸应符合设计和施工规范规定,填石空隙用石渣、石屑嵌压稳定。上、下路床填料和石料最大尺寸应符合规范规定。采用振动压路机分层碾压,压至填筑层顶面石块稳定,18t以上压路机振压两遍无明显高程差异。

③路基表面应整修平整。

(2)实测项目(表 1-2)

石方路基实测项目 表 1-2

<table>
<tr><th rowspan="2">项次</th><th rowspan="2" colspan="2">检 查 项 目</th><th colspan="2">规定值或允许偏差</th><th rowspan="2">检查方法和频率</th><th rowspan="2">权值</th></tr>
<tr><th>高速公路
一级公路</th><th>其他公路</th></tr>
<tr><td>1</td><td colspan="2">压实</td><td colspan="2">层厚和碾压遍数符合要求</td><td>查施工记录</td><td>3</td></tr>
<tr><td>2</td><td colspan="2">纵断高程(mm)</td><td>+10,-20</td><td>+10,-30</td><td>水准仪:每 200m 测 4 断面</td><td>2</td></tr>
<tr><td>3</td><td colspan="2">中线偏位(mm)</td><td>50</td><td>100</td><td>经纬仪:每 200m 测 4 点,弯道加 HY、YH 两点</td><td>2</td></tr>
<tr><td>4</td><td colspan="2">宽度(mm)</td><td colspan="2">不小于设计</td><td>米尺:每 200m 测 4 处</td><td>2</td></tr>
<tr><td>5</td><td colspan="2">平整度(mm)</td><td>20</td><td>30</td><td>3m 直尺:每 200m 测 2 处×10 尺</td><td>2</td></tr>
<tr><td>6</td><td colspan="2">横坡(%)</td><td>±0.3</td><td>±0.5</td><td>水准仪:每 200m 测 4 断面</td><td>1</td></tr>
<tr><td rowspan="2">7</td><td rowspan="2">边坡</td><td>坡度</td><td colspan="2">不陡于设计值</td><td rowspan="2">每 200m 抽查 4 处</td><td rowspan="2">1</td></tr>
<tr><td>平顺度</td><td colspan="2">符合设计要求</td></tr>
</table>

注:土石混填路基压实度或固体体积率可根据实际可能进行检验,其他检测项目与石方路基相同。

1.3.4 软土地基处治

(1)基本要求

①换填地基的填筑压实要求同土方路基。

②砂垫层:砂的规格和质量必须符合设计要求和规范规定;适当洒水,分层压实;砂垫层宽度应宽出路基边脚 0.5~1.0m,两侧端以片石护砌;砂垫层厚度及其上铺设的反滤层应符合设计要求。

③反压护道:填筑材料、护道高度、宽度应符合设计要求,压实度不低于 90%。

④袋装砂井、塑料排水板:砂的规格、质量、砂袋织物质量和塑料排水板质量必须符合设计要求;砂袋和塑料排水板下沉时不得出现扭结、断裂等现象;井(板)底高程必须符合设计要求,其顶端必须按规范要求伸入砂垫层。

⑤碎石桩:碎石材料应符合设计要求;应严格按试桩结果控制电流和振冲器的留振时间;分批加入碎石,注意振密挤实效果,防止发生“断桩”或“颈缩桩”。

⑥砂桩:砂料应符合规定要求;砂的含水率应根据成桩方法合理确定;应确保桩体连续、密实。

⑦粉喷桩:水泥应符合设计要求;根据成桩试验确定的技术参数进行施工;严格控制喷粉时间、停粉时间和水泥喷入量,不得中断喷粉,确保粉喷桩长度;桩身上部范围内必须进行二次搅拌,确保桩身质量;发现喷粉量不足时,应整桩复打;喷粉中断时,复打重叠孔段应大于1m。

⑧软土地基上的路堤,应在施工过程中进行沉降观测和稳定性观测,并根据观测结果对路堤填筑速率和预压期等作出必要调整。

(2)实测项目(表1-3~表1-6)

砂垫层实测项目 表1-3

项次	检查项目	规定值或允许偏差	检查方法和频率	权值
1	砂垫层厚度	不小于设计	每200m检查4处	3
2	砂垫层宽度	不小于设计	每200m检查4处	1
3	反滤层设置	符合设计要求	每200m检查4处	1
4	压实度(%)	90	每200m检查4处	2

袋装砂井、塑料排水板实测项目 表1-4

项次	检查项目	规定值或允许偏差	检查方法和频率	权值
1	井(板)间距(mm)	±150	抽查2%	2
2Δ	井(板)长度	不小于设计	查施工记录	3
3	竖直度(%)	1.5	查施工记录	2
4	砂井直径(mm)	+10,-0	挖验2%	1
5	灌砂量(%)	-5	查施工记录	2

碎石桩(砂桩)实测项目 表1-5

项次	检查项目	规定值或允许偏差	检查方法和频率	权值
1	桩距(mm)	±150	抽查2%	1
2	桩径(mm)	不小于设计	抽查2%	2
3Δ	桩长(m)	不小于设计	查施工记录	3
4	竖直度(%)	1.5	查施工记录	2
5	灌石(砂)量	不小于设计	查施工记录	2

粉喷桩实测项目 表1-6

项次	检查项目	规定值或允许偏差	检查方法和频率	权值
1	桩距(mm)	±100	抽查2%	1
2	桩径(mm)	不小于设计	抽查2%	2
3Δ	桩长(m)	不小于设计	查施工记录	3
4	竖直度(%)	1.5	查记工记录	1
5	单桩喷粉量	符合设计要求	查施工记录	3
6	强度(kPa)	不小于设计	抽查5%	3

1.3.5 土工合成材料处治层

(1)基本要求

①土工合成材料质量应符合设计要求,无老化,外观无破损,无污染。

②土工合成材料应紧贴下承层,按设计和施工要求铺设、张拉、固定。

③土工合成材料的接缝搭接、黏结强度和长度应符合设计要求,上、下层土工合成材料搭接缝应交替错开。

(2)实测项目(表 1-7 ~ 表 1-10)

加筋工程土工合成材料实测项目 表 1-7

项次	检 查 项 目	规定值或允许偏差	检查方法和频率	权值
1	下承层平整度、拱度	符合设计、施工要求	每 200m 检查 4 处	1
2	搭接宽度 (mm)	+50, -0	抽查 2%	2
3	搭接缝错开距离 (mm)	符合设计、施工要求	抽查 2%	2
4	锚固长度 (mm)	符合设计、施工要求	抽查 2%	3

隔离工程土工合成材料实测项目 表 1-8

项次	检 查 项 目	规定值或允许偏差	检查方法和频率	权值
1	下承层平整度、拱度	符合设计、施工要求	每 200m 检查 4 处	1
2	搭接宽度 (mm)	+50, -0	抽查 2%	2
3	搭接缝错开距离 (mm)	符合设计、施工要求	抽查 2%	2
4	搭接处透水点	不多于 1 个点	每缝	3

过滤排水工程土工合成材料实测项目 表 1-9

项次	检 查 项 目	规定值或允许偏差	检查方法和频率	权值
1	下承层平整度、拱度	符合设计、施工要求	每 200m 检查 4 处	1
2	搭接宽度 (mm)	+50,0	抽查 2%	3
3	搭接缝错开距离 (mm)	符合设计、施工要求	抽查 2%	3

防裂工程土工合成材料实测项目 表 1-10

项次	检 查 项 目	规定值或允许偏差	检查方法和频率	权值
1	下承层平整度、拱度	符合设计、施工要求	每 200m 检查 4 处	1
2	搭接宽度(mm)	≥50(横向) ≥150(纵向)	抽查 2%	3
3	黏结力(N)	≥20	抽查 2%	3

1.4 路面工程质量检评项目

1.4.1 一般规定

(1)路面工程的实测项目规定值或允许偏差按高速公路、一级公路和其他公路(指二级及以下公路)两档设定。对于在设计和合同文件中提高了技术要求的二级公路,其工程质量检验评定按设计和合同文件的要求进行，但不应高于高速公路、一级公路的检验评定标准。

(2)路面工程实测项目规定的检查频率为双车道公路每一检查段内的检查频率(按 m^2 或 m^3 或工作班设定的检查频率除外)，多车道公路的路面各结构层均须按其车道数与双车道之比，相应增加检查数量。

(3)各类基层和底基层压实度代表值(平均值的下置信界限)不得小于规定代表值，单点不得小于规定极值。小于规定代表值2个百分点的测点，应按其占总检查点数的百分率计算合格率。

(4)垫层的质量要求同相同材料的其他公路的底基层；联结层的质量要求同相应的基层或面层；中级路面的质量要求同相同材料的其他公路的基层。

(5)路面表层平整度规定值是指交工验收时应达到的平整度要求，其检查测定以自动或半自动的平整度仪为主，全线每车道连续测定按每100m输出结果计算合格率。采用3m直尺测定路面各结构层平整度时，以最大间隙作为指标，按尺数计算合格率。

(6)路面表层渗水系数宜在路面成型后立即测定。

(7)路面各结构层厚度按代表值和单点合格值设定允许偏差。当代表值偏差超过规定值时，该分项工程评为不合格；当代表值偏差满足要求时，按单个检查值的偏差不超过单点合格值的测点数计算合格率。

(8)材料要求和配比控制列入各节基本要求，可通过检查施工单位、工程监理单位的资料进行评定。

(9)水泥混凝土上加铺沥青面层的复合式路面，两种结构均需进行检查评定。其中，水泥混凝土路面结构不检查抗滑构造，平整度可按相应等级公路的标准；沥青面层不检查弯沉。

(10)路面基层完工后应及时浇洒透层油或铺筑下封层，透层油透入深度不小于3～5mm，不得使用透入能力差的材料作透层油。

1.4.2 水泥混凝土面层

(1)基本要求

①基层质量必须符合规定要求，并应进行弯沉测定，验算的基层整体模量应满足设计要求。

②水泥强度、物理性能和化学成分应符合国家标准及有关规范的规定。

③粗细集料、水、外掺剂及接缝填缝料应符合设计和施工规范要求。

④施工配合比应根据现场测定水泥的实际强度进行计算，并经试验，选择采用最佳配合比。

⑤接缝的位置、规格、尺寸及传力杆、拉力杆的设置应符合设计要求。

⑥路面拉毛或机具压槽等抗滑措施，其构造深度应符合施工规范要求。

⑦面层与其他构造物相接应平顺，检查井井盖顶面高程应高于周边路面1～3mm。雨水口高程按设计比路面低5～8mm，路面边缘无积水现象。

⑧混凝土路面铺筑后按施工规范要求养生。

(2)实测项目(表1-11)

水泥混凝土面层实测项目 表1-11

<table>
<tr><td rowspan="2">项次</td><td rowspan="2" colspan="2">检查项目</td><td colspan="2">规定值或允许偏差</td><td rowspan="2">检查方法和频率</td><td rowspan="2">权值</td></tr>
<tr><td>高速公路、一级公路</td><td>其他公路</td></tr>
<tr><td>1Δ</td><td colspan="2">弯拉强度(MPa)</td><td colspan="2">在合格标准之内</td><td>按《公路工程质量检验评定标准》(JTG F80/1—2004)附录C检查</td><td>3</td></tr>
<tr><td rowspan="2">2Δ</td><td rowspan="2">板厚度(mm)</td><td>代表值</td><td colspan="2">-5</td><td rowspan="2">按《公路工程质量检验评定标准》(JTG F80/1—2004)附录H检查,每200m每车道2处</td><td rowspan="2">3</td></tr>
<tr><td>合格值</td><td colspan="2">-10</td></tr>
<tr><td rowspan="3">3</td><td rowspan="3">平整度</td><td>σ(mm)</td><td>1.2</td><td>2.0</td><td rowspan="2">平整度仪:全线每车道连续检测,每100m计算σ、IRI</td><td rowspan="3">2</td></tr>
<tr><td>IRI(m/km)</td><td>2.0</td><td>3.2</td></tr>
<tr><td>最大间隙h(mm)</td><td>—</td><td>5</td><td>3m直尺:半幅车道板带每200m测2处×10尺</td></tr>
<tr><td>4</td><td colspan="2">抗滑构造深度(mm)</td><td>一般路段不小于0.7且不大于1.1;特殊路段不小于0.8且不大于1.2</td><td>一般路段不小于0.5且不大于1.0;特殊路段不小于0.6且不大于1.1</td><td>铺砂法:每200m测1处</td><td>2</td></tr>
<tr><td>5</td><td colspan="2">相邻板高差(mm)</td><td>2</td><td>3</td><td>抽量:每条胀缝2点;每200m抽纵、横缝各2条,每条2点</td><td>2</td></tr>
<tr><td>6</td><td colspan="2">纵、横缝顺直度(mm)</td><td colspan="2">10</td><td>纵缝20m拉线,每200m 4处;横缝沿板宽拉线,每200m 4条</td><td>1</td></tr>
<tr><td>7</td><td colspan="2">中线平面偏位(mm)</td><td colspan="2">20</td><td>经纬仪:每200m测4点</td><td>1</td></tr>
<tr><td>8</td><td colspan="2">路面宽度(mm)</td><td colspan="2">±20</td><td>抽量:每200m测4处</td><td>1</td></tr>
<tr><td>9</td><td colspan="2">纵断高程(mm)</td><td>±10</td><td>±15</td><td>水准仪:每200m测4断面</td><td>1</td></tr>
<tr><td>10</td><td colspan="2">横坡(%)</td><td>±0.15</td><td>±0.25</td><td>水准仪:每200m测4断面</td><td>1</td></tr>
</table>

注:表中σ为平整度仪测定的标准差;IRI为国际平整度指数;h为3m直尺与面层的最大间隙。

1.4.3 沥青混凝土面层和沥青碎(砾)石面层

(1)基本要求

①沥青混合料的矿料质量及矿料级配应符合设计要求和施工规范的规定。

②严格控制各种矿料和沥青用量及各种材料和沥青混合料的加热温度,沥青材料及混合料的各项指标应符合设计和施工规范要求。沥青混合料的生产,每日应做抽提试验、马歇尔稳定度试验。矿料级配、沥青含量、马歇尔稳定度等结果的合格率应不小于90%。

③拌和后的沥青混合料应均匀一致,无花白,无粗细料分离和结团成块现象。

④基层必须碾压密实,表面干燥、清洁、无浮土,其平整度和路拱度应符合要求。

⑤摊铺时应严格控制摊铺厚度和平整度,避免离析,注意控制摊铺和碾压温度,碾压至要求的密实度。

(2)实测项目(表1-12)

沥青混凝土面层和沥青碎(砾)石面层实测项目 表1-12

<table>
<tr><th rowspan="2">项次</th><th rowspan="2" colspan="2">检 查 项 目</th><th colspan="2">规定值或允许偏差</th><th rowspan="2">检查方法和频率</th><th rowspan="2">权值</th></tr>
<tr><th>高速公路一级公路</th><th>其他公路</th></tr>
<tr><td>1Δ</td><td colspan="2">压实度(%)</td><td colspan="2">试验室标准密度的96%(*98%)
最大理论密度的92%(*94%)
试验段密度的98%(*99.5%)</td><td>按《公路工程质量检验评定标准》(JTG F80/1—2004)附录B检查,每200m测1处</td><td>3</td></tr>
<tr><td rowspan="2">2</td><td rowspan="2">平整度</td><td>σ(mm)
IRI(m/km)</td><td>1.2
2.0</td><td>2.5
4.2</td><td>平整度仪:全线每车道连续按每100m计算IRI或σ</td><td rowspan="2">2</td></tr>
<tr><td>最大间隙
h(mm)</td><td>—</td><td>5</td><td>3m直尺:每200m测2处×10尺</td></tr>
<tr><td>3</td><td colspan="2">弯沉值(0.01mm)</td><td colspan="2">符合设计要求</td><td>按《公路工程质量检验评定标准》(JTG F80/1—2004)附录I检查</td><td>2</td></tr>
<tr><td>4</td><td colspan="2">渗水系数</td><td>SMA路面200mL/min;其他沥青混凝土路面300mL/min</td><td>—</td><td>渗水试验仪:每200m测1处</td><td>2</td></tr>
<tr><td rowspan="2">5</td><td rowspan="2">抗滑</td><td>摩擦系数</td><td rowspan="2">符合设计要求</td><td rowspan="2">—</td><td>摆式仪:每200m测1处;
摩擦系数测定车:全线连续</td><td rowspan="2">2</td></tr>
<tr><td>构造深度</td><td>铺砂法:每200m测1处</td></tr>
<tr><td rowspan="2">6Δ</td><td rowspan="2">厚度(mm)</td><td>代表值</td><td>总厚度:
设计值的-5%H;
上面层:
设计值的-10%h</td><td>-8%H</td><td rowspan="2">按《公路工程质量检验评定标准》(JTG F80/1—2004)附录H检查,双车道每200m测1处</td><td rowspan="2">3</td></tr>
<tr><td>合格值</td><td>总厚度:
设计值的-10%H;
上面层:
设计值的-20%h</td><td>-15%H</td></tr>
<tr><td>7</td><td colspan="2">中线平面偏位(mm)</td><td>20</td><td>30</td><td>经纬仪:每200m测4点</td><td>1</td></tr>
<tr><td>8</td><td colspan="2">纵断高程(mm)</td><td>±15</td><td>±20</td><td>水准仪:每200m测4断面</td><td>1</td></tr>
<tr><td rowspan="2">9</td><td rowspan="2">宽度(mm)</td><td>有侧石</td><td>±20</td><td>±30</td><td rowspan="2">尺量:每200m测4断面</td><td rowspan="2">1</td></tr>
<tr><td>无侧石</td><td colspan="2">不小于设计</td></tr>
<tr><td>10</td><td colspan="2">横坡(%)</td><td>±0.3</td><td>±0.5</td><td>水准仪:每200m测4处</td><td>1</td></tr>
</table>

注:①表内压实度可选用其中的1个或2个标准评定,选用两个标准时,以合格率低的作为评定结果。带*号者是指SMA路面,其他为普通沥青混凝土路面。

②表列厚度仅规定负允许偏差。H为沥青层设计总厚度(mm),h为沥青上面层设计厚度(mm)。

1.4.4 沥青贯入式面层(或上拌下贯式面层)

(1)基本要求

①沥青材料的各项指标应符合设计要求和施工规范。

②各种材料的规格和用量应符合设计要求和施工规范,上拌沥青混凝土混合料每日应做

抽提试验和马歇尔稳定度试验。

③碎石层必须平整坚实，嵌挤稳定，沥青贯入应深透，浇洒应均匀，不得污染其他构筑物。

④嵌缝料必须趁热撒铺，扫料均匀，不应有重叠现象。

⑤上层采用拌和料时，混合料应均匀一致，无花白和粗细分离现象，摊铺平整，接茬平顺，及时碾压密实。

⑥沥青贯入式面层施工前，应先做好路面结构层与路肩的排水。

(2)实测项目(表1-13)

沥青贯入式面层(或上拌下贯式面层)实测项目 表1-13

项次	检查项目		规定值或允许偏差	检查方法和频率	权值
1	平整度	σ(mm) IRI(m/km)	3.5 5.8	平整度仪：全线每车道连续按每100m计算IRI或σ	3
		最大间隙h(mm)	8	3m直尺：每200m测2处×10尺	
2	弯沉值(0.01mm)		符合设计要求	按《公路工程质量检验评定标准》(JTG F80/1—2004)附录I检查	2
3Δ	厚度(mm)	代表值	-8%H或-5mm	按《公路工程质量检验评定标准》(JTG F80/1—2004)附录H检查，每200m每车道1点	3
		合格值	-15%H或-10mm		
4	沥青总用量(kg/m^2)		±0.5%	每工作日每层洒布查1次	3
5	中线平面偏位(mm)		30	经纬仪：每200m测4点	1
6	纵断高程(mm)		±20	水准仪：每200m测4断面	2
7	宽度(mm)	有侧石	±30	尺量：每200m测4处	2
		无侧石	不小于设计		
8	横坡(%)		±0.5	水准仪：每200m测4断面	2

注：①当设计厚度≥60mm时，按厚度百分率控制；当设计厚度<60mm时，按厚度不足的毫米数控制。H为厚度(mm)。

②沥青总用量按《公路路基路面现场测试规程》(JTG E60—2008)中T 0982的方法，每工作日每层洒布沥青检查一次，并计算同一路段的单位面积的总沥青用量。

1.4.5 沥青表面处治面层

(1)基本要求

①在新建或旧路的表层进行表面处治时，应将表面的泥砂及一切杂物清除干净，底层必须坚实、稳定、平整，保持干燥后才可施工。

②沥青材料的各项指标和石料的质量、规格、用量应符合设计要求和施工规范的规定。

③沥青浇洒应均匀，无露白，不得污染其他构筑物。

④嵌缝料必须趁热撒铺，扫布均匀，不得有重叠现象，压实平整。

(2)实测项目(见表1-14)

沥青表面处治面层实测项目 表 1-14

项次	检查项目		规定值或允许偏差	检查方法和频率	权值
1	平整度	σ(mm) IRI(m/km)	4.5 7.5	平整度仪:全线每车道连续按每100m计算IRI或σ	2
		最大间隙 h(mm)	10	3m直尺:每200m测2处×10尺	
2	弯沉值(0.01mm)		符合设计要求	按《公路工程质量检验评定标准》(JTG F80/1—2004)附录I检查	2
3Δ	厚度(mm)	代表值	-5	按《公路工程质量检验评定标准》(JTG F80/1—2004)附录H检查,每200m每车道1点	
		合格值	-10		
4	沥青总用量(kg/m^2)		±0.5%	每工作日每层洒布查1次	2
5	中线平面偏位(mm)		30	经纬仪:每200m测4点	1
6	纵断高程(mm)		±20	水准仪:每200m测4断面	1
7	宽度(mm)	有侧石	±30	尺量:每200m测4处	2
		无侧石	不小于设计		
8	横坡(%)		±0.5	水准仪:每200m测4断面	1

注:沥青总用量按《公路路基路面现场测试规程》(JTG E60—2008)中T 0982的方法,每工作日每层洒布沥青检查一次,并计算同一路段的单位面积的总沥青用量。

1.4.6 水泥土基层和底基层

(1)基本要求

①土的性能应符合设计要求,土块要经粉碎。

②水泥用量按设计要求控制准确。

③路拌深度要达到层底。

④混合料处于最佳含水率状况下,用重型压路机碾压至要求的压实度。从加水拌和到碾压终了的时间不应超过3~4h,并应短于水泥的终凝时间。

⑤碾压检查合格后立即覆盖或洒水养生,养生期要符合规范要求。

(2)实测项目(表1-15)

水泥土基层和底基层实测项目 表 1-15

项次	检查项目		规定值或允许偏差				检查方法和频率	权值
			基层		底基层			
			高速公路一级公路	其他公路	高速公路一级公路	其他公路		
1Δ	压实度(%)	代表值	—	95	95	93	按《公路工程质量检验评定标准》(JTG F80/1—2004)附录B检查,每200m每车道2处	3
		极值	—	91	91	89		
2	平整度(mm)		—	12	12	15	3m直尺:每200m测2处×10尺	2
3	纵断高程(mm)		—	+5,-15	+5,-15	+5,-20	水准仪:每200m测4个断面	1
4	宽度(mm)		不小于设计		不小于设计		尺量:每200m测4个断面	1

续上表

项次	检查项目		规定值或允许偏差				检查方法和频率	权值
			基层		底基层			
			高速公路一级公路	其他公路	高速公路一级公路	其他公路		
5Δ	厚度(mm)	代表值	—	-10	-10	-12	按《公路工程质量检验评定标准》(JTG F80/1—2004)附录H检查,每200m每车道1点	2
		合格值	—	-20	-25	-30		
6	横坡(%)		—	±0.5	±0.3	±0.5	水准仪:每200m测4个断面	1
7Δ	强度(MPa)		符合设计要求		符合设计要求		按《公路工程质量检验评定标准》(JTG F80/1—2004)附录G检查	3

1.4.7 水泥稳定粒料(碎石、砂砾或矿渣等)基层和底基层

(1)基本要求

①粒料应符合设计和施工规范要求,并应根据当地料源选择质坚干净的粒料,矿渣应分解稳定,未分解渣块应予剔除。

②水泥用量和矿料级配按设计控制准确。

③路拌深度要达到层底。

④摊铺时要注意消除离析现象。

⑤混合料处于最佳含水率状况下,用重型压路机碾压至要求的压实度。从加水拌和到碾压终了的时间不应超过3~4h,并应短于水泥的终凝时间。

⑥碾压检查合格后立即覆盖或洒水养生,养生期要符合规范要求。

(2)实测项目(表1-16)

水泥稳定粒料基层和底基层实测项目 表1-16

项次	检查项目		规定值或允许偏差				检查方法和频率	权值
			基层		底基层			
			高速公路一级公路	其他公路	高速公路一级公路	其他公路		
1Δ	压实度(%)	代表值	98	97	96	95	按《公路工程质量检验评定标准》(JTG F80/1—2004)附录B检查,每200m每车道2处	3
		极值	94	93	92	91		
2	平整度(mm)		8	12	12	15	3m直尺:每200m测2处×10尺	2
3	纵断高程(mm)		+5,-10	+5,-15	+5,-15	+5,-20	水准仪:每200m测4断面	1
4	宽度(mm)		不小于设计		不小于设计		尺量:每200m测4处	1
5Δ	厚度(mm)	代表值	-8	-10	-10	-12	按《公路工程质量检验评定标准》(JTG F80/1—2004)附录H检查,每200m每车道1点	3
		合格值	-15	-20	-25	-30		
6	横坡(%)		±0.3	±0.5	±0.3	±0.5	水准仪:每200m测4断面	1
7Δ	强度(MPa)		符合设计要求		符合设计要求		按《公路工程质量检验评定标准》(JTG F80/1—2004)附录G检查	3

1.4.8 石灰土基层和底基层

(1)基本要求

①土质应符合设计要求,土块要经粉碎。

②石灰质量应符合设计要求,块灰须经充分消解才能使用。

③石灰和土的用量按设计要求控制准确,未消解生石灰块必须剔除。

④路拌深度要达到层底。

⑤混合料处于最佳含水率状况下,用重型压路机碾压至要求的压实度。

⑥保湿养生,养生期要符合规范要求。

(2)实测项目(表1-17)

石灰土基层和底基层实测项目 表1-17

项次	检查项目		规定值或允许偏差				检查方法和频率	权值
			基层		底基层			
			高速公路 一级公路	其他 公路	高速公路 一级公路	其他 公路		
1Δ	压实度 (%)	代表值	—	95	95	93	按《公路工程质量检验评定标准》(JTG F80/1—2004)附录B检查,每200m每车道2处	3
		极值	—	91	91	89		
2	平整度(mm)		—	12	12	15	3m直尺:每200m测2处×10尺	2
3	纵断高程(mm)		—	+5,-15	+5,-15	+5,-20	水准仪:每200m测4断面	1
4	宽度(mm)		不小于设计		不小于设计		尺量:每200m测4处	1
5Δ	厚度 (mm)	代表值	—	-10	-10	-12	按《公路工程质量检验评定标准》(JTG F80/1—2004)附录H检查,每200m每车道1点	2
		合格值	—	-20	-25	-30		
6	横坡(%)		—	±0.5	±0.3	±0.5	水准仪:每200m测4断面	1
7Δ	强度(MPa)		符合设计要求		符合设计要求		按《公路工程质量检验评定标准》(JTG F80/1—2004)附录G检查	3

1.4.9 石灰稳定粒料(碎石、砂砾或矿渣等)基层和底基层

(1)基本要求

①粒料应符合设计和施工规范要求,矿渣应分解稳定后才能使用。

②石灰质量应符合设计要求,块灰须经充分消解才能使用。

③石灰的用量按设计要求控制准确,未消解生石灰块必须剔除。

④路拌深度要达到层底。

⑤混合料处于最佳含水率状况下,用重型压路机碾压至要求的压实度。

⑥保湿养生,养生期要符合规范要求。

(2)实测项目(表 1-18)

石灰稳定粒料基层和底基层实测项目　　表 1-18

项次	检查项目		规定值或允许偏差				检查方法和频率	权值
			基层		底基层			
			高速公路一级公路	其他公路	高速公路一级公路	其他公路		
1Δ	压实度(%)	代表值	—	97	96	95	按《公路工程质量检验评定标准》(JTG F80/1—2004)附录 B 检查,每 200m 每车道 2 处	3
		极值	—	93	92	91		
2	平整度(mm)		—	12	12	15	3m 直尺:每 200m 测 2 处×10 尺	2
3	纵断高程(mm)		—	+5,-15	+5,-15	+5,-20	水准仪:每 200m 测 4 断面	1
4	宽度(mm)		不小于设计		不小于设计		尺量:每 200m 测 4 处	1
5Δ	厚度(mm)	代表值	—	-10	-10	-12	按《公路工程质量检验评定标准》(JTG F80/1—2004)附录 H 检查,每 200m 每车道 1 点	2
		合格值	—	-20	-25	-30		
6	横坡(%)		—	±0.5	±0.3	±0.5	水准仪:每 200m 测 4 断面	1
7Δ	强度(MPa)		符合设计要求		符合设计要求		按《公路工程质量检验评定标准》(JTG F80/1—2004)附录 G 检查	3

1.4.10　石灰、粉煤灰土基层和底基层

(1)基本要求

①土质应符合设计要求,土块要经粉碎。

②石灰和粉煤灰质量应符合设计要求,石灰须经充分消解才能使用。

③混合料配合比应准确,不得含有灰团和生石灰块。

④碾压时应先用轻型压路机稳压,后用重型压路机碾压至要求的压实度。

⑤保湿养生,养生期要符合规范要求。

(2)实测项目(表 1-19)

石灰、粉煤灰土基层和底基层实测项目　　表 1-19

项次	检查项目		规定值或允许偏差				检查方法和频率	权值
			基层		底基层			
			高速公路一级公路	其他公路	高速公路一级公路	其他公路		
1Δ	压实度(%)	代表值	—	95	95	93	按《公路工程质量检验评定标准》(JTG F80/1—2004)附录 B 检查,每 200m 每车道 2 处	3
		极值	—	91	91	89		
2	平整度(mm)		—	12	12	15	3m 直尺:每 200m 测 2 处×10 尺	2
3	纵断高程(mm)		—	+5,-15	+5,-15	+5,-20	水准仪:每 200m 测 4 断面	1
4	宽度(mm)		不小于设计		不小于设计		尺量:每 200m 测 4 处	1

续上表

项次	检查项目		规定值或允许偏差				检查方法和频率	权值
			基层		底基层			
			高速公路 一级公路	其他 公路	高速公路 一级公路	其他 公路		
5Δ	厚度 (mm)	代表值	—	-10	-10	-12	按《公路工程质量检验评定标准》(JTG F80/1—2004)附录H检查,每200m每车道1点	2
		合格值	—	-20	-25	-30		
6	横坡(%)		—	±0.5	±0.3	±0.5	水准仪:每200m测4断面	1
7Δ	强度(MPa)		符合设计要求		符合设计要求		按《公路工程质量检验评定标准》(JTG F80/1—2004)附录G检查	3

1.4.11 石灰、粉煤灰稳定粒料(碎石、砂砾或矿渣等)基层和底基层

(1)基本要求

①粒料应符合设计和施工规范要求,并应根据当地料源选择质坚干净的粒料。矿渣应分解稳定,未分解渣块应予剔除。

②石灰和粉煤灰质量应符合设计要求,石灰须经充分消解才能使用。

③混合料配合比应准确,不得含有灰团和生石灰块。

④摊铺时要注意消除离析现象。

⑤碾压时应先用轻型压路机稳压,后用重型压路机碾压至要求的压实度。

⑥保湿养生,养生期要符合规范要求。

(2)实测项目(表1-20)

石灰、粉煤灰稳定粒料基层和底基层实测项目　　表1-20

项次	检查项目		规定值或允许偏差				检查方法和频率	权值
			基层		底基层			
			高速公路 一级公路	其他 公路	高速公路 一级公路	其他 公路		
1Δ	压实度 (%)	代表值	98	97	96	95	按《公路工程质量检验评定标准》(JTG F80/1—2004)附录B检查,每200m每车道2处	3
		极值	94	93	92	91		
2	平整度(mm)		8	12	12	15	3m直尺:每200m测2处×10尺	2
3	纵断高程(mm)		+5,-10	+5,-15	+5,-15	+5,-20	水准仪:每200m测4断面	1
4	宽度(mm)		不小于设计		不小于设计		尺量:每200m测4处	1
5Δ	厚度 (mm)	代表值	-8	-10	-10	-12	按《公路工程质量检验评定标准》(JTG F80/1—2004)附录H检查,每200m每车道1点	2
		合格值	-15	-20	-25	-30		
6	横坡(%)		±0.3	±0.5	±0.3	±0.5	水准仪:每200m测4断面	1
7Δ	强度(MPa)		符合设计要求		符合设计要求		按《公路工程质量检验评定标准》(JTG F80/1—2004)附录G检查	3

1.4.12　级配碎(砾)石基层和底基层

(1)基本要求

①选用质地坚韧、无杂质碎石、砂砾、石屑或砂,级配应符合要求。

②配料必须准确,塑性指数必须符合规定。

③混合料拌和均匀,无明显离析现象。

④碾压应遵循先轻后重的原则,洒水碾压至要求的密实度。

(2)实测项目(表1-21)

级配碎(砾)石基层和底基层实测项目　表1-21

<table>
<tr><th rowspan="3">项次</th><th rowspan="3" colspan="2">检查项目</th><th colspan="4">规定值或允许偏差</th><th rowspan="3">检查方法和频率</th><th rowspan="3">权值</th></tr>
<tr><th colspan="2">基层</th><th colspan="2">底基层</th></tr>
<tr><th>高速公路
一级公路</th><th>其他
公路</th><th>高速公路
一级公路</th><th>其他
公路</th></tr>
<tr><td rowspan="2">1Δ</td><td rowspan="2">压实度
(%)</td><td>代表值</td><td>98</td><td>98</td><td>96</td><td>96</td><td rowspan="2">按《公路工程质量检验评定标准》(JTG F80/1—2004)附录B检查,每200m每车道2处</td><td rowspan="2">3</td></tr>
<tr><td>极值</td><td>94</td><td>94</td><td>92</td><td>92</td></tr>
<tr><td>2</td><td colspan="2">弯沉值(0.01mm)</td><td colspan="2">符合设计要求</td><td colspan="2">符合设计要求</td><td>按《公路工程质量检验评定标准》(JTG F80/1—2004)附录I检查</td><td>3</td></tr>
<tr><td>3</td><td colspan="2">平整度(mm)</td><td>8</td><td>12</td><td>12</td><td>15</td><td>3m直尺:每200m测2处×10尺</td><td>2</td></tr>
<tr><td>4</td><td colspan="2">纵断高程(mm)</td><td>+5,-10</td><td>+5,-15</td><td>+5,-15</td><td>+5,-20</td><td>水准仪:每200m测4断面</td><td>1</td></tr>
<tr><td>5</td><td colspan="2">宽度(mm)</td><td colspan="2">不小于设计</td><td colspan="2">不小于设计</td><td>尺量:每200m测4处</td><td>1</td></tr>
<tr><td rowspan="2">6Δ</td><td rowspan="2">厚度
(mm)</td><td>代表值</td><td>-8</td><td>-10</td><td>-10</td><td>-12</td><td rowspan="2">按《公路工程质量检验评定标准》(JTG F80/1—2004)附录H检查,每200m每车道1点</td><td rowspan="2">2</td></tr>
<tr><td>合格值</td><td>-15</td><td>-20</td><td>-25</td><td>-30</td></tr>
<tr><td>7</td><td colspan="2">横坡(%)</td><td>±0.3</td><td>±0.5</td><td>±0.3</td><td>±0.5</td><td>水准仪:每200m测4断面</td><td>1</td></tr>
</table>

1.4.13　填隙碎石(矿渣)基层和底基层

(1)基本要求

①粗粒料应为质坚、无杂质的轧制石料或分解稳定的轧制矿渣,填缝料为5mm以下的轧制细料或粗砂。

②应用振动压路机碾压,使填缝料填满粗粒料空隙。

(2)实测项目(表1-22)

填隙碎石(矿渣)基层和底基层实测项目 表1-22

<table>
<tr><th rowspan="3">项次</th><th rowspan="3" colspan="2">检查项目</th><th colspan="4">规定值或允许偏差</th><th rowspan="3">检查方法和频率</th><th rowspan="3">权值</th></tr>
<tr><th colspan="2">基层</th><th colspan="2">底基层</th></tr>
<tr><th>高速公路
一级公路</th><th>其他
公路</th><th>高速公路
一级公路</th><th>其他
公路</th></tr>
<tr><td rowspan="2">1Δ</td><td rowspan="2">固体
体积率
(%)</td><td>代表值</td><td>—</td><td>85</td><td>83</td><td>83</td><td rowspan="2">灌砂法:每200m每车道2处</td><td rowspan="2">3</td></tr>
<tr><td>极值</td><td>—</td><td>82</td><td>80</td><td>80</td></tr>
<tr><td>2</td><td colspan="2">弯沉值(0.01mm)</td><td colspan="2">符合设计要求</td><td colspan="2">符合设计要求</td><td>按《公路工程质量检验评定标准》(JTG F80/1—2004)附录I检查</td><td>2</td></tr>
<tr><td>3</td><td colspan="2">平整度(mm)</td><td>—</td><td>12</td><td>12</td><td>15</td><td>3m直尺:每200m测2处×10尺</td><td>2</td></tr>
<tr><td>4</td><td colspan="2">纵断高程(mm)</td><td>—</td><td>+5,-15</td><td>+5,-15</td><td>+5,-20</td><td>水准仪:每200m测4断面</td><td>1</td></tr>
<tr><td>5</td><td colspan="2">宽度(mm)</td><td colspan="2">不小于设计</td><td colspan="2">不小于设计</td><td>尺量:每200m测4处</td><td>1</td></tr>
<tr><td rowspan="2">6Δ</td><td rowspan="2">厚度
(mm)</td><td>代表值</td><td>—</td><td>-10</td><td>-10</td><td>-12</td><td rowspan="2">按《公路工程质量检验评定标准》(JTG F80/1—2004)附录H检查,每200m每车道1点</td><td rowspan="2">2</td></tr>
<tr><td>合格值</td><td>—</td><td>-20</td><td>-25</td><td>-30</td></tr>
<tr><td>7</td><td colspan="2">横坡(%)</td><td>—</td><td>±0.5</td><td>±0.3</td><td>±0.5</td><td>水准仪:每200m测4断面</td><td>1</td></tr>
</table>

1.4.14 路缘石铺设

(1)基本要求

①预制缘石的质量应符合设计要求。

②安砌稳固,顶面平整,缝宽均匀,勾缝密实,线条直顺,曲线圆滑美观。

③槽底基础和后背填料必须夯打密实。

④现浇路缘石材料应符合设计要求。

(2)实测项目(表1-23)

路缘石铺设实测项目 表1-23

<table>
<tr><th>项次</th><th colspan="2">检查项目</th><th>规定值或允许偏差</th><th>检查方法和频率</th><th>权值</th></tr>
<tr><td>1</td><td colspan="2">直顺度(mm)</td><td>10</td><td>20m拉线:每200m测4处</td><td>3</td></tr>
<tr><td rowspan="3">2</td><td rowspan="2">预制
铺设</td><td>相邻两块高差(mm)</td><td>3</td><td>水平尺:每200m测4处</td><td>2</td></tr>
<tr><td>相邻两块缝宽(mm)</td><td>±3</td><td>尺量:每200m测4处</td><td>1</td></tr>
<tr><td>现浇</td><td>宽度(mm)</td><td>±5</td><td>尺量:每200m测4处</td><td>2</td></tr>
<tr><td>3</td><td colspan="2">顶面高程(mm)</td><td>±10</td><td>水准仪:每200m测4点</td><td>2</td></tr>
</table>

1.4.15　路肩

(1)基本要求

①路肩表面应平整密实,不积水。

②肩线应直顺,曲线圆滑。

③硬路肩质量要求应与路面结构层相同。

(2)实测项目(表 1-24)

路 肩 实 测 项 目　　表 1-24

项次	检 查 项 目		规定值或允许偏差	检查方法和频率	权值
1	压实度(%)		不小于设计	按《公路工程质量检验评定标准》(JTG F80/1—2004)附录 B 检查,每 200m 测 2 处	2
2	平整度(mm)	土路肩	20	3m 直尺:每 200m 测 2 处 ×4 尺	1
		硬路肩	10		
3	横 坡(%)		±1.0	水准仪:每 200m 测 2 处	1
4	宽度(mm)		不小于设计	尺量:每 200m 测 2 处	2

1.5　排水工程质量检评项目

1.5.1　一般规定

(1)排水工程应按设计要求及施工规范的要求施工,依照实际地形,选择合适的位置,将地面水和地下水排出路基以外。

(2)本节中土沟和浆砌排水沟均包括边沟、截水沟、排水沟等。

(3)跌水、急流槽、水簸箕等其他排水工程可按照浆砌排水沟的标准进行评定。

(4)路面拦水带纳入路缘石分项工程,排水基层可按照路面工程的相关标准进行评定。

(5)沟槽回填土应符合设计要求及施工规范的规定。

(6)排水泵站明开挖基础可按照砌体或混凝土浇筑的标准进行评定。

(7)钢筋混凝土构件包含钢筋加工及安装分项工程,预应力混凝土构件包括预应力钢筋的加工和张拉分项工程。

1.5.2　管节预制

(1)基本要求

①所用的水泥、砂、石、水、外加剂和掺和料的质量规格应符合有关规范的要求,按规定的配合比施工。

②混凝土应符合耐久性(抗冻、抗渗、抗侵蚀)等设计要求。

③不得出现露筋和空洞现象。

(2)实测项目(表 1-25)

管节预制实测项目 表1-25

项次	检查项目	规定值或允许偏差	检查方法和频率	权值
1Δ	混凝土强度(MPa)	在合格标准内	按《公路工程质量检验评定标准》(JTG F80/1—2004)附录D检查	3
2	内径(mm)	不小于设计	尺量:2个断面	2
3	壁厚(mm)	不小于设计壁厚-3	尺量:2个断面	2
4	顺直度	矢度不大于0.2%管节长	沿管节拉线量,取最大矢高	1
5	长度(mm)	+5,-0	尺量	1

1.5.3 管道基础及管节安装

(1)基本要求

①管材必须逐节检查,不得有裂缝、破损。

②基础混凝土强度达到5MPa以上时,方可进行管节铺设。

③管节铺设应平顺、稳固,管底坡度不得出现反坡,管节接头处流水面高差不得大于5mm。管内不得有泥土、砖石、砂浆等杂物。

④管道内的管口缝,当管径大于750mm时,应在管内作整圈勾缝。

⑤管口内缝砂浆平整密实,不得有裂缝、空鼓现象。

⑥抹带前,管口必须洗刷干净,管口表面应平整密实,无裂缝现象。抹带后应及时覆盖养生。

⑦设计中要求防渗漏的排水管须作渗漏试验,渗漏量应符合要求。

(2)实测项目(表1-26)

管道基础及管节安装实测项目 表1-26

项次	检查项目		规定值或允许偏差	检查方法和频率	权值
1Δ	混凝土抗压强度或砂浆强度(MPa)		在合格标准内	按《公路工程质量检验评定标准》(JTG F80/1—2004)附录D、F检查	3
2	管轴线偏位(mm)		15	经纬仪或拉线:每两井间测3处	2
3	管内底高程(mm)		±10	水准仪:每两井间测2处	2
4	基础厚度(mm)		不小于设计	尺量:每两井间测3处	1
5	管座	肩宽(mm)	+10,-5	尺量、挂边线:每两井间测2处	1
		肩高(mm)	±10		
6	抹带	宽度	不小于设计	尺量:按10%抽查	2
		厚度	不小于设计		

1.5.4 检查(雨水)井砌筑

(1)基本要求

①井基混凝土强度达到5MPa时,方可砌筑井体。

②砌筑砂浆配合比准确,井壁砂浆饱满,灰缝平整。圆形检查井内壁应圆顺,抹面密实光洁,踏步安装牢固。

③井框、井盖安装必须平稳,井口周围不得有积水。

(2)实测项目(表1-27)

检查(雨水)井砌筑实测项目 表1-27

项次	检查项目	规定值或允许偏差		检查方法和频率	权值
1Δ	砂浆强度(MPa)	在合格标准内		按《公路工程质量检验评定标准》(JTG F80/1—2004)附录F检查	3
2	轴线偏位(mm)	50		经纬仪:每个检查井检查	1
3	圆井直径或方井长、宽(mm)	±20		尺量:每个检查井检查	1
4	井底高程(mm)	±15		水准仪:每个检查井检查	1
5	井盖与相邻路面高差(mm)	雨水井	+0,-4	水准仪、水平尺:每个检查井检查	2
		检查井	+4,-0		

1.5.5 土沟

(1)基本要求

①土沟边坡必须平整、坚实、稳定,严禁贴坡。

②沟底应平顺整齐,不得有松散土和其他杂物,排水畅通。

(2)实测项目(表1-28)

土沟实测项目 表1-28

项次	检查项目	规定值或允许偏差	检查方法和频率	权值
1	沟底高程(mm)	+0,-30	水准仪:每200m测4处	2
2	断面尺寸(mm)	不小于设计	尺量:每200m测2处	2
3	边坡坡度	不陡于设计	尺量:每200m测2处	1
4	边棱直顺度(mm)	50	尺量:20m拉线 每200m测2处	1

1.5.6 浆砌排水沟

(1)基本要求

①砌体砂浆配合比准确,砌缝内砂浆均匀饱满,勾缝密实。

②浆砌片(块)石、混凝土预制块的质量和规格应符合设计要求。

③基础中缩缝应与墙身缩缝对齐。

④砌体抹面应平整、压光、直顺,不得有裂缝、空鼓现象。

(2)实测项目(表1-29)

浆砌排水沟实测项目　表1-29

项次	检查项目	规定值或允许偏差	检查方法和频率	权值
1Δ	砂浆强度(MPa)	在合格标准内	按《公路工程质量检验评定标准》(JTG F80/1—2004)附录F检查	3
2	轴线偏位(mm)	50	经纬仪或尺量:每200m测5处	1
3	沟底高程(mm)	±15	水准仪:每200m 5点	2
4	墙面直顺度(mm)或坡度	30或不陡于设计	20m拉线、坡度尺:每200m测2处	1
5	断面尺寸(mm)	±30	尺量:每200m测2处	2
6	铺砌厚度(mm)	不小于设计	尺量:每200m测2处	1
7	基础垫层宽、厚(mm)	不小于设计	尺量:每200m测2处	1

1.5.7 盲沟

(1)基本要求

①盲沟的设置及材料规格、质量等应符合设计要求和施工规范规定。

②反滤层应用筛选过的中砂、粗砂、砾石等渗水性材料分层填筑。

③排水层应采用石质坚硬的较大粒料填筑,以保证排水孔隙度。

(2)实测项目(表1-30)

盲沟实测项目　表1-30

项次	检查项目	规定值或允许偏差	检查方法和频率	权值
1	沟底高程(mm)	±15	水准仪:每10~20m测1处	1
2	断面尺寸(mm)	不小于设计	尺量:每20m测1处	1

1.5.8 排水泵站

(1)基本要求

①地基应具有足够的承载能力,不应扰动基底土壤。

②井壁混凝土应密实,混凝土强度达到合格标准后方可进行下沉。

③沉井下沉过程中,应随时注意正位,发现偏位及倾斜时须及时纠正。

④沉井封底应密实不漏水。

⑤水泵、管及管件应安装牢固,位置正确。

(2)实测项目(表1-31)

排水泵站(沉井)实测项目　表1-31

项次	检查项目	规定值或允许偏差	检查方法和频率	权值
1Δ	混凝土强度(MPa)	在合格标准内	按《公路工程质量检验评定标准》(JTG F80/1—2004)附录D检查	2
2	轴线平面偏位(mm)	1%井深	经纬仪:纵、横向各2处	1
3	垂直度(mm)	1%井深	用垂线检查:纵、横向各1处	1
4	底板高程(mm)	±50	水准仪测4处	2

1.6 挡土墙及其他砌筑工程质量检评项目

1.6.1 一般规定

(1)对砌体挡土墙,当平均墙高小于6m或墙身面积小于1 200m² 时,每处可作为分项工程进行评定;当平均墙高达到或超过6m且墙身面积不小于1 200m² 时,为大型挡土墙,每处应作为分部工程进行评定。

(2)悬臂式和扶臂式挡土墙,桩板式、锚杆、锚碇板和加筋土挡土墙应作为分部工程进行评定。

(3)丁坝、护岸可参照挡土墙的标准进行评定。

(4)本节所述砌石工程的标准可用于桥梁工程及本节未列出名称的其他砌石构造物的评定。

(5)钢筋混凝土结构或构件,均应包含钢筋加工及安装分项工程,其评定见桥梁工程中的相关标准。

1.6.2 砌体挡土墙

(1)基本要求

①石料或混凝土预制块的强度、规格和质量应符合有关规范和设计要求。

②砂浆所用的水泥、砂、水的质量应符合有关规范的要求,按规定的配合比施工。

③地基承载力必须满足设计要求,基础埋置深度应满足施工规范要求。

④砌筑应分层错缝。浆砌时坐浆挤紧,嵌填饱满密实,不得有空洞;干砌时不得松动、叠砌和浮塞。

⑤沉降缝、泄水孔、反滤层的设置位置、质量和数量应符合设计要求。

(2)实测项目(表1-32、表1-33)

砌体挡土墙实测项目 表1-32

项次	检查项目		规定值或允许偏差	检查方法和频率	权值
1Δ	砂浆强度(MPa)		在合格标准内	按《公路工程质量检验评定标准》(JTG F80/1—2004)附录F检查	3
2	平面位置(mm)		50	经纬仪:每20m检查墙顶外边线3点	1
3	顶面高程(mm)		±20	水准仪:每20m检查1点	1
4	竖直度或坡度(%)		0.5	吊垂线:每20m检查2点	1
5Δ	断面尺寸(mm)		不小于设计	尺量:每20m量2个断面	3
6	底面高程(mm)		±50	水准仪:每20m检查1点	1
7	表面平整度(mm)	块石	20	2m直尺:每20m检查3处,每处检查竖直和墙长两个方向	1
		片石	30		
		混凝土块、料石	10		

干砌挡土墙实测项目 表1-33

项次	检 查 项 目	规定值或允许偏差	检查方法和频率	权值
1	平面位置(mm)	50	经纬仪:每20m检查3点	2
2	顶面高程(mm)	±30	水准仪:每20m测3点	2
3	竖直度或坡度(%)	0.5	尺量:每20m吊垂线检查3点	1
4Δ	断面尺寸(mm)	不小于设计	尺量:每20m检查2处	2
5	底面高程(mm)	±50	水准仪:每20m测1点	2
6	表面平整度(mm)	50	2m直尺:每20m检查3处,每处检查竖直和墙长两个方向	1

1.6.3 悬臂式和扶臂式挡土墙

(1)基本要求

①混凝土所用的水泥、石、砂、水和外掺剂的规格和质量应符合有关规范的要求,按规定的配合比施工。

②地基强度必须满足设计要求。

③不得有露筋和空洞现象。

④沉降缝、泄水孔的设置位置、质量和数量应符合设计要求。

(2)实测项目(表1-34)

悬臂式和扶臂式挡土墙实测项目 表1-34

项次	检 查 项 目	规定值或允许偏差	检查方法和频率	权值
1Δ	混凝土强度(MPa)	在合格标准内	按《公路工程质量检验评定标准》(JTG F80/1—2004)附录D检查	3
2	平面位置(mm)	30	经纬仪:每20m检查3点	1
3	顶面高程(mm)	±20	水准仪:每20m检查1点	1
4	竖直度或坡度(%)	0.3	吊垂线:每20m检查2点	1
5Δ	断面尺寸(mm)	小于设计	尺量:每20m检查2个断面,抽查扶臂2个	2
6	底面高程(mm)	±30	水准仪:每20m检查1点	1
7	表面平整度(mm)	5	2m直尺:每20m检查2处	1

1.6.4 锚杆、锚碇板和加筋土挡土墙

(1)基本要求

①混凝土所用的水泥、砂、石、水和外掺剂的规格和质量必须符合有关规范的要求,按规定的配合比施工。

②地基强度应符合设计要求。

③锚杆、拉杆或筋带的强度、质量和规格,必须满足设计和有关规范的要求,根数不得少于设计数量。

④筋带须理顺,放平拉直,筋带与面板、筋带与筋带连接牢固。

⑤混凝土不得出现露筋和空洞现象。

(2)实测项目

基础和肋柱预制分别按桥梁工程中有关规定检查,其他实测项目见表1-35~表1-39。

筋带实测项目 表1-35

项次	检查项目	规定值或允许偏差	检查方法和频率	权值
1	筋带长度或直径	不小于设计	尺量:每20m检查5根(束)	2
2	筋带与面板连接	符合设计	目测:每20m检查5处	2
3	筋带与筋带连接	符合设计	目测:每20m检查5处	2
4	筋带铺设	符合设计	目测:每20m检查5处	1

锚杆、拉杆实测项目 表1-36

项次	检查项目	规定值或允许偏差	检查方法和频率	权值
1	锚杆、拉杆长度	符合设计要求	尺量:每20m检查5根	2
2	锚杆、拉杆间距(mm)	±20	尺量:每20m检查5根	1
3	锚杆、拉杆与面板连接	符合设计要求	目测:每20m检查5处	2
4	锚杆、拉杆防护	符合设计要求	目测:每20m检查10处	2
5Δ	锚杆抗拔力	抗拔力平均值≥设计值最小抗拔力≥0.9设计值	拔力试验:锚杆数1%,且不少于3根	3

面板预制实测项目 表1-37

项次	检查项目	规定值或允许偏差	检查方法和频率	权值
1Δ	混凝土强度(MPa)	在合格标准内	按《公路工程质量检验评定标准》(JTG F80/1—2004)附录D检查	3
2	边长(mm)	±5或0.5%边长	尺量:长宽各量1次,每批抽查10%	2
3	两对角线差(mm)	10或0.7%最大对角线长	尺量:每批抽查10%	1
4Δ	厚度(mm)	+5,-3	尺量:检查2处,每批抽查10%	2
5	表面平整度(mm)	4或0.3%边长	2m直尺:长、宽方向各测1次,每批抽查10%	1
6	预埋件位置(mm)	5	尺量:检查每件,每批抽查10%	1

面板安装实测项目 表1-38

项次	检查项目	规定值或允许偏差	检查方法和频率	权值
1	每层面板顶高程(mm)	±10	水准仪:每20m抽查3组板	1
2	轴线偏位(mm)	10	挂线、尺量:每20m量3处	2
3	面板竖直度或坡度	+0,-0.5%	吊垂线或坡度板:每20m量3点	1
4	相邻面板错台	5	尺量:面板交界处检查3点	1

注:面板安装以同层相邻两板为一组。

锚杆、锚碇板和加筋土挡土墙总体实测项目　　表1-39

项次	检查项目		规定值或允许偏差	检查方法和频率	权值
1	墙顶和肋柱平面位置(mm)	路堤式	+50,-100	经纬仪:每20m检查3处	2
		路肩式	±50		
2	墙顶和柱顶高程(mm)	路堤式	±50	水准仪:每20m测3点	2
		路肩式	±30		
3	肋柱间距		±15	尺量:每柱间	1
4	墙面倾斜度(mm)		+0.5%H且不大于+50,-1%H且不小于-100	吊垂线或坡度板:每20m测2处	2
5	面板缝宽(mm)		10	尺量:每20m至少检查5条	1
6	墙面平整度(mm)		15	2m直尺:每20m测3处	1

注:①平面位置和倾斜度"+"指向外,"-"指向内。
②H为墙高。

1.6.5 桩板式挡土墙

桩按桥梁工程中相关规定评定,面板预制及总体按本章1.6.4相关规定评定。

1.6.6 墙背填土

(1)基本要求

①墙背填土应采用透水性材料或设计规定的填料,严禁采用膨胀土、高液限黏土、腐殖土、盐渍土、淤泥、白垩土、硅藻土和冻土块。填料中不应含有机物、冰块、草皮、树根等杂物或生活垃圾。

②墙背填土必须和挖方路基、填方路基有效搭接,纵向接缝必须设台阶。

③必须分层填筑压实,每层表面平整,路拱合适。

④墙身强度达到设计强度75%以上时方可开始填土。

(2)实测项目

除距面板1m范围以内压实度实测项目见表1-40外,其他部分填土和其他类型挡土墙填土的压实度要求均与路基相同。

锚杆、锚碇板和加筋土挡土墙墙背填土实测项目　　表1-40

项次	检查项目	规定值或允许偏差	检查方法和频率	权值
1Δ	距面板1m范围以内压实度(%)	90	按《公路工程质量检验评定标准》(JTG F80/1—2004)附录B检查,每100m每压实层测1处,并不得少于1处	1

1.6.7 抗滑桩

(1)基本要求

①混凝土所用的水泥、砂、石、水和外掺剂的质量和规格必须符合设计和有关规范的要求,按规定的配合比施工。

②施工中应核对滑动面位置,如图纸与实际位置有出入,应变更抗滑桩的深度。

③做好桩区地面截、排水及防渗,孔口地面上应加筑适当高度的围埂。

(2)实测项目(表1-41)

抗滑桩实测项目 表1-41

项次	检查项目		规定值或允许偏差	检查方法和频率	权值
1Δ	混凝土强度(MPa)		在合格标准内	按《公路工程质量检验评定标准》(JTG F80/1—2004)附录D检查	3
2Δ	桩长(m)		不小于设计	测绳量:每桩测量	2
3Δ	孔径或断面尺寸(mm)		不小于设计	探孔器:每桩测量	2
4	桩位(mm)		100	经纬仪:每桩测量	1
5	竖直度(mm)	钻孔桩	1%桩长,且不大于500	测壁仪或吊垂线:每桩检查	1
		挖孔桩	0.5%桩长,且不大于200	吊垂线:每桩检查	
6	钢筋骨架底面高程(mm)		±50	水准仪:测每桩骨架顶面高程后反算	1

1.6.8 挖方边坡锚喷防护

(1)基本要求

①锚杆、钢筋和土工格栅的强度、数量、质量和规格必须符合设计和有关规范的要求。

②混凝土及砂浆所用的水泥、砂、石、水和外掺剂必须符合有关规范的要求,按规定的配合比施工。

③边坡坡度、坡面应符合设计要求。岩面应无风化、无浮石,喷射前必须用水冲洗。

④钢筋应清除污锈,钢筋网与锚杆或其他锚固装置连接牢固,喷射时钢筋不得晃动。

⑤锚杆插入锚孔深度不得小于设计长度的95%,孔内砂浆应密实、饱满。

⑥喷射前应做好排水设施,对个别漏水空洞的缝隙应采用堵水措施,确保支护质量。

⑦钢筋、土工格栅或锚杆不得外露,混凝土不得开裂脱落。

⑧有关预应力锚索的基本要求可参见相应标准,锚索非锚固段套管安装位置必须符合设计要求。

(2)实测项目(表1-42)

锚喷防护实测项目　　表 1-42

项次	检查项目	规定值或允许偏差	检查方法和频率	权值
1Δ	混凝土强度(MPa)	在合格标准内	按《公路工程质量检验评定标准》(JTG F80/1—2004)附录 E 检查	3
2Δ	砂浆强度(MPa)	在合格标准内	按《公路工程质量检验评定标准》(JTG F80/1—2004)附录 F 检查	3
3	锚孔深度(mm)	不小于设计	尺量:抽查 10%	1
4	锚杆(索)间距(mm)	±100	尺量:抽查 10%	1
5Δ	锚杆拔力(kN)	拔力平均值≥设计值,最小拔力≥0.9 设计值	拔力试验:锚杆数 1%,且不少于 3 根	3
6	喷层厚度(mm)	平均厚≥设计厚,60% 检查点的厚度≥设计厚,最小厚度≥0.5 设计厚,且不小于设计规定	尺量(凿孔)或雷达断面仪:每 10m 检查 1 个断面,每 3m 检查 1 点	2
7Δ	锚索张拉应力(MPa)	符合设计要求	油压表:每索由读数反算	3
8	张拉伸长率(%)	±6 或设计要求	尺量:每索	2
9	断丝、滑丝数	每束 1 根,且每断面不超过钢丝总数的 1%	目测:逐根(束)检查	2

注:实际工程中未涉及的项目不参与评定。

1.6.9 锥、护坡

(1)基本要求

①石料质量、规格应符合有关规定。砂浆所用的水泥、砂、水的质量应符合有关规范的要求,按规定的配合比施工。

②锥坡、护坡基础埋置深度及地基承载力应符合设计要求。

③砌体应咬扣紧密,嵌缝饱满密实。

④锥坡、护坡填土密实度应达到设计要求,对坡面刷坡整平后方可铺砌。

(2)实测项目(表 1-43)

锥、护坡实测项目　　表 1-43

项次	检查项目	规定值或允许偏差	检查方法和频率	权值
1Δ	砂浆强度(MPa)	在合格标准内	按《公路工程质量检验评定标准》(JTG F80/1—2004)附录 F 检查	3
2	顶面高程(mm)	±50	水准仪:每 50m 检查 3 点,不足 50m 时至少 2 点	1
3	表面平整度(mm)	30	2m 直尺:锥坡检查 3 处,护坡每 50m 检查 3 处	1
4	坡度	不陡于设计	坡度尺量:每 50m 量 3 处	1
5Δ	厚度(mm)	不小于设计	尺量:每 100m 检查 3 处	2
6	底面高程(mm)	±50	水准仪:每 50m 检查 3 点	1

1.6.10 砌石工程

(1)基本要求

①石料质量、规格及砂浆所用材料的质量应符合设计要求。

②砌块应错缝砌筑、相互咬紧;浆砌时砌块应坐浆挤紧,嵌缝后砂浆饱满,无空洞现象;干砌时不松动、无叠砌和浮塞。

(2)实测项目(表1-44、表1-45)

浆砌砌体实测项目　　表1-44

项次	检查项目		规定值或允许偏差	检查方法和频率	权值
1Δ	砂浆强度(MPa)		在合格标准内	按《公路工程质量检验评定标准》(JTG F80/1—2004)附录F检查	3
2	顶面高程(mm)	料、块石	±15	水准仪:每20m检查3点	1
		片石	±20		
3	竖直度或坡度	料、块石	0.3%	吊垂线:每20m检查3点	2
		片石	0.5%		
4Δ	断面尺寸(mm)	料石	±20	尺量:每20m检查2处	2
		块石	±30		
		片石	±50		
5	表面平整度(mm)	料石	10	2m直尺:每20m检查5处×3尺	2
		块石	20		
		片石	30		

干砌片石实测项目　　表1-45

项次	检查项目	规定值或允许偏差	检查方法和频率	权值
1	顶面高程(mm)	±30	水准仪:每20m测3点	1
2	外形尺寸(mm)	±100	尺量:每20m或自然段,长宽各3处	3
3Δ	厚度(mm)	±50	尺量:每20m检查3处	3
4	表面平整度(mm)	50	2m直尺:每20m检查5处×3尺	2

1.6.11 导流工程

(1)基本要求

①所用材料的规格和质量应符合有关规定。

②导流堤(坝)的基础埋置深度及地基承载力应符合设计要求。

(2)实测项目(表1-46)

导流工程实测项目　　表1-46

项次	检查项目		规定值或允许偏差	检查方法和频率	权值
1Δ	砂浆强度(MPa)		在合格标准内	按《公路工程质量检验评定标准》(JTG F80/1—2004)附录F检查	3
2	平面位置(mm)		30	经纬仪:按设计图控制坐标检查	2
3	长度(mm)		不小于设计长度-100	尺量:每个检查	1
4Δ	断面尺寸(mm)		不小于设计	尺量:检查5处	2
5	高程(mm)	基底	不大于设计	水准仪:检查5点	2
		顶面	±30		

1.6.12 石笼防护

(1)基本要求

①所用材料的规格和质量应符合有关规定。

②铁丝笼的网眼尺寸应符合设计要求。

③石笼的坐码或平铺应符合设计要求。

(2)实测项目(表1-47)

石笼防护实测项目　　表1-47

项次	检查项目	规定值或允许偏差	检查方法和频率	权值
1	平面位置(mm)	符合设计要求	经纬仪:按设计图控制坐标检查	1
2	长度(mm)	不小于设计长度-300	尺量:每个(段)检查	1
3	宽度(mm)	不小于设计宽度-200	尺量:每个(段)量5处	1
4	高度(mm)	不小于设计	水准仪或尺量:每个(段)检查5处	1
5	底面高程(mm)	不高于设计	水准仪:每个(段)检查5点	1

第2章　土工试验检测方法

2.1　土的物理性质试验

2.1.1　含水率试验

测定土的含水率,是指土颗粒表面以外的水分,它包括土中结合水和自由水。根据定义:

$$w = \frac{m_w}{m_s} \times 100 \tag{2-1}$$

式中:w——含水率,%;

m_w——土中水的质量;

m_s——干土的质量。

2.1.1.1　烘干法

土的含水率是在105℃~110℃下烘至恒量时所失去的水分质量和达到恒量后干土质量的比值,以百分数表示。本法是测定含水率的标准方法。

(1)仪器设备

①烘箱:可采用电热烘箱或温度能够保持在105℃~110℃的其他能源烘箱。

②天平:感量0.01g。

③其他:干燥器、称量盒等。

(2)试验步骤

①取具有代表性试样,细粒土15~30g,砂类土、有机土为50g,放入称量盒内,立即盖好盒盖,称质量。称量时,可在天平一端放上与该称量盒等质量的砝码,移动天平游码,平衡后称量结果即为湿土质量。

②揭开盒盖,将试样和盒放入烘箱内,在温度105℃~110℃恒温下烘干。烘干时间对细粒土不得少于8h,对砂类土不得少于6h。对含有机质超过5%的土或含石膏的土,应将温度控制在60℃~70℃的恒温下,干燥12~15h为好。

③将烘干后的试样和盒取出,放入干燥器内冷却(一般只需0.5~1h即可)。冷却后盖好盒盖,称质量,准确至0.01g。

(3)结果整理

含水率按下式计算,计算至0.1%。

$$w = \frac{m - m_s}{m_s} \times 100 \tag{2-2}$$

式中:w——含水率,%;

m——湿土的质量;

m_s——干土的质量。

(4)精密度和允许差

本试验须进行二次平行测定,取其算术平均值,允许平行差值应符合表2-1的规定。

含水率测定的允许平行差值　表2-1

含水率(%)	允许平行差值(%)	含水率(%)	允许平行差值(%)
5以下	0.3	40以上	≤2
40以下	≤1	对层状和网状构造的冻土	<3

对于粗粒土,称量盒可采用铝制饭盒、瓷盘等,相应的土样也应多些。

(5)报告

①土的鉴别分类和代号。

②土的含水率 w 值。

2.1.1.2　酒精燃烧法

本法适用于快速简易测定细粒土(含有机质的除外)的含水率。在土样中加入酒精,利用酒精能在土上燃烧,使土中水分蒸发,将土样烘干。一般应烧三次,本法是快速测定法中较准确的一种,现场测试中用的较多。

(1)仪器设备

①称量盒。

②天平:感量0.01g。

③酒精:纯度95%。

④滴管、火柴、调土刀等。

(2)试验步骤

①取代表性试样(黏质土5~10g,砂类土20~30g)放入称量盒内,称湿土质量。

②用滴管将酒精注入放有试样的称量盒中,直至盒中出现自由液面为止。为使酒精在试样中充分混合均匀,可将盒底在桌面上轻轻敲击。

③点燃盒中酒精,燃至火焰熄灭。

④将试样冷却数分钟后,按第②、③步的方法重新燃烧两次。

⑤待第三次火焰熄灭后,盖好盒盖,立即称干土质量,准确至0.01g。

其余同烘干法。

(3)注意

①上一次的酒精燃烧熄灭后,必须确定完全熄灭时,才能加下一次酒精,以免发生危险。

②本法适用于无黏性土和一般黏性土,不适用于含有机质土、含盐量较多的土和重黏土。

2.1.1.3　比重法

本试验方法仅适用于砂类土。

(1)仪器设备

①玻璃瓶：容积500mL以上。

②天平：称量1 000g，感量0.5g。

③其他：漏斗、小勺、吸水球、玻璃片、土样盘及玻璃棒等。

(2)试验步骤

①取代表性砂类土试样200~300g，放入土样盘内。

②向玻璃瓶中注入清水至1/3左右，然后用漏斗将土样盘中的试样倒入瓶中，并用玻璃棒搅拌1~2min，直到所含气体完全排出为止。

③向瓶中加清水至全部充满，静置1min后用吸水球吸去泡沫，再加清水使其充满，盖上玻璃片，擦干瓶外壁，称质量。

④倒去瓶中混合液，洗净，再向瓶中加满清水至全部充满，盖上玻璃片，擦干瓶外壁，称质量，准确至0.5g。

(3)结果整理

按式(2-3)计算：

$$w = \left[\frac{m(G_s - 1)}{G_s(m_1 - m_2)} - 1\right] \times 100 \tag{2-3}$$

式中：w——砂类土的含水率，(计算至0.1)，%；

m——湿土质量，g；

m_1——瓶、水、土、玻璃片合质量，g；

m_2——瓶、水、玻璃片合质量，g；

G_s——砂类土的相对密度。

2.1.1.4　特殊土的含水率测试方法

(1)含石膏土和有机质土的含水率测试法

含石膏土和有机质土的烘干温度在110℃时，含石膏土会失去结晶水，含有机质土其有机成分会燃烧，测试结果将与含水率定义不符。因此这时试样宜用真空干燥箱在近乎1个大气压力作用下将土干燥，或将烘箱温度控制在60℃~70℃，干燥8h以上为好。

(2)无机结合料稳定土的含水率测试法

无机结合料在国外常称为水硬性结合料，主要指水泥、石灰、粉煤灰和石灰或水泥粉煤灰。水泥稳定土、石灰稳定土、石灰粉煤灰稳定土等的总称为无机结合料稳定土。

水泥与水拌和会发生水化作用，在较高温度下水化作用较快发生。因此，如将水泥混合料放在原为室温的烘箱内，再启动烘箱升温，则在升温过程中水泥与水的水化作用发生放热反应，使得出的含水率往往偏小。所以应提前将烘箱升温到110℃，使放入的水泥混合料一开始就能在105℃~110℃的环境下烘干。另外，烘干后冷却时应用硅胶作干燥剂。

2.1.2　密度试验

密度是土的物理性质指标之一，无论在室内试验或野外勘查以及施工质量控制中均须测定密度。测定密度常用的方法有环刀法、蜡封法、灌砂法、灌水法等。环刀法操作简便而准确，在室内和野外普遍采用；不能用环刀削的坚硬、易碎、含有粗粒、形状不规则的土可用蜡封法；

灌砂法、灌水法一般在野外应用。

2.1.2.1　环刀法

此法采用一定体积的环刀切削土样，使土按环刀形状充满其中，测环刀中土重，根据已知环刀的体积就可计算出土的密度。室内测试时，可选用剪切、压缩、渗透仪环刀。施工现场检查填土密度时，因每层土压实程度上下不均，而每一层压实厚度达20～30cm，环刀容积过小，取土深度稍有变化，所测密度误差较大，为此可选用大容积环刀提高测试精度。

(1)仪器设备

①环刀：内径6～8cm，高2～5.4cm，壁厚1.5～2.2mm。

②天平：感量0.1g。

③其他：修土刀、钢丝锯、凡士林等。

(2)试验步骤

①按工程需要取原状土或制备所需状态的扰动土样，整平两端，环刀内壁涂一薄层凡士林，刀口向下放在土样上。

②用修土刀或钢丝锯将土样上部削成略大于环刀直径的土柱，然后将环刀垂直下压，边压边削，至土样伸出环刀上部为止。削去两端余土，使与环刀口面齐平，并用剩余土样测定含水率。

③擦净环刀外壁，称环刀与土合质量m_1，准确至0.1g。

(3)结果整理

分别按式(2-4)、式(2-5)计算湿密度和干密度：

$$\rho = \frac{m_1 - m_2}{V} \tag{2-4}$$

$$\rho_d = \frac{\rho}{1 + 0.01w} \tag{2-5}$$

式中：ρ——湿密度(计算至0.01)，g/cm^3；

m_1——环刀与土合质量，g；

m_2——环刀质量，g；

V——环刀体积，cm^3。

ρ——干密度(计算至0.01)，g/cm^3；

w——含水率，%。

(4)精密度和允许差

本试验须进行两次平行测定，取其算术平均值，其平行差值不得大于0.03g/cm^3。

(5)报告

①土的鉴别分类和状态描述。

②土的含水率w(%)。

③土的湿密度ρ(g/cm^3)。

④土的干密度ρ_d(g/cm^3)。

2.1.2.2　蜡封法

此法系将不规则的土样（体积不小于 $500cm^3$）称其自然质量后，浸入熔化的石蜡中，使土样被石蜡所包裹，而后称其在空气中重与在水中重，并按公式计算土样密度。此法所得密度值较其他方法大，这是因为在任何情况下难以避免熔蜡浸入土内孔隙中的缘故。

（1）仪器设备

①天平：感量 0.01g。

②烧杯、细线、石蜡、针、削土刀等。

（2）试验步骤

①用削土刀切取体积大于 $30cm^3$ 试件，削除试件表面的松、浮土以及尖锐棱角，在天平上称量 m，准确至 0.01g。取代表性土样进行含水率测定。

②将石蜡加热至刚过熔点，用细线系住试件浸入石蜡中，使试件表面覆盖一薄层严密的石蜡，若试件蜡膜上有气泡，需用热针刺破气泡，再用石蜡填充针孔，涂平孔口。

③待冷却后，将蜡封试件在天平上称量 m_1，准确至 0.01g。

④用细线将蜡封试件置于天平一端，使其浸浮在盛有蒸馏水的烧杯中，注意试件不要接触烧杯壁，称蜡封试件的水下质量 m_2，准确至 0.01g，并测量蒸馏水的温度。

⑤将蜡封试件从水中取出，擦干石蜡表面水分，在空气中称其质量，将其与③中所称质量相比，若质量增加，表示水分进入试件中，若浸入水分质量超过 0.03g，应重做。

（3）结果整理

按式(2-6)计算湿密度：

$$\rho = \frac{m}{\frac{m_1 - m_2}{\rho_{wt}} - \frac{m_1 - m}{\rho_n}} \tag{2-6}$$

式中：ρ——土的湿密度，g/cm^3；

m——试件质量，g；

m_1——蜡封试件质量，g；

m_2——蜡封试件水中质量，g；

ρ_{wt}——蒸馏水在 t℃时密度（准确至 0.001 g/cm^3），g/cm^3；

ρ_n——石蜡密度（应事先实测，准确至 0.01 g/cm^3，一般可采用 $0.92g/cm^3$），g/cm^3。

其余同环刀法。

2.1.2.3　电动取土器法

本试验方法适用于硬塑土密度的快速测定。

（1）仪器设备

电动取土器由底座、行走轮、立柱、齿轮箱、升降机构、取芯头等组成。

底座：由底座平台、定位销、行走轮组成。平台是整个仪器支撑基础；定位销供操作时，仪器定位用；行走轮供换点取芯时，仪器近距离移动用，当定位时四只轮子可扳起离开地表。

立柱：立柱由立柱与立柱套组成，装在底座平台上，作为升降机构、取芯机构、动力和传动机构的支架。

升降机构:由升降手轮、锁紧手柄组成,供调整取芯机构高低用。松开锁紧手柄,转动升降手轮,取芯机构即可升降,到所需位置时拧紧手柄定位。

取芯机构:由取芯头、升降轴组成,取芯头为金属圆筒,下口对称焊接两个合金钢切削刀头,上端面焊有平盖,其上焊螺母,靠螺旋接于升降轴上。取芯头有三种规格,即 ϕ50mm × 50mm、ϕ70mm × 70mm、ϕ100mm × 100mm,取芯头为可换式。另配有相应的取芯套筒、扳手、铅盒等。

动力和传动机构:主要由直流电机、调速器、齿轮箱组成,另配电瓶和充电器。当电机工作时,通过齿轮箱的齿轮将动力传给取芯机构,升降轴旋转,取芯头进入旋切工作状态。

电动取土器主要技术参数为:工作电压 DC24V(36A · h);转速 50 ~ 70r/min,无级调速;整机质量约 35kg。

天平:称量 1 000g,感量 1.0g(用于取芯头内径为 10cm 样品的称量);称量 1 000g,感量 0.1g(用于取芯头内径小于 7cm 样品的称量)。

其他:修土刀、钢丝锯及测定含水率的设备等。

(2)试验步骤

①装上所需规格的取芯头。在施工现场,取芯前,选择一块平整的路段,将四只行走轮打起,四根定位销钉采用人工加压的方法,压入路基土层中。松开锁紧手柄,旋动升降手轮,使取芯头刚好与土层接触,锁紧手柄。

②将电瓶与整速器接通,调速器的输出端接入取芯机电源插口。指示灯亮,显示电路已通;启动开关,电动机工作,带动取芯机构转动。根据土层含水率调节转速,操作升降手柄、上提取芯机构,停机,移开机器。由于取芯头圆筒外表有几条螺旋状突起,切下的土屑排在筒外顺螺纹上旋抛出地表。因此,将取芯套筒套在切削好的土芯立柱上,摇动即可取出样品。

③取出样品,立即按取芯套筒长度用手刀或钢丝锯修平两端,制成所需规格土芯。如拟进行其他试验项目,装入铅盒,送试验室备用。

④用天平称量土芯带套筒质量,从土芯中心部分取试样测定含水率。

(3)结果整理

对于所需规格的土芯按下列公式计算湿密度及干密度:

$$\rho = \frac{m_1 - m_2}{V} \tag{2-7}$$

$$\rho_d = \frac{\rho}{1 + 0.01w} \tag{2-8}$$

其余同环刀法。

2.1.3 比重试验

土的比重试验目的:求土在 105℃ ~110℃下烘干至恒重时的质量,然后与同体积 4℃时蒸馏水的质量的比值。

土的比重是可以通过试验直接测定的,它是土的物理性质中三个基本指标之一。测定土的比重随土的粒径大小不同可采用不同的试验方法,简单介绍如下。

2.1.3.1　比重瓶法

比重瓶法适用于土粒径小于 5mm 的土。

(1)仪器设备

①比重瓶:容量 100(或 50)mL。

②天平:称量 200g,感量 0.001g。

③恒温水槽:灵敏度 ±1℃。

④砂浴。

⑤真空抽气设备。

⑥温度计:刻度为 0℃ ~50℃,分度值为 0.5℃。

⑦其他:如烘箱、蒸馏水、中性液体(如煤油)、孔径 2mm 及 5mm 筛、漏斗、滴管等。

(2)比重瓶校正

因为比重瓶的玻璃和瓶中的水,在不同温度下其膨胀系数和水的密度都在变化,进行校正求得瓶加水重在不同温度下的关系曲线。这种校正除新购比重瓶在试验前必须进行外,对已使用过的瓶在一定时间段内也应进行校正。

(3)试验步骤

①将比重瓶洗净、烘干,将 15g 烘干土装入 100mL 比重瓶内(若用 50mL 比重瓶,装烘干土约 12g),称量。

②为排除土中空气,将已装有干土的比重瓶,注蒸馏水至瓶的一半处,摇动比重瓶,土样浸泡 20h 以上,再将瓶在砂浴中煮沸,煮沸时间自悬液沸腾时算起,砂及低液限黏土应不少于 30min,高液限黏土应不少于 1h,使土粒分散。注意沸腾后调节砂浴温度,不使土液溢出瓶外。

③如系长颈比重瓶,用滴管调整液面恰至刻度(以弯液面下缘为准),擦干瓶外及瓶内壁刻度以上部分的水,称瓶、水、土总质量。如系短颈比重瓶,将纯水注满,使多余水分自瓶塞毛细管中溢出,将瓶外水分擦干后,称瓶、水土总质量,称量后立即测出瓶内水的温度,准确至 0.5℃。

④根据测得的温度,从已绘制的温度与瓶、水总质量关系曲线中查得瓶水总质量。如比重瓶体积事先未经温度校正,则立即倾去悬液,洗净比重瓶,注入事先煮沸过且与试验时同温度的蒸馏水至同一体积刻度处,短颈比重瓶则注水至满,按本试验③步骤调整液面后,将瓶外水分擦干,称瓶、水总质量。

⑤如系砂土,煮沸时砂粒易跳出,允许用真空抽气法代替煮沸法排除土中空气,其余步骤与本试验③、④相同。

(4)注意事项

如系砂土,煮沸时砂粒易跳出,允许用真空抽气法代替煮沸法排除土中空气。其余步骤与试验规程相同。

对含有某一定量的可溶盐、非亲水性胶体或有机质的土,必须用中性液体(如煤油)测定,并用真空抽气法排除土中气体。真空压力表读数宜为 100kPa,抽气时间 1 ~2h(直至悬液内无气泡为止),其余步骤同试验规程。

本试验称量应准确至 0.001g。

(5)结果整理

①用蒸馏水测定时,按式(2-9)计算比重:

$$G_s = \frac{m_s}{m_1 + m_s - m_2} \times G_{wt} \tag{2-9}$$

式中:G_s——土的比重;

m_s——干土质量,g;

m_1——瓶、水总质量,g;

m_2——瓶、水、土总质量,g;

G_{wt}——t℃时蒸馏水的比重(水的比重可查物理手册),准确至0.001。

②用中性液体测定时,按式(2-10)计算比重:

$$G_s = \frac{m_s}{m'_1 + m_s - m'_2} \times G_{kt} \tag{2-10}$$

式中:m'_1——瓶、中性液体总质量,g;

m'_2——瓶、土、中性液体总质量,g;

G_{kt}——t℃时中性液体比重(应实测),准确至0.001。

(6)允许误差和精度

本试验必须进行两次平行测定,取其算术平均值,以两位小数表示,其平行差值不得大于0.02。

(7)报告

①土的鉴别分类和代号。

②土的比重 G_s 值。

2.1.3.2　浮力法

本试验目的是测定土颗粒的比重。本试验方法适用于粒径大于或等于5mm的土,且其中粒径大于或等于20mm的土质量应小于总土质量的10%。

(1)仪器设备

①浮力仪(含电子天平):称量1 000g以上,感量0.001g;应附有孔径小于5mm的金属网篮,其直径为10~15mm,高为10~20cm;适合网篮沉入的盛水容器。

②静水力学天平(或物理天平):称量2 000g以上,感量1/1 000;应附有孔径小于5mm的金属网篮,其直径为10~15cm,高为10~20cm;适合网篮沉入的盛水容器。

③其他:烘箱、温度计、孔径5mm及20mm筛等。

(2)试验步骤

①取代表性试样500~1 000g(m_s)。

②称烧杯和杯中水的质量 m_1,将金属网篮缓缓浸没于水中,再称烧杯、杯中水和悬没于水中的金属网篮的总质量,并立即测量容器内水的温度,准确至0.5℃。计算出悬没于水中的金属网篮的浮力质量 m_2。

③将试样浸在水中一昼夜取出,立即放入金属网篮,缓缓浸没于水中,并在水中摇晃,至无气泡逸出时为止。

④称烧杯、杯中水和悬没于水中的金属网篮及试样的总质量 m_3，并立即测量容器内水的温度，准确至 0.5℃。

⑤取出试样烘干，称量。

(3)结果整理

按式(2-11)计算土粒比重：

$$G_s = \frac{m_s}{m_3 - m_2 - m_1} \times G_{wt} \tag{2-11}$$

式中：G_s——土粒比重，计算至 0.001；

m_s——干土质量，g；

m_1——烧杯和杯中水的质量，g；

m_2——悬没于水中的金属网篮的浮力质量，g；

m_3——烧杯、杯中水和悬没于水中的金属网篮及试样的总质量，g；

G_{wt}——t℃时水的比重，准确至 0.001。

按式(2-12)计算土料平均比重：

$$G_s = \frac{1}{\dfrac{P_1}{G_{s1}} + \dfrac{P_2}{G_{s2}}} \tag{2-12}$$

式中：G_s——土料平均比重，计算至 0.01；

G_{s1}——大于 5mm 土粒的比重；

G_{s2}——小于 5mm 土粒的比重；

P_1——大于 5mm 土粒占总质量的百分数，%；

P_2——小于 5mm 土粒占总质量的百分数，%。

(4)精度和允许误差与比重瓶法相同。

(5)报告内容与比重瓶法相同。

2.1.3.3　浮称法

浮称法适用于土的粒径大于或等于 5mm 的土，其中粒径大于或等于 20mm 的土质量应小于总土质量的 10%。

(1)仪器设备

①静水力学天平(或物理天平)：称量 1 000g以上，感量 0.001g；应附有孔径小于 5mm 的金属网篮，其直径为 10～15cm，高为 10～20cm；适合网篮沉入的盛水容器(图 2-1)。

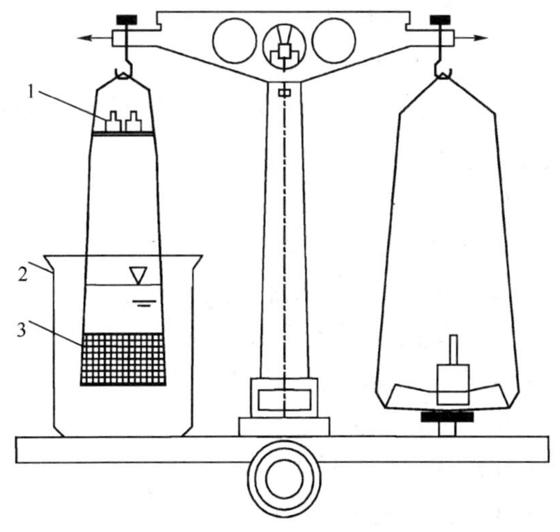

图 2-1　浮称天平

1-调平平衡砝码盘；2-盛水容器；3-盛粗粒土的金属网篮

②其他：烘箱、温度计、孔径 5mm 及 20mm 筛等。

(2)试验步骤

①取代表性试样 500 ~ 1 000g,彻底冲洗试样,直至颗粒表面无尘土和其他污物。

②将试样浸在水中一昼夜取出,立即放入金属网篮,缓缓浸没于水中,并在水中摇晃,至无气泡逸出时为止。

③称金属网篮和试样在水中的总质量 m_2。

④取出试样烘干,称量。

⑤称金属网篮在水中质量 m_1,并立即测量容器内水的温度,准确至 0.5℃。

(3)结果整理

按式(2-13)计算土粒比重:

$$G_s = \frac{m_s}{m_s - (m'_2 - m'_1)} \times G_{wt} \tag{2-13}$$

式中:m'_1——金属网篮在水中质量,g;

m'_2——试样和金属网篮在水中总质量,g;

G_{wt}——t℃时水的比重,准确至 0.001。

按式(2-14)计算土料平均比重:

$$G_s = \frac{1}{\dfrac{P_1}{G_{s1}} + \dfrac{P_2}{G_{s2}}} \tag{2-14}$$

式中:G_{s1}——大于 5mm 土粒的比重;

G_{s2}——小于 5mm 土粒的比重;

P_1——大于 5mm 土粒占总质量的百分数,%;

P_2——小于 5mm 土粒占总质量的百分数,%。

(4)精度和允许误差与比重瓶法相同。

(5)报告内容与比重瓶法相同。

2.1.3.4 虹吸筒法

本试验法适用于粒径大于或等于 5mm 的土,且其中粒径大于或等于 20mm 土的含量大于或等于总土质量的 10%。

(1)仪器设备

①虹吸筒:见图 2-2。

②台秤:称量 10kg,感量 1g。

③量筒:容积大于 2 000mL。

④其他:烘箱、温度计、孔径 5mm 及 20mm 的筛等。

(2)试验步骤

①取代表性试样 1 000 ~ 7 000g。将试样彻底冲洗,直至颗粒表面无尘土和其他污物。

②再将试样浸在水中一昼夜取出,晾干(或用布擦干),称量。

③注清水入虹吸筒,至管口有水溢出时停止注水。待管不再有

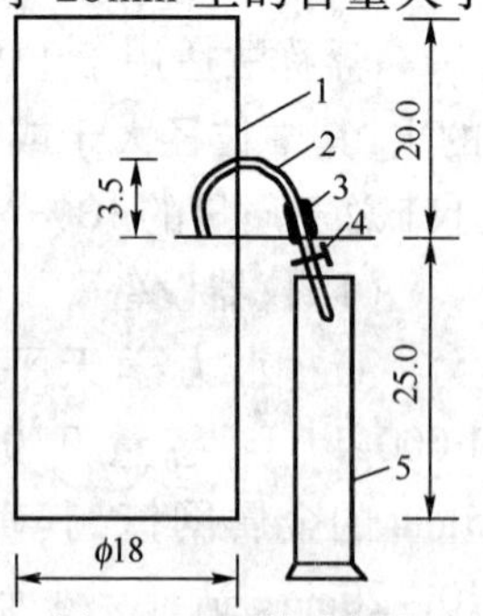

图 2-2 虹吸筒示意图
(尺寸单位:cm)
1-虹吸筒;2-虹吸管;3-橡皮管;4-管夹;5-量筒

水流出后,关闭管夹,将试样缓缓放入筒中,边放边搅,至无气泡逸出时为止,搅动时勿使水溅出筒外。称量筒质量。

④待虹吸筒中水面平静后,开管夹,让试样排开的水通过虹吸管流入筒中。

⑤称量筒与水质量后,测量筒内水的温度,准确至 0.5℃。

⑥取出虹吸筒内试样,烘干,称量。

⑦本试验称量准确至 1g。

(3)结果整理

按式(2-15)计算比重:

$$G_s = \frac{m_s}{(m_1 - m_0) - (m - m_s)} \times G_{wt} \tag{2-15}$$

式中:m_s——干土质量,g;

G_{wt}——t℃时水的比重,准确至 0.001;

m——晾干试验质量,g;

m_1——量筒加水总质量,g;

m_0——量筒质量,g。

本试验记录格式如表 2-2 所示。

比重试验记录(虹吸筒法)　　表 2-2

工程名称________　　试验日期________

试验者________　　计算者________　　校核者________

野外编号	室内编号	温度(℃)	水的比重	烘干土质量(g)	晾干土质量(g)	量筒质量(g)	量筒加排开水质量(g)	排开水质量(g)	吸着水质量(g)	比重	平均值
		(1)	(2)	(3)	(4)	(5)	(6)	(7)	(8)	(9)	
								(6) - (5)	(4) - (3)	$\frac{(3)\times(2)}{(7)-(8)}$	
	1	15.5	0.999	1979.0	2000	272.4	1040.0	767.6	21.0	2.647	2.65
		15.5	0.999	1979.0	2010	272.4	1049.4	777.0	31.0	2.649	
	2	15.5	0.999	1978.5	2000	272.4	1039.0	766.6	21.5	2.652	2.65
		15.5	0.999	1970.0	2000	272.4	1045.0	772.0	30.5	2.651	

按式(2-16)计算土料平均比重:

$$G_s = \frac{1}{\dfrac{P_1}{G_{s1}} + \dfrac{P_2}{G_{s2}}} \tag{2-16}$$

式中:G_{s1}——大于 5mm 土粒的比重;

G_{s2}——小于 5mm 土粒的比重;

P_1——大于 5mm 土粒占总质量的百分数,%;

P_2——小于 5mm 土粒占总质量的百分数,%。

(4)精度和允许误差与比重瓶法相同。

(5)报告内容与比重瓶法相同。

2.1.4 颗粒分析试验

2.1.4.1 筛分法

本试验法适用于分析粒径大于0.075mm的土,对于粒径大于60mm的土样,本试验方法不适用。

(1)仪器设备

①标准筛:粗筛(圆孔),孔径为60mm、40mm、20mm、10mm、5mm、2mm;细筛,孔径为2.0mm、1.0mm、0.5mm、0.25mm、0.075mm。

②天平:称量5 000g,感量5g;称量1 000g,感量1g;称量200g,感量0.2g。

③摇筛机。

④其他:烘箱、筛刷、烧杯、木碾、研钵及杵等。

(2)试样

①小于2mm颗粒的土100~300g。

②最大粒径小于10mm的土300~900g。

③最大粒径小于20mm的土1 000~2 000g。

④最大粒径小于40mm的土2 000~4 000g。

⑤最大粒径大于40mm的土4 000g以上。

(3)试验步骤

1)对于无凝聚性的土

①按规定称取试样,将试样分批过2mm筛。

②将大于2mm的试样从大到小的次序,通过大于2mm的各级粗筛。将留在筛上的土分别称量。

③2mm筛下的土如数量过多,可用四分法缩分至100~800g。将试样从大到小的次序通过小于2mm的各级细筛。可用摇筛机进行振摇。振摇时间一般为10~15min。

④由最大孔径的筛开始,顺序将各筛取下,在白纸上用手轻叩摇晃,至每分钟筛下数量不大于该级筛余质量的1%为止。漏下的土粒应全部放入下一级筛内,并将留在各筛上的土样用软毛刷刷净,分别称量。

⑤筛后各级筛上和筛底土总质量与筛前试样质量之差,不应大于1%。

⑥如2mm筛下的土不超过试样总质量的10%,可省略细筛分析。

2)对于含有黏土粒的砂砾土

①将土样放在橡皮板上,用木碾将黏结的土团充分碾散,拌匀、烘干、称量。如土样过多时,用四分法称取代表性土样。

②将试样置于盛有清水的瓷盆中,浸泡并搅拌,使粗细颗粒分散。

③将浸润后的混合液过2mm筛,边冲边洗过筛,直至筛上仅留大于2mm以上的土粒为止。然后,将筛上洗净的砂砾风干称量。按以上方法进行粗筛分析。

④通过2mm筛下的混合液存放在盆中,待稍沉淀,将上部悬液过0.075mm洗筛,用带橡

皮头的玻璃棒研磨盆内浆液，再加清水，搅拌、研磨、静置、过筛，反复进行，直至盆内悬液澄清。最后，将全部土粒倒在 0.075mm 筛上，用水冲洗，直到筛上仅留大于 0.075mm 净砂为止。

⑤将大于 0.075mm 的净砂烘干称量，并进行细筛分析。

⑥将大于 2mm 颗粒及 0.075 ~ 2mm 的颗粒质量从原称量的总质量中减去，即为小于 0.075mm颗粒质量。

⑦如果小于 0.075 颗粒质量超过总土质量的 10%，有必要时，将这部分土烘干、取样，另做比重计或移液管分析。

(4)结果整理

①按式(2-17)计算当小于某粒径颗粒质量百分数：

$$X = \frac{A}{B} \times 100 \tag{2-17}$$

式中：X——小于某粒径颗粒的质量百分数(计算至 0.01)，%；

A——小于某粒径的颗粒质量，g；

B——试样的总质量。

②当小于 2mm 的颗粒如用四分法缩分取样时，试样中小于某粒径的颗粒质量占总土质量的百分数：

$$X = \frac{a}{b} \times p \times 100 \tag{2-18}$$

式中：X——小于某粒径颗粒的质量百分数(计算至 0.01)，%；

a——通过 2mm 筛的土样中小于某粒径的颗粒质量，g；

b——通过 2mm 筛的土样中所取试样的质量，g；

p——粒径小于 2mm 的颗粒质量百分数，%。

③在半对数坐标纸上，以小于某粒径的颗粒质量百分数为纵坐标，以粒径(mm)为横坐标，绘制颗粒大小级配曲线，求出各粒组的颗粒质量百分数，以整数(%)表示。

④必要时按式(2-19)计算不均匀系数：

$$C_u = \frac{d_{60}}{d_{10}} \tag{2-19}$$

式中：C_u——不均匀系数，计算至 0.1 且含两位以上有效数字；

d_{60}——限制粒径，即土中小于该粒径的颗粒质量为 60% 的粒径，mm；

d_{10}——有效粒径，即土中小于该粒径的颗粒质量为 10% 的粒径，mm。

(5)精度和允许误差

筛后各级筛上和筛底土总质量与筛前试样质量之差，不应大于 1%。

(6)报告

①土的鉴别分类和代号。

②颗粒级配曲线。

③不均匀系数 C_u。

2.1.4.2 密度计法

(1)目的和适用范围

本试验方法适用于分析粒径小于0.075mm的细粒土。

(2)仪器设备

1)密度计

①甲种密度计:刻度单位以20℃时每1 000mL悬液内所含土质量的克数表示,刻度为-5~50,最小分度值为0.5。

②乙种密度计:刻度单位以20℃时悬液的比重表示,刻度为0.995~1.020,最小分度值为0.000 2。

2)量筒:容积为1 000mL,内径为60mm,高度为350mm ±10mm,刻度为0~1 000mL。

3)细筛:孔径为2mm、0.5mm、0.25 mm;洗筛:孔径为0.075mm。

4)天平:称量100g,感量0.1g;称量100g(或200g),感量0.01g。

5)温度计:测量范围0℃~50℃,精度0.5℃。

6)洗筛漏斗:上口直径略大于洗筛直径,下口直径略小于量筒直径。

7)煮沸设备:电热板或电砂浴。

8)搅拌器:底板直径50mm,孔径约3mm。

9)其他:离心机、烘箱、三角烧瓶(500mL)、烧杯(400 mL)、蒸发皿、研钵、木碾、称量铝盒、秒表等。

(3)试剂

浓度25%氨水、氢氧化钠(NaOH)、草酸钠($Na_2C_2O_4$)、六偏磷酸钠[$(NaPO_3)_6$]、焦磷酸钠($Na_4P_4P_2O_7 \cdot 10H_2O$)等;如须进行洗盐手续,应有10%盐酸、5%氯化钡、10%硝酸、5%硝酸银及6%双氧水等。

(4)试样

密度计分析土样应采用风干土。土样充分碾散,通过2mm筛(土样风干可在烘箱内以不超过50℃鼓风干燥)。

求出土样的风干含水率,并按式(2-20)计算试样干质量为30g时所需的风干土质量,准确至0.01g。

$$m = m_s(1 + 0.01w) \tag{2-20}$$

式中:m——风干土质量(计算至0.01),g;

m_s——密度计分析所需干土质量,g;

w——风干土的含水率,%。

(5)密度计校正

①密度计刻度及弯月面校正:按《标准玻璃浮计检定规程》(JJG 86—2001)进行。

②温度校正:当密度计的刻制温度是20℃,而悬液温度不等于20℃时,应进行校正。校正值查表2-3。

温度校正值　　表2-3

悬液温度 t (℃)	甲种密度计温度校正值 m_t	乙种密度计温度校正值 m'_t	悬液温度 t (℃)	甲种密度计温度校正值 m_t	乙种密度计温度校正值 m'_t
10.0	-2.0	-0.0012	20.2	0.0	+0.0000
10.5	-1.9	-0.0012	20.5	+0.1	+0.0001
11.0	-1.8	-0.0012	21.0	+0.3	+0.0002
11.5	-1.7	-0.0011	21.5	+0.5	+0.0003
12.0	-1.6	-0.0011	22.0	+0.6	+0.0004
12.5	-1.5	-0.0010	22.5	+0.8	+0.0005
13.0	-1.4	-0.0010	23.0	+0.9	+0.0006
13.5	-1.3	-0.0009	23.5	+1.1	+0.0007
14.0	-1.2	-0.0009	24.0	+1.3	+0.0008
14.5	-1.1	-0.0008	24.5	+1.5	+0.0009
15.0	-1.0	-0.0008	25.0	+1.7	+0.0010
15.5	-0.9	-0.0007	25.5	+1.9	+0.0011
16.0	-0.8	-0.0006	26.0	+2.1	+0.0013
16.5	-0.7	-0.0006	26.5	+2.2	+0.0014
17.0	-0.6	-0.0005	27.0	+2.5	+0.0015
17.5	-0.5	-0.0004	27.5	+2.6	+0.0016
18.0	-0.4	-0.0003	28.0	+2.9	+0.0018
18.5	-0.3	-0.0003	28.5	+3.1	+0.0019
19.0	-0.2	-0.0002	29.0	+3.3	+0.0021
19.5	-0.1	-0.0001	29.5	+3.5	+0.0022
20.0	-0.0	-0.0000	30.0	+3.7	+0.0023

③土粒比重校正:密度计刻度应以土粒比重2.65为准。当试样的土粒比重不等于2.65时,应进行土粒比重校正。校正值查表2-4。

土粒比重校正值　　表2-4

土粒比重	甲种密度计 C_G	乙种密度计 C'_G	土粒比重	甲种密度计 C_G	乙种密度计 C'_G
2.50	1.038	1.666	2.70	0.989	1.588
2.52	1.032	1.658	2.72	0.985	1.581
2.54	1.027	1.649	2.74	0.981	1.575
2.56	1.022	1.641	2.76	0.977	1.568
2.58	1.017	1.632	2.78	0.973	1.562
2.60	1.012	1.625	2.80	0.969	1.556
2.62	1.007	1.617	2.82	0.965	1.549
2.64	1.002	1.609	2.84	0.961	1.543
2.66	0.998	1.603	2.86	0.958	1.538
2.68	0.993	1.595	2.88	0.954	1.532

④分散剂校正:密度计刻度系以纯水为准,当悬液中加入分散剂时,相对密度增大,故须加以校正。

注纯水入量筒,然后加分散剂,使量筒溶液达1 000mL。用搅拌器在量筒内沿整个深度上下搅拌均匀,恒温至20℃。然后将密度计放入溶液中,测记密度计读数。此时密度计读数与20℃时纯水中读数之差,即为分散剂校正值。

(6)土样分散处理

土样的分散处理,采用分散剂。对于使用各种分散剂均不能分散的土样(如盐渍土等),须进行洗盐。

对于一般易分散的土,用25%氨水作为分散剂,其用量为:30g土样中加氨水1mL。

对于用氨水不能分散的土样,可根据土样的pH值,分另采用下列分散剂:

①酸性土($pH < 6.5$),30g土样加0.5mol/L氢氧化钠20mL。溶液配制方法:称取20gNaOH(化学纯),加蒸馏水溶解后,定容至1 000mL,摇匀。

②中性土($pH = 6.5 \sim 7.5$),30g土样加0.25mol/L草酸钠18mL。溶液配制方法:称取33.5g$Na_2C_2O_4$(化学纯),加蒸馏水溶解后,定容至1 000mL,摇匀。

③碱性土($pH > 7.5$),30g土样加0.083mol/L六偏磷酸钠15mL。溶液配制方法:称取51g$(NaPO_3)_6$(化学纯),加蒸馏水溶解后,定容至1 000mL,摇匀。

④若土的pH大于8,用六偏磷酸钠分散效果不好或不能分散时,则30g土样加0.125mol/L焦磷酸钠14mL。溶液配制方法:称取55.8g $Na_4P_2O_7 \cdot 10H_2O$(化学纯),加蒸馏水溶解后,定容至1 000mL,摇匀。

对于强分散剂(如焦磷酸钠)仍不能分散的土,可用阳离子交换树脂(粒径大于2mm的)100g放入土样中一起浸泡,不断摇荡约2h,再过2mm筛,将阳离子交换树脂分开,然后加入0.083mol/L六偏磷酸15mL。

对于可能含有水溶盐,采用以上方法均不能分散的土样,要进行水溶盐检验。其方法是:取均匀试样约3g,放入烧杯内,注入4~6mL蒸馏水,用带橡皮头的玻璃棒研散,再加25mL蒸馏水,煮沸5~10min,经漏斗注入30mL的试管中,塞住管口,放在试管架上静置一昼夜。若发现管中悬液有凝聚现象(在沉淀物上部呈松散絮绒状),则说明试样中含有足以使悬液中土粒成团下降的水溶盐,要进行洗盐。

(7)洗盐(过滤法)

①将分散用的试样放入调土皿内,注入少量蒸馏水,拌和均匀。将滤纸微湿后紧贴于漏斗上,然后将调土皿中土浆迅速倒入漏斗中,并注入热蒸馏水冲洗过滤。

②附于皿上的土粒要全部洗入漏斗。若发现滤液混浊,须重新过滤。应经常使漏斗内的液面保持高出土面约5mm。每次加水后,须用表面皿盖住。

③为了检查水溶性盐是否已洗干净,可用两个试管各取刚滤下的滤液3~5mL,管中加入数滴10%盐酸及5%氯化钡;另一管加入数滴10%硝酸及5%硝酸盐。若发现任一管中有白色沉淀时,说明土中的水溶盐仍未洗净,应继续清洗,直至检查时试管中不再发现白色沉淀时为止。将漏斗上的土样细心洗下,风干取样。

(8)试验步骤

①将称好的风干土样倒入三角烧瓶中,注入蒸馏水200mL,浸泡一夜。按前述规定加入分散剂。

②将三角烧瓶稍加摇荡后,放在电热器上煮沸40min(若用氨水分散时,要用冷凝管装置;

若用阳离子交换树脂时,则不需煮沸)。

③将煮沸后冷却的悬液倒入烧杯中,静置 1min。将上部悬液通过 0.075mm 筛,注入 1 000mL量筒中。杯中沉土用带橡胶头的玻璃棒细心研磨。加水入杯中,搅拌后静置 1min,再将上部悬液通过 0.075mm 筛,倒入量筒。反复进行,直至静置 1min 后,上部悬液澄清为止。最后将全部土粒倒入筛内,用水冲洗至仅有大于 0.075 净砂为止。注意量筒内的悬液总量不要超过 1 000mL。

④将留在筛上的砂粒洗入皿中,风干称量,并计算各粒组颗粒质量占总土质量的百分数。

⑤向量筒中注入蒸馏水,使悬液恰为 1 000mL(如用氨水作分散剂时,这时应再加入 25% 氨水 0.5mL,其数量包括在 1 000mL 内)。

⑥用搅拌机在量筒内沿整个悬液深度上下搅拌 1min,往返约 30 次,使悬液均匀分布。

⑦取出搅拌器,同时开动秒表。测记 0.5min、1min、5min、15min、30min、60min、120min、240min 及 1 440min 的密度计读数,直至小于某粒径的土重百分比小于 10% 为止。每次读数前 10 ~ 20s 将密度计小心放入量筒至约接近估计读数的深度。读数以后,取出密度计(0.5min及 1min 读数除外),小心放入盛有清水的量筒中。每次读数后均须测记悬液温度,准确至 0.5℃。

⑧如一次做一批土样(20 个),可先做完每个量筒的 0.5min 及 1min 读数,再按以上步骤将每个土样悬液重新依次搅拌一次,然后分别测记各规定时间的读数。同时在每次读数后测记悬液的温度。

⑨密度计读数均以弯月面上缘为准。甲种密度计应准确至 1,估读至 0.1;乙种密度计应准确至 0.001,估读至 0.000 1。为方便读数,采用见读法,即 0.001 读作 1,而 0.000 1 读作 0.1。这样,既便于读数又便于计算。

(9)结果整理

1)小于某粒径的试样质量占试样总质量的百分比按式(2-21)计算:

①甲种密度计

$$X = \frac{100}{m_s} C_G (R_m + m_t + n - C_D) \tag{2-21}$$

$$C_G = \frac{\rho_s}{\rho_s - \rho_{w20}} \times \frac{2.65 - \rho_{w20}}{2.65}$$

式中:X——小于某粒径的土质量百分比(计算至 0.1),%;

m_s——试样质量(干土质量),g;

C_G——比重校正值,查表 2-4;

ρ_s——土粒密度,g/cm^3;

ρ_{w20}——20℃时水的密度,g/cm^3;

m_t——温度校正值,查表 2-3;

n——刻度及弯月面校正值;

C_D——分散剂校正值;

R_m——甲种密度计读数。

②乙种密度计

$$X = \frac{100V}{m_s}C'_G[(R'_m - 1) + m'_t + n' - C'_D]\rho_{u20} \tag{2-22}$$

$$C'_G = \frac{\rho_s}{\rho_s - \rho_{w20}}$$

式中：X——小于某粒径的土质量百分比（计算至0.1），%；

V——悬液体积（=1 000mL）；

m_s——试样质量（干土质量），g；

C'_G——比重校正值，查表2-4；

ρ_s——土粒密度，g/cm^3；

n'——刻度及弯月面校正值；

C'_D——分散剂校正值；

R'_m——乙种密度计读数；

ρ_{w20}——20℃时水的密度，g/cm^3；

m'_t——温度校正值，查表2-3。

2）土粒直径按式（2-23）计算：

$$d = \sqrt{\frac{1\,800 \times 10^4\eta}{(G_s - G_{wt})\rho_{w4}g} \times \frac{L}{t}} \tag{2-23}$$

式中：d——土粒直径（计算至0.000 1且含两位有效数字），mm；

η——水的动力黏滞系数（参见“渗透试验”），10^{-6}kPa·s；

ρ_{w4}——4℃时水的密度，g/cm^3；

G_s——土的比重；

G_{wt}——温度t℃时水的比重；

L——某一时间t内的土粒沉降距离，cm；

g——重力加速度，981cm/s^2；

t——沉降时间，s。

为了简化计算，式（2-23）可写成：

$$d = K\sqrt{\frac{L}{t}} \tag{2-24}$$

式中：K——粒径计算系数$\left(\sqrt{\frac{1\,800 \times 10^4\eta}{(G_s - G_{wt})\rho_{w4}g}}\right)$，与悬液温度和土粒比重有关。

3）以小于某粒径的颗粒百分数为纵坐标，以粒径（mm）为横坐标，在半对数纸上，绘制粒径分配曲线。求出各粒组而定颗粒质量百分数，并且不大于d_{10}的数据点至少有一个。

如系与筛分法联合分析，应将两端曲线绘成一平滑曲线。

（10）报告

①土的鉴别分类和代号。

②颗粒分析试验记录表。

③土的颗粒级配曲线。

2.1.4.3　移液管法

(1)目的和适用范围

本试验方法使用于分析粒径小于 0.075mm 细粒土的组成。

(2)仪器设备

①分析天平:感量 0.001g。

②移液管:为土的颗粒分析特制的 25mL 移液管,管端侧面开有四个小孔。

③恒温水槽:高度应高于量筒。

④1 000mL 量筒、50mL 小烧杯(高型)等,其他与密度分析、密度计法相同。

(3)试验步骤

①取代表性试样,黏质土为 10 ~ 15g,砂类土为 20g,按密度计法制取悬液。

②将盛有土样悬液的量筒放入恒温水槽,使悬液恒温至适当温度。试验中悬液温度变化不得大于 ±0.5℃。按式(2-25)计算粒径小于 0.05mm、0.01mm、0.005mm 和其他所需粒径下沉一定深度所需的静置时间:

$$t = \frac{L}{\frac{2}{9} \times 10^{-4} \times g \times r^2 \times \frac{\rho_s - \rho_{wt}}{\eta}} \tag{2-25}$$

式中:t——某粒径土粒下沉一定深度所需的静置时间(计算至 0.01),s;

g——重力加速度,981cm/s^2;

r——土粒半径$\left(\frac{d}{2}\right)$,cm(原来以 mm 表示的粒径在这里须化为 cm);

ρ_s——土粒密度,g/cm^3;

ρ_{wt}——t℃时水的密度,g/cm^3;

η——纯水的动力黏滞系数,10^{-6}kPa · s;

L——移液管浸入悬液深度,10cm。

③准备好 50mL 小烧杯,称量,准确至 0.001g。

④准备好移液管,活塞应放在关闭位置上,旋转活塞应放在与移液管及吸球相通的位置上。

⑤用搅拌器将悬液上下搅拌各约 30 次,时间为 1min,使悬液分布均匀。停止搅拌,立即开动秒表。

⑥根据各粒径的静置时间提前约 10s,将移液管放入悬液中,浸入深度为 10cm,靠连接自来水管所产生的负压或用吸球来吸取悬液。

⑦吸入悬液,至略多于 25mL,旋转活塞 180°,使与放入液管相通,再将多余悬液从放液口放出。

⑧将移液管下口放入已称量的小烧杯中,再旋转活塞 180°,使与放入液管相通,同时用吸球将悬液(25mL)全部注入小烧杯内。在移液管上口预先倒入蒸馏水,此时开活塞,使水流入移液管中,再将这部分水连同管内剩余颗粒冲入小烧杯内。

⑨将烧杯内的悬液浓缩至半干,放入烘箱内在 105℃ ~110℃温度下烘至恒温。称量小烧杯连同干土的质量,准确至 0.001g。

(4)结果整理

土中小于某粒径的颗粒含量百分数按下式计算:

$$X = \frac{A \times 1\,000}{25 \times B} \times 100 \tag{2-26}$$

或

$$X = \frac{C}{B} \times 100\ ,C = \frac{A \times 1\,000}{25} \tag{2-27}$$

式中:X——小于某粒径的颗粒含量百分数(计算至0.1),%;

A——25mL悬液中小于某粒径的颗粒烘干质量,g;

B——试样总质量,g;

C——1 000mL悬液中小于某粒径的颗粒总质量,g。

如系与筛分法联合分析,应将两段曲线绘成一平滑曲线。

(5)报告

①土的鉴别分类和代号。

②颗粒分析试验记录表。

③土的颗粒级配曲线。

2.1.5 界限含水率试验

2.1.5.1 概述

含水率对黏性土的工程性质(如强度、压缩性等)有极大的影响。当土从很湿逐渐变干时,会表现出几个不同的物理状态,土也就有不同的工程性质。

当黏性土含水率极高时,土成泥浆,为黏滞流动的液体。当施加剪力时,泥浆将连续变形,土的抗剪强度极低。当含水率逐渐降低到某一值,土会显示出一定的抗剪强度,并且在外力作用下,可以塑成任何形状,并不发生裂缝。解除外力后,土仍保持已有的变形而不恢复原状。这些特征与液体完全不同,它表现为塑性体的特征。土从液体状态向塑性体状态过渡的界限含水率称为液限w_L。

当含水率继续降低时,土能承受较大的剪切应力,在外力作用下不再具有塑性体特征,而呈现具有脆性的固体特征。土由塑性体状态向脆性固体状态过渡的界限含水率称为塑限w_P。

液限和塑限在国际上称为阿太堡界限(Atterberg Limit),它们是黏性土的重要物理性质指标。

黏性土的塑性大小,可用土处于塑性状态的含水率变化范围来衡量。此范围即液限与塑限之差值,称为塑性指数I_p。

$$I_p = w_L - w_P \tag{2-28}$$

塑性指数一般在习惯上用不带百分数符号的数值表示。塑性指数越大,表示土越具有高塑性。

土的天然含水率在一定程度上反映土中水量的多少。但仅仅天然含水率并不能说明土处于什么物理状态,因此还需要一个能够表示天然含水率与界限含水率关系的指标,即液性指

标 I_L：

$$I_L = \frac{w - w_P}{w_L - w_P} \tag{2-29}$$

式中：w——天然含水率；

w_L——液限；

w_P——塑限。

2.1.5.2　液塑限联合测定法

(1)目的和适用范围

①本试验的目的是联合测定土的液限和塑限，用于划分土类、计算天然稠度和塑性指数，供公路工程设计和施工使用。

②本试验适用于粒径不大于 0.5mm、有机质含量不大于试样总质量 5% 的土。

(2)仪器设备

①圆锥仪：锥体质量为 100g 或 76g，锥角为 30°，读数显示形式宜采用光电式、游标式、百分表式。

②盛土杯：直径 50mm，深度 40 ~ 50mm。

③天平：称量 200g，感量 0.01g。

④其他：筛(孔径 0.5mm)、调土刀、调土皿、称量盒、研钵(附带橡皮头的研杵或橡皮板、木棒)、干燥器、吸管、凡士林等。

(3)试验主要步骤

取有代表性的天然含水率或风干土样进行试验。如土中含有大于 0.5mm 的土粒或杂物时，应将风干土样用带橡皮头的研杵研碎或用木棒在橡皮板上压碎，过 0.5mm 的筛。取代表性土样 200g，分开放入三个盛土皿中，加不同数量的蒸馏水，使土样的含水率分别控制在液限(a 点)、略大于塑限(c 点)和二者的中间状态(b 点)附近。用调土刀调匀，密封放置 18h 以上。

将制备好的土样充分搅拌均匀，分层装入盛土杯中，试杯装满后，刮成与杯边齐平。给圆锥仪锥尖涂少许凡士林，将装好土样的试杯放在联合测定仪上，使锥尖与土样表面刚好接触，然后按动落锥开关，测记经过 5s 锥的入土深度 h。去掉锥尖入土处的凡士林，测盛土杯中土的含水率 w。

重复以上步骤，对已制备的其他两个含水率的土样进行测试。

(4)结果整理

在双对数坐标纸上，以含水率 w 为横坐标，锥入深度 h 为纵坐标，点绘 a、b、c 三点含水率的 h-w 图，连此三点，应呈一条直线。如三点不在同一直线上，要通过 a 点与 b、c 两点连成两条直线，根据液限(a 点含水率)在 h-w 图上查得 h_p，以此 h_p 再在 h-w 图上求出相应的两个含水率。当两个含水率的差值小于 2% 时，以该两点含水率的平均值与 a 值连成一直线。当两个含水率的差值大于 2% 时，应重做试验。

若采用 76g 锥做液限试验，则在 h-w 图上，查得纵坐标入土深度 h = 17mm 所对应的横坐标的含水率 w，即为该土样的液限含水率 w_L。

若采用100g锥做液限试验，则在 h-w 图上，查得纵坐标入土深度 $h=20$mm 所对应的横坐标的含水率 w，即为该土样的液限含水率 w_L。

对于细粒土，用下式计算液塑限入土深度 h_p：

$$h_P = \frac{w_L}{0.524w_L - 7.606} \tag{2-30}$$

对于砂类土，则用下式计算液塑限入土深度 h_p：

$$h_P = 29.6 - 1.22w_L + 0.017w_L^2 - 0.0000744w_L^3 \tag{2-31}$$

(5)精密度和允许差

本试验须进行两次平行测定，取其算术平均值，以整数(%)表示。其允许差值为：高液限土小于或等于2%，低液限土小于或等于1%。

(6)报告

①土的鉴别分类和代号。

②土的液限 w_L、w_P 和塑性指数 I_P。

2.1.5.3　塑限滚搓法

(1)目的与适用范围

本试验的目的是按滚搓法测定土的塑限，适用于粒径小于0.5mm以及有机质含量不大于试样总质量的5%的土。

(2)仪器设备

①毛玻璃板：尺寸宜为200mm×300mm。

②天平：感量0.01g。

③其他：烘箱、干燥器、称量盒、调土皿、直径3mm的铁丝等。

(3)试验步骤

①按试验规程制备试样，一般取土样约50g备用。为在试验前使试样的含水率接近塑限，可将试样在手中捏揉至不粘手为止，或放在空气中稍为晾干。

②取含水率接近塑限的试样一小块，先用手搓成椭圆形，然后再用手掌在毛玻璃板上轻轻搓滚。搓滚时须以手掌均匀施压力于土条上，不得将土条在玻璃板上进行无压力的滚动。土条长度不宜超过手掌宽度，并在滚搓时不应该从手掌下任一边脱出。土条在任何情况下不允许产生中空现象。

③继续搓滚土条，直至土条直径达到3mm时，产生裂缝并开始断裂为止。若土条搓成3mm时仍未产生裂缝及断裂，表示这时试样的含水率高于塑限，则将其重新捏成一团，重新搓滚；如土条直径大于3mm时即行断裂，表示试样含水率小于塑限，应弃去，重新取土加适量水调匀后再搓，直至合格。若土条在任何含水率下始终搓不到3mm即开始断裂，则认为该土条无塑限。

④收集约3~5g合格的断裂土条，放入称量盒内，随即盖紧盒盖，测定其含水率。

(4)结果整理

按下式计算塑限：

$$w_P = \left(\frac{m_1}{m_2} - 1\right) \times 100 \tag{2-32}$$

式中：w_P——塑限（计算至 0.1），%；

m_1——湿土质量，g；

m_2——干土质量，g。

（5）精密度和允许差

本试验须进行两次平行测定，取其算术平均值，以整数（%）表示。其允许差值为：高液限土小于或等于 2%，低液限土小于或等于 1%。

（6）报告

①土的鉴别分类和代号。

②土的塑限值。

2.2　土的力学性质试验

2.2.1　击实试验

2.2.1.1　目的和适用范围

本试验方法适用于细粒土。本试验分轻型击实和重型击实。轻型击实试验适用于粒径不大于 20mm 的土。重型击实试验适用于粒径不大于 40mm 的土。

当土中最大颗粒粒径大于或等于 40mm，并且大于或等于 40mm 颗粒粒径的质量含量大于 5% 时，则应使用大尺寸试筒进行击实试验，或进行最大干密度校正。大尺寸试筒要求其最小尺寸大于土样中最大颗粒粒径的 5 倍以上，并且击实试验的分层厚度应大于土样中最大颗粒粒径的 3 倍以上。单位体积击实功能控制在 2 667.2 ~ 2 687.0kJ/m^3 范围内。

当细粒土中的粗粒土总含量大于 40% 或粒径大于 0.005mm 颗粒的含量大于土总质量的 70%（即 $d_{30} \leqslant 0.005$mm）时，还应做粗粒土最大干密度试验，其结果与重型击实试验结果比较，最大干密度取两种试验结果的最大值。

击实是指采用人工或机械对土施加夯压能量（如打夯、碾压、振动碾压等方式），使土颗粒重新排列紧密，对于粗粒土因颗粒的紧密排列，增强了颗粒表面摩擦力和颗粒之间嵌挤形成的咬合力。对细粒土则因为颗粒间的靠紧而增强粒间的分子引力，从而使土在短时间内得到新的结构强度。

研究土的压实性常用的方法有现场填筑试验和室内击实试验两种。前者是在某一工序动工之前在现场选一试验路段，按设计要求和拟定的施工方法进行填筑，并同时进行有关测试工作以查明填筑条件（如使用土料或其他集合料，堆填方法，碾压方法等）与填筑效果（压实度）的关系，从而可确定一些碾压参数；后者是通过室内击实仪进行。本部分主要介绍后者。

2.2.1.2　仪器设备

（1）标准击实仪，见图 2-3 和图 2-4。击实试验方法和相应设备的主要参数应符合表 2-5 的规定。

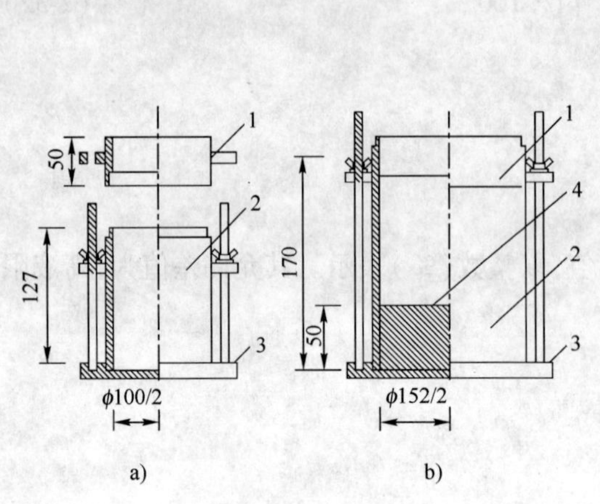

图 2-3 击实筒(尺寸单位:mm)

a)小击实筒;b)大击实筒

1-套筒;2-击实筒;3-底板;4-垫板

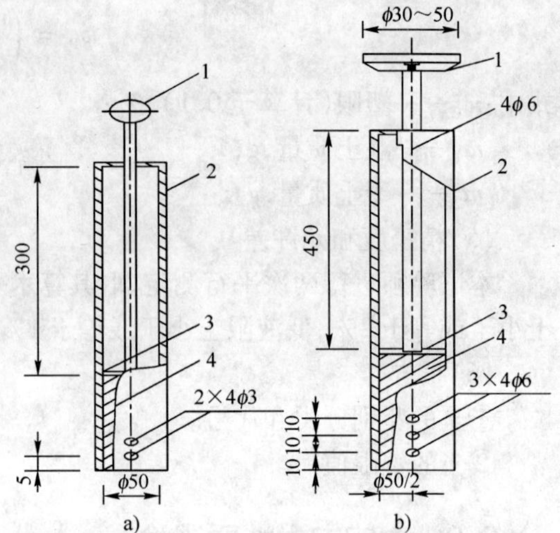

图 2-4 击锤和导杆(尺寸单位:mm)

a)2.5kg 击锤;b)4.5kg 击锤

1-提手;2-导筒;3-硬橡胶片;4-击锤

击实试验方法类型 表 2-5

试验方法	类别	锤底直径(cm)	锤质量(kg)	落高(cm)	试筒尺寸 内径(cm)	试筒尺寸 高(cm)	试样尺寸 高度(cm)	试样尺寸 体积(cm^3)	层数	每层击数	击实功(kJ/m^3)	最大粒径(mm)
轻型	I-1	5	2.5	30	10	12.7	12.7	997	3	27	598.2	20
	I-2	5	2.5	30	15.2	17	12	2 177	3	59	598.2	40
重型	II-1	5	4.5	45	10	12.7	12.7	997	5	27	2 687.0	20
	II-2	5	4.5	45	15.2	17	12	2 177	3	98	2 677.2	40

(2)烘箱及干燥器。

(3)天平:感量 0.01g。

(4)台秤:称量 10kg,感量 5g。

(5)圆孔筛:孔径 40mm、20mm 和 5mm 各 1 个。

(6)拌和工具:400mm×600mm、深 70mm 的金属盘,土铲。

(7)其他:喷水设备、碾土器、盛土盘、量筒、推土器、铝盒、修土刀、平直尺等。

2.2.1.3 试验方法

(1)试样制备

试样制备分干土法和湿土法两种。对一般土,干法制样和湿法制样所得击实结果有一定差异,对于具体试验应根据工程性质选择制备方法。各种试样制备方法,见表 2-6。

各种试样制备方法及试料用量 表 2-6

使用方法	类别	试筒内径(cm)	最大粒径(mm)	试料用量(kg)
干土法,试样不重复使用	b	10	20	至少 5 个试样,每个 3
		15.2	40	至少 5 个试样,每个 6
湿土法,试样不重复使用	c	10	20	至少 5 个试样,每个 3
		15.2	40	至少 5 个试样,每个 6

①干土法(土不重复使用):按四分法至少准备5个试样,分别加入不同水分(按2%～3%含水率递增),拌匀后闷料一夜备用。

②湿土法(土不重复使用):对高含水率的土样,可省略过筛步骤,用手拣除大于40mm的粗石子即可。保持天然含水率的第一个土样,可立即用于击实试验。其余几个试样,将土分成小土块,分别风干,使含水率按2%～3%递减。

(2)试样击实

将击实筒放在坚硬的地面上,取制备好的土样按所选击实方法分3～5次倒入筒内。小筒按三层法时,每次约800～900g(其量应使击实后的试样等于或略高于筒高的1/3);按五层法时,每次约400～500g(其量应使击实后的试样等于或略高于筒高的1/5)。对于大试筒,先将垫块放入筒内底板上,按三层法,每层需试样1 700g左右。整平表面,并稍加压紧,然后按规定的击数进行第一层土的击实。击实时击锤应自由垂直落下,锤迹必须均匀分布于土样面。第一层击实完后,将试样层面"拉毛"然后再装入套筒,重复上述方法进行其余各层土的击实。小试筒击实后,试样不应高出筒顶面5mm;大试筒击实后,试样不应高出筒顶面6mm。

用修土刀齐筒顶削平试样,称筒和击实样土重后用推土器推出筒内试样,准确至1g,测定击实试样的含水率和测算击实后土样的湿密度。依次重复上述过程,将所备不同预定含水率的土样击完。测定含水率用试样的数量按表2-7规定取样(取出有代表性的土样)。

测定含水率用试样的数量　　表2-7

最大粒径(mm)	试样质量(g)	个　数	最大粒径(mm)	试样质量(g)	个　数
<5	15～20	2	约20	约250	1
约5	约50	1	约40	约500	1

对于干土法(土不重复使用)和湿土法(土不重复使用),将试样搓散,然后按本试验方法进行洒水、拌和,每次约增加2%～3%的含水率,其中有两个大于和两个小于最佳含水率,所需加水量按下式计算:

$$m_w = \frac{m_0}{1 + 0.01w_0} \times 0.01(w - w_0) \tag{2-33}$$

式中:m_w——所需的加水量,g;

m_0——含水率w_0时土样的质量,g;

w_0——土样原有含水率,%;

w——要求达到的含水率,%。

按上述步骤进行其他含水率试样的击实试验。

(3)结果整理

$$\rho_d = \frac{\rho}{1 + 0.01w} \tag{2-34}$$

式中:ρ_d——干密度(计算至0.01),g/cm^3;

ρ——湿密度,g/cm^3;

w——含水率,%。

以干密度为纵坐标，含水率为横坐标，绘制干密度与含水率的关系曲线，曲线上峰值点的纵、横坐标分别为最大干密度和最佳含水率。

当试样中有大于40mm颗粒时，应先取出大于40mm颗粒，并求得其百分率p，其百分率不应大于30%，把小于40mm部分做击实试验，按下面公式分别对试验所得的最大干密度和最佳含水率进行校正。

最大干密度按式(2-35)校正：

$$\rho'_{dmax} = \frac{1}{\frac{(1-0.01p)}{\rho_{dmax}} + \frac{0.01p}{\rho_w G'_S}} \tag{2-35}$$

式中：ρ'_{dmax}——校正后的最大干密度（计算至0.01），g/cm^3；

ρ_{dmax}——用粒径小于40mm的土样试验所得的最大干密度，g/cm^3；

p——试样中粒径大于40mm颗粒的百分数，%；

G'_S——粒径大于40mm颗粒的毛体积比重，计算至0.01。

最佳含水率按下式校正：

$$w'_0 = w_0(1-0.01p) + 0.01pw_2 \tag{2-36}$$

式中：w'_0——校正后的最佳含水率（计算至0.01），%；

w_0——用粒径小于40mm的土样试验所得的最佳含水率，%；

p——同前；

w_2——粒径大于40mm颗粒的吸水量，%。

(4)精密度和允许差

本试验含水率须进行两次平行测定，取其算数平均值，允许平均差值应符合表2-8规定。

含水率测定的允许平行差值　　表2-8

含水率(%)	允许平均差值(%)	含水率(%)	允许平均差值(%)	含水率(%)	允许平均差值(%)
5以下	0.3	40以下	≤1	40以上	≤2

2.2.1.4　土的击实特性

土的含水率与干密度关系曲线可以得出：

(1)击实曲线有个峰点，这说明在一定击实功作用下，只有当土的含水率为某一定值（称为最佳含水率）时，土才能被击实至最大干密度。若土含水率小于或大于最佳含水率时，则所得的干密度都小于最大值。

(2)当土偏干时，含水率的变动对干密度的影响要比含水率偏湿时的影响更为明显，由图上可看出曲线的左段较右段陡。

(3)根据土中各相的相对含量关系，可以推导得饱和曲线的表达式为：

$$w = \left(\frac{\rho_w}{\rho_d} - \frac{1}{G_s}\right) \times 100 \tag{2-37}$$

式中：w——土的含水率，%；

G_s——土粒的比重；

ρ_w——水的密度，g/cm^3；

ρ_d——土的干密度，g/cm^3。

事实上，当土的含水率接近和大于最佳值时，土内孔隙中的空气越来越多的处于与大气隔离的封闭状态，击实作用已不能将这些气体排出，即击实土不可能达到完全饱和的状态。因此，击实曲线必然位于饱和曲线左下侧。当土偏干时，即 $w < w_0$，土处于疏松状态，此时土中的孔隙大都以与大气连通的气体充满，土中含水较少。压实时，锤击或碾压的功能需要克服粒间气体的排除及内摩阻力和黏结力，才能使颗粒产生相互的位移和靠近。含水率偏小时，气体易于被挤出，故土体的密度容易被击实增大，当含水率增多并接近最佳含水率时，土中所含的水量有利于在击实功能作用下，克服摩阻力和黏结力而发生相互位移使土密实。故只有在最佳含水率时，土才能被击实至最大干密度。

2.2.1.5　影响压实的因素

(1)含水率对整个压实过程的影响：由击实曲线可知，严格控制最佳含水率是关键。但是，不同的土类其最佳含水率和最大干密度也是不同的。一般粉粒和黏粒含量多，土的塑性指数愈大，土的最佳含水率也愈大，同时其最大干密度愈小。因此，一般砂性土的最佳含水率小于黏性土，而砂性土的最大干密度也大于黏性土。

(2)击实功对最佳含水率和最大干密度的影响：对同一种土用不同的击实功进行击实试验后表明，击实功愈大，土的最大干密度也愈大，而土的最佳含水率则愈小。但是这种增大击实功是有一定限度的，超过这一限度，即使增加击实功，土的干密度的增加也不明显。

(3)不同压实机械对压实的影响：如光面压路机、羊足碾和振动压路机等，它们的压实效果各不相同，对作用于不同土类时，其效果也不同。

(4)土粒级配的影响：在路基、路面基层材料等的施工中表明，粒料的级配对所能达到的密实度有明显的影响。均匀颗粒的砂，单一尺寸的砾石和碎石，都很难碾压密实。只有在良好级配的条件下才能达到要求的密实度，也才能满足强度和稳定性的要求。

以上仅讨论了对影响压实的主要因素，针对施工现场的不同条件，还会有其他的影响因素，此处不再一一罗列。

2.2.2　土的承载比(CBR)试验

2.2.2.1　目的和适用范围

(1)本试验方法只适用于在规定的试筒内制件后，对各种土和路面基层、底基层材料进行承载比试验。

(2)试样的最大粒径宜控制在 20mm 以内，最大不得超过 40mm 且含量不超过 5%。

2.2.2.2　仪器设备

(1)圆孔筛：孔径 40mm、20mm 及 5mm 筛各一个。

(2)试筒：内径 152mm、高 170mm 的金属圆筒；套环，高 50mm；筒内垫块，直径 151mm、高 50mm；夯击底板，同击实仪。

(3)夯锤和导管：夯锤的底面直径 50mm，总质量 4.5kg。夯锤在导管内的总行程为 450mm，夯锤的形式和尺寸与重型击实试验法所用的相同。

(4)贯入杆,端面直径50mm、长约100mm的金属柱。

(5)路面材料强度仪和其他荷载装置:能量不小于50kN,能调节贯入速度至每分钟贯入1mm,可采用测力计式。

(6)百分表:3个。

(7)试件顶面的多孔板(测试件吸水的膨胀量)。

(8)多孔底板(试件放上后浸泡水中)。

(9)测膨胀量时支承百分表的架子或采用压力传感器测试。

(10)荷载板:直径150mm,中心孔眼直径52mm,每块质量1.25kg,共4块,并沿直径分为两个半圆块。

(11)水槽:浸泡试件用,槽内水面应高出试件顶面25mm。

(12)其他:台秤,感量为试件用量的0.1%;拌和盘、直尺、滤纸、脱模器与击实试验相同。

2.2.2.3　试样

将具有代表性的风干试料(必要时可在50℃烘箱内烘干)用木碾捣碎,但应尽量注意不使土或粒料的单个颗粒破碎。土团均应捣碎到通过5mm的筛孔。

采取有代表性的试料50kg,用40mm筛筛除大于40mm的颗粒,并记录超尺寸颗粒的百分数。将已过筛的试料按四分法取出约25kg。再用四分法将取出的试料分成4份,每份质量6kg,供击实试验和制试件之用。

在预订做击实试验的前一天,取有代表性的试料测定其风干含水率。测定含水率用的试样数量可参照表2-9采取。

测定含水率用试样的数量　　表2-9

最大粒径(mm)	试样质量(g)	个　　数
<5	15~20	2
约5	约50	1
约20	约250	1
约40	约500	1

2.2.2.4　试验步骤

(1)称试筒本身质量(m_1),将试筒固定在底板上,将垫块放入筒内,并在垫块上放一张滤纸,安上套环。

(2)将试料按表2-10中Ⅱ-2规定的层数和每层进行击实,求试料的最大干密度的最佳含水率。

击实试验方法种类　　表2-10

试验方法	类别	锤底直径(cm)	锤质量(kg)	落高(cm)	试筒尺寸		试样尺寸		层数	每层击数	击实功(kJ/m³)	最大粒径(cm)
					内径(cm)	高(cm)	高度(cm)	体积(cm³)				
轻型	Ⅰ-1	5	2.5	30	10	12.7	12.7	997	3	27	598.2	20
	Ⅰ-2	5	2.5	30	15.2	17	12	2 177	3	59	598.2	40
重型	Ⅱ-1	5	4.5	45	10	12.7	12.7	997	5	27	2 687.0	20
	Ⅱ-2	5	4.5	45	15.2	17	12	2 177	3	98	2 677.2	40

(3)将其余 3 份试料,按最佳含水率制备 3 个试件。将一份试料平铺于金属盘内,按事先计算得的该份试料应加的水量按式(2-38)均匀地喷洒在试料上。

$$m_w = \frac{m_0}{1 + 0.01w_0} \times 0.01(w - w_0) \tag{2-38}$$

式中:m_w——所需的加水量,g;

m_0——含水率 w_0 时土样的质量,g;

w_0——土样原有含水率,%;

w——要求达到的含水率,%。

用小铲将试料充分拌和到均匀状态,然后装入密闭容器或塑料口袋内浸润备用。

浸润时间:重黏土不得少于 24h,轻黏土可缩短到 12h,砂土可缩短到 1h,天然砂砾可缩短到 2h 左右。

制每个试件时,都要取样测定试料的含水率。

注:需要时,可制备三种干密度试件。如每种干密度试件制 3 个,则共制 9 个试件。每层击数分别为 30 次、50 次和 98 次,使试件的干密度从低于 95% 到等于 100% 的最大干密度。这样,9 个试件共需试料约 55kg。

(4)将试筒放在坚硬的地面上,取备好的试样分 3 次倒入筒内(视最大粒径而定),每层需试样 1 700g 左右(其量应使击实后的试样高出 1/3 筒高 1 ~ 2mm)。整平表面,并稍加压紧,然后按规定的击数进行第一层试样的击实,击实时锤应自由垂直落下,锤迹必须均匀分布于试样面上。第一层击实完后,将试样层面“拉毛”,然后装入套筒,重复上述方法进行其余每层试样的击实。大试筒击实后,试样不宜高出筒高 10mm。

(5)卸下套环,用直刮刀沿试筒顶修平击实的试件,表面不平整处用细料修补。取出垫块,称试筒和试件的质量(m_2)。

(6)泡水测膨胀量的步骤如下:

①在试件制成后,取下试件顶面的破残滤纸,放一张好滤纸,并在其上安装附有调节杆的多孔板,在多孔板上加 4 块荷载板。

②将试筒与多孔板一起放入槽内(先不放水),并用拉杆将模具拉紧,安装百分表,并读取初读数。

③向水槽内放水,使水自由进到试件的顶部和底部。在泡水期间,槽内水面应保持在试件顶面以上大约 25mm。通常试件要泡水 4 昼夜。

④泡水终了时,读取试件上百分表的终读数,并用式(2-39)计算膨胀量:

$$膨胀量 = \frac{泡水后试件高度变化}{原试件高(= 120\text{mm})} \times 100 \tag{2-39}$$

⑤从水槽中取出试件,倒出试件顶面的水,静置 15min,让其排水,然后卸去附加荷载和多孔板、底板和滤纸,并称量(m_3),以计算试件的湿度和密度的变化。

(7)贯入试验

①将泡水试验终了的试件放到路面材料强度试验仪的升降台上,调整偏球座,对准、整平并使贯入杆与试件顶面全面接触,使贯入杆周围放置 4 块荷载板。

②先在贯入杆上施加 45N 荷载,然后将测力和测变形的百分表指针均调整至整数,并记读起始读数。

③加荷使贯入杆以 1 ~ 1.25mm/min 的速度压入试件，同时测记三个百分表的读数，并记读起始读数。记录测力计内百分表某些整读数（如 20、40、60）时的贯入量，并注意使贯入量为 250×10^{-2}mm 时，能有 5 个以上的读数。因此，测力计内的第一个读数应便贯入量为 30×10^{-2}mm 左右。

2.2.2.5　结果整理

（1）以单位压力（p）为横坐标，贯入量（L）为纵坐标，绘制 p-L 关系曲线。若曲线开始段是凹曲线，需要进行修正。修正时在变曲率点引一切线，与纵坐标交于 O' 点，O' 即为修正后的原点。

（2）一般采用贯入量为 2.5mm 时的单位压力与标准压力之比作为材料的承载比（CBR），即：

$$\text{CBR} = \frac{p}{7\,000} \times 100 \tag{2-40}$$

式中：CBR——承载比（计算至 0.1），%；

p——单位压力，kPa。

同时计算贯入量为 5mm 时的承载比：

$$\text{CBR} = \frac{p}{10\,500} \times 100 \tag{2-41}$$

如贯入量为 5mm 时的承载比大于 2.5mm 时的承载比，则试验应重做。如结果仍然如此，则采用 5mm 时的承载比。

（3）试件的湿密度用下式计算：

$$\rho = \frac{m_2 - m_1}{2\,177} \tag{2-42}$$

式中：ρ——试件的湿密度（计算至 0.01），g/cm^3；

m_2——试筒和试件的合质量，g；

m_1——试筒的质量，g；

2 177——试筒的容积，cm^3。

（4）试件的干密度用式（2-43）计算：

$$\rho_d = \frac{\rho}{1 + 0.01w} \tag{2-43}$$

式中：ρ_d——试件的干密度（计算至 0.01），g/cm^3；

w——试件的含水率。

（5）泡水后试件的吸水量按式（2-44）计算：

$$w_a = m_3 - m_2 \tag{2-44}$$

式中：w_a——泡水后试件的吸水量，g；

m_3——泡水后试筒的试件的合质量，g；

m_2——试筒和试件的合质量，g。

（6）精密度和允许差

如根据 3 个平行试验结果计算得的承载比变异系数 C_v 大于 12%，则去掉一个偏离大的值,取其余两个结果的平均值。如 C_v 小于 12%,且 3 个平行试验结果计算的干密度偏差小于 0.03g/cm^3,则取 3 个结果的平均值。如 3 个试验结果计算的干密度偏差超过 0.03g/cm^3,则去掉一个偏离大的值,取其两个结果的平均值。

承载比小于 100,相对偏差不大于 5%;承载比大于 100,相对偏差不大于 10%。

2.2.2.6 报告

(1)材料的颗粒组成、最佳含水率(%)和最大干密度(g/cm^3)。

(2)材料的承载比(%)。

(3)材料的膨胀量(%)。

2.2.3 承载板法测土的回弹模量试验

2.2.3.1 目的和适用范围

本试验适用于不同湿度和密度的细粒土。

2.2.3.2 仪器设备

(1)杠杆压力仪:最大压力 1 500N。

(2)承载板:直径 50mm,高 80mm。

(3)试筒:内径 152mm、高 170mm 的金属圆筒;套环,高 50mm;筒内垫块,直径 151mm,高 50mm;夯击底板与击实仪相同。

(4)量表:千分表两块。

(5)秒表一只。

2.2.3.3 试样

(1)本试验可分别采用不同的方法准备试样。各种试样制备方法及试样用量可按表 2-11 准备试料。

各种试样制备方法及试料用量 表 2-11

使 用 方 法	类 别	试筒内径(cm)	最大粒径(mm)	试料用量(kg)
干土法,试样不重复使用	b	10	20	至少 5 个试样,每个 3
		15.2	40	至少 5 个试样,每个 6
湿土法,试样不重复使用	c	10	20	至少 5 个试样,每个 3
		15.2	40	至少 5 个试样,每个 6

(2)干土法(土不重复使用):按四分法至少准备 5 个试样,分别加入不同水分(按 2% ~ 3% 含水率递增),拌匀后闷料一夜备用。

(3)湿土法(土不重复使用):对于高含水率土,可省略过筛步骤,用手拣除大于 40mm 的粗石子即可。保持天然含水率的第一个土样,可立即用于击实试验。其余几个试样,将土分成小土块,分别风干,使含水率按 2% ~3% 递减。

(4)根据工程要求选择轻型或重型法,视最大粒径用小筒或大筒进行击实试验,得出最佳含水率和最大干密度。然后按最佳含水率用上述试筒击实制备试件。

2.2.3.4 试验步骤

(1)安装试样:将试件和试筒放在杠杆压力仪的底盘上;将承载板放在试件中央(位置)并与杠杆压力仪的加压球座对正;将千分表固定在立柱上,将表的测头安放在承载板的表架上。

(2)预压:在杠杆仪的加载架上施加砝码,用预定的最大单位压力 p 进行预压。含水率大于塑限的土,$p=50\sim100$kPa;含水率小于塑限的土,$p=100\sim200$kPa。预压进行 1~2 次,每次预压 1min。预压后调正承载板位置,并将千分表调到接近满量程的位置,准备试验。

(3)测定回弹模量:将预定最大单位压力分成 4~6 份,作为每级加载的压力。每级加载时间为 1min 时,记录千分表读数,同时卸载,让试件恢复变形。卸载 1min 时,再次记录千分表读数,同时施加下一级荷载。如此逐级进行加载卸载,并记录千分表读数,直至最后一级荷载。为使试验曲线开始部分比较准确,第一、二级荷载可用每份的一半。试验的最大压力也可略大于预定压力。

2.2.3.5 结果整理

(1)计算每级荷载下的回弹变形 l:l = 加载读数 - 卸载读数

(2)以单位压力 p 为横坐标(向右),回弹变形 l 为纵坐标(向下),绘制 p-l 曲线。

(3)按式(2-45)计算每级荷载下的回弹模量:

$$E=\frac{\pi pD}{4l}(1-\mu^2) \tag{2-45}$$

式中:E——回弹模量,kPa;

p——承载板上的单位压力,kPa;

D——承载板直径,cm;

l——相应于单位压力的回弹变形,cm;

μ——细粒土的泊松比,取 0.35。

(4)每个试样的回弹模量由 p-l 曲线上直线段的数值确定。

(5)对于较软的土,如果 p-l 曲线不通过原点,允许用初始直线段与纵坐标轴的交点当作原点,修正各级荷载下的回弹变形和回弹模量。

(6)精密度和允许差

土的回弹模量由 3 个平行试验的平均值确定,每个平行试验结果与均值回弹模量相差均应不超过 5%。

2.2.3.6 报告

(1)土的鉴别分类和代号。

(2)试验方法。

(3)土的回弹模量 E 值(kPa)。

2.3 土的原位测试方法简介

2.3.1 钻孔波速试验

这一试验方法属于小应变条件的原位测试方法。在均质的或成层土层中,理论上波速与土层的弹性模量和泊松比有关。因此,如在现场测得了波速,就可计算土的弹性模量和泊松比。为了测定波速,在震源处引发一次冲击,而在离开震源某一距离处放置一检波器,以测定波通过该指定距离所需的时间。它是在土的勘察中常用的试验方法。

在钻孔地面孔口外设置震源,在沿钻孔不同深度处设检波器,可测得从孔口至不同深度的波速,这种方法称为沿孔法,也称为检层法。也可利用两个垂直孔,在一个孔中一定深度处设置震源,而在另一孔相应深度处设置检波器,可直接测定波从一孔到另一孔在不同深度的土层中的波速,这种方法称为跨孔法。

2.3.2　十字板剪力试验

这种方法适用于原位测定饱水软黏土的不排水抗剪强度。由于它避免了钻探时土的扰动以及取土样的扰动,而直接在原位应力条件下测定土的抗剪强度,所以它是一种有效的原位测试方法。

十字板剪力试验是在预钻的钻孔孔底,把有 4 个叶片的十字板头插至规定深度,施加扭转力矩,直至土体破坏;或是不用钻探,直接将十字板压入土中不同深度,测土体破坏抗扭力矩,则不排水抗剪强度 c_u(也即十字板抗剪强度 S_r)为:

$$c_u = \frac{2M}{\pi D^2\left(\frac{D}{3} + H\right)} \tag{2-46}$$

式中:M——土体破坏时的扭矩;

D——十字板头直径;

H——十字板头高度。

2.3.3　标准贯入试验

标准贯入试验是利用规定的落锥能量将圆筒形的贯入器打入钻孔底土中,根据贯入的难易程度来判定土的物理力学性质。

标准贯入装置包括,锤重 63.5kg,自由落距 76cm,贯入器外径 51mm,内径 35mm,长 500mm,为两个半圆管合成,下部有贯入器管靴。贯入器上端连接外径 42mm 钻杆。在将贯入器打入土层时,先打入 15cm 不计击数,继续贯入土中 30cm,记录其锤击数即标准贯入击数。

标准贯入试验对估算砂类土的天然密度是十分有用的,与砂类土密实度的经验关系见有关规范。

在利用标准贯入击数估算土的承载力、强度参数和变形参数时,还应考虑有些因素对值的影响,因此要作相应的修正,例如杆长的修正、土层自重压力和侧压力的修正、地下水位的修正等。

遇到硬卵石层或含碎石的黏土层,可将贯入器换为锥形探头,即成圆锥动力触探试验。

2.3.4　静力触探试验

静力触探试验就是将一金属圆锥形探头,用静力以一定的贯入速度贯入土中,根据测得的探头贯入阻力可间接地确定土的物理力学性能。静力触探具有明显的优点:连续、快速、灵敏、简便,因此,已得到广泛地使用。静力触探的不足在于:不能对土进行直接的观察和描述,测试深度还不能太深(一般小于50cm,当采取一些辅助手段,可达70cm)。

静力触探头有单桥及双桥两种。单桥探头可测得探头的贯入阻力 P_s;双桥探头可测得锥尖阻力 q_c 和探头摩擦筒的侧摩阻力 f_a。利用 P_s 或 q_c 与 f_a,根据经验可以划分土层,也可以确定土的物理力学性质。在这方面已有大量文献资料可供参考。

2.3.5 平板荷载试验

荷载试验是一种最古老的原位测试方法,它是在与建筑物基础工作相似的受荷条件下,对天然条件下的地基土测定加于承载板的压力与沉降的关系,实质上是基础的模拟试验。根据压力与沉降的关系,可以测定土的变形模量,评定地基土的承载力。对于不能用小尺寸试样试验的填土、含碎石的土等,最适宜用荷载试验。

试验时,可用维持荷载直至沉降稳定,再加下一级荷载直至破坏荷载;也可以用一定的沉降速率(例如2.5mm/min的速度)使荷载板压入土中,测定荷载与沉降关系,这时所施加的最大荷载相应于不排水抗剪强度所提供的极限荷载。

利用荷载-沉降曲线(p-S 曲线)的初始直线段,可求得土的变形模量 E_0。

2.3.6 螺旋压板荷载试验

以螺旋板作为荷载板,旋入地下预定深度,用千斤顶通过传力杆向螺旋压板施加压力,同时测量荷载板的沉降值。当一个深度试验完毕后,可再旋入到下一个深度进行试验。螺旋压板荷载试验可用于砂土,也可用于黏性土,但旋入螺旋板时对土有一定的扰动。

2.3.7 旁压试验

通过旁压器弹性膜的横向膨胀,对土施加压力,使土体产生相应的横向变形,从而测得压力与变形的关系曲线,称为旁压曲线,并由此可求得土的变形模量和地基承载力。旁压试验实质上是横向的载荷试验,故也可称为横压试验。旁压试验按旁压器的就位方式分为两类:

(1)预钻式旁压试验:在预先钻好的钻孔中,把旁压探头放入预定深度,进行旁压试验。

(2)自钻式旁压试验:在旁压探头下端装一圆筒形刃具,加压使刃具切入土中,进入刃具内的土则用一旋转的切削钻头破碎,用泥浆或冲洗液将碎土循环携带到地面,这样边钻进边把旁压器下沉到预定深度,以进行旁压试验。

自钻式旁压试验的优点是旁压器就位时,土的原位侧向应力可认为没有释放过;而预钻式旁压试验则不同,由于预先钻孔,孔壁应力已释放。

旁压试验近年来发展迅速,因为从应力条件来说,旁压试验相当于轴对称圆柱穴扩张,其弹塑性解已得到解决。而其他原位测试手段,应力情况比较复杂。旁压试验设备轻便、操作简易、测试快速,其优点是明显的。但旁压试验为横向加压,与一般工程上的竖向加荷不同,对于各向异性土层来说,横向与竖向的力学性能是不同的。

2.4 土的化学性质试验

2.4.1 概述

土的化学性质试验，是运用分析化学的原理和测试技术，测定土中存在的各种盐类、有机质含量、土的矿物组成成分、石灰的钙镁含量和石灰、水泥稳定土或粒料中的剂量等。为了较顺利地进行上述试验项目，在此介绍测试分析法有关的几个基本概念。

2.4.1.1 容量分析法

容量分析方法是将一种已知准确浓度的试剂，滴加到含有被测物质的溶液中，直到试剂的用量与被测物质的含量相当时，即二者物质的量相等时，由试剂的准确浓度及用量计算出被测物质的含量。这种已知准确浓度的试剂称为标准溶液。标准溶液是从滴定管滴加到含有被测物质的溶液中，这种滴加的过程叫滴定，所以容量分析法又称滴定法。当滴加的标准溶液和被测物质的物质的量相等时称等当点。

在滴定时，一般用一种辅助试剂，借助于它的颜色转变，确定等当点的到达，该试剂叫做指示剂，其颜色转变点叫滴定终点。滴定终点与等当点不一定恰好重合，它们之间的差别称为滴定误差。

由于容量分析所使用的标准溶液的量是准确的符合化学反应方程式所需要的量，所以，应用容量法测定物质的含量时，应具备以下几个条件：

(1)反应必须是定量的，且能迅速完成。

(2)反应到达等当点时，溶液外表面该有明显的变化(例如用高锰酸钾滴定硫酸亚铁，当反应到达等当点时，由于极微过量高锰酸钾，使溶液染成红色)或有适当的指示剂指标反应终点。

(3)溶液中存在的其他物质不干扰主要反应的进行，或能用适当的方法消除干扰作用。

凡是能满足以上三条要求的反应，都可以用标准溶液直接滴定被测物质，因此，这类滴定方法也称为直接滴定法。

为了扩大容量分析的运用范围，还可以采用置换滴定法和回滴定(返滴定)法。

置换滴定法是当不能直接滴定被测物质时，可使被测物质与某种试剂发生反应，释出等当量的另一种物质，然后用标准溶液滴定析出该物质，根据此所用标准溶液的体积和浓度去计算需要测定被测物的数量。

回滴定(返滴定)法是在被测物试液中准确的加入一定量(过量)的甲标准溶液，该溶液与被测物质反应完成后，用乙标准溶液来滴定甲标准溶液的剩余量，根据甲、乙两种标准溶液的体积和浓度，计算被测物质的含量。

2.4.1.2 容量分析方法的分类

根据反应类型的不同，容量分析可分为四类：

(1)酸碱滴定法

酸碱滴定是利用酸或是碱作标准溶液，测定一些碱及弱酸盐或一些酸及弱碱盐。这类反应是指溶液中有 H^+ 或 OH^- 化合和分解的反应。

(2)氧化还原法

氧化还原法是利用氧化剂或还原剂作为标准溶液,测定一些还原剂及能反应生成还原剂的物质或一些氧化剂或生成氧化剂的物质。这类反应是指被测物质和标准溶液的离子间发生电子转移的反应。

(3)容量沉淀法

这类反应在滴定过程中有沉淀产生,例如硝酸银作标准溶液,滴定溶液中的氯离子生成氯化银沉淀。

(4)络合滴定法

络合滴定法是利用络合剂作为标准溶液,测定一些能与标准溶液形成络合物的物质,络合滴定被广泛用于测定金属离子,如用无色乙二胺四乙酸(EDTA)作络合剂。

2.4.1.3 容量分析的误差

容量分析的基本操作就是等当点的测定和体积的测量,在操作过程中包含以下两种误差。

(1)滴定终点与等当点不一致产生的误差

在容量分析中,指示剂所指示的滴定终点往往与反应的等当点不一致,通常是稍前或稍后一点,其主要原因是:

①滴定管滴下的液滴不是无限小的,因而滴定经常不是正好在等当点结束。

②指示剂颜色的改变并不恰好与等当点符合,而且指示剂本身也往往参加反应,消耗极少量的标准溶液。

③有些反应过程不完全符合化学方程式。

(2)体积测量不准而产生的误差

容量分析中所使用的玻璃器的体积,仅在一定温度下才与标示的数值一致;当温度改变,其体积也随之改变。此外,读数不正确也能引起误差。

消除容量分析中误差的办法,除使用经校正的仪器和认真仔细的操作以外,还应保持实验条件始终一致,使上述两种误差的绝大部分互相抵消。因为容量分析实际上包括两个步骤:一是标准溶液浓度的标定,另一个是试样被测物成分的测定。两个步骤在操作上基本相似,所以都有相同误差,而符号却相反。

2.4.1.4 缓冲溶液

(1)缓冲溶液的组成及缓冲原理

在进行化学反应时,常常需要控制一定的酸度范围才能使反应进行完全。例如在络合滴定法中,测定铝时,以 $CuSO_4$ 溶液回滴过量的 EDTA 溶液必须在 $pH \approx 4$ 时进行测定。在滴定过程中随着标准溶液的加入,溶液的酸度略有改变,这就需要使用缓冲溶液来维持其酸度不变。

缓冲溶液通常是由弱酸和弱酸盐(例如 HAC 和 NaAC),弱碱和弱碱盐($NH_3 \cdot H_2O$ 和 NH_4Cl)以及不同碱度的酸式盐的水溶液所组成。这种溶液具有一定的抵御外来酸、碱及稀释影响的能力,从而保证其 pH 值不变。

现以 HAC—NaAC 溶液为例,来说明缓冲作用原理。

HAC 是弱电解质,只能部分电离;NaAC 是强电解质,可完全电离:

$$HAC \longrightarrow H^+ + AC^-$$
$$NaAC \rightleftharpoons Na^+ + AC^-$$

如果加入少量的强酸，则加入的 H^+ 离子与大量存在于溶液中的 AC^- 离子结合成部分电离的 HAC 分子，反应式逆方向进行，实际上溶液中 H^+ 离子增加不多，pH 值变动不大。如果加入少量的强碱，$(OH)^+$ 离子与溶液中 H^+ 离子结合成水，而引起 HAC 分子的继续电离，以补充消耗了的 H^+ 离子，因此溶液中 H^+ 离子减少不多，pH 变动不大。如果将缓冲溶液稀释，其中 H^+ 离子浓度虽然降低了，但 AC^- 浓度同时也降低，同离子效应减弱，促使 HAC 的电离度增加，所产生的 H^+ 离子可维持溶液的 pH 值基本不变。

缓冲溶液的缓冲能力并不是无限制的，只有加入少量的强酸或是强碱，再或是将溶液适当稀释时，溶液的 pH 值才能基本保持不变。如果加入的强酸的浓度接近 AC^- 离子的浓度，或是加入的强碱的浓度接近 HAC 的浓度时，溶液对酸或碱的抵御能力就要消失了。因此，一切缓冲溶液的缓冲作用是有一定限度的。

(2)影响缓冲溶液的因素

①与盐/酸或盐/碱的比值有关，当盐/酸 =1 或盐/碱 =1 时，缓冲能力最大。

常用的缓冲溶液，各组分的浓度一般大于 0.1mol，浓度之比大多在 1:10 到 10:1 之间。如果浓度相差悬殊(例 1:30 到 30:1)，某一组分的浓度太小，溶液的缓冲能力就可能减弱。因此，缓冲溶液的有效 pH 值范围叫做缓冲范围。

②与酸(或碱)和盐的总浓度有关，酸和盐的总浓度越大，缓冲溶液的缓冲能力越大。

2.4.1.5　络合滴定法

各种元素的原子相互结合形成分子时，原子的数目具有一定比例。在分子(或晶体)中相邻原子(或离子)间强烈的相互使用叫做化学键。化学键有三种类型：存在于纯金属晶体中的化学键称为金属键，存在于气体分子间呈气体状态的化学键称为共价键，存在于金属离子与非金属离子之间的化学键称为离子键。纯粹的离子键和共价键是极限状态，因为大多数材料都不是由纯离子键和共价键结合而成，而是两种类型的键并存组合呈现非金属固态。大多数土中都含有丰富的硅酸盐矿物，在二氧化硅(SiO_2)中，其原子间的共价键和离子键大约各占一半。

正常的共价键是两个原子各提供一个电子组成共用电子对。如果两个原子间的共用电子对是由一个原子所提供的，则称为配位共价键或配位键。1 个 N 和 3 个 H 借共价键合成 NH_3，其中的 N 还有一对电子未键合，它遇到 H 离子就形成配位键。这四个氢原子和氨原子形成的 4 个键与存在的 3 个键没有什么区别，只是说明氨离子的形成过程而已。

配位键在络合物中广泛存在。通常把一个 A 离子(或原子)与几个 B 离子(或分子)以配位键方式结合起来，形成具有一定特性的、相当稳定的复杂化学质点，称为络合离子(或络合分子)。在任何状态中，凡是由络合离子或络合分子组成的化合物称为络合物。络离子既能存在于晶体中，也能存在于水溶液中。

如果络合物配位体中只含一个可提供电子对的原子(或键合原子)，这种配位体称为单基配位体。如果在配位体中含有两个或两个以上的键合原子，则称多基配位体。多基配位体形成螯合物。络合物是指由中心离子和多基配位体形成具有环状结构的络合物。EDTA 就是这样的络合剂。络合物由于具有环状结构，因而在溶液中有很大的稳定性。

在实际工作中,任何一个样品或溶液,一般都不是只有一种离子,而是同时存在两种以上的混合离子。在用EDTA络合剂进行滴定时,混合离子之间相互干扰,使测定变得复杂。为了避免这种干扰,采用添加能对部分离子产生掩蔽效应的指示剂,从而达到完满测定。

2.4.1.6　掩蔽效应的利用

添加产生掩蔽效应的指示剂,使这种指示与干扰离子络合生成稳定的络合物,以致不干扰被测离子的测定。另外,还有一些试剂能消除掩蔽作用,使某些离子析出以便进行测定,这些称破蔽剂。掩蔽剂和破蔽剂的使用方法可以灵活掌握,还可根据酸效应来使用。

(1)掩蔽法:掩蔽法是测定某离子时,在适当的条件下加入掩蔽剂去掩蔽干扰离子。例如当pH=13时测定Ca^{2+}、Mg^{2+}、Fe^{3+}、Al^{3+}等离子溶液中的Ca^{2+}离子,可以先在酸性条件下加入三乙醇胺掩蔽Fe^{3+}离子,再调到pH=13时,$(OH)^-$离子可以掩蔽Mg^{2+}离子[$Mg(OH)_2$]、Al^{3+}离子。值得注意的是,必须在适当的条件下加入掩蔽剂,如果加入多种掩蔽剂,加入掩蔽剂的顺序十分重要。

(2)破蔽法:先用掩蔽剂将要测定的离子掩蔽,用EDTA滴定不能被掩蔽的离子,然后加破蔽剂使被测离子析出,再用EDTA滴定,求出测定离子。为使测定结构的准确度高,加入掩蔽剂的速度和温度也应要求掌握确切。

2.4.2　酸碱度试验

(1)目的和适用范围

本方法适用于各类土。

(2)仪器设备

①酸度计:应附玻璃电极、甘汞电极或复合电极,以及电磁搅拌器等。

②电动振荡器。

③天平:称量100g,感量0.01g。

(3)试剂

①pH4.01标准缓冲溶液:称10.21g经105~110℃烘干的苯二甲酸氢钾($KHC_8H_4O_4$分析纯)溶于水后定容至1L。

②pH6.87标准缓冲溶液:称3.53g经105~110℃烘干的Na_2HPO_4(分析纯)和3.39g KH_2PO_4(分析纯)溶于水中,定容至1L。

③pH9.18标准缓冲溶液:称3.8g硼砂($Na_2B_4O_7 \cdot 10H_2O$分析纯)溶于无CO_2的冷水中,定容至1L。此溶液的pH值易于变化,所以应储存于密闭的塑料瓶中(宜保存使用2个月)。

④饱和氯化钾(KCl)溶液:向少量纯水中加入KCl,边加入边搅拌,直至不断续溶解为止。

(4)试验步骤

①酸度计的校正:在测定土样前应按照所用仪器的使用说明书校正酸度计。

②土悬液的制备:称取通过1mm筛的风干土样10g,放入具有瓶塞的广口瓶中,加水50mL(土水比为1:5),在振荡器上振荡3min,静置30min。

③土悬液pH值的测定:将25~30mL的土悬液盛于50mL烧杯中,将该烧杯移至电磁搅拌器上。再向该烧杯中加一只搅拌子。然后将已校正完毕的玻璃电极、甘汞电极(或复合电

极)插入杯中,开动电磁搅拌器搅拌 2min,从酸度计的表盘(或数字显示器)上直接测定出 pH 值,准确至 0.01。测记土悬液温度。进行温度补偿操作。

④测定完毕,应关闭酸度计和电磁搅拌器的电源,用水冲洗电极,并用滤纸吸干电极上沾附的水。若一批试验测完后第二天仍继续测定的话,可将玻璃电极部分浸泡在纯水中。

(5)精密度和允许差

酸碱度试验 pH 值的测定结果要求两次称样平行测定结果允许偏差为 0.1。

(6)报告

①土的鉴别分类和代号。

②土的 pH 值。

2.4.3　烧失量试验

(1)目的和适用范围

本方法适用于各类土。

(2)仪器设备

①高温炉:自动控制温度达 1 300℃。

②分析天平:称量 100g。

③瓷坩埚、干燥器、坩埚钳等。

(3)试验步骤

①先将空坩埚放入已升温至 950℃的高温炉中灼烧 0.5h,取出稍冷(0.5 ~ 1min),放入干燥器中冷却 0.5h,称量。

②称取通过 1mm 筛孔的烘干土(在 100 ~ 105℃烘干 8h)1 ~ 2g(称准到 0.000 1g),放入已灼烧至恒重的坩埚中,把坩埚放入未升温的高炉内,斜盖上坩埚盖。徐徐升温至 950℃,并保持恒温 0.5h,取出稍冷,盖上坩埚盖。放入干燥器内,冷却 0.5h 后称量。重复灼烧称量,至前后两次质量相差小于 0.5mg,即为恒量。至少做一次平行试验。

(4)结果整理

①烧失量按式(2-47)计算:

$$烧失量(\%) = \frac{m - (m_2 - m_1)}{m} \times 100 \tag{2-47}$$

式中:m ——烘干土样质量,g;

m_1 ——空坩埚质量,g;

m_2 ——灼烧后土样 + 坩埚质量,g。

②精密度和允许差

烧失量试验结果精度应符合表 2-12 的规定。

(5)报告

①土的鉴别分类和代号。

②土的烧失量(%)。

矿质全量分析及烧失量测定结果允许偏差　　表 2-12

测定值(%)	绝对偏差(%)	相对偏差(%)
>50	<0.9	1.0~1.5
50~30	<0.7	1.5~2.0
30~10	<0.5	2.0~3.0
10~5	<0.3	3.0~4.0
5~1	<0.2	4.0~5.0
1~0.1	<0.05	5.0~6.0
0.1~0.05	<0.006	6.0~8.0
0.05~0.01	<0.004	8.0~10.0
0.01~0.005	<0.001	10.0~12.0
0.005~0.001	<0.000 6	12.0~15.0
<0.001	<0.000 15	15.0~20.0

2.4.4　有机质含量试验

(1)目的和适用范围

本试验的目的在于了解土中有机质的含量。本试验方法适用于有机质含量不超过15%的土。测定方法采用重铬酸钾容量法——油溶加热法。

(2)仪器设备

①分析天平:称重200g。

②电炉:附自动控温调节器。

③油浴锅:应带铁丝笼。

④温度计:0℃~250℃,精度1℃。

(3)试剂

①0.0750mol/L $\frac{1}{6}K_2Cr_2O_2$—H_2SO_4溶液:用分析天平称取105℃~110℃烘干并研细的重铬酸钾44.123 1g,溶于800mL蒸馏水中(必要时可加热),缓缓加入浓硫酸1 000mL,边加入边搅拌,冷却至室温后水定容至2L。

②0.2mol/L硫酸亚铁(或硫酸亚铁铵)溶液:称取硫酸亚铁($FeSO_4 \cdot 7H_2O$分析纯)56g或硫酸亚铁铵[$(NH_4)_2SO_4FeSO_4 \cdot 6H_2O$]80g,溶于蒸馏水中,加15mL浓硫酸(密度1.84g/mL化学纯)。然后加蒸馏水稀释至1L,密封存储于棕色瓶中。

③邻菲咯啉指示剂:称取邻菲咯啉($C_{12}N_8N_2 \cdot H_2O$)1.485g,硫酸亚铁($FeSO_4 \cdot 7H_2O$)0.695g,溶于100mL蒸馏水中,此时试剂与Fe^{2+}形成红棕色络合物,即$[Fe(C_{12}H_8N_2)_3]^{2+}$。储于棕色滴瓶中。

④石蜡(固体)或植物油5kg。

⑤浓硫酸(H_2SO_4)(密度 1.84g/mL 化学纯)。

⑥灼烧过的浮石粉或土样:取浮石或矿质土约 200g,磨细并通过 0.25mm 筛,分散装入数个瓷蒸发皿中,在 700℃ ~800℃的高温炉内灼烧 1 ~2h,把有机质完全烧尽后备用。

(4)硫酸亚铁(或硫酸亚铁铵)溶液的标定

准确吸取 $K_2Cr_2O_7$ 标准溶液 3 份,每份 20mL 分别注入 150mL 锥形瓶中,用蒸馏水稀释至 60mL 左右,滴入邻啡咯啉指示剂 3 ~5 滴,用硫酸亚铁(或硫酸亚铁铵)溶液进行滴定,使锥形瓶中的溶液由橙黄经蓝绿色变至橙红色为止。按用量计算硫酸亚铁(或硫酸亚铁铵)溶液的浓度,准确至 0.000 1mol/L,取 3 份计算结果的算术平均值即为硫酸亚铁(或硫酸亚铁铵)溶液的标准浓度。

(5)试验步骤

①用分析天平准确称取通过 100 目筛的风干土样 0.100 0 ~0.500 0g,放入一干燥的硬质试管中,用滴定管准确加入 0.075 0mol/L $\frac{1}{6}K_2Cr_2O_2$—H_2SO_4 标准溶液 10mL(在加入 3mL 时摇动试管使土样分散),并在试管口插入一小玻璃漏斗,以冷凝蒸出之水汽。

②将 8 ~10 个已装入土样和标准溶液的试管插入铁丝笼中(每笼中均有 1 ~2 个空白试管),然后将铁丝笼放入温度为 185℃ ~190℃的石蜡油浴锅中,试管内的液面应低于油面。要求放入后油浴锅内油温下降至 170℃ ~180℃,以后应注意控制电炉,使油温维持在 170℃ ~180℃,待试管内试液沸腾时开始计时,沸腾 5min,取出试管稍冷,并擦净试管外部油液。

③将试管内试样倾入 250mL 锥形瓶中,用水洗净试管内部及小玻璃漏斗,使锥形瓶中的溶液总体积达 60 ~70mL,然后加入邻啡咯啉指示剂 3 ~5 滴,摇匀,用硫酸亚铁(或硫酸亚铁铵)标准溶液滴定,溶液由橙黄色经蓝绿色突变为橙红色时即为终点,记下硫酸亚铁(或硫酸亚铁铵)标准溶液的用量,精确至 0.01mL。

④空白标定:即用灼烧土代替土样,取 2 个试样,其他操作均与土样试验相同,记录硫酸亚铁用量。

(6)结果整理

①有机质含量按式(2-48)计算:

$$有机质(\%)=\frac{C_{FeSO_4}(V'_{FeSO_4}-V_{FeSO_4})\times 0.003\times 1.724\times 1.1}{m_s} \tag{2-48}$$

式中:C_{FeSO_4}——硫酸亚铁标准溶液的浓度,mol/L;

V'_{FeSO_4}——空白标定时用去的硫酸亚铁标准溶液的量,mL;

V_{FeSO_4}——测定土样时所用去的硫酸亚铁标准溶液的量,mL;

m_s——土样质量(将风干土换算为烘干土),g;

0.003——1/4 碳原子的摩尔质量,g/mmol;

1.724——有机碳换算成有机质的系数;

1.1——氧化校正系数。

②精密度和允许差

有机质含量试验结果精度应符合表 2-13 的规定。

有机质测定的允许偏差　表 2-13

测定值(%)	绝对偏差(%)	相对偏差(%)	测定值(%)	绝对偏差(%)	相对偏差(%)
10~5	<0.3	3~4	0.1~0.05	<0.004	6~7
5~1	<0.2	4~5	0.05~0.01	<0.006	7~9
1~0.1	<0.05	5~6	<0.01	<0.008	9~15

(7)报告

①有机质土代号。

②土的有机质含量(%)。

2.4.5　钙和镁的测定

(1)目的和适用范围

本试验方法适用各类土。

(2)仪器设备

①酸式滴定管,50mL,准确至0.01mL。

②移液管(大肚型),50mL或100 mL。

③烧杯,150 mL、200 mL。

④试剂瓶、量筒等。

(3)试剂

①20%氢氧化钠溶液。

②20%三乙醇胺溶液:20mL三乙醇胺溶于80mL水中。

③5%盐酸羟胺溶液:5g盐酸羟胺溶于100mL水中。

④0.01mol/L EDTA二钠盐标准溶液。

①0.01mol/L EDTA标准溶液:先将乙二胺四乙酸二钠(Na_2EDTA,$Na_2H_2C_{10}H_{12}O_8N_2 \cdot 2H_2O$,相对分子质量372.1,分析纯)在80℃干燥约2h,保存于干燥器中。将3.72gNa_2EDTA,溶于1L水中,充分摇动,储存在塑料试制瓶中。EDTA二钠盐在水中溶解缓慢,在配制溶液时须常摇动促溶,最好放置过夜后备用。

②EDTA溶液的标定

用分析天平称取经110℃干燥的$CaCO_3$(优级纯或一级)约0.40g,称准至0.000 1g,放在400mL烧杯内,用少量蒸馏水润湿,慢慢加入1:1的盐酸约10mL,盖上表皿,小心加热促溶,并驱尽CO_2,冷却后定量地转移入500mL容量瓶中用蒸馏水定容。

用移液管吸取本试验溶液25.00mL于250mL三角瓶中,加20mL pH10的氨缓冲溶液和少许K—B指示剂(或铬黑T指示剂),用配好的EDTA溶液滴定至溶液由酒红色变为蓝绿色为终点。同时做空白试验。按式(2-49)计算EDTA溶液的浓度(mol/L)取三次标定结果的平均值:

$$C_{EDTA} = \frac{m}{0.1001 \times (V - V_0)} \tag{2-49}$$

式中：0.100 1——$CaCO_3$ 的摩尔质量，g/mol；

m ——每份滴定所用 $CaCO_3$ 的质量，g；

V ——标定时所用 EDTA 溶液的体积，mL；

V_0 ——空白标定所用 EDTA 溶液的体积，mL。

⑤钙红指示剂：0.5g 钙指示剂[2—羟基(2—羟基—4 磺酸—1—萘偶氮基)—3—甲酸，$C_{21}H_{14}O_7N_2S$]与 50gNaCl(需经烘焙)研细混匀，储于棕色瓶中，放在干燥器中保存。

⑥K—B 指示剂：0.5g 酸性铬蓝 K 和 0.1g 萘酚绿 B，与 100g、105℃烘过的 NaCl 一同研细磨匀，越细越好，储于棕色瓶中。

⑦pH 试纸：1 ~ 14。

(4)试验步骤

①用移液管吸取 B 溶液 100mL 两份，分别放入 150mL 烧杯中，加入三乙醇胺溶液及盐酸羟胺溶液各 1mL，充分搅匀，放置数分钟。

②取其一份测定钙。用 20% NaOH 溶液调节待测溶液的 pH 至 13 ~ 13.5(约 6 ~ 8mL，用 pH 试验检测)。加入钙红指示剂少许(约 0.1g)。若 pH 及指示剂均合乎要求，此时溶液呈红色。立即用 0.01 mol/L EDTA 二钠盐标准溶液滴定，当溶液由红色突变为纯蓝色时，即为滴定终点。

③另取 1 份测定钙、镁总量。加入浓氨水调节待测液的 pH 为 10(用 pH 试纸检验)，加入 K—B 混合指示剂约 0.2g，即以 0.01 mol/L EDTA 二钠盐标准溶液滴定，当溶液由玫瑰红色突变为纯蓝色时即为滴定终点。

(5)结果整理

$$CaO(\%) = \frac{c \times V_1 \times 0.056\,1}{m \times \frac{100}{250} \times \frac{100}{500}} \times 100 \tag{2-50}$$

$$MgO(\%) = \frac{c \times (V_2 - V_1) \times 0.040\,3}{m \times \frac{100}{250} \times \frac{100}{500}} \times 100 \tag{2-51}$$

式中：c ——EDTA 二钠盐标准溶液的浓度，mol/L；

V_1 ——滴定钙时消耗 EDTA 的体积，mL；

V_2 ——滴定钙、镁总量时消耗 EDTA 的体积，mL；

m ——烘干土样的质量，g；

$\frac{100}{250}$ ——测钙时分取 A 液的体积/A 液总体积；

$\frac{100}{500}$ ——测钙、镁时分取 B 液的体积/B 液总体积；

0.056 1——CaO 的摩尔质量，g/mol；

0.040 3——MgO 的摩尔质量，g/mol。

(6)报告

①土样的鉴别分类和代号。

②土中氧化钙含量(%)。

③土中氧化镁含量(%)。

2.5 土工合成材料试验

2.5.1 土工格栅、土工网网孔尺寸试验

本试验方法适用于测定孔径较大的各种土工格栅或土工网的网径大小。

(1)仪器设备

游标卡尺:量程250mm,精度0.01mm;

其他:坐标纸、铅笔、求积仪(针对不规则大孔径网材)。

(2)试样制备

①试验数量:对同一种网材至少量测10个网孔。

②试样尺寸:试样应根据格栅网状孔形状和大小决定尺寸,每块试样应至少保持包括10个完整的较有代表性的网孔。

(3)方法与步骤

①选取面积较大的格栅试件一块。

②由格栅网孔形状,确定测试方案,对于较规则的网孔(孔边呈直线,网孔接近于正多边形),当网孔为矩形或偶数多边形时量测相互平行的两边之间的距离;对于三角形或奇数多边形量测顶点与对边的垂直距离,同一测点(从某一顶点到对边或某一平行对边之间)测定两次,两次测定值误差应小于5%,每个网孔至少测定3个测点,读数精确到0.1mm。

③对于孔边呈弧线(网孔呈圆形或椭圆形)或不规则多边形网孔,在检测时,应将网材平整地放在坐标纸上并固定好,用削尖的铅笔紧贴网孔内壁边将网孔完整的描画在坐标纸上,在同一坐标纸上可一次性描出所有需要量测的网孔,然后用求积仪测出坐标纸上每个网孔的面积。每个网孔量测两次,两次测定值误差应小于3%。

④对于较规则的网孔,也可按步骤③采用求积仪量测网孔面积。

⑤确定网孔的当量网孔直径。

(4)结果整理

①对较规则网孔,按式(2-52)~式(2-55)计算网孔面积:

三角形网孔

$$A = 0.5774h^2 \tag{2-52}$$

矩形网孔

$$A = h_x h_y \tag{2-53}$$

五边形网孔

$$A = 0.7265h^2 \tag{2-54}$$

六边形网孔:

$$A = 0.7461h^2 \tag{2-55}$$

②按式(2-56)计算网孔的当量网孔直径:

$$De = 2 \times \sqrt{A/\pi} \tag{2-56}$$

(5)报告

①网孔形状描述。

②当量网孔直径的均值。

③当量网孔直径均值的标准差 σ 和变异系数 C_v 。

2.5.2 格栅温度收缩系数试验

格栅的平均线性收缩系数是指规定尺寸的矩形试样在规定的温度区间,以规定速率降温时,每降低 1℃的收缩变形与试样原长度的比值。

本方法适用于测定格栅材料的温度线收缩系数,其他材料也可参考使用。

(1)仪器设备

①游标卡尺 :量程 250mm,精度 0.001mm。

②温度计:分度为 0.1℃。

③高低温循环恒温水槽:装有自动温度控制器,精度为 ±0.1℃,降温过程精度 ±1℃/h;

④冷却液:1∶1甲醇水溶液。

(2)试验制备

①试验数量:对于同一种网材制备 6 个试样;

②试样尺寸:试样应根据格栅网孔形状和大小决定尺寸,每个试样应至少包括完整的(横向和竖向)一肋,建议试样面积 20cm(竖向)×10cm(横向)。

(3)试验步骤

①试验温度区间及降温速率根据当地气候条件或使用条件决定,通常采用的温度区间为 -20℃ ~20℃,降温速率为 5℃ /h。

②在试件上标记固定的测试长度,测试范围最好从格栅的一个肋的中间至其他肋的中间,初始测试长度宜定为 10 ~15cm。

③在恒温水槽中注入甲醇水溶液作为冷却液,并将水槽的温度控制在试验起始温度,保持恒温。

④将试样移至恒温水槽中,并在起始温度试验温度的溶液中恒温保持 30min。

⑤从恒温水槽中取出试样,用游标卡尺读取测试区间的初始长度 L_0 ,测量时间不应超过 5s;否则,应将试件放回水槽中保温 10min 左右后再重测。

⑥将试件全部测量完后,水槽开始降温,降温速率为 5℃/h(或其他规定降温速率),直至预定的终点温度,停止降温,并在此条件下保温 30min。

⑦从水槽中取出试样,用游标卡尺读取测试区间的最终长度 L_0 。

⑧为测定不同温度区间的收缩系数,可每降温 10℃并恒温保持 30min 后,测定各温度时的试件长度,再继续降温。

(4)结果整理

降温区间的平均收缩应变及平均收缩系数,按式(2-57)、式(2-58)计算:

$$\varepsilon_e = \frac{L_e - L_0}{L_0} \tag{2-57}$$

$$C = \frac{\varepsilon_e}{\Delta T} \tag{2-58}$$

式中：ε_e——平均收缩应变；

L_e、L_0——分别为 -20℃、20℃时试样的长度，mm；

C——格栅的平均线收缩系数，K^{-1}；

ΔT——温度区间，从起始温度（+20℃）至最终温度（-20℃）的差值；

如分温度区间测定时，可按式（2-57）及式（2-58）的办法计算各温度区间的收缩系数，以该区间的温度中值为代表温度，由此得出不同温度的收缩系数变化曲线。

（5）报告

①给出格栅收缩系数的平均值。

②给出指标的标准差 σ 和变异系数 C_v。

2.5.3 刺破试验

本试验适用于土工合成材料（主要为土工织物和土工膜等）的刺破强度测定，可用来评价土工合成材料的抵抗颗粒贯入的能力。

（1）仪器和仪具

①压力机或带有反向器的拉力机，其变形速率为 300mm/min。

②量力环：其量程要满足最大压力值。

③环形夹具：内径为 44.5mm。

④刚性顶杆直径 8mm，平头。

（2）试样准备

①试样数量：每组试验取 10 块试样。

②试样尺寸：试样尺寸为 ϕ120mm。

（3）试验步骤

①将试样放入环形夹具内，使试样在自然状态下放平，拧紧夹具。

②将夹具放在加荷装置上并对中。

③将速率设定在 100mm/min。

④调整连接在刚性顶杆上的量力环的百分表读数至零。

⑤开机，记录顶杆顶压试样时的最大压力值。

⑥停机，取下试样。

⑦重复①～⑥步骤进行试验，每组试验进行 10 块试样。

（4）结果整理

①由量力环标定曲线，将量力环中百分表读数换算为力，单位为 N。

②计算 10 块试样刺破强度的算术平均值 T_p，单位为 N。

③计算标准差 σ 和变异系数 C_v。

（5）报告

①说明试验遵照的方法、介绍试样材料以及制样方法。

②各个试样的刺破强度值及其平均值，单位为 N。

③标准差 σ 和变异系数 C_v。

2.5.4 落锤穿透试验

本试验适用于土工合成材料（主要为土工织物和土工膜等）的落锤穿透试验，测定其穿透孔洞直径，评价其对尖锐跌落物（点荷载）贯入时的抵御能力。

(1)仪器和仪具

①落锤试验。

②落锤支架：装好落锤后，落高为 500mm。

③环形夹具，内径为 150mm。

④落锤：材料为黄铜，质量 1kg，顶角 45°，直径 50mm；落锤锥体等分为 10 份，沿锥面刻 9 道环，每环直径相差 5mm。

⑤卡尺：精度 0.001mm 。

(2)试样准备

①试样数量：每组试验取 10 块试样。

②试样尺寸试样尺寸为 ϕ230mm。

(3)试验步骤

①将试样放入环形夹具内，使试样在自然状态下放平，拧紧夹具。

②将落锤支架放在环形夹具上。

③将落锤插入支架导向孔内，要求落锤对中于夹具中心。

④让落锤自由落下。

⑤取下落锤支架，测量孔洞直径，可直接用落锤上的刻环测读，也可用卡尺测量，单位为 mm。

⑥取下已破坏试样。

⑦重复①～⑥步骤进行试验。

(4)结果整理

①计算 10 块试样的平均孔洞直径 D_r。

②计算标准差 σ 和变异系数 C_v。

(5)报告

①说明试验遵照的方法，介绍试样材料及制样情况。

②各块试样的孔洞直径及其算术平均值，以 mm 为单位。

③标准差 σ 和变异系数 C_v。

第3章　砂石材料试验检测方法

3.1　概述

砂石材料是石料和集料的总称,主要包括直接开采的天然岩石或经机械加工制成的具有一定形状和尺寸的石料制品;天然岩石经长期风化、地质作用而形成的卵石、砂砾石以及经开采轧制加工得到的碎石。石料根据形成的地质条件,可分成岩浆岩、沉积岩和变质岩三大类。

集料根据不同的方式可划分为不同的类型:

(1)根据集料形成的过程可分为经自然风化、地质作用形成的卵石(砾石)和机械加工而成的碎石。

(2)根据粒径大小可分为粗集料和细集料。

(3)根据化学成分可分为酸性集料和碱性集料。

3.2　石料试验检测方法

3.2.1　常用石料岩石学简易鉴定方法

3.2.1.1　目的和适用范围

本方法适用于借助常规工具和试剂做简单试验,通过肉眼观察,鉴定公路工程岩样的岩石特征,其目的在于确定岩石的名称或类别。

岩石的物理、力学性质,很大程度上决定于岩石的矿物组成、岩石的结构和构造;而岩石的物理、力学性质又直接影响岩体的工程性质。经验丰富的工程技术人员通过岩石鉴定,能获得与岩石的物理、力学性质有关的岩石的矿物组成、粒度和结构等参数,因而能较好地描述岩石物理与力学性质指标或参数,更加全面地判断该岩石的适用性。

3.2.1.2　仪器设备

(1)铁锤。

(2)硬度计或其他检验硬度用的工具(如手指甲、铁刀刃、钢刀刃、玻璃片等)。

(3)放大镜或显微镜。

3.2.1.3　试剂

稀盐酸:浓度10%。

3.2.1.4　试样

为了获得有代表性的岩石样品,野外工作期间要选择的标本数不少于3个。对于不规则试样,样品规格为体积不小于100cm^{3}的近似立方体,并应除掉松动部分和表面附着物。

3.2.1.5 试验步骤

(1)用铁锤敲击岩石试样,使之出现新鲜断面。

(2)通过肉眼,同时借助于放大镜或显微镜仔细观察新鲜断面的岩石结构和构造,注重观察其节理、裂隙、结晶程度、矿粒大小、胶结物等特征结构,并作描述。

(3)用硬度计或其他检验硬度用的工具在新鲜断面上进行划痕试验,以确定岩石的硬度。

硬度对比的标准从软到硬依次由下列10种矿物组成:①滑石;②石膏;③方解石;④萤石;⑤磷灰石;⑥正长石;⑦石英;⑧黄玉;⑨刚玉;⑩金刚石。

(4)在新鲜断面上滴几滴稀盐酸,观察滴酸的岩石部位表面变化,如有无泡沫产生等。

(5)分析岩石的矿物组成和结构,确定岩石名称或类别。

3.2.1.6 结果整理

按下列岩石学鉴定记录(表3-1)所列项目进行岩相描述,并根据岩相特征确定岩石名称或类别。

岩石学鉴定记录表 表3-1

<table>
<tr><td colspan="3">工 程 项 目</td><td></td><td></td><td></td></tr>
<tr><td colspan="3">岩石产地</td><td></td><td></td><td></td></tr>
<tr><td colspan="3">岩石编号</td><td></td><td></td><td></td></tr>
<tr><td colspan="3">试样编号</td><td></td><td></td><td></td></tr>
<tr><td rowspan="12">岩相描述</td><td colspan="2">颜色</td><td></td><td></td><td></td></tr>
<tr><td colspan="2">构造</td><td></td><td></td><td></td></tr>
<tr><td rowspan="4">结构</td><td>结晶程度</td><td></td><td></td><td></td></tr>
<tr><td>矿粒大小</td><td></td><td></td><td></td></tr>
<tr><td>胶结物</td><td></td><td></td><td></td></tr>
<tr><td>特征结构</td><td></td><td></td><td></td></tr>
<tr><td rowspan="3">矿物成分</td><td>重要的</td><td></td><td></td><td></td></tr>
<tr><td>次要的</td><td></td><td></td><td></td></tr>
<tr><td>次生的</td><td></td><td></td><td></td></tr>
<tr><td rowspan="3">风化情况</td><td>矿物光泽</td><td></td><td></td><td></td></tr>
<tr><td>矿物变化</td><td></td><td></td><td></td></tr>
<tr><td>风化程度</td><td></td><td></td><td></td></tr>
<tr><td colspan="3">结论</td><td></td><td></td><td></td></tr>
</table>

3.2.2 密度试验

3.2.2.1 目的和适用范围

岩石的密度(颗粒密度),是指在105℃±5℃下烘至恒量时石料矿质单位体积(不包括开口与闭口孔隙体积)的质量。对含有水溶性矿物成分的岩石宜选用本法测定密度。

岩石的密度是选择建筑材料、研究岩石风化、评价地基基础工程岩体稳定性及确定性及确定围岩压力等必须的计算指标。

本法的试验原理是通过将岩石磨成细粉，以形成岩石的无空隙的体积，通过密度瓶中煤油体积的改变，以获得岩石的真实体积，再称重烘干至恒重时的质量，从而获得岩石的密度。

3.2.2.2　仪器设备

(1)密度瓶：如图 3-1 所示，短颈量瓶，容积为 100mL。

(2)煤油：无水，用前需过滤，并抽去煤油中的空气。

(3)恒温水槽：测定密度时，需在相同温度下得到两次读数，因此需备恒温水槽或其他保持恒温的盛水玻璃容器，控温精度在 ±1℃。

(4)天平：感量 0.001g。

(5)轧石机(实验室用小型轧石机)或钢槌：供初碎石料试样用。

(6)球磨机或研磨机：供磨碎石粉用。

(7)研钵：供磨细石粉用。

(8)温度计。

(9)烘箱：能使温度控制在 105℃ ±5℃。

(10)砂浴、恒温水槽(灵敏度 ±1℃)及真空抽气设备。

(11)干燥器：内装氯化钙或硅胶等干燥剂。

(12)筛子：孔径为 0.25mm。

(13)锥形玻璃漏斗和瓷皿。

(14)滴管和牛骨匙等。

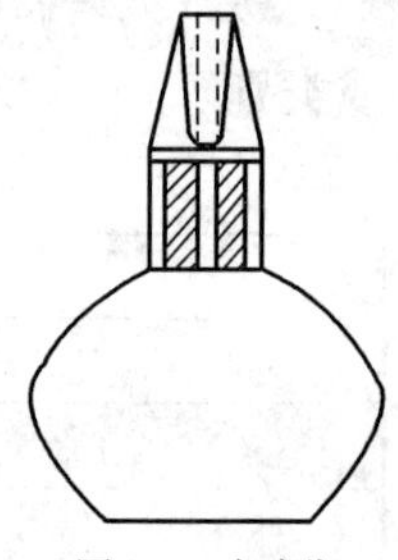

图 3-1　密度瓶

3.2.2.3　试样

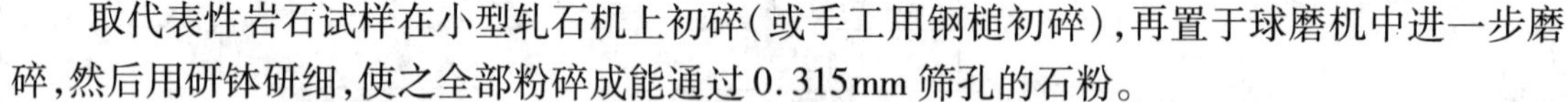

取代表性岩石试样在小型轧石机上初碎(或手工用钢槌初碎)，再置于球磨机中进一步磨碎，然后用研钵研细，使之全部粉碎成能通过 0.315mm 筛孔的石粉。

3.2.2.4　试验步骤

(1)用瓷皿称取石粉约 100g，置于温度为 105℃ ±5℃的烘箱中烘至恒量，烘干时间一般为 6～12h，然后置于干燥器中冷却至室温备用。

(2)将抽去空气的煤油灌入密度瓶中至零点刻度线以上，并读取起始读数(以弯液面的下部为准)；再将密度瓶置于 t℃恒温水槽内，使刻度部分浸入水中(水温必须控制在密度瓶标定刻度时的温度)，恒温 0.5h，记下第一次读数，准确至 0.05mL(本试验读数准确度同此)。

(3)从恒温水槽中取出密度瓶，用滤纸将密度瓶内零点起始读数以上的没有煤油的部分仔细擦净。

(4)准确称出冷却后的瓷皿加石粉的合质量(精确至 0.001g，以下同此)，用牛骨匙小心地将石粉通过漏斗装入瓶中，使液面上升至 20mL 刻度处(或略高于 20mL 刻度处)，在倾注时注意勿使石粉黏附于液面以上的瓶颈内壁上。摇动密度瓶，排去其中的空气，或用抽气机抽气，至液体不再发生气泡时为止。再放入恒温水槽，在相同温度下(与第一次读数时的温度相同)恒温 0.5h，记下第二次读数。

(5)准确称出瓷皿加剩余石粉的合质量。

3.2.2.5 结果整理

(1)用式(3-1)、式(3-2)计算石料的密度值,精确至0.01g/cm³:

$$\rho_t = \frac{m_1 - m_2}{V} \tag{3-1}$$

$$V = V_2 - V_1 \tag{3-2}$$

式中:ρ_t——石料密度,g/cm³;

m_1——试验前石粉加瓷皿的合质量,g;

m_2——试验后剩余石粉加瓷皿的合质量,g;

V——被石粉所排开的液体体积,即第二次读数(V_2)减去第一次读数(V_1),cm³。

(2)以两次试验结果的算术平均值作为测定值,如两次试验结果之差大于0.02g/cm³时,应重新取样进行试验。

3.2.3 毛体积密度试验

3.2.3.1 目的和适用范围

岩石的毛体积密度(块体密度)是一个间接反映岩石致密程度、孔隙发育程度的参数,也是评价工程岩体稳定性及确定围岩压力等必需的计算指标。根据岩石含水状态,毛体积密度可分为干密度、饱和密度和天然密度。

岩石毛体积密度试验可分为量积法、水中称量法和蜡封法。量积法适用于能制备成规则试件的各类岩石;水中称量法适用于除遇水崩解、溶解和干缩湿胀外的其他各类岩石;蜡封法适用于不能用量积法或直接在水中称量进行试验的岩石。

量体积法试验原理是将岩石制成规则试件,通过直接测量得到岩石体积和质量,从而得到岩石毛体积密度。目前,制备规则试件的精度完全能达到试验要求,同时制备的规则试件可以用于岩石的单轴抗压强度试验。水中称量法试验原理是通过水作为媒介,通过称取不同状况下的质量得到岩石毛体积密度与水的密度的比值,从而得到岩石毛体积密度。蜡封法试验原理与水中称量法一致,只是在水中称量法前要对岩石试件进行蜡封处理,以保证岩石试件不会遇水崩解、溶解和干缩湿胀。

3.2.3.2 仪器设备

(1)切石机、钻石机、磨石机等岩石试件加工设备。

(2)天平:感量0.01g,称量大于500g。

(3)烘箱:能使温度控制在105℃~110℃。

(4)石蜡及熔蜡设备。

(5)水中称量装置。

(6)游标卡尺。

3.2.3.3 试件制备

(1)量积法试件制备,试件尺寸应该符合以下规定:采用立方体试件,直径为50mm±2mm、高径比为2:1。每组试件共6个。

(2)水中称量法试件制备,试件尺寸应符合下列规定:试件可采用规则或不规则形状,试件尺寸应大于组成岩石最大颗粒粒径的10倍,每个试件质量不宜小于150g。

(3)蜡封法试件制备,试件尺寸应符合下列规定:将岩样制成边长约40~60mm的立方体试件,并将尖锐棱角用砂轮打磨光滑;或采用直径为48~52mm圆柱体试件。测定天然密度的试件,应在岩样拆封后,在设法保持天然湿度的条件下,迅速制样、称量和密封。

(4)试件数量,同一含水状态,每组不得少于3个。

3.2.3.4　试验步骤

(1)量积法试验步骤

①量测试件的直径或边长:用游标卡尺量测试件两端和中间三个断面上互相垂直的两个方向的直径或边长,按截面积计算平均值。

②量测试件的高度:用游标卡尺量测试件断面周边对称的四个点(圆柱体试件为互相垂直的直径与圆周交点处,立方体试件为边长的中点)和中心点的五个高度,计算平均值。

③测定天然密度:应在岩样开封后,在保持天然湿度的条件下,立即加工试件和称量。测定后的试件,可作为天然状态的单轴抗压强度试验用的试件。

④测定饱和密度:将试件置于盛水容器内,先注水至试件高度的1/4处,以后每隔2h分别注水至试件高度的1/2和3/4处,6h后将水加至高出试件顶面20mm,以利试件内空气逸出。试件全部被水淹没后再自由吸水48h。然后取出浸水试件,用湿纱布擦去试件表面水分,立即称其质量。测定后的试件,可作为饱和状态单轴抗压强度试验用的试件。

⑤测定干密度:将试件放入烘箱内,控制在105℃~110℃温度下烘12~24h,取出放入干燥器内冷却至室温,秤干试件质量。测定后的试件,可作为干燥状态单轴抗压强度试验用的试件。

⑥本试验称量精确至0.01g,量测精确至0.01mm。

(2)水中称量法试验步骤

①测天然密度时,应取有代表性的岩石制备试件并称量;测干密度时,将试件放入烘箱,在105℃~110℃下烘至恒量,烘干时间一般为12~14h。取出试件置于干燥器内冷却至室温后,称干试件质量。

②将干试件浸入水中进行饱和,饱和方法可依岩石性质选用煮沸法或真空抽气法。具体的饱和方法和过程同上述量积法中。

③取出饱和浸水试件,用湿纱布擦去试件表面水分,立即称其质量。

④将试样放在水中称量装置的丝网上,称取试样在水中的质量(丝网在水中质量可事先用砝码平衡)。在称量过程中,称量装置的液面应始终保持同一高度,并记下水温。

⑤本试验称量精确至0.01g。

(3)蜡封法试验步骤

①测天然密度时,应取有代表性的岩石制备试件并称量;测干密度时,将试件放入烘箱,在105℃~110℃下烘至恒量,烘干试件一般为12~24h,取出试件置于干燥器内冷却至室温。

②从干燥器内取出试件,放在天平上称量,精确至0.01g(本试验称量精度皆同此)。

③把石蜡装在干净铁盆中加热熔化,至稍高于熔点(一般石蜡熔点在55℃~58℃)。岩石试件可通过滚涂或刷涂的方法使其表面涂上一层厚度1mm左右的石蜡层,冷却后准确称出蜡

封试件的质量。

④将涂有石蜡的试件系于天平上，称出其在洁净水中的质量。

⑤擦干试件表面的水分，在空气中重新称取蜡封试件的质量，检查此时蜡封试件的质量是否大于浸水前的质量。如超过0.05g，说明蜡封试件蜡封不好，洁净水已浸入试件，应取试件重新测定。

3.2.3.5　结果整理

(1)量积法岩石毛体积密度按下列公式计算：

$$\rho_0 = \frac{m_0}{V} \tag{3-3}$$

$$\rho_s = \frac{m_s}{V} \tag{3-4}$$

$$\rho_d = \frac{m_d}{V} \tag{3-5}$$

式中：ρ_0 ——天然密度，g/cm^3；

ρ_s ——饱和密度，g/cm^3；

ρ_d ——干和密度，g/cm^3；

m_0 ——试件烘干前的质量，g；

m_s ——试件强制饱和后的质量，g；

m_d ——试件烘干后的质量，g；

V ——岩石的体积，cm^3。

(2)水中称量法岩石毛体积密度按下列公式计算：

$$\rho_0 = \frac{m_0}{m_s - m_w} \times \rho_w \tag{3-6}$$

$$\rho_s = \frac{m_s}{m_s - m_w} \times \rho_w \tag{3-7}$$

$$\rho_d = \frac{m_d}{m_s - m_w} \times \rho_w \tag{3-8}$$

式中：m_w ——试件强制饱和后的质量，g；

ρ_w ——洁净水的密度，g/cm^3。

(3)蜡封法岩石毛体积密度按下列公式计算：

$$\rho_0 = \frac{m_0}{\dfrac{m_1 - m_2}{\rho_w} - \dfrac{m_1 - m_d}{\rho_N}} \tag{3-9}$$

$$\rho_d = \frac{m_d}{\dfrac{m - m_2}{\rho_w} - \dfrac{m_1 - m_d}{\rho_N}} \tag{3-10}$$

式中：m_1 ——蜡封试件质量，g；

m_2 ——蜡封试件在洁净水中的质量，g；

ρ_d ——石蜡的密度,g/cm^3。

(4)毛体积密度试验结果精确至0.01g/cm^3,3个试件平行试验。组织均匀的岩石,毛体积密度应为3个试件测得结果之平均值;组织不均匀的岩石,毛体积密度应列出每个试件的试验结果。

(5)孔隙率的计算

求得岩石的毛体积密度及密度后,采用式(3-11)计算总孔隙率,试验结果精确至0.1%:

$$n = (1 - \frac{\rho_d}{\rho_t}) \times 100 \tag{3-11}$$

式中:n ——岩石总孔隙率,%;

ρ_t ——岩石的密度,g/cm^3。

(6)试验记录

毛体积密度试验记录应包括岩石名称、试验编号、试件编号、试件描述、试验方法、试件在各种含水状态下的质量、试件水中称量、试件尺寸、洁净水的密度和石蜡的密度等。

3.2.4 坚固性试验(硫酸钠侵蚀法)

3.2.4.1 目的和适用范围

坚固性试验是确定石料试样经饱和硫酸钠溶液多次浸泡与烘干循环后而不发生显著破坏或强度降低的性能,是测定石料抗冻性的一种简易方法,一般适用于质地坚硬的岩石。有条件者,应采用直接冻融法进行岩石的抗冻性试验。

硫酸钠浸蚀法试验原理是模拟岩石在多次反复冻融条件下的岩石质量损失。

3.2.4.2 仪器设备

(1)试件加工设备:切石机、钻石机及磨石机等。

(2)天平:感量0.01g,称量大于500g。

(3)烘箱:能使温度控制在105℃~110℃。

(4)瓷、玻璃或釉盛器:容积不小于5L。

(5)温度计。

(6)密度计。

(7)放大镜、钢针等。

3.2.4.3 材料或试剂

(1)饱和硫酸钠溶液:取约400g的无水硫酸钠(或800g的结晶硫酸钠)溶解于温度为30℃~50℃的1 000mL纯净水中配制而成(溶液总需要量约等于试件体积的5倍)。其配制方法是:边加热洁净水(水温为30℃~50℃)边逐渐加入硫酸钠,并用玻璃棒不断搅拌,待硫酸钠全部溶解直至饱和并有部分结晶析出为止。让溶液冷至室温(20℃~25℃)并静置48h后待用。使用时需将溶液充分搅拌,试验过程中应保持溶液密度在1 150~1 175 kg/m^3 范围。

(2)10%氯化钡溶液。

3.2.4.4 试件制备

采用圆柱体或立方体试件,其直径或边长和高均为50mm±2mm。每组试件共6个。

有显著层理的岩石，分别沿平行和垂直层理方向各取试件 6 个。试件上、下端面应平行和磨平，试件端面的平面度公差应小于 0.05mm，端面对于试件轴线垂直度偏差不应超过0.25°。对于非标准圆柱体试件，试验后抗压强度试验值按相关公式换算。

3.2.4.5　试验步骤

（1）将试件放入烘箱，在 105℃～110℃下烘至恒量，烘干时间一般为 12～24h，取出置于干燥器内，冷却至室温，称其质量（精确至 0.01g，以下皆同此）。

（2）把烘干试件浸入装有硫酸钠溶液的盛器中，溶液应高出试件顶面 2cm 以上，用盖将盛器盖好，浸置 20h。然后将试件取出，再用瓷皿衬住置于 105℃～110℃的烘箱中烘 4h。4h 后取出试件，任其冷却至室温，再重新浸入硫酸钠溶液中，至硫酸钠结晶溶解后取出试件，用放大镜及钢针仔细观察有无破坏现象，并详细描述记录。

（3）按上述方法反复浸烘 5 次，最后一次循环后，用热洁净水煮洗几遍，直至将试件中硫酸钠溶液全部洗净为止。是否洗净可用 10% 氯化钡溶液滴入检定，具体操作为：取洗净的试件的水若干毫升，滴入少量氯化钡溶液，如无白色沉淀，则说明硫酸钠已被洗净。将洗净的试件烘至恒量，准确称出其质量。

3.2.4.6　结果整理

（1）用式（3-12）计算坚固性试验质量损失率，精确至 0.1%：

$$Q=\frac{m_1-m_2}{m_1}\times 100 \tag{3-12}$$

式中：Q——试验后的质量损失率，%；

m_1——试验前烘干试件的质量，g；

m_2——试验后烘干试件的质量，g。

（2）取 3 个试件试验结果的算术平均值作为测定值。

3.2.5　饱水抗压强度试验

3.2.5.1　目的和适用范围

饱水抗压强度试验是测定规则形状岩石试样单轴抗压强度的方法，主要用于岩石的强度分级和岩性描述。本法采用饱水状态下的岩石立方体（或圆柱体）试件的抗压强度来评定岩石强度（包括碎石或卵石的原始岩石强度）。

在某些情况下，试件含水状态还可根据天然状态、烘干状态或冻融循环后状态。试件的含水状态要在试验报告中注明。

该法的试验原理是将岩石制成标准尺寸试件，然后浸水饱和，最后采用压力机测定岩石试件能承受的最大压力，从而得到岩石的饱水抗压强度。

3.2.5.2　仪器设备

（1）压力试验机或万能试验机。

（2）钻石机、切石机、磨石机等岩石试件加工设备。

（3）烘箱、干燥器、游标卡尺、角尺及水池等。

3.2.5.3　试件制备

(1)用切石机或钻石机从岩石试样或岩芯中制取边长为50mm ±2mm 的正立方体或直径与高均为50mm ±2mm 的圆柱体试件6 个。有显著层理的岩石,分别沿平行和垂直层理方向各取试件6 个。

(2)试件上、下端面应平行和磨平。试件端面的平面度公差应小于0.05mm,端面对于试件轴线垂直度偏差不应超过0.25°。

3.2.5.4　试验步骤

(1)用游标卡尺量取试件尺寸(精确至0.1mm),对立方体试件在顶面和底面上各量取其边长,以各个面上相互平行的两个边长的算术平均值计算其承压面积;对于圆柱体试件在顶面和底面分别测量两个相互正交的直径,并以其各自的算术平均值分别计算底面和顶面的面积,取其顶面和底面面积的算术平均值作为计算抗压强度所用的截面积。

(2)按吸水率试验方法对试件进行饱水处理:将称量后的试件高度的1/4 处,以后每隔2h 分别注水至试件高度的1/2 和3/4 处,6h 后将水加至高出试件顶面20mm,以利试件内空气逸出。

(3)试件自由浸水48h 后取出,擦干表面,按本书2.5.2 节中之要求放在压力机上进行强度试验。施加在试件上的荷载要始终保持一定的应力增长速率,即施加应力的速率在0.5 ~ 1.0MPa/s 的限度内。

(4)抗压试件试验的最大荷载记录以N 为单位,精度1%。

3.2.5.5　结果整理

(1)岩石的抗压强度 R 按式(3-13)计算

$$R = \frac{P}{A} \tag{3-13}$$

式中:R ——岩石的抗压强度,MPa;

P ——试件破坏时的荷载,N;

A ——试件的截面积,mm^2。

(2)试验结果应同时列出每个试件的试验值及同组岩石抗压强度的平均值。

(3)有显著层理的岩石,分别报告垂直和平行层理方向的试件强度的平均值。计算精确至0.1MPa。

3.3　粗集料试验检测方法

3.3.1　粗集料取样法

3.3.1.1　取样方法和试样份数

(1)在同批来料堆上取样时,应先铲除堆脚等处无代表性的部分,再在料堆的顶部、中部和底部,各由均匀分布的几个不同部位,取得大致相等的若干份组成一组试样,务必使所取试样能代表本批来料情况和品质。

(2)从皮带运输机上取样时,应从皮带运输机上采集样品。取样时,可在皮带运输机骤停的状态下取其中一截的全部材料,或在皮带运输机的端部连续接一定的时间的料得到,将间隔3次以上所取得试样组成一组试样,作为代表性试样。

(3)从火车、汽车、货船上取样时,应从各不同部位和深度处,抽取大致相等的试样若干份,组成一组试样。抽取的具体份数,应视能够组成本批来料代表样的需要而定。

注:①如经观察,认为各节车皮、汽车或货船的碎石或砾石的品质差异不大时,允许只抽取一节车皮、一部汽车、一艘货船的试样(即一组试样),作为该批集料的代表样品。

②如经观察,认为该批碎石或砾石的品质相差甚远时,则应对品质有怀疑的该批集料,分别取样和验收。

(4)从沥青拌和楼的热料仓取样时,应在放料口的全断面上取样。通常宜将一开始按正式生产的配合比投料拌和的几锅(至少5锅以上)废弃,然后分别将每个热料仓放出至装载机上,倒在水泥地上,适当拌和,从3处以上的位置取样,拌和均匀,取要求数量的试样。

3.3.1.2 取样数量

对每一单项试验,每组试样的取样数量宜不少于表3-2所规定的最少取样量。需做几项试验时,如确能保证试样经一项试验后不致影响另一项试验的结果时,可用同一组试样进行几项不同的试验。

各试验项目所需粗集料的最小取样质量 表3-2

试验项目	相对于下列公称最大粒径(mm)的最小取样量(kg)										
	4.75	9.5	13.2	16	19	26.5	31.5	37.5	53	63	75
筛分	8	10	12.5	15	20	20	30	40	50	60	80
表观密度	6	8	8	8	8	8	12	16	20	24	24
含水率	2	2	2	2	2	2	3	3	4	4	6
吸水率	2	2	2	2	4	4	4	6	6	6	8
堆积密度	40	40	40	40	40	40	80	80	100	120	120
含泥量	8	8	8	8	24	24	40	40	60	80	80
泥块含量	8	8	8	8	24	24	40	40	60	80	80
针片状含量	0.6	1.2	2.5	4	8	8	20	40	—	—	—
硫化物、硫酸盐	1.0										

注:①有机物含量、坚固性及压碎指标值试验,应按规定粒级要求取样,其试验所需试样数量,按有关规定施行。

②采用广口瓶法测定表观密度时,集料最大粒径不大于40mm者,其最少取样数量为8kg。

3.3.1.3 试样的缩分

(1)分料器法:将试样拌匀后,通过分料器分为大致相等的两份,再取其中的一份分成两份,缩分至需要的数量为止。

(2)四分法:将所取试样置于平板上,在自然状态下拌混均匀,大致摊平,然后沿互相垂直的两个方向,把试样由中向边摊开,分成大致相等的四份,取其对角的两份重新拌匀。重复上述过程,直至缩分后的材料量略多于进行试验所必需的量。

(3)缩分后的试样数量应符合各项试验所规定数量的要求。

3.3.1.4　试样的包装

每组试样应采用能避免细料散失及防止污染的容器包装,并附卡片标明试样编号、取样时间、产地、规格、试样代表数量、试样品质、要求检验项目及取样方法等。

3.3.2　粗集料筛分试验

3.3.2.1　目的与适用范围

测定粗集料(碎石、砾石、矿渣等)的颗粒级配。对水泥混凝土用粗集料可采用干筛法筛分,对沥青混合料及基层用粗集料必须采用水洗法试验。

本方法也适用于同时含有粗集料、细集料、矿粉的集料混合料筛分试验,如未筛碎石、级配碎石、天然砂砾、无机结合料稳定基层材料、沥青拌和楼的冷料混合料、热料仓材料、沥青混合料经溶剂抽提后的矿料等。

3.3.2.2　仪具与材料

(1)试验筛:根据需要选用规定的标准筛。

(2)摇筛机。

(3)天平或台秤:感量不大于试样质量的0.1%。

(4)其他:盘子、铲子、毛刷等。

3.3.2.3　试验准备

将来料用分料器或四分法缩分至表3-3要求的试样所需量,风干后备用。根据需要可按要求的集料最大粒径的筛孔尺寸过筛,除去超粒径部分颗粒后,再进行筛分。

筛分用的试样质量　　表3-3

公称最大粒径(mm)	75	63	37.5	31.5	26.5	19	16	9.5	4.75
试样质量不少于(kg)	10	8	5	4	2.5	2	1	1	0.5

3.3.2.4　试验步骤

(1)沥青混合料及基层用粗集料水洗法试验步骤

①取一份试样,将试样置105℃ ±5℃烘箱中烘干至恒重,称取干燥集料试样的总质量(m_1),准确至0.1%。

注:恒重系指相邻两次称量间隔时间大于3h(通常不少于6h)的情况下,前后两次称量之差小于该项试验所要求的称量精密度(下同)。

②将试样置一洁净容器中,加入足够数量的洁净水,将集料全部盖没,但不得使用任何洗涤剂、分散剂或表面活性剂。

③用搅棒充分搅动集料,使集料表面洗涤干净,使细粉悬浮在水中,但不得破碎集料或有集料从水中溅出。

④根据集料粒径大小选择组成一组套筛,其底部为0.075mm标准筛,上部为2.36mm或4.75mm筛。仔细将容器中混有细粉的悬浮液倒出,经过套筛流入另一容器中,尽量不致将粗集料倒出,损坏标准筛筛面。

注：不可直接倒至0.075mm筛上，以免集料掉出损坏筛面。无需将容器中的全部集料都倒出，只倒出悬浮液。

⑤重复①~④步骤，直至倒出的水洁净为止，必要时可采用水流缓慢冲洗。

⑥将套筛的每个筛子上的集料及容器中的集料全部回收在一个搪瓷盘中，容器上不得有黏附的集料颗粒，将搪瓷盘连同集料一起置105℃±5℃烘箱中烘干至恒重，称取干燥集料试样的总质量（m_4），准确至0.1%。以m_3与m_4之差作为0.075mm筛的筛下部分。

⑦将回收的干燥集料按干筛方法筛分出0.075mm筛以上各筛的筛余量，此时0.075mm筛的筛下部分应为0，如果尚能筛出，则应将其并入水洗得到的0.075mm筛的筛下部分，且表示水洗得不干净。

（2）水泥混凝土用粗集料干筛法试验步骤

①取另一份试样置105℃±5℃烘箱中烘干至恒重，称取干燥集料试样的总质量（m_0），准确至0.1%。

②用搪瓷盘作筛分容器，按筛孔大小排列顺序逐个将集料过筛。人工筛分时，需使集料在筛面上同时有水平方向及上下方向的不停顿的运动，使小于筛孔的集料通过筛孔，直至1min内通过筛孔的质量小于筛上残余量的1%为止。采用摇筛机筛分后，应该逐个由人工补筛。将筛出通过的颗粒并入下一号筛，和下一号筛中的试样一起过筛，顺序进行，直至各号筛全部筛完为止，以确认1min内通过筛孔的质量确实小于筛上残余量的1%。

注：由于0.075mm筛干筛几乎不能把黏在粗集料表明的小于0.075mm部分的石粉筛过去，而且对于水泥混凝土用粗集料而言，0.075mm通过率的意义不大，所以也可以不筛，且把通过0.15mm筛的筛下部分全部作为0.075mm的分计筛余，将粗集料的0.075mm通过率假设为0。

③如果某个筛上的集料过多，影响筛分作业时，可以分两次筛分。当筛余颗粒的粒径大于19mm时，筛分过程中允许用手指轻轻拨动颗粒，但不得逐颗塞过筛孔。

④称取每个筛上的筛余量，准确至总质量的0.1%。各筛分计筛余量及筛底存量的总和与筛分前试样的总质量m_0相比，其相差不得超过m_0的0.5%。

3.3.2.5　计算

（1）干筛法筛分结果的计算

①按式（3-14）计算各筛分计筛余量及筛底存量的总和与筛分前试样的干燥总质量m_0之差，作为筛分时的损耗，并计算损耗率。若损耗率大于0.3%，应重新进行试验。

$$m_5 = m_0 - (\sum m_i + m_{底}) \tag{3-14}$$

式中：m_5——由于筛分造成的损耗，g；

m_0——用于干筛的干燥集料总质量，g；

m_i——各号筛上的分计筛余，g；

i——依次为0.075mm、0.15mm、0.3mm、0.6mm……至集料最大粒径；

$m_{底}$——筛底（0.075mm以下部分）集料总质量，g。

②分计筛余百分率：各号筛上的分计筛余百分率按式（3-15）计算，但0.075mm筛不计算分计筛余，准确至0.1%。

$$P_i = \frac{m_i}{m_0 - m_5} \times 100 \tag{3-15}$$

式中：P_i ——各号筛上的分计筛余百分率,%；

m_0 ——用于干筛的干燥集料总质量,g;

m_5 ——由于筛分造成的损耗,g;

m_i ——各号筛上的分计筛余,g;

i ——依次为0.15mm、0.3mm、0.6mm……至集料最大粒径。

③累计筛余百分率:各号筛的累计筛余百分率为该号筛及大于该号筛的各号筛的分计筛余百分率之和,但0.075mm筛不计算累计筛余,准确至0.1%。

④各号筛的质量通过百分率:各号筛的质量通过百分率等于100减去该号筛累计筛余百分率,但0.075mm筛的质量通过百分率即为$P_{0.075}$,准确至0.1%。

⑤根据需要,绘制集料筛分曲线。

(2)水筛法筛分结果的计算

①按照式(3-16)、式(3-17)计算粗集料中0.075mm筛下部分质量$m_{0.075}$和质量$P_{0.075}$,精确至0.1%。当两次试验结果$P_{0.075}$的差值超过1%时,试验应重新进行。

$$m_{0.075} = m_3 - m_4 \tag{3-16}$$

$$P_{0.075} = \frac{m_{0.075}}{m_3} = \frac{m_3 - m_4}{m_3} \times 100 \tag{3-17}$$

式中：$P_{0.075}$ ——粗集料中小于0.075mm的含量(通过率),%；

$m_{0.075}$ ——粗集料中水洗得到的小于0.075mm部分的质量,g;

m_3 ——用于水洗的干燥粗集料总质量,g;

m_4 ——水洗后的干燥粗集料总质量,g。

②计算各筛分计筛余量及筛底存量的总和与筛分前试样的干燥总质量m_4之差,作为筛分时的损耗,并计算损耗率。若损耗率大于0.3%,应重新进行试验。

$$m_5 = m_3 - (\sum m_i + m_{0.075}) \tag{3-18}$$

式中：m_5 ——由于筛分造成的损耗,g;

m_3 ——用于干筛的干燥集料总质量,g;

m_i ——各号筛上的分计筛余,g;

i ——依次为0.075mm、0.15mm、0.3mm、0.6mm……至集料最大粒径；

$m_{0.075}$ ——水洗后得到的0.075mm以下部分质量,即$(m_3 - m_4)$,g。

③计算其他各筛的分计筛余百分率、累计筛余百分率、质量通过百分率,计算方法同以上干筛法。当干筛时筛分已有损耗时,应从总质量中扣除损耗部分。

3.3.3 粗集料密度及吸水率试验(网篮法)

3.3.3.1 目的与适用范围

本方法适用于测定碎石、砾石等各种粗集料的表观相对密度、表干相对密度、毛体积相对密度、表观密度、表干密度、毛体积密度,以及粗集料的吸水率。

测密度的试验原理同本章2.3水中称重法。

3.3.3.2　仪具与材料

(1)天平或浸水天平:可悬挂吊篮测定集料的水中质量,称量应满足试样数量称量要求,感量不大于最大称量的 0.05%。

(2)吊篮:耐锈蚀材料制成,直径和高度为 150mm 左右,四周及底部用 1 ~ 2mm 的筛网编制或具有密集的孔眼。

(3)溢流水槽:在称量水中质量时能保持水面高度一定。

(4)烘箱:能控温在 105℃ ±5℃。

(5)温度计。

(6)标准筛。

(7)盛水容器(如搪瓷盘)。

(8)其他:刷子、毛巾等。

3.3.3.3　试验准备

(1)将试样用标准筛过筛出去其中的细集料,对较粗的粗集料可用 4.75mm 筛过筛,对 2.36 ~ 4.75mm 集料,或者混在 4.75mm 以下石屑中的粗集料,则用 2.36mm 标准筛过筛,用四分法或分料器法缩分至要求的质量,分两份备用。对沥青路面用粗集料,应对不同规格的集料分别测定,不得混杂,所取的每一份集料试样应基本上保持原有的级配。在测定 2.36 ~ 4.75mm的粗集料时,试验过程中应特别小心,不得丢失集料。

(2)经缩分后供测定密度和吸水率的粗集料质量应符合表 3-4 的规定。

测定密度所需要的试样最小质量　　表 3-4

公称最大粒径(mm)	4.75	9.5	16	19	26.5	31.5	37.5	63	75
每一份试样质量不少于(kg)	0.8	1	1	1	1.5	1.5	2	3	3

(3)将每一份集料试样浸泡在水中,并适当搅动,仔细洗去附在集料表面的尘土和石粉,经多次漂洗干净至水清澈为止。清洗过程中不得散失集料颗粒。

3.3.3.4　试验步骤

(1)取试样一份装入干净的搪瓷盘中,注入洁净的水,水面至少应高出试样 2cm,轻轻搅动石料,使附着石料上的气泡逸出,在室温下保持浸水 24h。

(2)将吊篮挂在天平的吊钩上,浸入溢流水槽中,向溢流水槽中注水,水面高度至水槽的溢流孔为止,将天平调零。吊篮的筛网应保证集料不会通过筛孔流失,对 2.36 ~ 4.75mm 粗集料应更换小孔筛网,或在网篮中加放入一个浅盘。

(3)调节水温在 15℃ ~ 25℃ 范围内。将试样移入吊篮中。溢流水槽中的水面高度由水槽的溢流孔控制,维持不变。称取集料的水中质量(m_w)。

(4)提起吊篮,稍稍滴水后,将试样倒入浅搪瓷盘中,或直接将粗集料倒在拧干的湿毛巾上。注意不得有颗粒丢失,或有小颗粒附在吊篮上。稍稍倾斜搪瓷盘,用毛巾吸走漏出的自由水。用拧干的湿毛巾轻轻擦干颗粒的表面水,至表面看不到发亮的水迹,即为饱和面干状态。当粗集料尺寸较大时,可逐颗擦干。注意拧湿毛巾时不要太用劲,防止拧得太干。擦颗粒的表面水时,既要将表面水擦掉,又不能将颗粒内部的水吸出。整个过程中不得有集料丢失。

注:对于2.36~4.75mm集料,用毛巾擦拭时容易黏附细颗粒集料从而造成集料损失,此时宜改用洁净的纯棉汗衫布擦拭至表干状态。

(5)立即在保持表干状态下,称取集料的表干质量(m_f)。

(6)将集料置于浅盘中,放入105℃±5℃的烘箱中烘干至恒重。取出浅盘,放在带盖的容器中冷却至室温,称取集料的烘干质量(m_a)。

注:恒重是指相邻两次称量间隔时间大于3h的情况下,其前后两次称量之差小于该项试验所要求的精密度,即0.1%。一般在烘箱中烘烤的时间不得少于4~6h。

(7)对同一规格的集料应平行试验两次,取平均值作为试验结果。

3.3.3.5 计算

(1)表观相对密度γ_a、表干相对密度γ_s、毛体积相对密度γ_b分别按式(3-19)、式(3-20)、式(3-21)计算至小数点后3位。

$$\gamma_a = \frac{m_a}{m_a - m_w} \tag{3-19}$$

$$\gamma_s = \frac{m_f}{m_f - m_w} \tag{3-20}$$

$$\gamma_b = \frac{m_a}{m_f - m_w} \tag{3-21}$$

式中:γ_a——集料的表观相对密度,无量纲;

γ_s——集料的表干相对密度,无量纲;

γ_b——集料的毛体积相对密度,无量纲;

m_a——集料的烘干质量,g;

m_f——集料的表干质量,g;

m_w——集料的水中质量,g。

(2)集料的吸水率以烘干试样为基准,按式(3-22)计算,准确至0.01%。

$$w_x = \frac{m_f - m_a}{m_a} \times 100 \tag{3-22}$$

式中:w_x——粗集料的吸水率,%。

(3)粗集料的表观密度(视密度)ρ_a、表干密度ρ_s、毛体积密度ρ_b,分别按式(3-23)、式(3-24)、式(3-25)计算,准确至小数点后3位。不同水温条件下测量的粗集料表观密度需进行水温修正,不同试验温度下水的密度ρ_T及水的温度修正系数α_T如表3-5所列,此表适用于在15℃~25℃测定的情况。

$$\rho_a = \gamma_a \times \rho_T \quad 或 \quad \rho_a = (\gamma_a - \alpha_T) \times \rho_w \tag{3-23}$$

$$\rho_s = \gamma_s \times \rho_T \quad 或 \quad \rho_s = (\gamma_s - \alpha_T) \times \rho_w \tag{3-24}$$

$$\rho_b = \gamma_b \times \rho_T \quad 或 \quad \rho_b = (\gamma_b - \alpha_T) \times \rho_w \tag{3-25}$$

式中:ρ_a——粗集料的表观密度,g/cm^3;

ρ_s——粗集料的表干密度,g/cm³;

ρ_b——粗集料的毛体积密度,g/cm³;

ρ_T——试验温度 T 时水的密度,按表3-5取用,g/cm³;

α_T——试验温度 T 时的水温修正系数;

ρ_w——水在4℃时的密度(1.000g/cm³)。

不同水温时水的密度 ρ_T 及水温修正系数 α_T 表3-5

水温(℃)	15	16	17	18	19	20
水的密度 ρ_T(g/cm³)	0.999 13	0.998 97	0.998 80	0.998 62	0.998 43	0.998 22
水温修正系数 α_T	0.002	0.003	0.003	0.004	0.004	0.005
水温(℃)	21	22	23	24	25	
水的密度 ρ_T(g/cm³)	0.998 02	0.997 79	0.997 56	0.997 33	0.997 02	
水温修正系数 α_T	0.005	0.006	0.006	0.007	0.007	

3.3.3.6 精密度或允许差

重复试验的精密度,对表观相对密度、表干相对密度、毛体积相对密度,两次结果相差不得超过0.02,对吸水率不得超过0.2%。

3.3.4 粗集料堆积密度及空隙率试验

3.3.4.1 目的与适用范围

测定粗集料的堆积密度,包括自然堆积状态、振实状态、捣实状态下的堆积密度,以及堆积状态下的间隙率。通过粗集料在容量筒中的不同堆积方式,分别测定其该状态下的密度。

3.3.4.2 仪具与材料

(1)天平或台秤:感量不大于称量的0.1%。

(2)容量筒:适用于粗集料堆积密度测定的容量筒应符合表3-6中的要求。

沥青混合料集料容量筒的规格要求 表3-6

粗集料公称最大粒径(mm)	容量筒容积(L)	容量筒规格(mm)		筒壁厚度(mm)
		内 径	净 高	
≤13.2	3	155±2	160±2	2.5
16~26.5	10	205±2	305±2	2.5
31.5~37.5	15	255±2	295±2	3.0
≥53	20	355±2	305±2	3.0

(3)平头铁锹。

(4)烘箱:能控温105℃±5℃。

(5)振动台:频率为3 000次/min±200次/min,负荷下的振幅为0.35mm,空载时的振幅为0.5mm。

(6)捣棒:直径16mm,长600mm,一端为圆头的钢棒。

3.3.4.3 试验准备

按本书3.1的方法取样、缩分，质量应满足试验要求，在105℃ ±5℃的烘箱中烘干，也可以摊在清洁的地面上风干，拌匀后分成两份备用。

3.3.4.4 试验步骤

(1)自然堆积密度

取试样1份，置于平整干净的水泥地(或铁板)上，用平头铁锹铲起试样，使石子自由落入容量筒内。此时，从铁锹的齐口至容量筒上口的距离应保持为50mm左右，装满容量筒并除去凸出筒口表面的颗粒，并以合适的颗粒填入凹陷空隙，使表面稍凸起部分和凹陷部分的体积大致相等，称取试样和容量筒总质量(m_2)。

(2)振实密度

按堆积密度试验步骤，将装满试样的容量筒放在振动台上，振动3min，或者将试样分三层装入容量筒：装完一层后，在筒底垫放一根直径为25mm的圆钢筋，将筒按住，左右交替颠击地面各25下；然后装入第二层，用同样的方法颠实(但筒底所垫钢筋的方向应与第一层放置方向垂直)；然后再装入第三层，如法颠实。待三层试样装填完毕后，加料填到试样超出容量筒口，用钢筋沿筒口边缘滚转，刮下高出筒口的颗粒，用合适的颗粒填平凹处，使表面稍凸起部分和凹陷部分的体积大致相等，称取试样和容量筒总质量(m_2)。

(3)捣实密度

根据沥青混合料的类型和最大公称粒径，确定起骨架作用的关键性筛孔(通常为4.75mm或2.36mm等)。将矿料混合料中次筛孔以上颗粒筛出，作为试样装入符合要求规格的容器中达1/3的高度，由边至中用捣棒均匀捣实25次。再向容器中装入1/3高度的试样，用捣棒均匀地捣实25次，捣实深度约至下层的表面。然后重复上一步骤，加最后一层，捣实25次，使集料与容器口齐平。用合适的集料填充表面的大空隙，用直尺大体刮平，目测估计表面凸起的部分与凹陷的部分的容积大致相等，称取容量筒与试样的总质量(m_2)。

(4)容量筒容积的标定

用水装满容量筒，测量水温，擦干筒外壁的水分，称取容量筒与水的总质量(m_w)，并按水的密度对容量筒的容积作校正。

3.3.4.5 计算

(1)容量筒的容积按式(3-26)计算。

$$V = \frac{m_w - m_1}{\rho_w} \tag{3-26}$$

式中：V——容量筒的容积，L；

m_1——容量筒的质量，kg；

m_w——容量筒与水的总质量，kg；

ρ_w——试验温度 T 时水的密度，按表3-5选用，kg/m³。

(2)堆积密度(包括自然堆积状态、振实状态、捣实状态下的堆积密度)按式(3-27)计算至小数点后2位。

$$\rho = \frac{m_2 - m_1}{V} \tag{3-27}$$

式中：ρ——松方密度，t/m^3；

m_1——容量筒的质量，kg；

m_2——容量筒与试样的总质量，kg；

V——容量筒的容积，L。

(3)水泥混凝土用粗集料的空隙率按式(3-28)计算。

$$V_c = (1 - \frac{\rho}{\rho_a}) \times 100 \tag{3-28}$$

式中：V_c——水泥混凝土用粗集料的空隙率，%；

ρ_a——粗集料的表观密度，kg/m^3；

ρ——按振实法测定的粗集料的堆积密度，kg/m^3。

(4)捣实状态粗集料骨架(通常指4.75mm以上部分)的间隙率按式(3-29)计算。

$$VCA_{DRC} = (1 - \frac{\rho}{\rho_b}) \times 100 \tag{3-29}$$

式中：VCA_{DRC}——捣实状态下粗集料骨架间隙率，%；

ρ_b——按网篮法确定的粗集料的毛体积密度，t/m^3；

ρ——按捣实法测定的粗集料的松方密度，t/m^3。

3.3.4.6　报告

以两次平行试验的平均值作为测定值。

3.3.5　粗集料含泥量及泥块含量试验

3.3.5.1　目的与适用范围

测定碎石或砾石中小于0.075mm的尘屑、淤泥和黏土的总含量及4.75mm以上泥块颗粒含量。

该试验方法通过水洗法分离出粗集料中的泥及泥块，通过称取水洗前后的烘干质量之差，得到泥及泥块质量，从而得到粗集料含泥量及泥块含量。

3.3.5.2　仪具与材料

(1)台秤：感量不大于称量的0.1%。

(2)烘箱：能控温105℃±5℃。

(3)标准筛：测泥含量时用孔径为1.18mm、0.075mm的方孔筛各1只；测泥块含量时，则用2.36mm及4.75mm的方孔筛各1只。

(4)容器：容积约10L的桶或搪瓷盘。

(5)浅盘、毛刷等。

3.3.5.3　试验准备

按规定方法取样，将试样用四分法缩分至表3-7所规定的量(注意防止细粉丢失并防止所含黏土块被压碎)，置于温度为105℃±5℃的烘箱内烘干至恒重，冷却至室温后分成两份备用。

含泥量及泥块含量试验所需试样最小质量　　表3-7

公称最大粒径(mm)	4.75	9.5	16	19	26.5	31.5	37.5	63	75
试样最小质量(kg)	1.5	2	2	6	6	10	10	20	20

3.3.5.4　试验步骤

(1)含泥量试验步骤

①称取试样1份(m_0)装入容器内,加水,浸泡24h,用手在水中淘洗颗粒(或用毛刷洗刷),使尘屑、黏土与较粗颗粒分开,并使之悬浮于水中;缓缓地将浑浊液倒入1.18mm及0.075mm的套筛上,滤去小于0.075mm的颗粒;试验前,筛子的两面应先用水湿润,在整个试验过程中,应注意避免大于0.075mm的颗粒丢失。

②再次加水于容器中,重复上述步骤,直到洗出的水清澈为止。

③用水冲洗余留在筛上的细粒,并将0.075mm筛放在水中(使水面略高于筛内颗粒)来回摇动,以充分洗除小于0.075mm的颗粒,而后将两只筛上余留的颗粒和容器中已经洗净的试样一并装入浅盘,置于温度为105℃±5℃的烘箱中烘干至恒重,取出冷却至室温后,称取试样的质量(m_1)。

(2)泥块含量试验步骤

①取试样1份。

②用4.75mm筛将试样过筛,称出筛去4.75mm以下颗粒后的试样质量(m_2)。

③将试样在容器中摊平,加水使水面高出试样表面,24h后将水放掉,用手捻压泥块,然后将试样放在2.36mm筛上用水冲洗,直至洗出的水清澈为止。

④小心地取出2.36mm筛上试样,置于温度为105℃±5℃的烘箱中烘干至恒重,取出冷却至室温后称量(m_3)。

3.3.5.5　计算

(1)碎石或砾石的含泥量按式(3-30)计算,准确至0.1%。

$$Q_n = \frac{m_0 - m_1}{m_0} \times 100 \tag{3-30}$$

式中:Q_n——碎石或砾石的含泥量,%;

m_0——试验前烘干试样质量,g;

m_1——试验后烘干试样质量,g。

以两次试验的算术平均值作为测定值,两次结果的差值超过0.2%时,应重新取样进行试验。对沥青路面用集料,此含泥量记为小于0.075mm颗粒含量。

(2)碎石或砾石中黏土泥块含量按式(3-31)计算,准确至0.1%。

$$Q_k = \frac{m_2 - m_3}{m_2} \times 100 \tag{3-31}$$

式中:Q_k——碎石或砾石中黏土泥块含量,%;

m_2 ——4.75mm 筛筛余量，g；

m_3 ——试验后烘干试样质量，g。

以两个试样两次试验结果的算术平均值为测定值，两次结果的差值超过 0.1% 时，应重新取样进行试验。

3.3.6　沥青路面用粗集料针片状颗粒含量试验(游标卡尺法)

3.3.6.1　目的与适用范围

(1)本方法适用于测定除水泥混凝土外的沥青混合料，各种基层、底基层的 4.75mm 以上的粗集料的针状及片状颗粒含量，以百分率计。

(2)本方法测定的针片状颗粒，是指用游标卡尺测定的粗集料颗粒的最小厚度(或直径)方向与最大长度(或宽度)方向的尺寸之比小于 1∶3 的颗粒。有特殊要求采用其他比例时，应在试验报告中注明。

(3)本方法测定的粗集料中针片状颗粒的含量，可用于评价集料的形状和抗压碎的能力，以评定其在工程中的适用性。

3.3.6.2　仪具与材料

(1)标准筛：方孔筛 4.75mm。

(2)游标卡尺：精密度为 0.1mm。

(3)天平：感量不大于 1g。

3.3.6.3　试验步骤

(1)按现行集料随机取样的方法，采集集料试样。按四分法原理选取 1kg 左右的试样。对每一种规格的粗集料，应按照不同的公称粒径，分别取样检验。

(2)用 4.75mm 标准筛将试样过筛，取筛上部分供试验用，称取试样的总质量 m_0，准确至 1g，试样数量应不少于 800g，并不少于 100 颗。

注：对 2.36～4.75mm 级粗集料，由于卡尺量取有困难，故一般不作测定。

(3)将试样平摊于桌面上，首先目测挑出接近立方体的符合要求的颗粒，剩下可能属于针状和片状的颗粒。

(4)将欲测量的颗粒放在桌面上成一稳定的状态，用卡尺逐颗测量石料的长度 L，宽度 b 及厚度 t，将 $L/t \geqslant 3$ 的颗粒(即长度方向与厚度方向的尺寸之比大于 3 的颗粒)分别挑出作为针片状颗粒。称取针片状颗粒的质量 m_1，准确至 1g。

3.3.6.4　计算

按式(3-32)计算针片状颗粒含量。

$$Q_e = \frac{m_1}{m_0} \times 100 \tag{3-32}$$

式中：Q_e ——针片状颗粒含量，%；

m_0 ——试验用的集料总质量，g；

m_1 ——针片状颗粒的质量，g。

3.3.6.5　报告

(1)试验要平行测定两次,如两次结果之差小于平均值的 20%,取平均值为试验值;如大于或等于 20%,应追加测定一次,取三次结果的平均值为测定值。

(2)试验报告应报告集料的种类、产地、岩石名称、用途。

3.3.7　水泥混凝土用粗集料针片状颗粒含量试验(规准仪法)

3.3.7.1　目的与适用范围

(1)本方法适用于测定水泥混凝土使用的 4.75mm 以上的粗集料的针状及片状颗粒含量,以百分率计。

(2)本方法测定的针片状颗粒,是指利用专用的规准仪测定的粗集料颗粒的最小厚度(或直径)方向与最大长度(或宽度)方向的尺寸之比小于一定比例的颗粒。

(3)本方法测定的粗集料中针片状颗粒的含量,可用于评价集料的形状和抗压碎的能力,以评定其在工程中的适用性。

3.3.7.2　仪具与材料

(1)水泥混凝土集料片状规准仪和针状规准仪。

(2)天平或台秤:感量不大于称量值的 0.1%。

(3)标准筛:孔径分别为 4.75mm、9.5mm、16mm、19mm、26.5mm、37.5mm,根据需要选用。

3.3.7.3　试验准备

将试样在室内风干至表面干燥,并用四分法缩分至满足表 3-8 规定的质量,称量(m_0),然后筛分成表 3-8 所规定的粒级备用。

针片状颗粒试验所需的试样最小质量　　表 3-8

公称最大粒径(mm)	9.5	16	19	26.5	31.5	37.5
每一份试样的最小质量(kg)	0.3	1	2	3	5	10

3.3.7.4　试验步骤

(1)按表 3-8 所规定的粒级用规准仪逐粒对试样进行鉴定,凡颗粒长度大于针状规准仪上相应间距者为针状颗粒,厚度小于片状规准仪上相应孔宽者为片状颗粒。

(2)称量由各粒级挑出的针状和片状颗粒的总量(m_1)。

3.3.7.5　计算

碎石或砾石中针片状颗粒含量按式(3-33)计算,准确至 0.1%。

$$Q_e = \frac{m_1}{m_0} \times 100 \tag{3-33}$$

式中:Q_e——试样的针片状颗粒含量,%;

m_1——试样中所含针片状颗粒的总质量,g;

m_0——试样总质量,g。

3.3.8　粗集料压碎值试验

3.3.8.1　目的与适用范围

集料压碎值用于衡量石料在逐渐增加的荷载下抵抗压碎的能力，是衡量石料力学性质的指标，以评定其在公路工程中的适用性。

该试验通过专用的石料压碎值试验仪，以要求的填充方式填充满压碎值试验仪的试筒，然后施加荷载，来衡量石料在逐渐增加的荷载下的质量损失，从而衡量其抵抗压碎的能力。

3.3.8.2　仪具与材料

(1)石料压碎值试验仪：由内径 150mm、两端开口的钢制圆形试筒以及压柱、底板组成。试筒内壁、压柱的底面及底板的上表面等与石料接触的表面都应进行热处理，使表面硬化，达到维氏硬度 65°并保持光滑状态。

(2)金属棒：直径 10mm，长 450 ~ 600mm，一端加工成半球形。

(3)天平：称量 2 ~ 3kg，感量不大于 1g。

(4)方孔筛：筛孔尺寸 13.2mm、9.5mm、2.36mm 方孔筛各一个。

(5)压力机：500kN，应能在 10min 内达到 400kN。

(6)金属筒：圆柱形，内径 112.0mm，高 179.4mm，容积 1 767cm^3。

3.3.8.3　试验准备

(1)采用风干石料用 13.2mm 和 9.5mm 标准筛过筛，取 9.5 ~ 13.2mm 的试样 3 组，各 3 000g，供试验用。如需加热烘干时，烘箱温度不应超过 100℃，烘干时间不超过 4h。试验前，石料应冷却至室温。

(2)每次试验的石料数量应满足按下述方法，夯击后石料在试筒内的深度为 10cm。在金属筒中确定石料数量的方法如下：将石料分三层倒入量筒中，每层数量大致相同。每层都用金属棒的半球面端从石料表面上约 50mm 的高度处自由下落均匀夯击 25 次。最后用金属棒作为直刮刀将表面刮平。称取量筒中试样质量(m_0)。以相同质量的试样进行压碎值的平行试验。

3.3.8.4　试验步骤

(1)将试筒安放在底板上。

(2)将上面所得试样分三次(每次数量相同)倒入试筒中，每次均将试样表面整平，并用金属棒按上述步骤夯击 25 次，最上层表面应仔细整平。

(3)压柱放入试筒内石料面上，注意使压柱摆平，勿楔挤筒壁。

(4)将装有试样的试筒连同压柱放到压力机上，均匀地施加荷载，在 10min 时达到总荷载 400kN，稳压 5s，然后卸荷。

(5)将试筒从压力机上取下。

(6)将筒内试样取出，注意勿进一步压碎试样。

(7)用 2.36mm 筛筛分经压碎的全部试样，可分几次筛分，均需筛到在 1min 内无明显的筛出物为止。

(8)称取通过 2.36mm 筛孔的全部细料质量(m_1)，准确至 1g。

3.3.8.5　计算

石料压碎值按式(3-34) 计算,准确至0.1%。

$$Q'_a = \frac{m_1}{m_0} \times 100 \tag{3-34}$$

式中:Q'_a——石料压碎值,%;

m_0——试验前试样质量,g;

m_1——试验后通过2.36mm筛孔的细料质量,g。

以两次平行试验结果的算术平均值作为压碎值的测定值。

3.3.9　粗集料软弱颗粒试验

3.3.9.1　目的与适用范围

该试验针对不同粒径的粗集料,以特定荷载区分出软弱颗粒,用以测定碎石、砾石及破碎砾石中软弱颗粒含量。

3.3.9.2　仪具与材料

(1)天平或台秤:称量5kg,感量不大于5g。

(2)标准筛:孔径为4.75mm、9.5mm、16mm方孔筛。

(3)压力机。

(4)其他:浅盘、毛刷等。

3.3.9.3　试验步骤

称风干试样2kg(m_1),如颗粒粒径大于31.5mm,则称4kg,过筛分成4.75~9.5mm、9.5~16mm、16mm以上各1份;将每份中每一个颗粒放在压力机平台中心,按颗粒大小分别加以0.15kN、0.25kN、0.34kN荷载,破裂之颗粒即属于软弱颗粒,将其弃去,称出未破裂颗粒的质量(m_2)。

3.3.9.4　计算

按式(3-35)计算软弱颗粒含量,准确至0.1%。

$$P = \frac{m_1 - m_2}{m_1} \times 100 \tag{3-35}$$

式中:P——粗集料的软弱颗粒含量,%;

m_1——各粒级颗粒总质量,g;

m_2——试验后各粒级完好颗粒总质量,g。

3.3.10　粗集料磨光值试验

3.3.10.1　目的与适用范围

集料磨光值是利用加速磨光机磨光集料,用摆式摩擦系数测定仪测定的磨光后集料的摩擦系数值,以PSV表示。本方法适用各种粗集料的磨光值测定。

3.3.10.2　仪具与材料

(1)加速磨光试验机。

(2)摆式摩擦系数测定仪。

(3)磨光试件测试平台。

(4)天平:感量不大于0.1g。

(5)烘箱:装有温度控制器。

(6)黏结剂:能使集料与砂、试模牢固黏结,确保在试验过程中不致发生试件摇动或脱落,常用环氧树脂(6101)(E—44)及固化剂。

(7)丙酮。

(8)砂:<0.3mm,洁净、干燥。

(9)金刚砂:30号(棕刚玉粗砂),280号(绿碳化硅细砂),用作磨料,只允许一次性使用,不得重复使用。

(10)橡胶石棉板:厚1mm。

(11)标准集料试样:由指定的集料产地生产的符合规格要求的集料,每轮两块,只允许使用一次,不得重复使用。

(12)其他:油灰刀、梅花扳手、螺丝刀、镊子、洗耳球、烧杯、量杯、肥皂、钢号码等。

3.3.10.3　试验准备

(1)试验前应按试验规程对摆式仪进行检查或标定。

(2)将集料过筛,剔除针片状颗粒,取9.5~13.2mm的集料颗粒用水洗净后置于温度为105℃±5℃的烘箱中烘干。

注:根据需要,也可采用4.75~9.5mm的粗集料进行磨光值试验。

(3)将试模拼装并涂上脱模剂(或肥皂水)后烘干。安装试模时要注意使端板与模体齐平(使弧线平滑)。

(4)用清水淘洗小于0.3mm的砂,置于105℃±5℃的烘箱中烘干成为干砂。

(5)预磨新橡胶轮:新橡胶轮正式使用前要在安装好试件的道路轮上进行预磨,C轮用粗金刚砂预磨6h,X轮用细金刚砂预磨6h,然后才可投入正常试验。

3.3.10.4　试件制备

(1)排料:每种集料宜制备6~10块试件,从中挑选4块试件供两次平行试验用。将9.5~13.2mm集料颗粒尽量紧密地排列于试模中(大面、平面向下)。排料时应除去高度大于试模的不合格颗粒。采用4.75~9.5mm的粗集料进行磨光试验时,各道工序需更加仔细。

(2)吹砂:用小勺将干砂填入已排妥的粒料间隙中,并用洗耳球先轻轻吹动干砂,使之填充密实。然后再吹去多余的砂,使砂与试模中台阶齐平,但台阶上不得有砂。注意,用洗耳球先吹动干砂时不得碰动集料,且不使集料试样表面附有砂粒。

(3)配制环氧树脂砂浆:将固化剂与环氧树脂按一定比例(如使用6101环氧树脂时为1:4)配料、拌制成黏结剂,再与干砂按1:4~1:4.5的质量比拌匀制成环氧树脂砂浆。

注:一块试模中的环氧树脂砂浆各组成材料的用量通常为:环氧树脂9.0g,固化剂2.4g,干砂48g。允许根据所选用的黏结剂品种及试件的强度对此用量调整。用4.75~9.5mm的粗集料试验时,环氧树脂砂浆用

量应酌情增加。

(4)填充环氧树脂砂浆:用小油灰刀将拌好的环氧树脂砂浆填入试模中,并尽量填充密实,但不得碰动集料。然后用热油灰刀在试模上刮去多余的填料,并将表面反复抹平,使填充的环氧树脂砂浆与试模顶部齐平。

(5)养护:通常在40℃烘箱中养护3h,再自然冷却9h拆模;如在室温下养护,时间应更长,使试件达到足够强度。有集料颗粒松动脱落,或有环氧树脂砂浆渗出表面时,试件应予废弃。

3.3.10.5　磨光试验

(1)试件分组:每轮1次磨14块试件,每种集料为2块试件,包括6种试验用集料和1种标准集料。

(2)试件编号:在试件的环氧树脂砂浆衬背和弧形侧边上用记号笔对6种集料编号为1~12,一种集料赋以相邻两个编号,标准试件为13、14号。

(3)试件安装:按表3-9顺序将试件安装于道路轮上,其中1号位和8号位为标准试件。试件应将有标记的一侧统一朝外(靠活动盖板一侧),每两块试件间应加垫一块或数片1mm厚的橡胶石棉垫片,垫片与试件端部断面相仿,但略低于试件高度2~3mm。然后盖上道路轮外侧板,边拧螺钉边用橡胶锤敲打外侧板,确保试件与道路轮紧密配合,以免在磨光过程中试件松动或断裂。随后将道路轮安装到轮轴上。

试件安装顺序表　　表3-9

道路轮序号	1	2	3	4	5	6	7	8	9	10	11	12	13	14
试件编号	13	9	3	7	5	1	11	14	10	4	8	6	2	12

(4)磨光过程操作:

1)试件的加速磨光应在室温20℃±5℃的房间内进行。

2)粗砂磨光

①把标记C的橡胶轮安装在调整臂上,盖上道路轮罩,下面置一积砂盘,给储水支架上的储水罐加满水,调节流量阀,使水流暂时中断。

②准备好30号金刚砂粗砂,装入专用储砂斗,将储砂斗安装在橡胶轮侧上方的位置上并安装上微型电机电源。转动荷载调整手轮,使凸轮转动放下橡胶轮,将橡胶轮的轮辐完全压着道路轮上的集料试件表面。

③调节溜砂量:用专用接料斗在出料口接住溜出的金刚砂,同时开始计时。1min后移出料斗,用天平称出溜砂量,使流量为27g/min±7g/min。如不满足要求,应用调速按钮或调节储料斗控制闸板的方法调整。

④在控制面板上设定转数为57 600转,按下电源开关启动磨光机开始运转,同时按动粗砂调速按钮,打开储砂斗控制闸板,使金刚砂溜砂量控制为27g/min±7g/min。此时立即调节流量计,使水的流量达60mL/min。

⑤在试验进行1h和2h时磨光机自动停机(注意不要按下面板上复零按钮和电源开关),用毛刷和小铲清除箱体上和沉在机器底部积砂盘中的金刚砂,检查并拧紧道路轮上有可能松动的螺母,再起动磨光机,至转数显示屏上显示57 600转时磨光机自动停止,所需的磨光时间约为3h。

⑥转动荷载调整手轮使凸轮托起调整臂，清洗道路轮和试件，除去所有残留的金刚砂。

3）细砂磨光

①卸下 C 标记橡胶轮，更换为 X 标记橡胶轮按粗砂磨光操作中第①步的方法安装。

②准备好 280 号金刚砂细砂，按粗砂磨光操作中第②步方法装入专用储砂斗。

③重复粗砂磨光操作中第③步步骤，调节溜砂量使流量为 3g/min ±1g/min。

④按粗砂磨光操作中第④步步骤设定转数为 57 600 转，开始磨光操作，控制金刚砂溜砂量为 3g/min ±1g/min，水的流量达 60mL/min。

⑤将试件磨 2h 后停机作适当清洁，按粗砂磨光操作中第⑤步步骤方法检查并拧紧道路轮螺母，然后再起动磨光机至 57 600 转时自动停机。

⑥按粗砂磨光操作中第⑥步方法清理试件及磨光机。

（5）磨光值测定

1）在试验钱 2h 和试验过程中应控制室温为 20℃ ±2℃。

2）将试件从道路轮上卸下并清洗试件，用毛刷清洗集料颗粒的间隙，去除所有残留的金刚砂。

3）将试件表面向下放在 18℃ ~20℃ 的水中 2h，然后取出试件，按下列步骤用摆式摩擦系数测定仪测定磨光值。

①调零：将摆式仪固定在测试平台上，松开固定把手，转动升降把手使摆升高并能自由摆动，然后锁紧固定把手，转动调平旋钮，使水准泡居中。当摆从右边水平位置落下并拨动指针后，指针应指零。若指针不指零，应拧紧或放松指针调节螺母，直至空摆时指针指零。

②固定试件：将试件放在测试平台的固定槽内，使摆可在其上面摆过，并使滑溜块居于试件轮迹中心。应使摆式仪摆头滑溜块在试件上的滑动方向与试件在磨光机上橡胶轮的运行方向一致，即测试时试件上作标记的弧形边背向测试者。

③测试：调节摆的高度，使滑溜块在试件上的滑动长度为 76mm，使喷水壶喷洒清水润湿试件表面（注意，在试验中的任何时刻，试件都应保持湿润）。将摆向后提起挂在悬臂上，同时用左手拨动指针使之与摆杆轴线平行。按下释放开关使摆回落向左运动，当摆达到最高位置后下落时，用左手将摆杆接住，读取指针所指（小度盘）位置上的值，记录测试结果，准确到 0.1。

注：摆式仪在使用新橡胶片时应该预磨使之达到稳定状态，预磨的方法是用新橡胶片在干燥的试块上（不用磨光后的试件）摆动 10 次，然后在湿润的试块上摆动 20 次。另外，橡胶片不得被油类污染。

④一块试件重复测试 5 次，5 次读数的最大值和最小值之差不得大于 3。取 5 次读数的平均值作为该试件的磨光值读数（PSV_r）。标准试件的磨光值读数用 PSV_{br} 表示。

4）1 种集料重复测试 2 次，每次都需同时对标准集料试件进行测试。

（6）计算

1）按式（3-36）计算两次平行试验 4 块试件（每轮 2 块）的算术平均值 PSV_{ra} 精确到 0.1，但 4 块试件的磨光值读数 PSV_r 的最大值与最小值之差不得大于 4.7，否则试验作废，应重新试验。

$$PSV_{ra} = \sum PSV_{ri}/4 \tag{3-36}$$

式中：$i=1\sim4$；

PSV_{ri}——4 块试件的磨光值读数。

2）按式（3-37）计算两次平行试验 4 块标准试件（每轮 2 块）的算术平均值 PSV_{bra}，准确到

0.1。但4块标准试件的磨光值读数的平均值 PSV_{bra} 必须在46 ~52 范围内，否则试验作废，应重新试验。

$$PSV_{bra} = \sum PSV_{ri}/4 \qquad (3\text{-}37)$$

式中：$i = 1 \sim 4$；

PSV_{bra}——4块试件的磨光值读数。

3）按式（3-38）计算集料的 PSV 值，取整数。

$$PSV = PSV_{ra} + 49 - PSV_{bra} \qquad (3\text{-}38)$$

（7）报告

试验报告应报告集料的磨光值 PSV 值、两次平行试验的试样磨光值读数平均值 PSV_{ra} 和标准试件磨光值读数平均值 PSV_{bra}。

3.3.11 粗集料冲击值试验

3.3.11.1 目的与适用范围

粗集料冲击值试验用以测定路面用粗集料抗冲击的性能，以击碎后小于2.36mm部分的质量百分率表示。

3.3.11.2 仪具与材料

（1）冲击试验仪，冲击锤的质量13.75kg ±0.05kg。

（2）量筒：内径76mm，内高51mm，壁厚3mm。

（3）冲击杯：内径102mm、内高50mm的圆形网筒，内侧表面经钢化处理。

（4）捣棒：钢棒，直径10mm，长230mm，一端为半球面。

（5）标准筛：2.36mm、9.5mm、13.2mm的方孔筛。

（6）天平：称量1kg，感量不大于0.1g。

（7）其他：小铲、浅盘、恒温箱、钢板、橡胶锤、毛刷等。

3.3.11.3 试验准备

（1）将集料通过13.2mm及9.5mm的筛，取粒径为9.5 ~13.2mm的部分作为试样。

（2）将试样在空气中风干或在温度为105℃ ±5℃的烘箱中烘干后冷却至室温，试样应不少于1kg。

3.3.11.4 试验步骤

（1）用铲将集料的1/3从容器上方不超过50mm处装入量筒，用捣棒半球形端将集料捣实25次，每次捣实应从量筒上方不超过50mm处自由落下，落点应在集料表面均匀分布。用同样方法，再装入1/3集料并捣实，然后再装入另1/3集料并捣实。3次盛料完成后，用捣棒在容器顶滚动，除去多余的集料，对阻碍棒滚动的集料用手除去，并外加集料填满孔隙。

（2）将量筒中盛满的集料倒于天平中，称取集料质量（m，准确至0.1g），以此进行试验。

（3）将冲击试验仪置于试验室坚硬地面上并在仪器底座下放置铸铁垫块。

（4）将称好的集料倒入仪器底座上的金属冲击杯中，并用捣杆单独捣实25次，以便压实。

（5）调整锤击高度，使冲击锤在集料表面以上380mm ±5mm。

（6）使锤自由落下连续锤击集料15次。每次锤击间隔不少于1s。第一次锤击后，对所要求落高不再调整。

(7)筛分和称量。将杯中击碎的石料倒至清洁的浅盘上,并用橡胶锤锤击金属杯外面,用硬毛刷刷内表面,直至集料细颗粒全部落在浅盘上为止。

将冲击试验后的集料用2.36mm筛筛分,分别称取保留在2.36mm筛上及筛下的石屑质量(m_1、m_2),准确至0.1g。如$m_1 + m_2$与m之差超过1g,试验无效。

(8)用相同质量(m)的试样,进行第二次平行试验。

3.3.11.5　计算

集料的冲击值按式(3-39)计算。

$$\mathrm{AIV} = \frac{m_1}{m} \times 100 \tag{3-39}$$

式中:AIV——集料的冲击值,%;

m——试样总质量,g;

m_1——冲击破碎后通过2.36mm的试样质量,g。

3.3.12　粗集料磨耗试验(道瑞试验)

3.3.12.1　目的与适用范围

本试验用于评定公路路面抗滑表层所用粗集料抵抗车轮撞击及磨耗的能力。道瑞磨耗试验机模拟汽车在高速行驶时对路面粗集料的磨耗作用的情况。

3.3.12.2　仪具与材料

(1)道瑞磨耗试验机:主要由直径不小于600mm的经过加工的圆形铸铁或钢研磨平板组成,圆平板(或称转盘)能以28~30转/min的速度作水平旋转。试验机装有转数记数器并配有下列附件:

①至少2个经过机加工的金属模子,用于制备试件。试模的端板可拆卸,其内部尺寸为91.5mm×53.5mm×16.0mm,公差为±0.1mm。

②至少2个经过机加工的金属托盘,用于固定制备好的试件。盘子用5mm厚的低碳钢板制成,其内部尺寸为92.0mm×54.0mm×8.0mm,公差均为±0.1mm。

③至少2块用5mm厚低碳钢板通过机加工制成的平板(垫板),用于制备试件。其尺寸为115mm×75mm,公差均为±0.1mm。

④托盘固定装置:两个托盘支架径向相对且长边转盘转动的方向一致。托盘在支架中应能纵向自由活动而大水平面内不能移动。

⑤两只配重:圆底,用于保证试件对转盘表面的压力,可调整自重以使试件、托盘和配重的总质量满足2kg±10g。

⑥溜砂装置和砂的清除及收集装置:这些装置能以700~900g/min的速率将砂连续不断地撒布在试件前面的转盘上,在通过试件之后再将砂清除并重新收集起来。

(2)标准筛:方孔筛13.2mm、9.5mm、1.18mm、0.9mm、0.6mm、0.45mm、0.3mm。

(3)烘箱:要求能控温105℃±5℃。

(4)天平:感量不大于0.1g。

(5)磨料:石英砂,粒径0.3~0.9mm,其中0.45~0.6mm的含量不少于75%;石英砂应干燥而且未使用过。每块试件约需用石英砂3kg。

(6)胶结料:环氧树脂(6101)和固化剂(793)。在保证同等黏结性能的条件下可用其他型号代替。

(7)作为脱模剂的肥皂水和作为清洁剂的丙酮。

(8)细砂:0.1~0.3mm、0.1~0.45mm。

(9)其他:医用洗耳球、调剂匙、镊子、油灰刀、小毛刷、量筒20mL、烧杯100mL、电炉、小号医用托盘或其他容器。

3.3.12.3 试验准备

(1)试样准备

①按本书3.1的方法取样。

②将试样筛分,取9.5~13.2mm的部分用于制作试件。

③试样在使用前应清洗除尘,并保持表面干燥状态。加热干燥时,加热时间不得超过4h,加热温度不得超过110℃,且必须在做试件前将其冷却至室温。

(2)试件制作

①试模准备:清洁试模,然后拧紧端板螺钉;在试模内表面用细毛刷涂刷少量肥皂水,将试模放在烘箱内烘干。

②排料:用镊子夹起石料,将其排列在试模内以单层排放,且较平的面放在模底;试模中应排放尽可能多的粒料,在任何情况下石料颗粒都不得少于24粒;石料颗粒须具有代表性。

③吹砂:石料颗粒之间的间隙要用细砂(0.1~0.3mm)充填,充填高度约为石料颗粒高度的3/4,充填时先用调剂匙均匀散布,然后再用洗耳球吹实找平,并吹去多余的砂。

④拌制环氧树脂砂浆:先将环氧树脂和固化剂搅匀,然后加入0.1~0.45mm干砂拌和均匀。砂浆按环氧树脂:固化剂:细砂=1g:0.25mL:3.8g的比例配制。2块试件约需环氧树脂30g,固化剂7.5mL,干细砂114g。

⑤填模成型:将拌制好的环氧树脂砂浆填入试模,尽量填充密实,但注意不可碰动排好的石料,然后用烧热的油灰刀在试模表面来回刮抹,使砂浆表面平整。

⑥养生:在垫板的一面涂上肥皂水,然后将填好砂浆的模子倒放在垫板上(以防砂浆渗到石料表面)。常温下的养生时间一般为24h。

⑦拆模:拧松端板螺钉,卸下2个端板,用橡皮锤轻敲将试件取出。用刮刀或砂纸去除多余的砂浆,用细毛刷清除松散的砂。

3.3.12.4 试验步骤

(1)分别称出2块试件的质量(m_1),准确至0.1g。在操作之前应使机器在溜砂状态下空转一圈,以便在转盘上留有一层砂。

(2)将2块试件分别放入2个托盘内,注意确保试件与托盘之间紧密配合。称出试件、托盘和配重的质量并将合计质量调整到2kg±10g。

(3)将试件连同托盘放入磨耗机内,使其径向相对,试件中心到研磨转盘中心的距离为260mm,石料裸露面朝向转盘,然后将相应的配重放在试件上。

(4)以 28 ~ 30 转/min 的转速转动转盘 100 圈,同时将如上规定的研磨石英砂装入料斗,使其连续不断地溜在试件前面的转盘上。溜砂宽度要能覆盖整个试件的宽度,溜砂速率为 700 ~ 900g/min(料斗溜砂缝隙约为 1.3mm)。用橡胶刮片将砂清除出转盘,刮片的安装要使得橡胶边轻轻地立在转盘上,刮片宽度应与研磨转盘的外缘环部宽度相等。

(5)将集料斗中回收的砂过 1.18mm 的筛,重复使用数次,直至整个试验完成时废弃。

(6)取出试件,检查有无异常情况。

(7)重复上述步骤,再磨 400 圈。可分 4 个 100 圈重复 4 次磨完,也可连续 1 次磨完。在做连续磨时,必须经常掀起磨耗机的盖子观察溜砂情况是否正常。

(8)转完 500 转后从磨耗机内取出试件,拿开托盘,用毛刷清除残留的砂,称出试件的质量(m_2),准确至 0.1g。如果由于集料易磨耗而磨到砂浆衬时要中断试验,记录转数。相反,有些非常硬的集料可能会划伤研磨盘,在这种情况下应对研磨转盘进行刨削处理。

3.3.12.5　计算

每块试件的集料磨耗值按式(3-40)计算。

$$AAV = 3(m_1 - m_2)/\rho_s \tag{3-40}$$

式中:AAV——集料的道瑞磨耗值;

m_1 ——磨耗前试件的质量,g;

m_2 ——磨耗后试件的质量,g;

ρ_s ——集料的表干密度,g/cm^3。

3.3.13　磨耗试验(洛杉矶法)

3.3.13.1　目的和适用范围

(1)测定标准条件下粗集料抵抗摩擦、撞击的能力,以磨耗损失(%)表示。

(2)本法适用于各种等级规格集料的磨耗试验。

3.3.13.2　仪器与材料

(1)洛杉矶磨耗试验机:圆筒内径 710mm ± 5mm、内侧长 510mm ± 5mm,两端封闭,投料口的钢盖通过固定螺栓和橡胶垫与钢筒紧闭密封。钢筒的回转速率为 30 ~ 33 转/min。

(2)钢球:直径约 46.8mm,质量为 390 ~ 445g,大小稍有不同,以便按要求组合成符合要求的总质量。

(3)台称:感量 5g。

(4)标准筛:符合要求的标准筛系列,以及筛孔为 1.7mm 的方孔筛一个。

(5)烘箱:能使温度控制在 105℃ ±5℃范围内。

(6)容器:搪瓷盘等。

3.3.13.3　试验步骤

(1)将不同规格的集料用水冲洗干净,置烘箱中烘干至恒重。

(2)对所使用的集料,根据实际情况按表 3-10 选择最接近的颗粒类别,确定相应的试验条件,按规定的颗粒组成备料、筛分。其中水泥混凝土用集料宜采用 A 级粒度;沥青路面及各种基层、底基层的粗集料，表中的16mm筛孔也可用13.2mm筛孔代替；对非规格材料，应根据材料的实际粒度，从表3-10中选择最接近的粒级类别及试验条件。

粗集料洛杉矶试验条件　　表3-10

粒度类别	粒级组成(mm)	试样质量(g)	试样总质量(g)	钢球数量(个)	钢球总质量(g)	转动次数(转)	适用的粗集料	
							规格	公称粒径(mm)
A	26.5~37.5 19.0~26.5 16.0~19.0 9.5~16.0	1 250±25 1 250±25 1 250±10 1 250±10	5 000±10	12	5 000±25	500		
B	19.0~26.5 16.0~19.0	2 500±10 2 500±10	5 000±10	11	4 850±25	500	S6 S7 S8	15~30 10~30 10~25
C	9.5~16.0 4.75~9.5	2 500±10 2 500±10	5 000±10	8	3 300±20	500	S9 S10 S11 S12	10~20 10~15 5~15 5~10
D	2.36~4.75	5 000±10	5 000±10	6	2 500±15	500	S13 S14	3~10 3~5
E	63~75 53~63 37.5~53	2 500±50 2 500±50 5 000±50	10 000±100	12	5 000±25	1 000	S1 S2	40~75 40~60
F	37.5~53 26.5~37.5	5 000±50 5 000±25	10 000±75	12	5 000±25	1 000	S3 S4	30~60 25~50
G	26.5~37.5 19~26.5	5 000±25 5 000±25	10 000±50	12	5 000±25	1 000	S5	20~40

注：①表中16mm也可用13.2mm代替。

②A级适用于未筛碎石混合料及水泥混凝土用集料。

③C级中S12可全部采用4.75~9.5mm颗粒5 000g，S9及S10可全部采用9.5~16mm颗粒5 000g。

④E级中S2中缺63~75mm颗粒可用53~63mm颗粒代替。

(3)分级称量(准确至5g)，称取总质量(m_1)，装入磨耗机圆筒中。

(4)选择钢球，使钢球的数量及总质量符合表3-10中的规定。将钢球加入钢筒中，盖好筒盖，紧固密封。

(5)将计数器调整到零位，设定要求的回转次数，对水泥混凝土集料，回转次数为500转，对沥青混合料集料，回转次数应符合表3-10的要求。开动磨耗机，以30~33转/min转速转动至要求的回转次数为止。

(6)取出钢球，将经过磨耗后的试样从投料口倒入接受容器(搪瓷盘)中。

(7)将试样用1.7mm的方孔筛过筛，筛去试样中被撞击磨碎的细屑。

(8)用水冲干净留在筛上的碎石，置105℃烘箱中烘干至恒重(通产不少于4h)，准确称量(m_2)。

3.3.13.4　计算

按式(3-41)计算粗集料洛杉矶磨耗损失,精确至0.1%。

$$Q = \frac{m_1 - m_2}{m_1} \times 100 \tag{3-41}$$

式中:Q——洛杉矶磨耗损失(%);

m_1——装入圆筒中试样质量(g);

m_2——试验后在1.7mm筛上洗净烘干的试样质量(g)。

3.3.13.5　报告

(1)试验报告应记录所使用的粒级类别和试验条件。

(2)粗集料的磨耗损失取两次平行试验结果的算术平均值为测定值,两次试验的差值应不大于2%,否则须重做试验。

3.4　细集料试验检测方法

3.4.1　细集料筛分试验

3.4.1.1　目的与适用范围

测定细集料(天然砂、人工砂、石屑)的颗粒级配及粗细程度。对水泥混凝土用细集料可采用干筛法,如果需要也可采用水洗法筛分;对沥青混合料及基层用细集料必须用水洗法筛分。

注:当细集料中含有粗集料时,可参照此方法用水洗法筛分,但需特别注意保护标准筛筛面不遭破坏。

3.4.1.2　仪具与材料

(1)标准筛。

(2)天平:称量1 000g,感量不大于0.5g。

(3)摇筛机。

(4)烘箱:能控温在105℃ ±5℃。

(5)其他:浅盘和硬、软毛刷等。

3.4.1.3　试验准备

根据样品中最大粒径的大小,选用适宜的标准筛,通常为9.5mm筛(水泥混凝土用天然砂)或4.75mm筛(沥青路面及基层用天然砂、石屑、机制砂等)筛除其中的超粒径材料。然后将样品在潮湿状态下充分拌匀,用分料器法或四分法缩分至每份不少于550g的试样两份,在105℃ ±5℃的烘箱中烘干至恒重,冷却至室温后备用。

注:恒重系指相邻两次称量间隔时间大于3h的情况下,前后两次称量之差小于该项试验所要求的称量精密度(下同),通常不少于6h。

3.4.1.4　试验步骤

(1)干筛法试验步骤

①准确称取烘干试样约500g(m_1),准确至0.5g,置于套筛的最上一只,即4.75mm筛上。

将套筛装入摇筛机，摇筛约10min，然后取出套筛，再按筛孔大小顺序，从最大的筛号开始，在清洁的浅盘上逐个进行手筛，直到每分钟的筛出量不超过筛上剩余量的0.1%时为止。将筛出通过的颗粒并入下一号筛，和下一号筛中的试样一起过筛，这样顺序进行，直到各号筛全部筛完为止。

注：A. 试样如为特细砂时，试样质量可减少到100g。

B. 如试样含泥量超过5%；则应先用水洗，不宜采用干筛法。

C. 无摇筛机时，可直接用手筛。

②称量各筛筛余试样的质量，精确至0.5g。所有各筛的分计筛余量和底盘中剩余量的总量与筛分前的试样总量相比，其相差不得超过1%。

(2)水洗法试验步骤

①准确称取烘干试样约500g(m_1)，准确至0.5g。

②将试样置一洁净容器中，加入足够数量的洁净水，将集料全部盖没。

③用搅棒充分搅动集料，使集料表面洗涤干净，使细粉悬浮在水中，但不得有集料从水中溅出。

④用1.18mm筛及0.075mm筛组成套筛。仔细将容器中混有细粉的悬浮液徐徐倒出，经过套筛流入另一容器中，但不得将集料倒出。

注：不可直接倒至0.075mm筛上，以免集料掉出损坏筛面。

⑤重复上述②～④步骤，直至倒出的水洁净为止。

⑥将容器中的集料倒入搪瓷盘中，用少量水冲洗，使容器上黏附的集料颗粒全部进入搪瓷盘中。将筛子反扣过来，用少量的水将筛上的集料冲洗入搪瓷盘中。操作过程中不得有集料散失。

⑦将搪瓷盘连同集料一起置105℃±5℃烘箱中烘干至恒重，称取干燥集料试样的总质量(m_2)，准确至0.1%。m_1与m_2之差即为通过0.075mm部分。

⑧将全部要求筛孔组成套筛(但不需0.075mm筛)，将已经洗去小于0.075mm部分的干燥集料置于套筛上(一般为4.75mm筛)。将套筛装入摇筛机，摇筛约10min，然后取出套筛，再按筛孔大小顺序，从最大的筛号开始，在清洁的浅盘上逐个进行手筛，直至每分钟的筛出量不超过筛上剩余量的0.1%时为止。将筛出通过的颗粒并入下一号筛，和下一号筛中的试样一起过筛，这样顺序进行，直至各号筛全部筛完为止。

注：如为含有粗集料的集料混合料，套筛筛孔根据需要选择。

⑨称量各筛筛余试样的质量，精确至0.5g。所有各筛的分计筛余量和底盘中剩余量的总质量与筛分前后试样总量m_2相比，其相差不得超过1%。

3.4.1.5 计算

(1)分计筛余百分率

各号筛的分计筛余百分率为各号筛上的筛余量除以试样总量(m_1)的百分率，准确至0.1%。对沥青路面细集料而言，0.15mm筛下部分即为0.075mm的分计筛余，由上述⑦测得的m_1与m_2之差即为小于0.075mm的筛底部分。

(2)累计筛余百分率

各号筛的累计筛余百分率为该号筛及大于该号筛的各号筛的分计筛余百分率之和，准确至0.1%。

(3)质量通过百分率

各号筛的质量通过百分率等于100减去该号筛的累计筛余百分率,准确至0.1%。

(4)根据各筛的累计筛余百分率或通过百分率,绘制级配曲线。

(5)天然砂的细度模数按式(3-42)计算细度模数,准确至0.01。

$$M_x = \frac{(A_{0.15} + A_{0.3} + A_{0.6} + A_{1.18} + A_{2.36}) - 5A_{4.75}}{100 - A_{4.75}} \tag{3-42}$$

式中：M_x——砂的细度模数；

$A_{0.15}$、$A_{0.3}$、…、$A_{4.75}$——分别为0.15mm、0.3mm、…、4.75mm各筛上的累计筛余百分率,%。

(6)应进行两次平行试验,以试验结果的算术平均值作为测定值。如两次试验所得的细度模数之差大于0.2,应重新进行试验。

3.4.2　细集料表观密度试验(容量瓶法)

3.4.2.1　目的与适用范围

用容量瓶法测定细集料(天然砂石、石屑、机制砂)在23℃时对水的表观相对密度和表观密度。本方法适用于含有少量大于2.36mm部分的细集料。

测密度的基本原理同本书2.3水中称重法。

3.4.2.2　仪具与材料

(1)天平:称量1kg,感量不大于1g。

(2)容量瓶:500mL。

(3)烘箱:能控温在105℃±5℃。

(4)烧杯:500mL。

(5)洁净水。

(6)其他:干燥器、浅盘、铝制料勺、温度计等。

3.4.2.3　试验准备

将缩分至650g左右的试样在温度为105℃±5℃的烘箱中烘干至恒重,并在干燥器内冷却至室温,分成两份备用。

3.4.2.4　试验步骤

(1)称取烘干的试样约300g(m_0),装入盛有半瓶洁净水的容量瓶中。

(2)摇转容量瓶,使试样在已保温至23℃±1.7℃的水中充分搅动以排除气泡,塞紧瓶塞,在恒温条件下静置24h左右,然后用滴管添水,使得水面与瓶颈刻度线平齐,再塞进瓶塞,擦干瓶外水分,称其中质量(m_2)。

(3)倒出瓶中的水和试样,将瓶的内外表面洗净,再向瓶内注入与上水温相差不超过2℃的洁净水至瓶颈刻度线,塞紧瓶塞,擦干瓶外水分,称其总质量(m_1)。

注:在砂的表观密度试验过程中应测量并控制水的温度,试验期间的温差不得超过1℃。

3.4.2.5 计算

(1)砂的表观相对密度按式(3-43)计算至小数点后3位。

$$\gamma_a = \frac{m_0}{m_0 + m_1 - m_2} \tag{3-43}$$

式中:γ_a——砂的表观相对密度,无量纲;

m_0——试样的烘干质量,g;

m_1——水及容量瓶总质量,g;

m_2——试样、水及容量瓶总质量,g。

(2)表观密度ρ_a按式(3-44)计算,准确至小数点后3位。

$$\rho_a = \gamma_a \times \rho_T \quad 或 \quad \rho_a = (\gamma_a - \alpha_t) \times \rho_w \tag{3-44}$$

式中:ρ_a——砂的表观密度,g/cm^3;

ρ_w——水在4℃时的密度,1 000kg/m^3;

α_T——试验时的水温对水的密度影响的修正系数,按表3-5取用;

ρ_T——试验温度T时水的密度,按表3-5取用,g/cm^3。

以两次平行试验结果的算术平均值作为测定值,如两次结果之差值大于0.01g/cm^{3}时,应重新取样进行试验。

3.4.3 细集料堆积密度及紧装密度试验

3.4.3.1 目的与适用范围

通过细集料在容量筒中的不同堆积方式,分别测定测定砂自然状态下堆积密度、紧装密度及空隙率。

3.4.3.2 仪具与材料

(1)台秤:称量5kg,感量5g。

(2)容量筒:金属制,圆筒形,内径108mm,净高109mm,筒壁厚2mm,筒底厚5mm,容积约为1L。

(3)标准漏斗。

(4)烘箱:能控温在105℃ ±5℃。

(5)其他:小勺、直尺、浅盘等。

3.4.3.3 试验准备

(1)试样制备:用浅盘装试样约5kg,在温度为105℃ ±5℃的烘箱中烘干至恒重,取出并冷却至室温,分成大致相等的两份备用。

注:试样烘干后如有结块,应在试验前先予捏碎。

(2)容量筒容积的校正方法:以温度为20℃ ±5℃的洁净水装满容量筒,用玻璃板沿筒口滑移,使其紧贴水面,玻璃板与水面之间不得有空隙。擦干筒外壁水分,然后称量,用式(3-45)计算筒的容积V。

$$V = m'_2 - m'_1 \tag{3-45}$$

式中：m'_1 ——容量筒和玻璃板总质量，g；

m'_2 ——容量筒、玻璃板和水总质量，g。

3.4.3.4　试验步骤

(1)堆积密度：将试样装入漏斗中，打开底部的活动门，将砂流入容量筒中，也可直接用小勺向容量筒中装试样，但漏斗出料口或料勺距容量筒筒口均应为50mm左右，试样装满并超出容量筒筒口后，用直尺将多余的试样沿筒口中心线向两个相反方向刮平，称取质量(m_1)。

(2)紧装密度：取试样1份，分两层装入容量筒。装完一层后，在筒底垫放一根直径为10mm的钢筋，将筒按住，左右交替颠击地面各25下，然后再装入第二层。第二层装满后用同样方法颠实(但筒底所垫钢筋的方向应与第一层放置方向垂直)。两层装完并颠实后，添加试样超出容量筒筒口，然后用直尺将多余的试样沿筒口中心线向两个相反方向刮平，称其质量(m_2)。

3.4.3.5　计算

(1)堆积密度及紧装密度分别按式(3-46)和式(3-47)计算至小数点后3位。

$$\rho = \frac{m_1 - m_0}{V} \tag{3-46}$$

$$\rho' = \frac{m_2 - m_0}{V} \tag{3-47}$$

式中：ρ ——砂的堆积密度，g/cm^3；

ρ' ——砂的紧装密度，g/cm^3；

m_0 ——容量筒的质量，g；

m_1 ——容量筒和堆积密度砂总质量，g；

m_2 ——容量筒和紧装密度砂总质量，g；

V ——容量筒容积，mL。

以两次试验结果的算术平均值作为测定值。

(2)砂的空隙率按式(3-48)计算至0.1%。

$$n = \left(1 - \frac{\rho}{\rho_a}\right) \times 100 \tag{3-48}$$

式中：n ——砂的空隙率，%；

ρ ——砂的堆积或紧装密度，g/cm^3；

ρ_a ——砂的表观密度，g/cm^3。

3.4.4　细集料含泥量试验(筛洗法)

3.4.4.1　目的与适用范围

(1)测定细集料中粒径小于0.075mm的尘屑、淤泥和黏土的含量。

(2)本方法不适用于人工砂、石屑等矿粉成分较多的细集料。

3.4.4.2　仪具与材料

(1)天平：称量1kg，感量不大于1g。

(2)烘箱:能控温在105℃ ±5℃。

(3)方孔筛:孔径0.075mm及1.18mm的筛。

(4)其他:筒、浅盘等。

3.4.4.3 试验准备

将来样用四分法缩分至每份约1 000g,置于温度为105℃ ±5℃的烘箱中烘干至恒重,冷却至室温后,称取约400g(m_0)的试样两份备用。

3.4.4.4 试验步骤

(1)取烘干的试样一份置于筒中,并注入洁净的水,使水面高出砂面约200mm,充分拌和均匀后,浸泡24h,然后用手在水中淘洗试样,使尘屑、淤泥和黏土与砂粒分离,并使之悬浮水中,缓缓地将浑浊液倒入1.18mm至0.075mm的套筛上,滤去小于0.075mm的颗粒。试验前筛子的两面应先用水湿润,在整个试验过程中应注意避免砂粒丢失。

注:不得直接将试样放在0.075mm筛上用水冲洗,或者将试样放在0.075mm筛上后在水中淘洗,以避免误将小于0.075mm的砂颗粒当作泥冲走。

(2)再次加水于筒中,重复上述过程,直至筒内砂样洗出的水清澈为止。

(3)用水冲洗剩留在筛上的细粒,并将0.075mm筛放在水中(使水面略高出筛中砂粒的上表面)来回摇动,以充分洗除小于0.075mm的颗粒;然后将两筛上筛余的颗粒和筒中已经洗净的试样一并装入浅盘,置于温度为105℃ ±5℃的烘箱中烘干至恒重,冷却至室温,称取试样的质量(m_1)。

3.4.4.5 计算

砂的含泥量按式(3-49)计算至0.1%。

$$Q_n = \frac{m_0 - m_1}{m_0} \times 100 \tag{3-49}$$

式中: Q_n ——砂的含泥量,%;

m_0 ——试验前的烘干试样质量,g;

m_1 ——试验后的烘干试样质量,g。

以两个试样试验结果的算术平均值作为测定值。两次结果的差值超过0.5%时,应重新取样进行试验。

3.4.5 细集料泥块含量试验

3.4.5.1 目的与适用范围

测定水泥混凝土用砂中颗粒大于1.18mm的泥块含量。

3.4.5.2 仪具与材料

(1)天平:称量2kg,感量不大于2g。

(2)烘箱:能控温在105℃ ±5℃。

(3)方孔筛:孔径0.6mm及1.18mm。

(4)其他:洗砂用的筒及烘干用的浅盘等。

3.4.5.3　试验准备

将试样用四分法缩分至每份约 2 500g，置于温度为 105℃ ±5℃的烘箱中烘干至恒重，冷却至室温后，用 1.18mm 筛筛分，取筛上的砂约 400g 分为两份备用。

3.4.5.4　试验步骤

（1）取试样 1 份 200g（ m_1 ）置于容器中，并注入洁净的水，使水面至少超出砂面约 200mm，充分拌混均匀后，浸泡 24h，然后用手在水中捻碎泥块，再把试样放在 0.6mm 筛上，用水淘洗至水清澈为止。

（2）筛余下来的试样应小心地从筛里取出，并在 105℃ ±5℃的烘箱中烘干至恒重，冷却至室温后称量（ m_2 ）。

3.4.5.5　计算

砂中泥块含量按式（3-50）计算至 0.1%。

$$Q_k = \frac{m_1 - m_2}{m_1} \times 100 \qquad (3\text{-}50)$$

式中：Q_k——砂中大于 1.18mm 的泥块含量，%；

m_1 ——试验前存留于 1.18mm 筛上试样的烘干试样量，g；

m_2 ——试验后的烘干试样量，g。

取两次平行试验结果的算术平均值作为测定值，两次结果的差值如超过 0.4%，应重新取样进行试验。

3.4.6　细集料砂当量试验

3.4.6.1　目的与适用范围

（1）本方法适用于测定细集料中所含的黏性土或杂质的含量，以评定集料的洁净程度。砂当量用 SE 表示。

（2）本方法适用于公称粒径不超过 4.75mm 的集料。

3.4.6.2　仪具与材料

（1）仪具

①透明圆柱形试筒：透明塑料制，外径 40mm ± 0.5mm，内径 32mm ± 0.25mm，高度 420mm ±0.25mm。在距试筒底部 100mm、380mm 处刻画刻度线，试筒口配有橡胶瓶口塞。

②冲洗管：由一根弯曲的硬管组成，不锈钢或冷锻钢制，其外径为 6mm ±0.5mm，内径为 4mm ±0.2mm。管的上部有一个开关，下部有一个不锈钢两侧带孔尖头，孔径为 1mm ±0.1mm。

③透明玻璃或塑料桶：容积 5L，有一根虹吸管放置桶中，桶底面高出工作台约 1m。

④橡胶管（或塑料管）：长约 1.5m，内径约 5mm，同冲洗管联在一起吸液用，配有金属夹，以控制冲洗液流量。

⑤配重活塞：由长 440mm ±0.25mm 的杆、直径 25mm ±0.1mm 的底座（下面平坦、光滑，垂直杆轴）、套筒和配重组成。在活塞上有三个横向螺丝可保持活塞在试筒中间，并使活塞与试筒之间有一条小缝隙。套筒为黄铜或不锈钢制，厚 10mm ±0.1mm，大小适合试筒并且引导活塞

杆,能标记筒中活塞下沉的位置。套筒上有一个螺钉用以固定活塞杆。配重为1kg ±5g。

⑥机械振荡器:可以使试筒产生横向的直线运动振荡,振幅203mm ±1.0mm,频率180次/min ±2次/min。

⑦天平:称量1kg,感量不大于1g。

⑧烘箱:能使温度控制在105℃ ±5℃。

⑨秒表。

⑩标准筛:筛孔为4.75mm(圆孔筛为5mm)。

⑪温度计。

⑫广口漏斗:玻璃或塑料制,口的直径约为100mm。

⑬钢板尺:长50mm,刻度1mm。

⑭其他:量筒(1L),烧杯(2L),塑料桶(5L)、烧杯、刷子、盘子、刮刀、勺子等。

(2)试剂

①无水氯化钙($CaCl_2$):分析纯,含量96%,分子量110.99,纯品为无色立方结晶,在水中溶解度大,溶解时放出大量热。它的水溶液呈微酸性,具有一定的腐蚀性。

②丙三醇($C_3H_8O_3$):又称甘油,分析纯,含量98%,分子量92.09。

③甲醛(HCHO):分析纯,含量36%,分子量30.03。

④洁净水或纯净水。

3.4.6.3 试验准备

(1)试样制备

①将样品通过孔径4.75mm筛,去掉筛上的粗颗粒部分,试样数量不少于1 000g。如样品过分干燥,可在筛分之前加少量水分润湿(含水率约为3%)。用包橡胶的小锤打碎土块,然后再过筛,以防止将土块作为粗颗粒筛除。当粗颗粒部分被在筛分时不能分离的杂质裹覆时,应进行清洗,并回收细粒放入试样中。

注:在配制稀浆封层及微表处混合料时,4.75mm部分经常是由两种以上的集料混合而成,如由3~5mm和3mm以下的石屑混合,或有石屑与天然砂混合组成时,可分别对每种集料按本方法测定其砂当量,然后按组成比例计算合成的砂当量。为减少工作量,通常做法是将样品按配比混合组成后用4.75mm过筛,测定集料混合料的砂当量,以坚定材料是否合格。

②测定试样含水率。试验用的样品,在测定含水率和取样试验期间不要丢失水分。由于试样是加水湿润过的,对试样含水率应按现行含水率测定方法进行,含水率以两次测定的平均值计,准确至0.1%。经过含水率测定的试样不得用于试验。

③称取试样的湿重根据测定的含水率按式(3-51)计算相当于120g干燥试样的样品湿重,准确至0.1g。

$$m_1 = \frac{120 \times (100 + w)}{100} \tag{3-51}$$

式中:w——集料试样的含水率,%;

m_1——相当于干燥试样120g时的潮湿试样的质量,g。

(2)配制冲洗液

①根据需要确定冲洗液的数量,通常一次配制5L,约可进行10次试验。如试验次数较

少,可以按比例减少,但不宜于少于2L,以减少试验误差。冲洗液的浓度以每升冲洗液中的氯化钙、甘油、甲醛含量分别为2.79g、12.12g、0.34g控制。称取配制5L冲洗液的各种试剂的用量:氯化钙14.0g,甘油60.6g,甲醛1.7g。

②称取无水氯化钙14.0g放入烧杯中,加洁净水30mL充分溶解。此时溶液温度会升高,待溶液冷却至室温,观察是否有不溶的杂质,若有杂质必须用滤纸将溶液过滤,以除去不溶的杂质。

③然后倒入适量洁净水稀释,加入甘油60.6g,用玻璃棒搅拌均匀后再加入甲醛1.7g。用玻璃棒搅拌均匀后全部导入1L量筒中,并用少量洁净水分别对盛过3种试剂的器皿洗涤3次,每次洗涤的水均放入量筒中,最后加入洁净水至1L刻度线。

④将配制的1L溶液倒入塑料筒或其他容器中,再加入4L洁净水或纯净水稀释至5L±0.005L。该冲洗液的使用期限不得超过2周,超过2周后必须废弃,其工作温度为22℃±3℃。

注:有条件时,可向专门机构购买高浓度的冲洗液,按照要求稀释后使用。

3.4.6.4 试验步骤

(1)用冲洗管将冲洗液吸入试筒直到最下面的100mm刻度处(约需80mL试验用冲洗液)。

(2)把相当于120g±1g干料重的湿样用漏斗仔细地倒入竖立的试筒中。

(3)用手掌反复敲打试筒下部,以除去气泡,并使试样尽快润湿,然后放置10min。

(4)在试样静止10min±1min后,在试筒上塞上橡胶塞堵住试筒,用手将试筒横向水平放置,或将试筒水平固定在振荡机上。

(5)开动机械振荡器,在30s±1s的时间内振荡90次。用手振荡时,仅需手腕振荡,不必晃动手臂,以维持振幅230mm±25mm,振荡时间和次数与机械振荡器同。然后将试筒取下竖直放回试验台上,拧下橡胶塞。

(6)将冲洗管插入试筒中,用冲洗液冲洗附在试筒壁上的集料,然后逐渐将冲洗管插到试筒底部,不断转动冲洗管,使附着在集料表面的土粒杂质浮游上来。

(7)缓慢匀速向上拔出冲洗管,当冲洗管抽出液面,且保持液面位于380mm刻度线时,切断冲洗管的液流,使液面保持在380mm刻度线处,然后开动秒表在没有扰动的情况下静置20min±15s。

(8)在静置20min后,用尺量测从试筒底部到絮状凝结物上液面的高度(h_1)。如有可能,同样测得从试筒底部到沉淀部分上液面的高度(h_1),准确至1mm。

(9)将配重活塞徐徐插入试筒里,直至碰到沉淀物时,立即拧紧套筒上的固定螺丝。将尺子插入套筒的开口处,使零点对准活塞的底面,从套筒上面线读取沉淀高度h_2,准确至1mm。同时记录试筒内的温度,准确至1℃。

(10)按上述步骤进行2个试样的平行试验。

注:①为了不影响沉淀的过程,试验必须在无振动的水平台上进行。随时检查试验的冲洗管口,防止堵塞。

②由于塑料在太阳光下容易变成不透明,应尽量避免将塑料试筒等直接暴露在太阳光下。盛试验溶液的塑料桶用毕要清洗干净。

3.4.6.5 计算

(1)试样的砂当量值按式(3-52)计算。

$$SE=\frac{h_2}{h_1}\times 100 \tag{3-52}$$

式中:SE——试样的砂当量,%;

h_2——试筒中用活塞测定的集料沉淀物的高度,mm;

h_1——试筒中絮凝物和沉淀物的总高度,mm。

(2)一种集料应平行测定两次,取两个试样的平均值,以活塞测得砂当量为准,并以整数表示。

3.5 矿粉试验检测方法

3.5.1 矿粉筛分试验(水洗法)

3.5.1.1 目的与适用范围

该试验用于测定矿粉的颗粒级配,同时适用于测定供拌制沥青混合料用的其他填料如水泥、石灰、粉煤灰的颗粒级配。

3.5.1.2 仪具与材料

(1)标准筛:孔径为0.6mm、0.3mm、0.15mm、0.075mm。

(2)天平:感量不大于0.1g。

(3)烘箱:能控温在105℃ ±5℃。

(4)搪瓷盘。

(5)橡皮头研杵。

3.5.1.3 试验步骤

(1)将矿粉试样放入105℃ ±5℃烘箱中烘干至恒重,冷却,称取100g,准确至0.1g。如有矿粉团粒存在,可用橡皮头研杵轻轻研磨粉碎。

(2)将0.075mm筛装在筛底上,仔细倒入矿粉,盖上筛盖。手工轻轻筛分,至大体上筛不下去为止。存留在筛底上的小于0.075mm部分可弃去。

(3)除去筛盖和筛底,按筛孔大小顺序套成套筛。将存留在0.075mm筛上的矿粉倒回0.6mm筛上,在自来水龙头下方接一胶管,打开自来水,用胶管的水轻轻冲洗矿粉过筛,0.075mm筛下部分任其流失,直至流出的水色清澈为止。水洗过程中,可以适当用手扰动试样,加速矿粉过筛,待上层筛冲干净后,取去0.6mm筛,接着从0.3mm筛或0.15mm筛上冲洗,但不得直接冲洗0.075mm筛。

注:①自来水的水量不可太大、太急,防止损坏筛面或将矿粉冲出,水不得从两层筛之间流出,自来水龙头宜装有防溅水龙头。当现场缺乏自来水时,也可由人工浇水冲洗。

②如直接在0.075mm筛上冲洗,将可能使筛面变形,筛孔堵塞,或者造成矿粉与筛面发生共振,不能通过筛孔。

(4)分别将各筛上的筛余反过来用小水流仔细冲洗入各个搪瓷盘中,待筛余沉淀后,稍稍倾斜,仔细除去清水,放入 105℃烘箱中烘干至恒重。称取各号筛上的筛余量,准确至 0.1g。

3.5.1.4　计算

各号筛上的筛余量除以试样总量的百分率,即为各号筛的分计筛余百分率,准确至0.1%。用 100 减去 0.6mm、0.3mm、0.15mm、0.075mm 各筛的分计筛余百分率,即为通过0.075mm筛的通过百分率,加上 0.075mm 筛的分计筛余百分率即为 0.15mm 筛的通过百分率,依次类推,计算出各号筛的通过百分率,准确至 0.1%。

3.5.1.5　精密度或允许差

以两次平行试验结果的平均值作为试验结果。各号筛的通过率相差不得大于 2%。

3.5.2　矿粉密度试验

3.5.2.1　目的与适用范围

该试验用于检验矿粉的质量供沥青混合料配合比设计计算,同时适用于测定供拌制沥青混合料用的其他填料如水泥、石灰、粉煤灰的相对密度。

3.5.2.2　仪具与材料

(1)李氏比重瓶:如图 3-2 所示,容量为 250mL 或 300mL。

(2)天平:感量不大于 0.01g。

(3)烘箱:能控温在 105℃ ±5℃。

(4)恒温水槽:能控温在 20℃ ±0.5℃。

(5)其他:瓷皿、小牛角匙、干燥器、漏斗等。

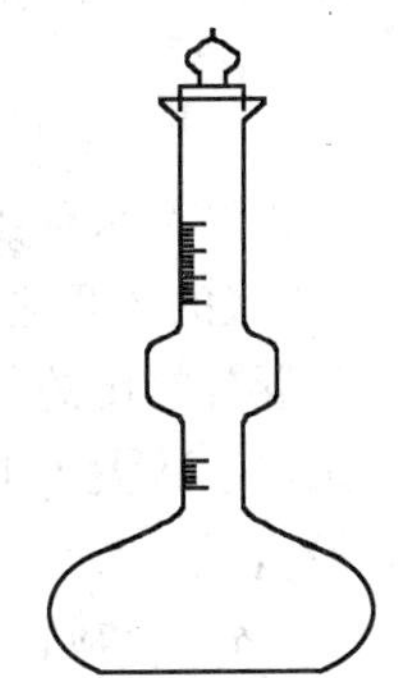

图 3-2　李氏比重瓶

3.5.2.3　试验步骤

(1)将代表性矿粉试样置瓷皿中,在 105℃烘箱中烘干至恒重(一般不少于 6h),放入干燥器中冷却后,连同小牛角匙、漏斗一起准确称量(m_1),准确至 0.01g,矿粉数量应不少于 200g。

(2)向比重瓶中注入蒸馏水,至刻度 0 ~ 1mL 之间,将比重瓶放入 20℃的恒温水槽中,静放至比重瓶中的水温不再变化为止(一般不少于 2h),读取比重瓶中水面的刻度(V_1)至 0.02mL。

(3)用小牛角匙将矿粉试样通过漏斗徐徐加入比重瓶中,待比重瓶中水的液面上升至接近比重瓶的最大读数时为止,轻轻摇晃比重瓶,使瓶中的空气充分逸出。再次将比重瓶放入恒温水槽中,待温度不再变化时,读取比重瓶的读数(V_2),至 0.02mL。整个试验过程中,比重瓶中的水温变化不得超过 1℃。

(4)准确称取牛角匙、瓷皿、漏斗及剩余矿粉的质量(m_2),至 0.01g。

注:对亲水性矿粉应采用煤油作介质测定,方法相同。

3.5.2.4　计算

按式(3-53)及式(3-54)计算矿粉的密度和相对密度,至小数点后 3 位。

$$\rho_f = \frac{m_1 - m_2}{V_2 - V_1} \tag{3-53}$$

$$\gamma_f = \frac{\rho_2}{\rho_w'} \tag{3-54}$$

式中：ρ_f——矿粉的密度，g/cm³；

γ_f——矿粉对水的相对密度，无量纲；

m_1——牛角匙、瓷皿、漏斗及试验前瓷器中矿粉的干燥质量，g；

m_2——牛角匙、瓷皿、漏斗及试验后瓷器中矿粉的干燥质量，g；

V_1——比重瓶加矿粉以前的初读数，mL；

V_2——比重瓶加矿粉以后的终读数，mL；

ρ_w'——试验温度时水的密度。

3.5.2.5 精密度或允许差

同一试样应平行试验两次，取平均值作为试验结果。两次试验结果的差值不得大于0.01g/cm³。

3.5.3 矿粉亲水系数试验

3.5.3.1 目的与适用范围

矿粉的亲水系数即矿粉试样在水(极性介质)中膨胀的体积与同一试样在煤油(非极性介质)中膨胀的体积之比，用于评价矿粉与沥青结合料的黏附性能。本方法也适用于测定供拌制沥青混合料用的其他填料如水泥、石灰、粉煤灰的亲水系数使用。

亲水系数大于1的矿粉，表示矿粉对水的亲和力大于对沥青的亲和力。亲水系数小于1的矿粉，表示矿粉对沥青的亲和力大于对水的亲和力。

3.5.3.2 仪具与材料

(1)量筒：50mL 2个，刻度至0.5mL。

(2)研钵及有橡皮头的研杵。

(3)天平，感量不大于0.01g。

(4)煤油：在温度270℃分馏得到的煤油，并经杂黏土过滤而得到者(过滤用杂黏土应先经加热至250℃3h，待其冷却后使用)。

(5)烘箱。

3.5.3.3 试验步骤

(1)称取烘干至恒重的矿粉5g(准确至0.01g)，将其放在研钵中，加入15～30mL的蒸馏水，用橡皮研杵仔细磨5min，然后用洗瓶把研钵中的悬浮液洗入量筒中，使量筒中的液面恰为50mL。然后用玻璃棒搅和悬浮液。

(2)同上法将另一份同样质量的矿粉，用煤油仔细研磨后将悬浮液冲洗移入另一量筒中，液面也为50mL。

(3)将上两量筒静置，使量筒内液体中的颗粒沉淀。

(4)每天两次记录沉淀物的体积,直至体积不变为止。

3.5.3.4　计算

(1)亲水系数按式(3-55)计算。

$$\eta = \frac{V_B}{V_H} \tag{3-55}$$

式中:η——亲水系数,无量纲;

V_B——水中沉淀物体积,mL;

V_H——煤油中沉淀物体积,mL。

(2)平行测定两次,以两次测定值的平均值作为试验结果。

第 4 章　无机结合料稳定材料试验检测方法

4.1　概述

路面基层材料主要有无机结合料稳定类、有机结合料稳定类和粒料类。我国高等级公路路面基层广泛采用无机结合料稳定类,有时也使用有机结合料稳定类。有关有机结合料稳定类的技术要求和试验检测方法参见第 6 章,本章主要介绍无机结合料稳定类基层材料的试验检测方法。

无机结合料稳定材料就是在粉碎的或原状松散的土中掺入一定量的无机结合料(包括水泥、石灰或工业废渣等)和水,经拌和得到的混合料在压实和养生后,其抗压强度符合规定要求的材料。由无机结合料稳定材料修筑的路面称为无机结合料稳定路面。无机结合料稳定路面具有稳定性好、抗冻性能强、结构本身自成板体等特点,但其耐磨性差,因此被广泛应用于修筑路面结构的基层和底基层。由于无机结合料稳定材料的刚度介于柔性与刚性材料之间,所以俗称半刚性基层材料,以此修筑的基层(底基层)也称为半刚性基层(底基层)。

无机结合料稳定材料种类较多,其物理、力学性质各有特点。其中土作为基层材料的骨架,水泥和石灰则属于基层材料的胶凝物质。水泥属于水硬性胶凝材料,而石灰属于气硬性胶凝材料,无机结合料稳定土由于胶凝性质的不同和材料配比的多变性原因,其工程性质千差万别,则相应的试验检测方法也较复杂。

4.1.1　路面基层材料土的分类

用于路面基层材料的土按照土中单个颗粒(指碎石、砾石、砂和土颗粒)的粒径大小和组成,将土分为下列三种,即细粒土、中粒土和粗粒土。

(1)细粒土:颗粒的最大粒径小于 10mm,且其中小于 2mm 的颗粒含量不少于 90%。

(2)中粒土:颗粒的最大粒径小于 30mm,且其中小于 20mm 的颗粒含量不少于 85%。

(3)粗粒土:颗粒的最大粒径小于 50mm,且其中小于 40mm 的颗粒含量不少于 85%。

4.1.2　无机结合料稳定土的概念

在粉碎的或原来松散的土(包括各种粗、中、细粒土)中,掺入足量的水泥和水,经拌和压实得到的混合料在压实及养生后,当其抗压强度符合规定的要求时,称为水泥稳定土。如果用石灰代替水泥掺入土中,则称石灰稳定土。同时用水泥和石灰稳定某种土而得到的混合料,称为综合稳定土。一定数量石灰和粉煤灰或石灰和煤渣与其他集料混合,加入适量的水(通常为最佳含水率),经拌和、压实及养生后得到的混合料,当其抗压强度符合规定的要求时,称石灰工业废渣稳定土(简称石灰工业废渣)。

4.1.3　无机结合料稳定土组成材料技术要求

4.1.3.1　土

(1)水泥稳定土

凡能被经济地粉碎的土都可用水泥稳定,其最大颗粒和颗粒组成应满足规范的要求。对细粒土而言,土的均匀系数应大于 5,液限不应超过 40,塑性指数不应大于 17。实际工作中,宜选用均匀系数大于 10,塑性指数小于 12 的土。塑性指数大于 17 的土,宜采用石灰稳定,或用水泥和石灰综合稳定。有机质含量超过 2% 的土,必须先用石灰进行处理,闷料一夜后再用水泥稳定。硫酸盐含量超过 0.25% 的土,不能用水泥稳定。

(2)石灰稳定土

塑性指数 15 ~20 的黏性土以及含有一定数量黏性土的中粒土和粗粒土(如天然砂砾土和砾石土、旧级配砾石和泥结碎石路面等)均适宜于用石灰稳定。用石灰稳定不含黏性土或无塑性指数的级配砂砾、级配碎石和未筛分碎石时,应添加 15% 左右的黏性土。硫酸盐含量超过 0.8% 的土和有机质含量超过 10% 的土,不宜用石灰稳定。

(3)石灰工业废渣稳定土

宜采用塑性指数 12 ~20 的黏性土(亚黏土),有机质含量超过 10% 的土不宜选用。最大颗粒和颗粒组成应满足规范的要求,集料压碎值要求同水泥稳定土。

(4)集料的压碎值要求

①基层:高速公路和一级公路不大于 30% ,二级和二级以下公路基层不大于 35% 。

②底基层:高速公路和一级公路不大于 30% ,二级和二级以下公路基层不大于 40% 。

4.1.3.2　水泥

普通水泥、矿渣水泥、火山灰水泥等都可使用,但应选用终凝时间较长(宜在 6h 以上)的低强度等级(如 32.5)的水泥。快硬水泥、早强水泥以及已受潮变质的水泥不应使用。

4.1.3.3　石灰

石灰质量应符合规定的技术指标 III 级以上的生石灰或消石灰的技术指标,要尽量缩短石灰的存放时间,石灰在野外堆放时间较长时,应妥善覆盖保管,不应遭日晒雨淋。等外石灰、贝壳石灰、珊瑚石灰等应通过试验,只要石灰稳定土混合料的强度符合规定的标准,就可以使用。对于高速公路和一级公路,宜采用磨细生石灰粉。

4.1.3.4　粉煤灰

粉煤灰中 SiO_2、Al_2O_3 和 Fe_2O_3 的总含量应大于 70% ,烧失量不应超过 20% ;其比面积宜大于 2 500cm^2/g(或 90% 通过 0.3mm 筛孔,70% 通过 0.075mm 筛孔)。干粉煤灰和湿粉煤灰都可以应用。干粉煤灰如堆在空地上应加水,防止飞扬造成污染。湿粉煤灰的含水率不宜超过 35% 。

4.1.3.5　煤渣

煤渣是煤经锅炉燃烧后的残渣,它的主要成分是 SiO_2 和 Fe_2O_3,它的松干密度在 700 ~1 100kg/m^3之间。煤渣的最大粒径不应大于 30mm,颗粒组成宜有一定级配,且不宜含杂质。

4.1.3.6　强度标准

无机结合料稳定土强度标准应符合表 4-1 所示的强度要求。

无机结合料稳定土强度标准(MPa) 表4-1

材料名称	特重交通		重、中交通		轻交通	
	基层	底基层	基层	底基层	基层	底基层
水泥稳定土	3.5~4.5	≥2.5	3~4	≥2.0	2.5~3.5	≥1.5
石灰粉煤灰稳定土	≥0.8	≥0.6	≥0.8	≥0.6	≥0.6	≥0.5
水泥粉煤灰稳定土	1.5~3.5	≥1.0	1.5~3.5	≥1.0	1.2~1.5	≥0.6
石灰稳定土	—	—	—	≥0.8	≥0.8	≥0.7

4.1.4 基层或底基层材料试验检测项目(表4-2、表4-3)

底基层和基层原材料的试验项目和频率 表4-2

试验项目	材料	目的	频率
含水率	集料	确定原始含水率	每天使用前测两个样品
颗粒分析	集料(0.5mm以下)	确定级配是否符合要求,确定材料配合比	每种集料使用前测两个样品,使用过程中每2 000m³测两个样品
液限、塑限	集料	测塑性指数	同上
相对密度	集料	评定粒料质量,计算固体体积率	每种集料使用前测两个样品
压碎值	集料	评定石料的抗压碎能力	在备料期间,每天1~2个样品
针片状	集料	评价集料的形状和抗压碎的能力	同上
水泥试验	集料	确定水泥剂量	按批抽样检测

底基层和基层混合料的试验项目 表4-3

试验项目	材料	目的	频率
重型击实	混合料	求最佳含水率和最大干密度	每一作业段或工作日9个试件
抗压强度	混合料	检验强度是否达到设计要求	每一作业段或工作日9个试件
水泥剂量	混合料	确定基层或底基层混合料水泥剂量	每一作业段或工作日6个样品
筛分试验	混合料	确定基层混合料的级配	每一作业段或工作日6个样品
含水率	混合料	确定基层混合料的含水率	每一作业段或工作日6个样品
延迟时间	混合料	确定基层和底基层碾压终了时间	每工作日两次

4.2 氧化钙和氧化镁含量测试方法

4.2.1 有效氧化钙的测试方法

4.2.1.1 目的和适用范围

本方法适用于测定各种石灰的有效氧化钙含量。

4.2.1.2 仪器设备

(1)筛子:0.15mm,1个。

(2)烘箱:50℃~250℃,1台。

(3)干燥器:ϕ25cm,1 个。

(4)称量瓶:ϕ30mm×50mm,10 个。

(5)瓷研钵:ϕ12~13mm,1 个。

(6)分析天平:万分之一,1 台。

(7)架盘天平:感量 0.1g,1 台。

(8)电炉:1 500W,1 个。

(9)石棉网:20cm×20cm,1 块。

(10)玻璃珠:ϕ3mm,1 袋(0.25kg)。

(11)具塞三角瓶:250mL,20 个。

(12)漏斗:短颈,3 个。

(13)塑料洗瓶:1 个。

(14)塑料桶:20L,1 个。

(15)下口蒸馏水瓶:5 000mL,1 个。

(16)三角瓶:300mL,10 个。

(17)容量瓶:250mL、1 000mL,各 1 个。

(18)量筒:200mL、100mL、50mL、5mL,各 1 个。

(19)试剂瓶:250mL、1 000mL,各 5 个。

(20)塑料试剂瓶:1L,1 个。

(21)烧杯:50mL,5 个;250mL(或 300mL),10 个。

(22)棕色广口瓶:60mL,4 个;250mL,5 个。

(23)滴瓶:60mL,3 个。

(24)酸滴定管:50mL,2 支。

(25)滴定台及滴定管夹:各 1 套。

(26)大肚移液管:25mL、50mL,各 1 支。

(27)表面皿:7cm,10 块。

(28)玻璃棒:8mm×250mm 及 4mm×180mm,各 10 支。

(29)试剂勺:5 个。

(30)吸水管:8mm×150mm,5 支。

(31)洗耳球:大、小各 1 个。

4.2.1.3　试剂

(1)蔗糖(分析纯)。

(2)酚酞指示剂:称取 0.5g 酚酞溶于 50mL95% 乙醇中。

(3)0.1% 甲基橙水溶液:称取 0.05g 甲基橙溶于 50mL 蒸馏水中。

(4)0.5N 盐酸标准溶液:将 42mL 浓盐酸(相对密度 1.19)稀释至 1L,按下述方法标定其物质的量浓度后备用。

称取约 0.800~1.000g(准确至 0.002g)已在 180℃烘干 2h 的碳酸钠,置于 250mL 三角瓶中,加 100mL 水使其完全溶解;然后加入 2~3 滴 0.1% 甲基橙指示剂,用待标定的盐酸标准溶液滴定,至碳酸钠溶剂由黄色变为橙红色,将溶液加热至沸,并保持微沸 3min,然后放在冷水中冷却至室温,如此时橙红色又变为黄色,则再用盐酸标准溶液滴定,至溶液出现稳定橙红色时为止。

盐酸标准溶液的物质的量浓度按式(4-1)计算:

$$N = Q/V \times 0.053 \tag{4-1}$$

式中:N——盐酸标准溶液的物质的量浓度;

Q——称取碳酸钠质量,g;

V——滴定时消耗盐酸标准溶液的体积,mL。

4.2.1.4　准备试样

(1)生石灰试样:将生石灰样品打碎,使颗粒不大于2mm。拌和均匀后用四分法缩减至200g左右,放在瓷研体中研细,再经四分法缩减几次至剩下20g左右。将研磨所得石灰样品通过0.10mm的筛,从此细样中均匀挑取10余克,置于称量瓶中,在100℃烘干1h,储存于干燥器中,供试验用。

(2)消石灰试样:将消石灰样品用四分法缩减至10余克左右,如有大颗粒存在,须在瓷研钵中磨细至无不均匀颗粒存在为止。置于称量瓶中在105~110℃烘干1h,储于干燥器中,供试验用。

4.2.1.5　试验步骤

称取约0.5g(用减量法称准至0.000 5g)试样放入干燥的250mL具塞三角瓶中,取5g蔗糖覆盖在试样表面,投入干玻璃珠15粒,迅速加入新煮沸并已冷却的蒸馏水50mL,立即加塞振荡15min(如有试样结块或粘于瓶壁现象,则应重新取样)。打开瓶塞,用水冲洗瓶塞及瓶壁,加入2~3滴酚酞指示剂,以0.5N盐酸标准溶液滴定(滴定速度以每秒2~3滴为宜),至溶液的粉红色显著消失并在30s内不再复现即为终点。

4.2.1.6　计算

有效氧化钙的百分含量(X_1)按式(4-2)计算:

$$X_1 = \frac{V \times N \times 0.028}{G} \times 100 \tag{4-2}$$

式中:V——滴定时消耗盐酸标准溶液的体积,mL;

N——盐酸标准溶液的物质的量浓度;

0.028——氧化钙毫克当量;

G——试样质量,g。

4.2.1.7　精密度或允许误差

对同一石灰样品至少应做两个试样和进行两次测定,并取两次结果的平均值代表最终结果。

4.2.2　氧化镁的测试方法

4.2.2.1　目的和适用范围

本试验方法适用于测定各种石灰的总氧化镁含量。

4.2.2.2　仪器设备

同有效氧化钙的测定。

4.2.2.3 试剂

(1)1∶10 盐酸:将1体积盐酸(相对密度1.19)以10体积蒸馏水稀释。

(2)氢氧化铵—氯化铵缓冲溶液(pH=10):将67.5g氯化铵溶液于300mL无二氧化碳蒸馏水中,加浓氢氧化铵(相对密度为0.90)570mL,然后用水稀释至1 000mL。

(3)酸性铬蓝K—萘酚绿B(1∶2.5)混合指示剂:称取0.3g酸性铬蓝K和0.75g萘酚绿B及50g已在105℃烘干的硝酸钾混合研细,保存于棕色广口瓶中。

(4)EDTA二钠标准溶液:将10gEDTA二钠溶于温热蒸馏水中,待全部溶解并冷至室温后,用水稀释至1 000mL。

(5)氧化钙标准溶液:精确称取1.784 8g在105℃烘干(2h)的碳酸钙(优级纯),置于25mL烧杯中,盖上表面皿。从杯嘴缓慢滴加1∶10盐酸100mL,加热溶液,待溶液冷却后,移入1 000mL的容量瓶中,用新煮沸冷却后的蒸馏水稀释至刻度摇匀,此溶液1mL相当于1mg氧化钙。

(6)20%的氢氧化钠溶液:将20g氢氧化钠溶于80mL蒸馏水中。

(7)钙指示剂:将0.2g钙试剂羟酸钠和20g已在105℃烘干的硫酸钾混合研细,保存于棕色广口瓶中。

(8)10%酒石酸钾钠溶液:将10g酒石酸钾钠溶于90mL蒸馏水中。

(9)三乙醇胺(1∶2)溶液:将1体积三乙醇胺以2体积蒸馏水稀释摇匀。

4.2.2.4 EDTA二钠标准溶液与氧化钙和氧化镁关系的标定

精确吸取50mL氧化钙标准溶液放于300mL三角瓶中,用水稀释至100mL左右,加入钙指示剂0.1g,以20%氢氧化钠溶液调整溶液碱度到出现酒红色,再过量加3~4mL,以EDTA二钠标准液滴定,至溶液由酒红色变成纯蓝色为止。

按式(4-3)计算EDTA二钠标准溶液对氧化钙滴定度:

$$T_{\mathrm{CaO}} = \frac{CV_1}{V_2} \tag{4-3}$$

式中:T_{CaO}——EDTA二钠标准溶液对氧化钙滴定度,即1mL EDTA二钠标准溶液相当于氧化钙的毫克数;

C——1mL氧化钙标准溶液含有氧化钙的毫克数,等于1;

V_1——吸取氧化钙标准溶液体积,mL;

V_2——消耗EDTA二钠标准溶液体积,mL。

EDTA二钠标准溶液对氧化镁的滴定度(T_{MgO}),即1mL EDTA二钠标准溶液相当于氧化镁的毫克数按式(4-4)计算;

$$T_{\mathrm{MgO}} = T_{\mathrm{CaO}} \times \frac{40.31}{56.08} = 0.72T_{\mathrm{CaO}} \tag{4-4}$$

4.2.2.5 试验步骤

称取约0.5g(准确至0.000 5g试样,放入250mL烧杯中,用水湿润,加30mL1∶10盐酸,用表面皿盖住烧杯,加热近沸并保持微沸8~10min。用水把表面皿洗净,冷却后把烧杯内的沉淀及溶液移入250mL容量瓶中,加水至刻度摇匀。待溶液沉淀后,用移液管吸取25mL溶液,放入250mL三角瓶中,加50mL水稀释后,加酒石酸钾钠溶液1mL、三乙醇胺溶液5mL,再加入铵—铵缓冲溶液10mL、酸性铬蓝K—茶酚绿B指示剂约0.1g。用EDTA二钠标准溶液滴定至溶液由酒红色变为纯蓝色时即为终点，记下耗用EDTA二钠标准溶液体积V_1。

再从同一容量瓶中用移液管吸取25mL溶液置于300mL三角瓶中，加水150mL稀释后，加三乙醇胺溶液5mL及20%氢氧化钠溶液5mL，放入约0.1g钙指示剂、用EDTA二钠标准溶液滴定，至溶液由酒红色变为纯蓝色即为终点，记下耗用EDTA二钠标准溶液体积V_2。

4.2.2.6　计算

氧化镁的百分含量(X_2)按式(4-5)计算：

$$X_2 = \frac{T_{MgO}(V_1 - V_2) \times 10}{G \times 1\,000} \times 100 \tag{4-5}$$

式中：T_{MgO}——EDTA二钠标准溶液对氧化镁滴定度，即1mL EDTA二钠标准溶液相当于氧化镁的毫克数；

V_1——滴定钙、镁含量消耗二钠标准溶液体积，mL；

V_2——滴定钙消耗EDTA二钠标准溶液体积，mL；

10——总溶液对分取溶液的体积倍数；

G——试样质量，g。

4.2.2.7　精密度或允许误差

对同一石灰样品至少应做两个试样和进行两次测定，取两次测定结果的平均值代表最终结果。

4.2.3　有效氧化钙和氧化镁含量的简易测试方法

4.2.3.1　适用范围

本试验方法适用于氧化镁含量在5%以下的低镁石灰。

4.2.3.2　仪器设备

同有效氧化钙测定，除4.2.1.2(11)、(17)中的250mL、(18)中的100mL及50mL、(19)中的250mL，(20)、(21)、(22)、(25)、(27)项所列仪器之外。

4.2.3.3　试剂

(1)1N盐酸标准液：取83mL(相对密度1.19)浓盐酸以蒸馏水稀释至1 000mL，溶液物质的量浓度的标定与有效氧化钙的测定所述0.5N盐酸溶液的标定方法相同，但无水碳酸钠的称量应为1.5~2g。

(2)1%酚酞指示剂。

4.2.3.4　试验步骤

迅速称取石灰试样0.8~1.0g(准确至0.000 5g)放入300mL三角瓶中，加入150mL新煮沸并已冷却的蒸馏水和10颗玻璃珠。瓶口上插一短颈漏斗，加热5min，但勿使沸腾，迅速冷却。滴入酚酞指示剂2滴，在不断摇动下以盐酸标准液滴定，控制速度为每秒2~3滴，至粉红色完全消失，稍停，又出现红色，继续滴入盐酸。如此重复几次，直至5min内不出现红色为止。如滴定过程持续半小时以上，表明为高锰石灰，则结果只能作参考。

4.2.3.5　计算有效钙镁含量的比

有效氧化钙镁的百分含量按式(4-6)计算：

$$(CaO + MgO)\% = \frac{V \times N \times 0.028}{G} \times 100 \tag{4-6}$$

式中：V——滴定消耗盐酸标准溶液的体积，mL；

N——盐酸标准溶液的物质的量浓度；

G——试样质量，g；

0.028——氧化钙毫克当量，因为氧化镁含量甚少，并且两者之毫克当量相差不大，故有效(CaO + MgO)% 的毫克当量都以 CaO 的毫克当量计算。

4.2.3.6　精密度或允许误差

对同一石灰样品至少应做两个试样和进行两次测定，并取两次测定结果的平均值代表最终结果。

4.3　水泥或石灰剂量测定方法

4.3.1　EDTA 滴定法

4.3.1.1　目的和适用范围

(1)本试验方法适用于在工地快速测定水泥和石灰稳定土中水泥和石灰的剂量，并可用以检查拌和的均匀性。用于稳定的土可以是细粒土，也可以是中粒土和粗粒土。本方法不受水泥和石灰稳定土龄期(7d 以内)的影响。工地水泥和石灰稳定土含水率的少量变化(±2%)，实际上不影响测定结果。用本方法进行一次剂量测定，只需 10min 左右。

(2)本方法也可以用来测定水泥和石灰稳定土中结合料的剂量。

4.3.1.2　仪器设备

(1)滴定管(酸式)：50mL，1 支。

(2)滴定台：1 个。

(3)滴定管夹：1 个。

(4)大肚移液管：10mL，10 支。

(5)锥形瓶(即三角瓶)：200mL，20 个。

(6)烧杯：2 000mL(或 1 000mL)，1 只；300mL，10 只。

(7)容量瓶：1 000mL，1 个。

(8)搪瓷杯：容量大于 1 200mL，10 只。

(9)不锈钢棒(或粗玻璃棒)，10 根。

(10)量筒：100mL 和 5mL，各 1 只；50mL，2 只。

(11)棕色广口瓶：60mL，1 只(装钙红)。

(12)托盘天平：称 500g、感量 0.5g 和称量 100g、感量 0.1g，各 1 台。

(13)秒表：1 只。

(14)表面皿：ϕ9cm，10 个。

(15)研钵：ϕ12 ~ 13cm，1 个。

(16)土样筛：筛孔 2.0mm 或 2.5mm，1 个。

(17)洗耳球(1 两或 2 两)：1 个。

(18)精密试纸:pH12 ~14。

(19)聚乙烯桶:20L,1 个(装蒸馏水);10L,2 个(装氯化铵及 EDTA 二钠标准液);5L,1 个(装氢氧化钠)。

(20)毛刷、去污粉、吸水管、塑料勺、特种铅笔、厘米纸。

(21)洗瓶(塑料)500mL,1 只。

4.3.1.3 试剂

(1)0.1mol/m^3 乙二胺四乙酸二钠(简称 EDTA 二钠)标准液:准确称取 EDTA 二钠(分析纯)37.226g,用微热的无二氧化碳蒸馏水溶解,待全部溶解并冷至室温后,定容至 1 000mL。

(2)10% 氯化铵(NH_4Cl)溶液:将 500g 氯化铵(分析纯或化学纯)放在 10L 聚乙烯桶内,加蒸馏水 4 500mL,充分振荡,使氯化铵完全溶解。也可以分批在 1 000mL 的烧杯内配制,然后倒入塑料桶内摇匀。

(3)1.8% 氢氧化钠(内含三乙醇胺)溶液:用 100g 架盘天平称 18g 氢氧化钠(NaOH)(分析纯),放入洁净干燥的 1 000mL 烧杯中,加入 1 000mL 蒸馏水使其全部溶解,待溶解冷至室温后,加入 2mL 三乙醇胺(分析纯),搅拌均匀后储于塑料桶中。

(4)钙红指示剂:将 0.2g 钙试剂羟酸钠(分子式 $C_{21}H_{13}O_7N_2SNa$,分子量 460.39)与 20g 预先在 105℃烘箱中烘 1h 的硫酸钾混合,一起放入研钵中,研成极细粉末,储于棕色广口瓶中,以防吸潮。

4.3.1.4 准备标准曲线

(1)取样:取工地用石灰和集料,风干后分别过 2.0mm 或 2.5mm 筛,用烘干法或酒精燃烧法测其含水率(如为水泥可假定其含水率为 0%)。

(2)混合料组成的计算:

①公式:干料质量 = 湿料质量/(1 + 含水率)。

②计算步骤:

A. 求干混合料质量 =300g/(1 + 最佳含水率);

B. 干土质量 = 干混合料质量/[1 + 石灰(或水泥)剂量];

C. 干石灰(或水泥)质量 = 干混合料质量 - 干土质量;

D. 湿土质量 = 干土质量 ×(1 + 土的风干含水率);

E. 湿石灰质量 = 干石灰(1 + 石灰的风干含水率);

F. 石灰土中应加入的水 =300g - 湿土质量 - 湿石灰质量。

(3)准备 5 种试样,每种 2 个样品(以水泥集料为例),如下:

第 1 种:称 2 份 300g① 集料分别放在 2 个搪瓷杯内,集料的含水率应等于工地预期达到的最佳含水率。集料中所加的水应与工地所用的水相同(300g 为湿质量)。

第 2 种:准备 2 份水泥剂量为 2% 的水泥土混合料试样,每份均重 300g,并分别放在 2 个搪瓷杯内。水泥土混合料的最佳含水率应等于工地预期达到的最佳含水率。混合料中所加的水应与工地所用的水相同。

第 3 种、第 4 种、第 5 种:各准备 2 份水泥剂量分别为 4%、6%、8%② 的水泥土混合料试样,每份均为 300g,并分别放在 6 个搪瓷杯内,其他要求同第 1 种。

注:①如为细粒土,则每份的质量可减为 100g。

②在此,准备标准曲线的水泥剂量为:0%、2%、4%、6%、8%,实际工程中工地实际所用水泥或石灰的剂量位于准备标准曲线时所用剂量的中间。

(4)取一个盛有试样的搪瓷杯,在杯内加 600mL10% 氯化铵溶剂[①],用不锈钢搅拌棒充分搅拌 3min(每分钟搅 110~120 次)。如水泥(或石灰)土混合料中的土是细粒土,则也可以用 1 000 mL 带塞三角瓶代替搪瓷杯,手握三角瓶(瓶口向上)用力振荡 3min(每分钟 120 次 ±5 次),以代替搅拌棒搅拌,放置沉淀 4min[如 4min 后得到的是混浊悬浮液,则应增加放置沉淀时间,直到出现澄清悬浮液为止,并记录所需的时间,以后所有该种水泥(或石灰)土混合料的试验,均应以同一时间为准],然后将上部清液转移到 300mL 烧杯内,搅匀,加盖表面皿待测。

注:①当仅用 100g 混合料时,只需 200mL10% 氯化铵溶剂。

(5)用移液管吸取上层(液面下 1~2cm)悬浮液 10.0mL 放入 200mL 的三角瓶内,用量筒量取 500mL1.8% 氢氧化钠(内含三乙醇胺)倒入三角瓶中,此时溶液 pH 值为 12.5~13.0(可用 pH12~14 精密试纸检验),然后加入钙红指示剂(体积约为黄豆大小),摇匀,溶剂呈玫瑰红色。用 EDTA 二钠标准液滴定到纯蓝色为终点,记录 EDTA 二钠的耗量(以 mL 计,读至 0.1mL)。

(6)对其他几个搪瓷杯中的试样,用同样的方法进行试验,并记录各自 EDTA 二钠的耗量。

(7)以同一水泥或石灰剂量混合料消耗 EDTA 二钠毫升数的平均值为纵坐标,以水泥或石灰剂量(%)为横坐标制图。两者的关系应是一条顺滑的曲线。如素集料或水泥或石灰改变,必须重做标准曲线。

4.3.1.5 试验步骤

(1)选取有代表性的水泥土或石灰土混合料,称 300g 放在搪瓷杯中,用搅拌棒将结块搅散,加 600mL10% 氯化铵溶液,然后如前述步骤那样进行试验。

(2)利用所绘制的标准曲线,根据所消耗的 EDTA 二钠毫升数,确定混合料中的水泥或石灰剂量。

4.3.1.6 注意事项

(1)每个样品搅拌的时间、速度和方式应力求相同,以增加试验的精度。

(2)做标准曲线时,如工地实际水泥剂量较大,素集料和低剂量水泥的试样可以不做,而直接用较高的剂量做试验,但应有两种剂量大于实用剂量以及两种剂量小于实用剂量。

(3)配制的氯化铵溶液最好当天用完,不要放置过久,以免影响试验的精度。

4.3.2 直读式测钙仪法

4.3.2.1 目的和适用范围

本试验方法适用于测定新拌石灰土中石灰的剂量。

4.3.2.2 仪器设备

(1)钙离子选择性电极(PVC 薄膜):1 支。

(2)饱和甘汞电极:232(或 330)型,1 支。

(3)直读式测钙仪:1 台。

(4)架盘天平:感量 0.1g 及 0.5g,各 1 台。

(5)量筒:1 000mL、200mL、50mL,各 1 只。

(6)具塞三角瓶:1 000mL,10 个(或搪瓷杯 10 个);500mL,4 个。

(7)烧杯:2 000mL,1 个;300mL,10 个;50mL,15 个。

(8)容量瓶:1 000mL,1 个。

(9)塑料瓶(桶):10L,2 个;1 000mL,3 个;250mL,2 个。

(10)土壤筛:2mm 或 2.5mm 筛孔,1 个。

(11)大肚移液管:100mL,1 支。

(12)干燥器:1 个。

(13)表面皿:ϕ90mm,10 个;ϕ50mm,15 个。

(14)计时器:1 只。

(15)搅拌子:20 只。

(16)电炉、石棉网:各 1 个。

(17)洗瓶:500mL,1 个。

(18)其他:吸水管,洗耳球,粗、细玻璃棒,试剂勺。

4.3.2.3 制备溶液

(1)10% 氯化铵溶液

将 100g 氯化铵放入大烧杯中,加水(饮用水即可)900mL,搅拌均匀后,存放于塑料桶内保存。

(2)10^{-1}mol/L 氯化钙标准溶液

将分析纯碳酸钙($CaCO_3$)在 180℃烘箱中烘 2h 后,取出放入干燥器内冷却 45min。用万分之一天平或千分之一天平准确称取已冷却的碳酸钙 10.009g 放入 300mL 烧杯中,盖上表面皿。用少许蒸馏水润湿后,从杯口用吸水管沿杯壁逐滴滴入 1:5 稀盐酸(18mL 盐酸加 90mL 蒸馏水)并轻摇杯子,使碳酸钙全部溶解。然后用洗瓶吹洗表面皿和杯壁,移至电炉上加热并保持微沸 5min,以驱除二氧化碳。冷却后转移至 1 000mL 容量瓶中,用蒸馏水多次沿杯壁冲洗烧杯,将冲洗的水一并倒入容量瓶中。当蒸馏水加到约 950mL 左右时,再用 20% 氢氧化钠调至中性,使 pH 值为 7。最后用蒸馏水稀释至刻度,反复摇匀,静置后倒入 1 000mL 塑料瓶中备用。

(3)10^{-2}mol/L 氯化钙标准溶液

用大肚移液管吸取 100mL10^{-1}mol/L 氯化钙标准溶液放入 1 000mL 容量瓶中,加蒸馏水稀释到刻度后,充分摇匀;转入 1 000 mL 塑料瓶中备用。

(4)10^{-3}mol/L 氯化钙标准溶液

用大肚移液管吸取 100mL10^{-2}mol/L 氯化钙标准溶液放入 1 000mL 容量瓶中,加蒸馏水稀释到刻度后,充分摇匀,转入 1 000mL 塑料瓶中备用。

(5)氯化钾饱和溶液

用感量为 0.1g 的架盘天平称分析纯氯化钾(KCl)70g,放入 300mL 烧杯中,用量筒取 200mL 蒸馏水倒入烧杯内,用玻璃棒充分搅动,溶液中应留有结晶(溶液呈过饱和状态),移入塑性瓶中备用。

(6)20% 氢氧化钠溶液

用感量 0.1g 的架盘天平迅速称取 40g 分析纯氢氧化钠(NaOH),放入 300mL 烧杯中,加入 160mL 新煮沸并冷却的蒸馏水。用玻璃棒充分搅匀后,转入塑料瓶中备用(若用玻璃瓶装,瓶塞改用橡皮塞,避免因久放瓶塞打不开)。

4.3.2.4　准备仪器和电极

(1)钙电极:在测定的一天,应将内参比电极从套管中取出,向管中滴入 10^{-1}mol/L 氯化钙标准溶液15滴左右,再将内参比电极装回管内。在每天进行测定之前,将钙电极有薄膜的一端放在 10^{-2}mol/L 氯化钙标准溶液中浸泡2h,使电极活化。使用前取出电极,用水冲洗并以软纸吸干电极上的水分。

(2)甘汞电极:检查内液面是否与上部加液口平,若内液面低时,拔去加液口橡皮帽并用滴管添加氯化钾饱和溶液。测定时拔去上端加液口橡皮帽和下端橡皮帽,用水冲洗并以软纸吸干水分。

(3)仪器:在测定前接通测钙仪电源,使仪器预热20min。

4.3.2.5　准备石灰土标准剂量浸提液

(1)土样:将现场土通过孔径2mm或2.5mm的筛。

(2)石灰:将现场所用石灰通过孔径2mm或2.5mm的筛后,储入具塞的容器内备用。

(3)测定土和石灰的风干含水率。

(4)确定石灰土的最佳含水率。

(5)计算6%、14%石灰土中石灰、土和水的质量。

(6)石灰土标准剂量浸提液的制备:

用准备好的土和石灰配制6%、14%①的石灰土标准剂量浸提液供标定仪器用。用感量为0.1g和0.5g的架盘天平按(5)中计算得的量分别称取准备好的土样和石灰,制备以上两种剂量的石灰土混合料各300g,分别放入1 000mL具塞三角瓶(或搪瓷杯)中,混匀。用刻度吸管(或量筒)加入(5)中计算得的水量,再用量筒加入10%氯化铵溶液600mL②。盖紧塞子用手振荡(或用不锈钢棒搅拌)2min保持每分钟120次±5次,静止4min后将上部清液倒入干燥、洁净的500mL具塞三角瓶中,摇匀,瓶外加贴标签,供以后标定仪器时用。当石灰品种、土质和水质相同时,制备的6%、14%石灰土标准剂量浸提液可供连续标定10d之用。

注:①可以根据设计剂量选择石灰土标准浸提液剂量的上限。如果剂量高时,标定所用剂量的上限可以是16%或18%等,此时标定仪器过程中调节旋钮应使之显示16.0或18.0等。

②对于细粒土,也可以用100g混合料。此时可将混合料放入500mL具塞三角瓶中,并加200mL 10%氯化铵溶液。

4.3.2.6　标定仪器

将上述制备好的标准液分别倒出25~30mL于干燥、洁净的50mL烧杯中,各加入一只搅拌子。先将6%标准液放在直读式测钙仪上,待仪器开始搅拌后放入钙电极和甘汞电极,停止搅拌后,调整校正Ⅰ旋钮,使之显示6.0,采样读数结束。将电极提起,取下6%标准液,用水冲洗电极并用软纸吸干电极上的水。再将装有14%标准液的烧杯放在直读式测钙仪上,开始搅拌后,放入钙电极和甘汞电极。停止搅拌后,调整校正Ⅱ旋钮,使之显示14.0。如此重复2~3次。每次用6%和14%标准液校正均能显示6.0和14.0时,仪器标定即完毕。

4.3.2.7　试验步骤

(1)从施工现场同一位置取约1 000g具有代表性的石灰土试样。经进一步拌匀之后,使其全部通过2mm或2.5mm筛孔。

(2)用感量0.5g的架盘天平称取两份石灰土试样各300g,并分别放入两个1 000mL具塞三角瓶中,每个三角瓶中加10%氯化铵溶液600mL。盖紧塞子用手振荡(或用不锈钢棒搅拌)2min,保持每分钟120次±5次。静止4min后将25~30mL待测液倒入干燥、洁净的50mL烧杯中。加入一只搅拌子并放在直读式测钙仪上,仪器开始搅拌后,放入钙电极和甘汞电极,待停止搅拌后,仪器显示的数值即为该样品的石灰剂量。再重复测试一次,取两次测试结果的平均值。

4.3.2.8 注意事项

(1)在计算6%和14%混合料的组成时,应使混合料的最佳含水率与施工碾压时的最佳含水率相近。

(2)若土、石灰或水质有变化时,必须重新配制6%和14%(或16%、18%)石灰土标准剂量浸提液,并用它标定仪器。

(3)制备每个样品的浸提液时,搅拌的时间、速度和方式应力求相同,配制的氯化铵溶液当天用完,不宜放置过久。

(4)所用器具必须用水冲洗干净。

(5)每测完一个样品应用蒸馏水或自来水冲洗电极,并用软纸吸干后再测一个样品。

(6)若进行全天测试,午间休息时可将钙电极薄膜端浸泡在10^{-3}mol/L氯化钙标准溶液中,下午测定前不必进行活化。下午测定结束后应用水冲洗电极,并用软纸将水吸干,套上橡皮帽,然后挂起干放保存,次日用前再进行活化。

(7)在连续使用时,钙电极的内参比液应每周更换一次,以保证试验的稳定性。

4.4 含水率试验方法

4.4.1 烘干法

4.4.1.1 目的和适用范围

本法是测定无机结合料稳定土含水率的标准方法。在105℃~110℃的条件下烘干到恒重的稳定土称为干稳定土,湿稳定土和干稳定土的质量之差与干稳定土的质量之比的百分率称为稳定土的含水率。

4.4.1.2 仪器设备

(1)对于稳定细粒土

①能够维持105℃~110℃的自动控制的烘箱。

②铝盒(大致的尺寸是直径50mm,高25~30mm)或带有毛玻璃盖的玻璃量瓶。

③称量100g以上的天平1架,感量0.01g。

④干燥器(直径200~250mm)1个以上,并用硅胶做干燥剂。

注:①用指示硅胶作干燥剂,而不用氯化钙。因为许多黏土烘干后能从氯化钙中吸收水分。

(2)对于稳定中粒土

①能够维持105℃~110℃的自动控制的烘箱。

②铝盒(能放样品500g以上)。

③称量1 000g的天平1架,感量0.2g。

(3)对于稳定粗粒土

①能够维持105℃～110℃的自动控制的烘箱。

②大铝盒(能放样品2 000g以上)。

③称量2 000g以上的天平1架,感量1g。

4.4.1.3　试验步骤

(1)对于稳定细粒土,其步骤如下:

①取清洁干燥的铝盒或玻璃量瓶,称其质量并精确至0.01g(m_1)①,取50g试样(至少30g)经粉碎后松松地放在铝盒中,盖上盒盖,称其质量并精确至0.01g(m_2)。

②取下盒盖,并将盛有试样的铝盒放在盒盖上,然后一起放到温度已达110℃的烘箱内进行烘干②,需要的烘干时间随土类和试样数量而改变。当冷却试样连续两次称量的差(每次间隔4h)不超过原试样质量的0.1%③时,即认为样品已烘干。

③烘干后,从烘箱中取出盛有试样的铝盒,并将盒盖盖紧。

④将盛有烘干试样的铝盒放入干燥器内冷却④。然后称铝盒和烘干试样的质量,并精确至0.01g(m_3)。

注:①事先把铝盒的质量都校正成标准质量(即各铝盒的质量都相等),称量时可在天平一端放上等质量的铝盒,使用比较方便。

②某些含有石膏的土在烘干时会损失其结晶水,用此方法测定其含水率有影响。每1%石膏对含水率的影响约为0.2%。如果土中有石膏,则试样应该在不超过80℃的温度下烘干,并可能要烘更长的时间。

③对于大多数土,通常烘干16～24h就足够。但是,某些土或试样数量过多或试样很潮湿,可能需要烘更长的时间。烘干的时间也与烘箱内试样的总质量、烘箱的尺寸及其通风系统的效率有关。

④如铝盒的盖密闭,而且试样在称量前放置时间较短,可以不放在干燥器中冷却。

(2)对于稳定中粒土,其步骤如下:

①铝盒应该是清洁干燥的,称其质量并精确至0.2g(m_1)。取500g试样(至少300g)经粉碎后松松地放在铝盒中,盖上盒盖,称其质量并精确至0.2g(m_2)。

②取下盒盖,并将盛有试样的铝盒放到温度已达110℃的烘箱内进行烘干,需要的烘干时间随土类和试样数量而变。当冷却试样连续两次称量的差(每次间隔4h)不超过原试样质量的0.1%时,即认为已经烘干。

③烘干后,从烘箱中取出盛有试样的铝盒,并将盒盖盖紧,放置冷却。

④称铝盒和烘干试样的质量,并精确至0.2g(m_3)。

(3)对于稳定粗粒土,其步骤如下:

①铝盒应该是清洁干燥的,称其质量并精确至1g(m_1)。取2 000g试样经粉碎后松松地放在铝盒中,盖上盒盖,称其质量并精确至1g(m_2)。

②取下盒盖,并将盛有试样的铝盒放到温度已达110℃的烘箱内进行烘干,需要的烘干时间,随土类和试样数量而变。当冷却试样连续两次称量的差(每次间隔4h)不超过原试样质量的0.1%时,即认为已经烘干。

③烘干后,从烘箱中取出盛有试样的铝盒,并将盒盖盖紧,放置冷却。

④将铝盒和烘干试样称其质量并精确至1g(m_3)。

4.4.1.4　计算

用式(4-7)计算无机结合料稳定土的含水率w(%):

$$w = \frac{(m_2 - m_3) \times 100}{m_3 - m_1} \tag{4-7}$$

式中：m_1——铝盒的质量，g；

m_2——铝盒和湿稳定土的合计质量，g；

m_3——铝盒和干稳定土的合计质量，g。

4.4.2 砂浴法

4.4.2.1 目的和适用范围

本方法适用于在工地快速测定无机结合料稳定土的含水率。稳定土的含水率以湿稳定土和干稳定土的质量之差与湿稳定土的质量之比的百分率表示。当土中含有大量石膏、碳酸钙或有机质时，不应使用本方法。

4.4.2.2 仪器设备

(1)对于稳定细粒土

①铝盒：直径约50mm，高25~30mm。

②称量100g以上的天平1架，感量0.1g。

③直径约200mm、深至少25mm的砂浴1个，其中放有清洁的砂。也可以使用更大的砂浴，一次烘干几个试样。

④加热砂浴的设备1套。

⑤刀片长100mm、宽20mm的调土刀1把。

(2)对于稳定中粒土

①称量500g以上的天平1架，感量0.5g。

②边长约200mm、深约50mm的白铁皮方盘1个。

③能放入方盘的砂浴1个，砂深至少25mm。

④加热砂浴的设备1套。

⑤刀片长100mm、宽20mm的调土刀1把。

⑥长200mm、宽100mm的长方盘1个。

(3)对于稳定粗粒土

①称量5kg以上的台秤1个，感量5g。

②边长约250mm、深50~70mm的白铁皮方盘1个。

③能放入方盘的砂浴1个，砂深至少25mm。

④加热砂浴的设备1套。

⑤刀片长200mm、宽30mm的调土刀1把。

⑥长200mm、宽100mm的长方盘1个。

4.4.2.3 试验步骤

(1)对于稳定细粒土，其步骤如下：

①铝盒应该是清洁干燥的，称其质量并精确到0.1g(m_1)。至少取30g试样，经粉碎后松松地放在铝盒中，盖上盒盖，称其质量并精确到0.01g(m_2)。

②取下盒盖，将盛有试样的铝盒放在正在加热的砂浴内，但需注意勿使砂浴温度太高[①]。

在加热过程中,应该经常用调土刀搅拌试样,以促使水分蒸发。

③当加热一段时间(通常1h足够②)使试样干燥后,从砂浴中取出铝盒,盖上盒盖,并放置冷却。

④将铝盒和烘干试样称其质量并精确到0.1g(m_3)。

注:①避免稳定土过分加热。用一张小的白纸片放在土中拌和,如纸变成焦黄色,就表示加热过分。

②烘干时间随土类、试样的数量及野外条件而变。当对某种土要大量做含水率测定时,应使用不同的干燥时间,以确定烘干所需要的最短时间。如将试样再烘1min后,其质量损失不超过0.1g(对于细粒土)、0.5g(对于中粒土)以及5g(对于粗粒土)时,即认为土已被烘干。

(2)对于稳定中粒土和粗粒土,其步骤如下:

①方盘应该是清洁干燥的,称其质量并精确到0.5g(m_1)。稳定中粒土的试样至少要300g,稳定粗粒土的试样至少要2 000g。将试样弄碎并均匀地撒布在方盘内。将有试样的方盘称量,对于稳定中粒土称量到0.5g(m_2),对于稳定粗粒土称量到5g(m_2)。

②将方盘放在正在加热的砂浴内,应注意砂浴温度不要过高。在加热过程中,应该经常用调土刀搅拌试样,以促使水分蒸发。

③当加热一段时间(通常1h足够)后,从砂浴中取出方盘,并让其冷却。

④当方盘冷到可以用手拿时,立即称其质量:对于中粒土,准确到0.5g(m_3);对于粗粒土,准确到5g(m_3)。

4.4.2.4 计算

用式(4-8)计算稳定土的含水率w(%):

$$w = \frac{(m_2 - m_1) \times 100}{m_3 - m_1} \tag{4-8}$$

式中:m_1——铝盒或方盘的质量,g;

m_2——铝盒或方盘与湿稳定土的合计质量,g;

m_3——铝盒或方盘与干稳定土的合计质量,g。

4.4.3 酒精法

4.4.3.1 目的和适用范围

本方法适用于在工地快速测定无机结合料稳定土的含水率。稳定土的含水率以干土和结合料合质量的百分率表示。对于粗粒土,因为需要大量酒精,而且火大有危险,所以不宜使用本方法。如果土中含有大量黏土、石膏、石灰质或有机质,不能使用本方法。

4.4.3.2 仪器设备

(1)蒸发皿,最好是硅石的。对于细粒土,用直径100mm的;对于中粒土,用直径150mm的(1个)。

(2)长100mm、宽20mm的刮土刀1把。

(3)长约200~250mm、直径约3mm的搅拌棒(金属棒)1根。

(4)称量100g以上的天平1架(用于细粒土),感量0.1g。

(5)称量500g以上的天平1架(用于中粒土),感量0.5g。

(6)高纯度的酒精。

4.4.3.3　试验步骤

(1)将蒸发皿洗净、烘干,称其质量并精确到0.1g(对于细粒土)或0.5g(对于中粒土)(m_1)。

(2)对于细粒土,取试样30g左右放在蒸发皿内;对于中粒土,取试样300g左右放在蒸发皿内。称蒸发皿和试样的合质量,准确到0.1g(对于细粒土)或0.5g(对于中粒土)(m_2)。

(3)对于细粒土,取20~30mL左右的酒精;对于中粒土,取200mL左右的酒精。将酒精倒在试样上,使其浸没试样。用刮土刀拌和酒精和土样,并将大土块破碎。

(4)将蒸发皿放在不怕热的表面上,点火燃烧。

(5)在酒精燃烧过程中,用金属棒经常搅拌试样,但应注意勿使试样损失。一般需烧2~3次。

(6)酒精烧完后,让蒸发皿冷却。当蒸发皿冷却到可以用手拿时,即称蒸发皿和试样的合质量,准确到0.1g(对于细粒土)或0.5g(对于中粒土)(m_3)。

4.4.3.4　计算

用式(4-9)计算以干土和结合料合质量的百分率表示的含水率w(%):

$$w = \frac{(m_2 - m_1) \times 100}{m_3 - m_1} \tag{4-9}$$

式中:m_1——蒸发皿的质量,g;

m_2——蒸发皿和湿稳定土的合计质量,g;

m_3——蒸发皿和干稳定土的合计质量,g。

4.5　无机结合料强度试验方法

4.5.1　击实试验方法

4.5.1.1　目的和适用范围

(1)本试验法适用于在规定的试筒内,对无机结合料稳定土试件进行击实试验,以绘制稳定土的含水率-干密度关系曲线,从而确定其最佳含水率和最大干密度。

(2)试验集料的最大粒径宜控制在25mm以内,最大不得超过40mm(圆孔筛)。

(3)试验方法类别。本试验方法分三类,各类击实方法的主要参数列于表4-4。

试验方法类别　表4-4

类别	锤的质量(kg)	捶击面直径(cm)	落高(cm)	试筒尺寸			捶击层数	每层捶击次数	平均单位击实功(J)	容许最大粒径(mm)
				内径(cm)	高(cm)	容积(cm^3)				
甲	4.5	5.0	45	10	12.7	997	5	27	2.687	25
乙	4.5	5.0	45	15.2	12.0	2 177	5	59	2.687	25
丙	4.5	5.0	45	15.2	12.0	2 177	5	98	2.677	40

4.5.1.2　仪器设备

(1)击实筒:小型,内径100mm、高127mm的金属圆筒,套环高50mm,底座;中型,内径152mm、高170mm的金属圆筒,套环高50mm,直径151mm和高50mm的筒内垫块,底座。

(2)击锤和导管:击锤的底面直径50mm,总质量4.5kg。击锤在导管内的总行程为

450mm。

(3)天平:感量 0.01g。

(4)台秤:称量 15kg,感量 5g。

(5)圆孔筛:孔径 40mm、25mm 或 20mm 以及 5mm 的筛各 1 个。

(6)量筒:50mL、100mL 和 500mL 的量筒各 1 个。

(7)直刮刀:长 200 ~ 250mm、宽 30mm 和厚 3mm,一侧开口的直刮刀,用以刮平和修饰粒料大试件的表面。

(8)刮土刀:长 150 ~ 200mm、宽约 20mm 的刮刀,用以刮平和修饰小试件的表面。

(9)工字形刮平尺:30mm × 50mm × 310mm,上下两面和侧面均刨平。

(10)拌和工具:约 400mm × 600mm × 70mm 的长方形金属盘,拌和用平头小铲等。

(11)脱模器。

(12)测定含水率用的铝盒、烘箱等其他用具。

4.5.1.3　试料准备

将具有代表性的风干试料(必要时,也可以在 50℃ 烘箱内烘干)用木锤或木碾捣碎。土团均应捣碎到能通过 5mm 的筛孔。但应注意不使粒料的单个颗粒破碎或不使其破碎程度超过施工中拌和机械的破碎率。

如试料是细粒土,将已捣碎的具有代表性的土过 5mm 筛备用(用甲法或乙法做试验)。如试料中含有粒径大于 5mm 的颗粒,则先将试料过 25mm 的筛,如存留在筛孔 25mm 筛的颗粒的含量不超过 20%,则过筛料留作备用(用甲法或乙法做试验)。如试料中粒径大于 25mm 的颗粒含量过多,则将试料过 40mm 的筛备用(用丙法试验)。每次筛分后,均应记录超尺寸颗粒的百分率。在预定做击实试验的前一天,取有代表性的试料测定其风干含水率。对于细粒土,试样应不少于 100g;对于中粒土(粒径小于 25mm 的各种集料),试样应不少于 1 000g;对于粗粒土的各种集料,试样应不少于 2 000g。

4.5.1.4　试验步骤

(1)甲法

①将已筛分的试样用四分法逐次分小,至最后取出约 10 ~ 15kg 试料。再用四分法将已取出的试料分成 5 ~ 6 份,每份试料的干质量为 2.0kg(对于细粒土)或 2.5kg(对于各种中粒土)。

②预定 5 ~ 6 个不同含水率,依次相差 1% ~ 2%,且其中至少有两个大于和两个小于最佳含水率。对于细粒土,可参照其塑限估计素土的最佳含水率。一般其最佳含水率较塑限约小 3% ~ 10%,对于砂性土接近 3%,对于黏性土约为 6% ~ 10%。天然砂砾土,级配集料等的最佳含水率与集料中细土的含量和塑性指数有关,一般变化在 5% ~ 12% 之间。对于细土少的、塑性指数为 0 的未筛分碎石,其最佳含水率接近 5%。对于细土偏多的、塑性指数较大的砂砾土,其最佳含水率在 10% 左右。水泥稳定土的最佳含水率与素土的接近,石灰稳定土的最佳含水率可能较素土大 1% ~ 3%。

注:对于中粒土,在最佳含水率附近取 1%,其余取 2%。对于细粒土,取 2%,但对于黏土,特别是重黏土,可能需要取 3%。

③按预定含水率制备试样。将 1 份试料平铺于金属盘内,将事先计算得的该份试料中应

加的水量均匀地喷洒在试料上，用小铲将试料充分拌和到均匀状态（如为石灰稳定土和水泥、石灰综合稳定土，可将石灰和试料一起拌匀），然后装入密闭容器或塑料口袋内浸润备用。

浸润时间：黏性土 12 ~ 24h，粉性土 6 ~ 8h，砂性土、砂砾土、红土砂砾、级配砂砾等可以缩短到 4h 左右，含土很少的未筛分碎石、砂砾和砂可缩短到 2h。

应加水量可按式（4-10）计算：

$$Q_w = \left(\frac{Q_n}{1+0.01w_n} + \frac{Q_c}{1+0.01w_c}\right) \times 0.01w - \frac{Q_n}{1+0.01w_n} \times 0.01w_n - \frac{Q_c}{1+0.01w_c} \times 0.01w_c \tag{4-10}$$

式中：Q_w——混合料中应加的水量，g；

Q_n——混合料中素土（或集料）的质量，g，其原始含水率为 w_n，即风干含水率，%；

Q_c——混合料中水泥或石灰的质量，g，其原始含水率为 w_c，%；

w——要求达到的混合料的含水率，%。

④将所需要的稳定剂水泥加到浸润后的试料中，并用小铲、泥刀或其他工具充分拌和到均匀状态。加有水泥的试样拌和后，应在 1h 内完成下述击实试验，拌和后超过 1h 的试样，应予作废（石灰稳定土和石灰粉煤灰除外）。

⑤试筒套环与击实底板应紧密连接。将击实筒放在坚实地面上，取制备好的试样（仍用四分法）400 ~ 500g（其量应使击实后的试样等于或略高于筒高的 1/5）倒入筒内，整平其表面并稍加压紧，然后按所需击数进行第一层试样的击实。击实时，击锤应自由铅直落下，落高应为 45cm，锤迹必须均匀分布于试样面。第一层击实完后，检查该层高度是否合适，以便调整以后几层的试样用量。用刮土刀或改锥将已击实层的表面“拉毛”，然后重复上述做法，进行其余四层试样的击实。最后一层试样击实后，试样超出试筒顶的高度不得大于 6mm，超出高度过大的试件应该作废。

⑥用刮土刀沿套环内壁削挖（使试样与套环脱离）后，扭动并取下套环。齐筒顶细心刮平试样，并拆除底板。如试样底面略突出筒外或有孔洞，则应细心刮平或修补。最后用工字形刮平尺齐筒顶和筒底将试样刮平。擦净试筒的外壁，称其质量并准确至 5g。

⑦用脱模器推出筒内试样。从试样内部从上到下取两个有代表性的样品（可将脱出试件用锤打碎后，用四分法采取），测定其含水率，计算至 0.1%。两个试样的含水率的差值不得大于 1%。所取样品的数量见表 4-5（如只取一个样品测定含水率，则样品的质量应为表列数值的两倍）。

测稳定土含水率的样品数量 表 4-5

最大粒径（mm）	样品质量（g）
2	约 50
5	约 100
25	约 500

烘箱的温度应事先调整到 110℃左右，以使放入的试样能立即在 105℃ ~ 110℃的温度下烘干。

⑧按③ ~ ⑦项的步骤进行其他含水率下稳定土的击实和测定工作。凡已用过的试样，一律不再重复使用。

(2)乙法

在缺乏内径10cm的试筒时,以及在需要与承载比等试验结合起来进行时,采用乙法进行击实试验。本法更适宜于粒径达25mm的集料。

①将已过筛的试料用四分法逐次分小,至最后取出约30kg试料。再用四分法将取出的试料分成5~6份,每份试料的干重约为4.4kg(细粒土)或5.5kg(中粒土)。

②以下各步的做法与甲法中②~⑧项相同,但应该先将垫块放入筒内底板上,然后加料并击实。所不同的是,每层需取制备好的试样约900g(对于水泥或石灰稳定细粒土)或1 100g(对于稳定中粒土),每层的锤击次数为59次。

(3)丙法

①将已过筛的试料用四分法逐次分小,至最后取出约33kg试料。再用四分法将取出的试料分成6份(至少要5份),每份重约5.5kg(风干质量)。

②预定5~6个不同含水率,依次相差1%~2%。在估计的最佳含水率左右可只差1%,其余差2%。

③同甲法中第③项。

④同甲法中第④项。

⑤将试筒、套环与夯击底板紧密地连接在一起,并将垫块放在筒内底板上。击实筒应放在坚实(最好是水泥混凝土)地面上,取制备好的试样1.8kg左右[其量应使击实后的试样略高于(高出1~2mm)筒高的1/3]倒入筒内,整平其表面,并稍加压紧。然后按所需击数进行第一层试样的击实(共击98次)。击实时,击锤应自由铅直落下,落高应为45cm,锤迹必须均匀分布于试样面。第1层击实完后检查该层的高度是否合适,以便调整以后两层的试样用量。用刮土刀或改锥将已击实的表面"拉毛",然后重复上述做法,进行其余两层试样的击实。最后一层试样击实后,试样超出试筒顶的高度不得大于6mm。超出高度过大的试件应该作废。

⑥用刮土刀沿套环内壁削挖(使试样与套环脱离)后,扭动并取下套环。齐筒顶细心刮平试样,并拆除底板,取走垫块。擦净试筒的外壁,称重,准确至5g。

⑦用脱模器推出筒内试样。从试样内部从上到下取两个有代表性的样品(可将脱出试件用锤打碎后,用四分法采取),测定其含水率,计算至0.1%。两个试样的含水率的差值不得大于1%。所取样品的数量应不少于700g,如只取一个样品测定含水率,则样品的数量应不少于1 400g。烘箱的温度应事先调整到110℃左右,以使放入的试样能立即在105℃~110℃的温度下烘干。

⑧按③~⑦项进行其余含水率下稳定土的击实和测定。凡已用过的试料,一律不再重复使用。

4.5.1.5　计算及制图

(1)按式(4-11)计算每次击实后稳定土的湿密度:

$$\rho_w = \frac{Q_1 - Q_2}{V} \tag{4-11}$$

式中:ρ_w——稳定土的湿密度,g/cm^3;

Q_1——试筒与湿试样的合质量,g;

Q_2——试筒的质量,g;

V——试筒的容积，cm^3。

(2)按式(4-12)计算每次击实后稳定土的干密度：

$$\rho_d = \frac{\rho_d}{1 + 0.01w} \tag{4-12}$$

式中：ρ_d——试样的干密度，g/cm^3；

w——试样的含水率，%。

(3)以干密度为纵坐标，以含水率为横坐标，在普通直角坐标纸上绘制干密度与含水率的关系曲线，驼峰形曲线顶点的纵横坐标分别为稳定土的最大干密度和最佳含水率。最大干密度用两位小数表示。如最佳含水率的值在12%以上，则用整数表示(即精确到1%)；如最佳含水率的值在6%～12%，则用一位小数“0”或“5”表示(即精确到0.5%)；如最佳含水率的值小于6%，则取一位小数，并用偶数表示(即精确到0.2%)。如试验点不足以连成完整的驼峰形曲线，则应该进行补充试验。

(4)超尺寸颗粒的校正

当试样中大于规定最大粒径的超尺寸颗粒的含量为5%～30%时，按下式对试验所得最大干密度和最佳含水率进行校正(超尺寸颗粒含量小于5%时，可不进行校正)[注]。

最大干密度按式(4-13)校正：

$$\rho'_{dm} = \rho_{dm}(1 - 0.01p) + 0.9 \times 0.01pG'_{\alpha} \tag{4-13}$$

式中：ρ'_{dm}——校正后的最大干密度，g/cm^3；

ρ_{dm}——试验所得的最大干密度，g/cm^3；

p——试样中超尺寸颗粒的百分率，%；

G'_{α}——超尺寸颗粒的毛体积相对密度。

计算精确至$0.01g/cm^3$。

最佳含水率按式(4-14)校正：

$$w'_0 = w_0(1 - 0.01p) + 0.01pw_{\alpha} \tag{4-14}$$

式中：w'_0——校正后的最佳含水率，%；

w_0——试验所得的最佳含水率，%；

p——试样中超尺寸颗粒的百分率，%；

w_{α}——超尺寸颗粒的吸水量，%。

注：超尺寸颗粒的含量少于5%时，它对最大干密度的影响位于平行试验的误差范围内。

4.5.1.6　精密度或允许误差

应做两次平行试验，两次试验最大干密度的差不应超过$0.05g/cm^3$(稳定细粒土)和$0.08g/cm^3$(稳定中粒土和粗粒土)，最佳含水率的差不应超过0.5%(最佳含水率小于10%)和1.0%(最佳含水率大于10%)。

4.5.2　无侧限抗压强度试验方法

4.5.2.1　目的和适用范围

本试验方法适用于测定无机结合料稳定土(包括稳定细粒土、中粒土和粗粒土)试件的无侧限抗压强度，有室内配合比设计试验及现场检测。

本试验方法包括：按照预定干密度用静力压实法制备试件以及用锤击法制备试件，试件都是高：直径 =1：1 的圆柱体。应该尽可能用静力压实法制备等干密度的试件。

室内配合比设计试验和现场检测两者在试料准备上是不同的，前者根据设计配合比称取试料并拌和，按要求制备试件；后者则在工地现场取拌和的混合料作试料，并按要求制备试件。

4.5.2.2　取样频率

在现场按规定频率取样，按工地预定达到的压实度制备试件。试件数量（每 2 000m^2 或每工作班）：无论稳定细粒土、中粒土或粗粒土，当多次试验结果的偏差系数 $C_v \leqslant 10\%$ 时，可为 6 个试件；$C_v = 10\% \sim 15\%$ 时，可为 9 个试件；$C_v > 15\%$ 时，则需 13 个试件。

4.5.2.3　仪器设备

（1）圆孔筛：孔径 40mm、25mm（或 20mm）及 5mm 的筛各一个。

（2）适用于下列不同土的试模尺寸为：

细粒土（最大粒径不超过 10mm）：试模的直径 × 高 = 50mm × 50mm；

中粒土（最大粒径不超过 25mm）：试模的直径 × 高 = 100mm × 100mm；

粗粒土（最大粒径不超过 40mm）：试模的直径 × 高 = 150mm × 150mm。

（3）脱模器。

（4）反力框架：规格为 400kN 以上。

（5）液压千斤顶（200 ~ 1 000kN）。

（6）击锤和导管：击锤的底面直径 50mm，总质量 4.5kg，击锤在导管内的总行程为 450mm。

（7）密封湿气箱或湿气池：放在保持恒温的小房间内[注]。

（8）水槽：深度应大于试件高度 50mm。

（9）路面材料强度试验仪或其他合适的压力机，后者的规格应不大于 200kN。

（10）天平：感量 0.01g。

（11）台秤：称量 10kg，感量 5g。

（12）量筒、拌和工具、漏斗、大小铝盒、烘箱等。

注：约 6 ~ 8m^2，高 2m，热天用空调保持恒温，冷天用温度控制器和电炉保持恒温。

4.5.2.4　试件制备

（1）试料准备

将具有代表性的风干试料（必要时，也可以在 50℃ 烘箱内烘干）用木锤和木碾捣碎，但应避免破碎粒料的原粒径。将土过筛并进行分类，如试料为粗粒土，则除去大于 40mm 的颗粒备用；如试料为中粒土，则除去大于 25mm 或 20mm 的颗粒备用；如试料为细粒土，则除去大于 10mm 的颗粒备用。

在预定做试验的前一天，取有代表性的试料测定其风干含水率。对于细粒土，试样应不少于 100g；对于粒径小于 25mm 的中粒土，试样应不少于 1 000g；对于粒径小于 40mm 的粗粒土，试样的质量应不少于 2 000g。

（2）按前所述的击实方法确定无机结合料混合料的最佳含水率和最大干密度。

（3）配制混合料

①对于同一无机结合料剂量的混合料，需要制备相同状态的试件数量（即平行试验的数

量)与土类及操作的仔细程度有关。对于无机结合料稳定细粒土,至少应该制6个试件;对于无机结合料稳定中粒土和粗粒土,至少分别应该制9个和13个试件。

②称取一定数量的风干土并计算干土的质量,其数量随试件大小而变。对于50mm×50mm的试件,1个试件约需干土180~210g;对于100mm×100mm的试件,1个试件约需干土1 700~1 900g,对于150mm×150mm的试件,1个试件约需干土5 700~6 000g。

对于细粒土,可以一次称取6个试件的土;对于中粒土,可以一次称取3个试件的土;对于粗粒土,一次只称取一个试件的土。

③将称好的土放在长方盘(约400mm×600mm×70mm)内。向土中加水,对于细粒土(特别是黏性土)使其含水率较最佳含水率小3%,对于中粒土和粗粒土可按式(4-10)加水。将土和水拌和均匀后放在密闭容器内浸润备用。如为石灰稳定土和水泥、石灰综合稳定土,可将石灰和土一起拌匀后进行浸润。

浸润时间:黏性土12~24h,粉性土6~8h;砂性土、砂砾土、红土砂砾、级配砂砾等可以缩短到4h左右;含土很少的未筛分碎石、砂砾及砂可以缩短到2h。

④在浸润过的试料中,加入预定数量的水泥或石灰(水泥或石灰剂量按干土即干集料质量的百分率计)并拌和均匀。在拌和过程中,应将预留的3%的水(对于细粒土)加入土中,使混合料的含水率达到最佳含水率。拌和均匀的加有水泥的混合料应在1h内按下述方法制成试件,超过1h的混合料应该作废。其他结合料稳定土的混合料虽不受此限,但也应尽快制成试件。

(4)按预定的干密度制件

用反力框架和液压千斤顶制件。制备一个预定干密度的试件,需要的稳定土混合料数量m_1(g)可按式(4-15)计算:

$$m_1 = \rho_d V(1 + w) \tag{4-15}$$

式中:V——试模的体积;

w——稳定土混合料的含水率,%;

ρ_d——稳定土试件的干密度,g/cm^3。

将试模的下压柱放入试模的下部,但外露2cm左右,将称量的规定数量的稳定土混合料m_1(g)分2~3次灌入试模中(利用漏斗),每次灌入后用夯棒轻轻均匀插实。如制的是50mm×50mm的小试件,则可以将混合料一次倒入试模中,然后将上压柱放入试模内,应使上压柱也外露2cm左右(即上下压柱露出试模外的部分应该相等)。

将整个试模(边同上下压柱)放到反力框架内的千斤顶上(千斤顶下应放一扁球座),加压直到上下压柱都压入试模为止。维持压力1min,解除压力后,取下试模,拿去上压柱,并放到脱模器上将试件顶出(利用千斤顶和下压柱)。称试件的质量m_2,小试件准确到1g;中试件准确到2g;大试件准确到5g。然后用游标卡尺量试件的高度h,准确到0.1mm。

用击锤制件步骤同前,只是用击锤(可以利用做击实试件的锤,但压柱顶面需要垫一块牛皮或胶皮,以保护锤面和压柱顶面不受损伤)将上下压柱打入试模内。

4.5.2.5 养生

试件从试模内脱出并称量后,应立即放到密封湿气箱和恒温室内进行保温保湿养生。但中试件和大试件应先用塑料薄膜包覆,有条件时,可采用蜡封保湿养生。养生时间视需要而定，作为工地控制，通常都只取7d。整个养生期间的温度，在北方地区应保持20℃ ±2℃，在南方地区应保持25℃ ±2℃。

养生期的最后一天，应该将试件浸泡在水中，水的深度应使水面在试件顶上约2.5m。在浸泡水前，应再次称试件的质量 m_3。在养生期间，试件质量的损失应该符合下列规定：试件不超过1g；中试件不超过4g；大试件不超过10g。质量损失超过此规定的试件，应该作废。

4.5.2.6 无侧限抗压强度试验

（1）将已浸水一昼夜的试件从水中取出，用软的旧布吸试件表面的可见自由水，并称试件的质量 m_4。

（2）用游标卡尺量试件的高度 h_1，准确到0.1mm。

（3）将试件放到路面材料强度试验仪的升降台上（台上先放一扁球座），进行抗压试验。试验过程中，应使试件的形变等速增加，并保持速率约为1mm/min 记录试件破坏时的最大压力 p(N)。

（4）从试件内部取有代表性的样品（经过打破）测定其含水率 w_1。

4.5.2.7 计算

（1）试件的无侧限抗压强度 R_c 用式(4-16)、式(4-17)及式(4-18)计算：

$$\text{对于小试件：} R_c = p/A = 0.000\,51p(\text{MPa}) \tag{4-16}$$

$$\text{对于中试件：} R_c = p/A = 0.000\,127p(\text{MPa}) \tag{4-17}$$

$$\text{对于大试件：} R_c = p/A = 0.000\,057p(\text{MPa}) \tag{4-18}$$

式中：p——试件破坏时的最大压力，N；

A——试件的截面积，$A = \pi D^2/4$；

D——试件的直径，mm。

（2）精密度或允许误差

若干次平行试验的偏差系数 C_v(%)应符合下列规定：

小试件：不大于10%；

中试件：不大于15%；

大试件：不大于20%。

4.5.2.8 强度评定

如为现场检测，需按下述方法对无侧限抗压强度进行评定。

（1）评定路段试样的平均强度 $\overline{R}_c$ 应满足式(4-19)要求：

$$\overline{R}_c = R_d(1 - Z_a C_v) \tag{4-19}$$

式中：R_d——设计抗压强度，MPa；

C_v——试验结果的偏差系数（以小数计）；

Z_a——标准正态分布表中随保证率而变的系数，高速公路、一级公路：保证率95%，$Z_a = 1.645$；其他公路：保证率90%，$Z_a = 1.282$。

（2）评定路段内无机结合料稳定材料强度评为合格时得满分，不合格时得零分。

4.5.3 室内抗压回弹模量试验方法

4.5.3.1 目的和适用范围

本试验方法适用于在室内对无机结合料稳定细粒土和中粒土试件进行抗压回弹模量试验。

4.5.3.2　仪器设备

(1)杠杆式压力仪或其他合适的仪器,加载能量大于1.5kN。

(2)承载板,直径37.4mm,面积11cm^2。

(3)试模,试模的直径×高=150mm×150mm。

(4)千分表(1/1 000mm),2只。

(5)其他与5.2.3中(1)、(3)~(8)以及(10)~(12)相同。

4.5.3.3　试料准备

试料准备同5.2.4中(1)。

4.5.3.4　击实试验

按前所述的击实方法确定无机结合料混合料的最佳含水率和最大干密度。

4.5.3.5　试件数量

对于同一无机结合料剂量的混合料需要制相同状态的试件数量(即平行试验的数量)与土类及操作的仔细程度有关。对于稳定细粒土和中粒土的试件,分别应做13和19个试件,并使试验结果的偏差系数分别不超过20%和25%。如不能保证偏差系数小于上述规定,则还应按允许误差10%和90%概率重新计算增加试件数量。

4.5.3.6　制作试件

试件的制作方法与5.2.4相同。

4.5.3.7　养生

试件养生方法与5.2.5相同。

4.5.3.8　试验步骤

(1)承载板上的计算单位压力的选定值:对于无机结合料稳定基层材料,用0.5~0.7MPa;对于无机结合料稳定底基层材料,用0.2~0.4MPa。实际加载的最大单位压力应略大于选定值。

(2)将试件浸水24h后从水中取出并用布擦干后放在杠杆式压力仪上,用小圆板将试件中心部分磨平(必要时用0.25~0.5mm的细砂填充表面细小孔隙)后,安置承载板。调平杠杆,使加砝码端略向下倾。安置千分表。

(3)预压:先用拟施加的最大荷载的一半进行两次加荷卸荷预压试验,使承载板与试件顶面紧密接触。第二次卸载后等待1min,然后将千分表的短指针约调到中间位置,长指针调到0。记录千分表的原始读数。

(4)回弹形变测量:将预定的单位压力分成5~6个等分,作为每次施加的压力值。实际施加的荷载应较预定级数增加一级。施加第1级荷载(如为预定最大荷载的1/6),待荷载作用达1min时,记录千分表的读数。同时卸去荷载[注],让试件的弹性形变恢复,到0.5min时记录千分表的读数。施加第2级荷载(为预定最大荷载的2/6),同前,待荷载作用1min并记录千分表的读数,卸去荷载。卸荷后达0.5min时,记录千分表的读数,并施加第3级荷载。如此逐级进行,直至记录下最后一级荷载下的回弹形变。

注:卸除荷载时,一手扶住杠杆,轻轻取下砝码,不使杠杆弹起脱离承载板。

4.5.3.9　计算

(1)计算每级荷载下的回弹形变l:

$$l = 加荷时平均读数 - 卸荷后平均读数 \tag{4-20}$$

(2)以单位压力 p 为横坐标(向右),回弹形变 l 为纵坐标(向下),绘制 p 与 l 的关系曲线。若曲线开始段出现上凹现象,需进行修正。修正时,一般情况下将第 1 和第 2 个试验点取成直线,并延长此直线与纵坐标轴相交,此交点即为新原点。

(3)按式(4-21)计算回弹模量 E :

$$E = \frac{\pi p D}{4l}(1 - \mu^2) \tag{4-21}$$

式中:p——单位压力(MPa);

D——承载板直径(mm);

l——相应于单位压力 p 的回弹形变(mm);

μ——泊松系数,可取 0.25。

(4)用承载板上的计算单位压力 p 以及与其相应的回弹形变 l,按式(4-21)计算拟采用的回弹模量。

(5)计算全部试件的算术平均值、标准差和偏差系数。

4.5.4　间接抗拉强度试验方法(劈裂试验)

4.5.4.1　目的和适用范围

本试验方法适用于测定无机结合料稳定土(包括稳定细粒土、中粒土和粗粒土)试件的间接抗拉强度。

本试验方法包括:按预定干密度用静力压实法制备试件以及用击锤法制备试件。试件都是高:直径 = 1:1 的圆柱体。应该尽可能用静力压实法制备等干密度的试件。对其他综合稳定材料的间接抗拉强度试验应参照本试验方法。

4.5.4.2　仪器设备

(1)试模

适用于下列不同土的试模尺寸为:细粒土(最大粒径不超过 10mm),试模的直径 × 高 = 50mm × 50mm;中粒土(最大粒径不超过 25mm),试模的直径 × 高 = 100mm × 100mm;粗粒土(最大粒径不超过 40mm),试模的直径 × 高 = 150mm × 150mm。

(2)路面材料强度试验仪或其他测力环式压力机,须备有能量 2kN 及 20kN 的测力环。

(3)压条[注]

采用半径与试件半径相同的弧面压条,其长度应大于试件的高度。不同尺寸试件采用的压条宽度和弧面半径见表 4-6。

不同尺寸试件的宽度与弧面半径　　表 4-6

试件尺寸(mm)	宽度(mm)	弧面半径(mm)
50 × 50	6.35	25
100 × 100	12.70	50
150 × 150	18.75	75

(4)其余试验设备均与5.2.3相同。

注:由于龄期三个月的水泥稳定土和龄期半年的其他稳定土是半刚性材料,试验时也可以不用压条。

4.5.4.3　试料准备

试料准备与5.2.4中(1)相同。

4.5.4.4　击实试验

按前所述的击实方法确定无机结合料混合料的最佳含水率和最大干密度。

4.5.4.5　制作试件

制作试件与5.2.4相同。

4.5.4.6　养生

养生方法与5.2.5相同。

作为应力检验用时,水泥稳定土、水泥粉煤灰稳定土的养生时间应是90d;石灰稳定土和石灰粉煤灰稳定土的养生时间应是六个月。整个养生期间的温度,在北方地区应该保持20℃±2℃,在南方地区应该保持25℃±2℃。养生期的最后一天,应该将试件浸泡水中,水的深度应使水面在试件顶上约2.5cm。在浸泡水中之前,应再次称试件的质量。在养生期间,试件的质量损失应该符合下列规定:小试件不超过1g;中试件不超过4g;大试件不超过10g。质量损失超过此规定的试件,应该作废。

4.5.4.7　试验步骤

(1)将已浸水一昼夜的试件从水中取出,用软的旧布吸去试件表面的可见自由水,并称试件的质量。

(2)用游标卡尺量试件的高度H,准确到0.1mm。

(3)在压力机的升降台上置一压条,将试件横置在压条上,在试件的顶面也放一压条(上下压条与试件的接触线必须位于试件直径的两端,并与升降台垂直)。试验过程中,应使试验的形变等速增加,并保持速率约为1mm/min。记录试件破坏时的最大压力p(N)。

(4)从试件内部取有代表性的样品(经过打碎)测定其含水率。

4.5.4.8　计算

试件的间接抗拉强度用下列相应的公式计算。

(1)无压条时

$$\text{对于小试件:}R_i = 2p/(\pi dH) = 0.012\,732p/H \tag{4-22}$$

$$\text{对于中试件:}R_i = 2p/(\pi dH) = 0.006\,366p/H \tag{4-23}$$

$$\text{对于大试件:}R_i = 2p/(\pi dH) = 0.000\,424\,4p/H \tag{4-24}$$

式中:p——试件破坏时的最大压力,N;

d——试件的直径,mm;

H——浸水后试件的高度,mm。

(2)有加载压条时,按式(4-25)计算:

$$R_i = 2p(\sin 2\alpha - a/d)/(\pi dH) \tag{4-25}$$

式中:a——压条的宽度,mm;

α——半压条宽对应的圆心角;

其余符号同前。

$$\text{对于小试件}: R_i = 0.012\,526p/H \tag{4-26}$$

$$\text{对于中试件}: R_i = 0.006\,263p/H \tag{4-27}$$

$$\text{对于大试件}: R_i = 0.000\,417\,8p/H \tag{4-28}$$

4.5.4.9 精密度或允许误差

精密度或允许误差若干次平行试验的偏差系数 C_v(%)应符合下列规定:

小试件:不大于10%;

中试件:不大于15%;

大试件:不大于20%。

第5章 水泥和水泥混凝土试验检测方法

5.1 水泥材料的技术性质和技术标准

5.1.1 水泥概述

水泥是一种水硬性胶凝材料，也是建筑工程中用量最大的建筑材料之一。在道路工程中常用的水泥有硅酸盐水泥、普通硅酸盐水泥、矿渣水泥、火山灰硅酸盐水泥和粉煤灰硅酸盐水泥等五大品种水泥。由于道路工程自身的特点，其对水泥的要求主要集中在抗裂、低水化热、抗折强度等指标。此外，在某些特殊工程中，还可使用高铝水泥、膨胀水泥、快硬水泥等；但是在道路工程中仍以硅酸盐水泥与普通硅酸盐水泥为主。

水泥与水按一定比例混合后，经过水化反应，形成水泥浆体，硬化过后形成水泥石，如添加一定比例的集料，硬化后形成水泥混凝土。这一凝结硬化过程可以在空气中，也可以在水中进行，并能在良好的养护环境中保持强度增长，直到达到工程所需强度，满足工程实际需要。

水泥有众多品种。从组成上看，有硅酸盐类水泥、铝酸盐类水泥及无熟料(少熟料)水泥等；从用途和性能上又可分为通用水泥和专用水泥等。道路工程中涉及的水泥品种主要是硅酸盐类水泥。这类水泥根据掺入石灰石、粒化高炉矿渣等混合料数量的多少，可分成以下五个品种：

(1)硅酸盐类水泥：即国外通称的波特兰水泥。此类水泥是指在硅酸盐类水泥熟料中掺入0% ~5%的混合料，以及适量石膏混合磨细制成的水泥。其中完全不掺入混合料的称为I型硅酸盐水泥(常用P.I表示)，混合料掺入量不超过5%的称为II型硅酸盐水泥(常用P.II表示)。

(2)普通硅酸盐类水泥：在硅酸盐类水泥熟料中掺入6% ~15%的混合料及适量石膏加工磨细后得到的水泥，代号P.O。

(3)矿渣水泥：在硅酸盐类水泥熟料中掺入20% ~70%的粒化高炉矿渣和适量石膏混合磨细制成的水泥，代号P.S。

(4)火山灰水泥：在硅酸盐类水泥熟料中掺入20% ~50%的火山灰材料和适量石膏加工磨细后得到的水泥，代号P.P。

(5)粉煤灰水泥：在硅酸盐类水泥熟料中掺入20% ~40%的粉煤灰和适量石膏加工磨细后得到的水泥，代号P.F。

在这些水泥品种中，由于硅酸盐类水泥和普通硅酸盐类水泥在实际工程中应用最为普遍，且这两类水泥的性质比较类似，所以在此讨论的水泥主要以这两类水泥为主。

5.1.2 水泥的技术性质

水泥的品质如何，主要取决于水泥的技术性质的好坏。水泥的主要技术性质主要有物理性质和力学性质两类，具体如下。

(1)物理性质

①细度

细度是指水泥颗粒的粗细程度，对水泥的性质有很大影响。颗粒愈细，水泥水化反应愈快而且较完全，水化热大，早期强度和后期强度都较高；但在空气中的硬化收缩较大，成本也较高。水泥颗粒过粗则不利于水泥活性的发挥。因此水泥颗粒细度需要达到一定的标准，但是水泥颗粒越细，需水量随之增加，而且不易长期存放。同时，提高水泥细度必定增加生产成本，所以水泥颗粒细度应控制在合理范围。

水泥细度有两种表示方法：一种是以 80μm 方孔筛上存留量的多少来表示；另外一种是以以单位质量水泥材料表面积的大小来表示。前者表示方法所对应的水泥细度试验检测方法为负压筛法或水筛法。后者表示方法对应的试验检测方法为比表面积法。本书将重点介绍负压筛法和水筛法这两种试验方法。

②标准稠度

水泥与水的反应速度、作用结果不仅与水泥自身的矿物组成、颗粒细度等内因有关，在很大程度上受加入水的比例影响。在进行水泥技术性能检测时，需要配制一定的水泥净浆，如每次试验所采用的水泥净浆中水泥与水的比例不同，其表现出的技术性能不同，试验结果也就不同，则每次试验结果缺乏重复性。为了将水泥技术性能检测试验建立在同一个标准之上，提出了标准稠度水泥净浆的概念。对于每次试验采用的水泥，给定一个加水比例，使所配制的水泥净浆对标准试杆沉入时所产生的阻力达到规定状态，则此时水泥净浆的稠度为标准稠度。水泥技术性质检测试验(如水泥凝结时间、安定性等)中所用的水泥净浆必须是标准稠度水泥浆。

水泥标准稠度用水量是指水泥净浆达到标准稠度时所具有的水和水泥用量百分率。

我国现行标准规定，水泥标准稠度测定方法有试杆法(标准法)和试锥法(代用法)。试杆法是让标准试杆沉入净浆，当试杆沉入的距离正好离底板 6mm ± 1mm 时的水泥浆就是标准稠度净浆，此时的拌和用水量为该品种水泥标准稠度用水量；试锥法是以水泥净浆稠度仪的试锥沉入深度正好为 28mm ± 2mm 时的水泥净浆为标准稠度净浆，此时的拌和水量即为该水泥的标准稠度用水量。

③凝结时间

水泥与水混合后，水泥颗粒与水进行充分的接触，产生水化反应，并放出水化热，经过一定的过程，由最初的可塑状态逐渐转变为不可塑状态。这一过程所需要的时间称之为水泥的凝结时间。凝结时间分为初凝时间和终凝时间。初凝时间是指水泥全部加入水中到水泥浆开始失去塑性所需要的时间；终凝时间是指水泥全部加入水中到水泥浆完全失去塑性所需要的时间。凝结时间受水泥品种、颗粒细度、加水量等因素的影响。

水泥凝结时间的长短对水泥混凝土施工有着重要的意义。如果初凝时间过短，不利于正常施工工序的进行。如在进行分区浇筑时，初凝时间过短，则在下一区水泥混凝土浇筑之前，上一区混凝土已经初凝，造成两者之间的接缝成为结构中的薄弱点；或者在夏季高温时，水泥初凝时间过短，不利于混凝土浇筑之后的振捣密实。水泥终凝时间过长，则会影响施工进度，影响模具周转，且养护周期变长。总的来说，水泥初凝时间不宜过短，终凝时间不宜过长。

④安定性

安定性是一项表示水泥浆体硬化后是否发生不均匀体积变化的指标。水泥在凝结硬化过程中,总是伴随一定体积上的变化。这种变化如果轻微均匀,或发生在水泥完全失去塑性之前,将不会影响混凝土的质量。但如果水泥产生不均匀变形或在水泥硬化后变形较大,会使混凝土构件产生变形、膨胀,严重时要造成开裂,从而影响混凝土的质量,此时这种水泥称为体积不安定的水泥。水泥安定性不良是由于水泥中某些有害成分造成的,如掺加石膏时带入的三氧化硫(SO_3),水泥煅烧时残存的游离氧化镁(MgO)或游离氧化钙(CaO)等,就是这些有害成分的主要表现形式。这些成分在水泥浆体硬化过程和硬化后会继续与水或周围的介质发生反应,反应后形成的产物体积增大,引起水泥内部的不均匀体积变化。当这种变化形成的应力超出水泥结构能够承载的极限时,将会给整个结构造成极为不利的影响,严重时引起结构破坏。

体积安定性的检测方法采用雷氏夹法(标准法)和试饼法(代用法),二者检测结果有矛盾时,以雷氏夹法为准。

需要注意的是,以上两种方法都要经过在水中沸煮的过程,而这种过程只起到加速 CaO 熟化的作用,而 MgO 在压蒸条件下才会加速熟化,石膏的危害则需长期在水温条件下才能表现出来。所以目前采用的安定性检测方法只是针对游离 CaO 的影响,并不涉及游离 MgO 和石膏造成的安定性问题。因此,国家对游离 MgO 和 SO_3 在水泥的含量均有严格限制,以防止二者引起安定性不良问题。

(2)力学性质

①强度

水泥的力学性质主要指水泥的强度性质。强度是评价水泥强度等级的重要指标,同时也是水泥混凝土配合比设计的重要参数。水泥强度包括抗压强度和抗折强度两个方面,强度除了与水泥自身熟料矿物组成和细度有关外,还与水和水泥用量之比(水灰比)、试件制作方法、养护条件和时间密切有关。根据现行国标《水泥胶砂强度检测方法(ISO 法)》(GB/T 17671—1999)中的规定,水泥强度检验是将水泥和标准砂以 1:3 的比例混合后,以水灰比 0.5 拌制成一组塑性胶砂,制成 40mm×40mm×160mm 的标准试件,在标准条件养护到规定的龄期,然后采用规定的方法测出抗折和抗压强度。

②强度等级

水泥的强度等级是根据规定龄期测定的抗压强度和抗折强度来划分的,各强度等级水泥在各个龄期的强度不得低于表 5-1 中规定的数值。根据现行国标,硅酸盐水泥的强度等级可划分成 42.5、42.5R、52.5、52.5R、62.5、62.5R 六种,其中 R 型的属早强型;普通硅酸盐水泥的强度等级分为 32.5、32.5R、42.5、42.5R、52.5、52.5R 六种。

硅酸盐类水泥各龄期强度值　　表 5-1

水泥品种		硅酸盐水泥						普通硅酸盐水泥					
强度等级		42.5	42.5R	52.5	52.5R	62.5	62.5R	32.5	32.5R	42.5	42.5R	52.5	52.5R
抗压强度(MPa)	3d	17.0	22.0	23.0	27.0	28.0	32.0	11.0	16.0	16.0	21.0	22.0	26.0
	28d	42.5	42.5	52.5	52.5	62.5	62.5	32.5	32.5	42.5	42.5	52.5	52.5
抗折强度(MPa)	3d	3.5	4.0	4.0	5.0	5.0	5.5	2.5	3.5	3.5	4.0	4.0	5.0
	28d	6.5	6.5	7.0	7.0	8.0	8.0	5.5	5.5	6.5	6.5	7.0	7.0

(3)化学性质

水泥的化学性质是指对水泥的物理和力学性能可能造成一些不利影响的有害成分。这些化学成分含量过高,会造成水泥的物理和力学性质不能完全发挥。所以要严格控制这些化学物质的含量。

①有害成分

水泥中游离 MgO、三氧化硫 SO_3 或碱含量过高时,会对水泥的性能产生诸如安定性不良或碱 - 集料反应等不利影响,必须限定这些有害成分的含量在一定的范围之内。

②不溶物

水泥中的不溶物来自水泥生产原料中的黏土和氧化硅,由于煅烧不良、化学反应不充分获其他影响而未能形成熟料矿物,这些物质的存在将影响水泥的有效含量。

③烧失量

水泥煅烧不佳或受潮都会使水泥在规定温度加热时增加质量损失,表明水泥的品质受到不利因素的影响。

5.1.3　水泥适用范围及试样准备方法

(1)适用范围

按我国现行国标要求,对水泥的技术性质应进行细度、凝结时间、安定性和胶砂强度等试验。本方法适用硅酸盐水泥、普通硅酸盐水泥、火山灰硅酸盐水泥和粉煤灰硅酸盐水泥以及指定采用本方法的其他品种水泥。

(2)水泥试样准备方法

①散装水泥:对同一水泥厂生产的同期出厂的同品种、同等级的水泥,一次运进的同一出厂编号的水泥为一批,但一批的总量不超过 500t。随机地从不少于 3 个车罐中各取等量水泥,经拌和均匀后,再从中称取不少于 12kg 水泥作为检验试样。

②袋装水泥:对同一水泥厂生产的同期出厂的同品种、同等级的水泥,以一次运进的同一出厂编号的水泥为一批,但一批的总量不超过 200t。随机地从不少于 20 袋中各取等量水泥,经拌和均匀后,再从中称取不少于 12kg 水泥作为检验试样。

③对来源固定、质量稳定、且又掌握其性能的水泥,视运进水泥的情况,可不定期的采集试样进行强度检验,如有异常情况应做相应项目的检验。

④对已运进的每批水泥,视存放情况应重新采集试样复验其强度和安定性。存放期超过 3 个月的水泥,使用前必须复验,并按照结果使用。

⑤取得的水泥的试样试验前应首先充分拌匀,然后通过 0.9mm 方孔筛,记录筛余物情况,但要防止过筛时混进其他水泥。

5.2　水泥材料试验检测方法

5.2.1　水泥细度试验

试验目的:通过水泥细度检测,判断水泥颗粒的大小,作为评定水泥品质的物理指标之一。

5.2.1.1　负压筛法

(1)试验仪器

①负压筛析仪:能够产生4 000 ~6 000Pa 负压压力。

②试验用负压标准筛:孔径为80μm 的方孔筛。

③天平:感量小于0.05g。

(2)试验方法和步骤

①正式筛析试验前,先通过接通电源打开仪器,检查仪器是否能够达到4 000 ~6 000Pa 负压压力。如低于4 000Pa 时,应先清理吸尘器中的水泥积存物,以保证达到负压要求。

②称取25g 水泥试样,记作 m_0,倒在负压筛上,扣上筛盖并放到筛座上。开动负压筛析仪,持续过筛2min。如筛析过程中看到水泥附着在筛盖上,可通过敲击使试样落下。

③筛析结束后,用天平称取筛中的筛余物,记作 m_1。用筛余物的多少来表示水泥的细度。

(3)试验结果计算

筛析法测定水泥细度计算式为:

$$F = \frac{m_1}{m_0} \times 100 \tag{5-1}$$

式中:F——水泥样品的筛余百分率,%;

m_1——标准筛上的筛余量,g;

m_0——试验用水泥试样质量,g。

5.2.1.2　水筛法

(1)仪器设备

①专用标准筛:孔径为80μm 的方孔筛。

②水筛架:用于安装标准筛,试验时在喷头水的冲刷下以50 转/min 方式转动。

③喷头:直径55mm,分布孔径为0.5 ~0.7mm 的90 个孔,喷头出水高度离标准筛的筛孔距离要求50mm 为宜。

④天平:感量小于0.05g。

⑤烘箱:能控温在105℃ ±5℃。

(2)试验步骤

①称取水泥试样25g,记作 m_0,倒入标准试筛中。先用水冲刷,将大部分水泥冲洗过筛,然后再将水筛安放在水筛架上,用喷头连续冲洗3min。

②冲洗结束后,取下标准筛,用少量水把筛余物冲到蒸发器皿中。在水泥颗粒全部沉淀后,倾倒出上部的清水,放入烘箱烘干,称出筛上的筛余物,记作 m_1。

(3)试验结果计算

筛析法测定水泥细度计算式为:

$$F = \frac{m_1}{m_0} \times 100 \tag{5-2}$$

5.2.2 水泥标准稠度用水量试验检测方法

5.2.2.1 概述

水泥标准稠度用水量是指水泥净浆在标准稠度仪上，当标准试杆沉入净浆的距离正好离底板6mm±1mm时的拌和用水量。

确定标准稠度的目的是为了在不同用水量时水泥净浆的穿透性，以确定水泥净浆达到标准稠度所需要的水量，以作为水泥凝结时间和安定性两项重要物理指标测定结果具有可比性的基础。

5.2.2.2 仪器设备

(1)标准稠度与凝结时间测定仪：该仪器由铁座和可以自由滑动的金属圆棒构成。松紧螺丝用于调整金属棒的高低。金属棒上附有指针，在量程0~75mm的标尺上可指示金属棒的下降距离。当测定标准稠度时，可以在金属圆棒下装一金属空心试锥，锥底直径为40mm，高为50mm。装净浆用的锥模上口内径为60mm，锥高75mm。

(2)净浆搅拌机：由搅拌翅和平底搅拌锅组成，搅拌翅转速为90转/min，搅拌锅的内径为130mm，深为95mm，搅拌翅与锅壁底的间隙为0.2~5mm。

5.2.2.3 试验方法

(1)标准稠度用水量可用调整水量和不变水量两种方法中的任一种测定，如发生争议时以前者为准。

(2)测定前须经检查，以保证测定仪的金属棒能自由滑动；试杆降至圆模顶面位置时指针应对准标尺零点，搅拌机应运转正常。

(3)水泥净浆的拌制：搅拌锅和搅拌叶片应先用湿棉布擦过，然后将称好的500g待测水泥，在规定的5~10s中加入锅内。拌和时，先将搅拌锅放到机锅座上，升至搅拌位置，开动机器，同时徐徐加入拌和水，低速搅拌120s，停伴15s，接着高速搅拌120s后停机。

(4)装模测试：拌和结束后，立即将拌好的净浆装入圆模内，用小刀插捣，振动数次，刮去多余净浆；抹平后迅速放到稠度仪上，将试杆降至正好与水泥净浆表面接触，拧紧螺丝，然后突然放松，试杆自由沉入净浆中，在试杆停止沉入或释放30s时，记录试杆下沉深度。整个操作应在搅拌后1.5min内完成。采用调整水量方法时，拌和用水量是先按经验确定一个水量，然后逐次改变用水量，直至达到标准稠度为止；采用不变水量方法时，拌和用水量为142.5mL(准确至0.5mL)。

5.2.2.4 试验结果

(1)用调整水量方法测定时，以试杆沉入净浆的距离正好离底板6mm±1mm时为标准稠度净浆。其拌和水量为该水泥的标准稠度用水量(按水泥质量的百分比计)。如下沉深度超出范围，须另称试样，调整水量，重新试验，直至达到6mm±1mm时为止。

(2)用不变水量方法测定时，根据测得的试杆下沉深度，计算得到标准稠度用水量。试杆下沉深度小于13mm时，应改用调整水量方法测定。

(3)为使不变水量和调整水量两种方法测定得到的标准稠度用水量不发生争议，可以用不变水量法计算得到的标准稠度用水量重复“试验方法(3)”和“试验方法(4)”，再按调整水量法,以试杆下沉深度正好离底板 6mm ± 1mm 时的拌和用水量为该水泥的标准稠度用水量 P。

5.2.3 水泥凝结时间试验检测方法

5.2.3.1 概述

以标准稠度用水量试验制成的水泥净浆装在测定凝结时间用的圆模中,在标准稠度仪上,以标准试针测试。从加水时起,至试针沉入净浆中距底板 4mm ± 1mm 时所需的时间称为初凝时间;从加水时起,至试针沉入净浆表面 0.5mm 时,即只有试针在水泥表面留下痕迹,而不出现环形附件的圆环痕迹所需时间称为终凝时间,用“min”表示。

5.2.3.2 仪器设备

(1)凝结时间测定仪,同标准稠度测定仪,此时,仪器试棒下端应改装为试针,装净浆的试模采用圆模。

(2)湿气养护箱:温度控制在 20℃ ±1℃,相对湿度大于 90%。

5.2.3.3 试验方法

(1)将圆模放在玻璃板上,在内侧稍稍涂上一层机油或白凡士林。调整凝结时间测定仪的试针接触玻璃板时,指针应对准标准尺零点。

(2)试件的制备:以标准稠度用水量按前述方法制成标准稠度净浆,立即一次装入圆模,振动数次后刮平,然后放入湿气养护箱内。拌制净浆开始加水时的时间作为凝结时间的起始时间。

(3)试件在湿气养护箱养护至加水后 30min 时,将圆模取出,进行第一次测定。测定时,将圆模放到试针下,使试针与净浆面接触,拧紧螺丝稍停,1 ~ 2s 后突然放松,使试针垂直自由地沉入水泥净浆中,观察试针停止下沉时指针读数。

最初测定时,应轻轻扶持金属棒,使其徐徐下降,以防试针撞弯,但结果以自由下沉为准;在整个测试过程中,试针贯入的位置至少要距圆模内壁 10mm。

临近初凝时,每隔 5min 测定一次;临近终凝时,每隔 15min 测定一次。每次测定不得让试针落入原针孔内,每次测定完毕应将试针擦净并将圆模放回湿气养护箱内,测定全过程中要防止圆模受振。

5.2.3.4 试验结果

(1)当试针沉入净浆至距底板 4mm ± 1mm 时,即为水泥达到初凝状态;当下沉不超过 0.5mm 时,水泥达到终凝状态。由开始加水至初凝、终凝状态的时间分别为该水泥的初凝时间和终凝时间,用“min”表示。

(2)到达初凝或终凝状态应立即重复测一次,当两次结论相同时才能定为达到初凝或终凝状态。

5.2.4 水泥安定性试验检测方法

5.2.4.1 概述

水泥安定性试验有两种测定方法,即雷氏法和试饼法,有争议时以雷氏法为准。雷氏法是测定水泥净浆在雷氏夹中沸煮后的膨胀值;试饼法通过观察水泥净浆试饼煮后的外形变化来检验水泥的体积安定性。

5.2.4.2 仪器设备

(1)沸煮箱:有效容积为410mm×240mm×310mm,箱中试件架与加热器之间的距离大于50mm,箱的内层由不锈钢金属材料制成,能在30min±5min内将箱内的试验用水从室温升至沸腾并保持沸腾状态3h以上,整个试验过程中不许补充水。

(2)两块约100mm×100mm的玻璃板。

(3)雷氏夹:由铜材制成,一根指针的根部先悬挂在一根金属丝或尼龙丝上,然后,另一根指针的根部挂上300g质量的砝码,此时,两根指针的针间距离增加值应在17.5mm±2.5mm范围以内。当去掉砝码后针尖的距离能恢复至挂砝码前的状态。每个雷氏夹需配两块质量为75~80g的玻璃板,见图5-1。

(4)雷氏夹膨胀值测定仪:见图5-2,标尺最小刻度为1mm。

(5)其他仪器设备同标准稠度用水量试验。

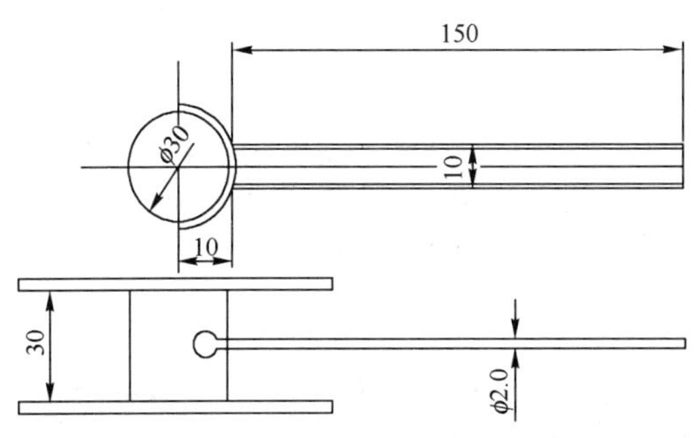

图5-1 雷氏夹(尺寸单位:mm)

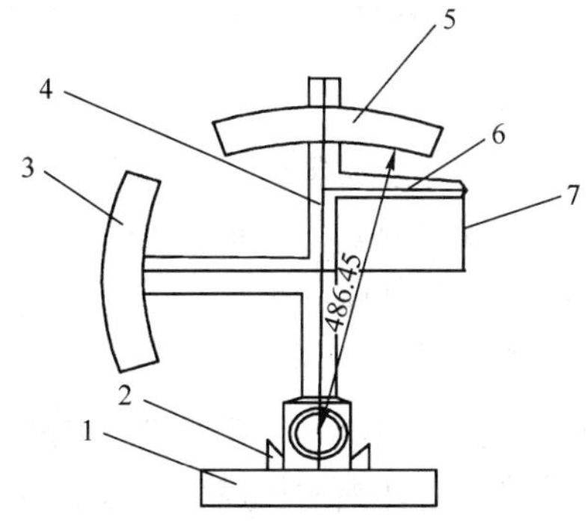

图5-2 雷氏夹膨胀值测定仪(尺寸单位:mm)
1-底盘;2-模子座;3-测弹性标尺;4-立柱;5-测膨胀值标尺;6-悬臂;7-悬丝

5.2.4.3 试验方法

(1)雷氏夹法

①以标准稠度的用水量,按前述方法制成标准稠度净浆。

②将预先准备好的雷氏夹放在已稍涂油的玻璃板上,并立刻将制好的标准稠度净浆装满试模。装模时一只手轻轻扶持试模,另一只手用宽约10mm的小刀插捣多次,确保密实,然后抹平,盖上稍涂油的玻璃板,立刻将试模移至湿气养护箱内养护24h±2h。

③调整好沸煮箱内的水位,保证在整个煮沸过程中水都能没过试件,不需半途添补试验用水,同时保证能在30min±5min内升至沸腾。

④脱去玻璃板,取下试件,测量试件指针尖间的距离(记作A),精确到0.5mm,然后将试件放入沸煮箱的试件架上,指针朝上,试件之间互不交叉,然后在30min±5min内加热至沸腾,并恒沸180min±5min。

⑤沸煮结束,即放掉箱中的热水,打开箱盖;等箱体冷却至恒温,取出试件,测量雷氏夹指针尖端间的距离,(记作C),当两个试件煮后指针尖端增加的距离($C-A$)的平均值相差不大于5.0mm时,即认为该水泥安定性合格。当两个试件的($C-A$)值相差超过4.0mm时,应用

同一样品立即重做一次试验。

(2)试饼法

①以标准稠度的用水量,按前述方法制成标准稠度净浆。

②取出一部分标准稠度的净浆分成两等份(每份约75g),使之呈球形,放在稍涂一层油的玻璃板上,轻轻振动玻璃板,并用湿布擦过的小刀由边缘向中央抹动,做成直径70~80mm、中心厚约10mm、边缘渐薄、表面光滑的试饼,然后将试饼放入湿气养护箱内养护24h±2h。

③脱去玻璃板,取下试饼,先检查试饼是否完整(如已开裂翘曲需检查原因,确不是因外因引起时,该试饼为不合格,不必煮沸),在试饼无缺陷的情况下,将试饼放在沸煮箱试架上,然后在30min±5min内加热至沸腾,并恒沸180min±5min。

④沸煮结束,即放掉箱中热水,打开箱盖,待箱体冷却至室温,取出试件进行判别。目测未发现裂缝,用直尺检查也未弯曲的试饼为安定性合格;反之为不合格。当两个试饼判别结果有矛盾时,该试饼安定性为不合格。

5.2.5 水泥胶砂强度试验检测方法

5.2.5.1 概述

水泥胶砂强度材料组成为水泥:标准砂:水=450g:1 350g:225mL,按规定水灰比,以标准成型方法制成40mm×40mm×160mm棱柱体,并在标准养护条件下,养护至规定龄期试块的抗折强度和抗压强度。根据有关国家标准或其他规定即可确定水泥强度等级。

5.2.5.2 仪器设备

(1)胶砂搅拌机:供拌制水泥胶砂用,由搅拌叶和搅拌锅组成。搅拌叶和搅拌锅可作相反方向的转动。搅拌锅的转速为65转/min,搅拌叶的转速为137转/min。

(2)胶砂振动台:供制备胶砂试体振实用,振动台台面面积为360mm×360mm,台面上装有夹具,能把试模和下料漏斗紧紧夹住。振动台的振动频率为2 800~3 000次/min。振动台装有制动器,能使电动机在停车5s后停止转动。

(3)试模:试模为可装卸的三联模,它由隔板、端板和底座组成。隔板和端板应编号。组装时应按号组装,组装后内壁各接触面应互相垂直。

(4)下料漏斗:它由漏斗和模套组成。漏斗用0.5mm白铁皮制作。下料口宽度一般为4~5mm。模套高度为20mm,用金属材料制作。

(5)抗折试验机和抗折夹具:抗折试验机采用电动机或手动双杠杆式,也可采用性能符合要求的其他试验机。抗折夹具的加荷和支撑圆柱直径为10mm±0.1mm,两支撑间距为10mm±0.2mm。

(6)抗压试验机和抗压夹具:抗压试验机以总荷载200~300kN为宜。抗压夹具由硬质钢材制成,加压板长62.5mm±0.1mm,宽不小于40mm,加压面必须磨平。加压时上下压板应相互对准。

(7)刮平刀:断面为正三角形,有效长度为26mm。

(8)湿度养护箱:同凝结时间试验。

5.2.5.3 试验方法

(1)试件成型

①成型前将试模擦净,四周的模板与底座的接触面上应涂黄油,紧密装配,防止漏浆。内壁均匀刷一层机油。

②胶砂搅拌时,先将水倒入搅拌锅中,再加水泥,开动搅拌机。低速搅拌30s,在第二个30s开始的同时均匀地将砂子通过加砂漏斗加到锅中,再高速搅拌30s,停拌90s。在停拌机第一个15s内用胶皮刮具将叶片和锅壁上的胶砂刮入锅中,再高速搅拌60s。

③先把试模和模套固定在振动台上,用小勺从搅拌锅中将胶砂分两层装入试模。装第一层时用大播料器垂直架在模套顶部,将料层拨平,随后振实60次。再装入第二层胶砂,用小播料器拨平,再振实60次后,去掉套模。从振实台上卸下试模,用一金属直尺以近似垂直的角度在试模模顶的一端,沿试模长度方向以割锯动作慢慢向另一端移动,一次将试模上多余的胶砂刮去,并用直尺将试件表面抹平。接着在试体上编号,编号时应将试模的三条试体分在两个以上的龄期内。

④试验前或更换水泥品种时,搅拌锅、叶片和下料漏斗等需用湿布擦干净。

(2)试件养护

①试件编号后,将试模放入养护箱内,箅板必须水平。养护20~24h后取出,脱模。脱模时应防止试体损伤,硬化较慢的水泥允许延期脱模,但需记录脱模时间。

②试体脱模后立即放入水槽中养护,试体之间应留有空隙,水面至少高出试体5mm。

(3)强度测定

1)抗折强度测定

①每组龄期取出三个试体先做抗折强度试验。试验前须擦去试体表面附着的水分和砂粒,清除夹具上圆柱表面粘着的杂物,试件放入抗折夹具内,应使侧面与圆柱接触。

②采用杠杆式抗折试验机试验时,试件放入前,应使杠杆成平衡位置。

③抗折试验加荷速度为50N/s±10N/s。

④抗折强度通过式(5-3)计算:

$$R_f = \frac{1.5F_fL}{b^3} \tag{5-3}$$

式中:R_f——水泥胶砂抗折强度,精确至0.1,MPa;

F_f——水泥胶砂试件折断时施加的荷载,N;

L——试件支撑间距离,标准状况为100,mm;

b——水泥胶砂试件正方形截面的边长,40mm。

⑤抗折强度结果取三个试体平均值,精确至0.1MPa。当三个强度值中有一个超过平均值±10%时,就剔除后再平均,平均值作为抗折强度试验结果。

2)抗压强度测定

①抗折试验后的两个断块应立即进行抗压试验。抗压试验需用抗压夹具进行,试体受压面为40mm×40mm。试验前应清除试体受压面与加压板间的砂粒或杂物。试验时以试体的侧面作为受压面,试体的底面靠紧夹具定位销,并使夹具对准压力机压板中心。

②压力机加荷速度应控制在2 400N/s±200N/s的范围内,在接近破坏时更应严格掌握。

③抗压强度通过下式计算:

$$R_c = \frac{F_c}{A} \tag{5-4}$$

式中：R_c——水泥胶砂抗压强度，MPa；

F_c——破坏时的最大荷载，N；

A——受压面积(40mm×40mm)，mm^2。

④6个抗压强度结果中若有一个超过6个平均值的±10%时，舍去该结果，而以剩下5个的平均数为结果。如5个测定值中再有超过5个结果的平均数±10%时，则该次试验结果作废。

5.2.5.4 注意问题

(1)强度试件的龄期确定：试件龄期是从水泥和水开始混合搅拌时算起，不同龄期强度试验按照不同的时间限定范围来确定。

24h±15min(龄期24h)；

48h±30min(龄期48h)；

72h±45min(龄期72h)；

7d±2h(龄期7d)；

28d±8h(龄期28d)。

(2)进行抗压试验时，要选择适宜的加载量程，以达到最大加载值在所选量程的20%～80%为宜。

5.3 水泥混凝土的技术性质

水泥混凝土是由水泥及粗、细集料和水按适当比例混合，在需要时掺加适宜的外加剂、掺和料等配置而成。其中水泥起胶凝和填充作用，集料起骨架和密实作用，水泥与水发生反应生成具有胶凝作用的水化物，将集料颗粒紧密黏结在一起，经过一定凝结、硬化时间后形成人造石材，成为混凝土。水泥混凝土在尚未凝结硬化以前，成为新拌混凝土或混凝土拌和物，新拌混凝土具有良好的工艺性质，称之为工作性(和易性)。

水泥混凝土的技术性质概括的讲可以分为两大部分：一是混凝土拌和物的工作性；二就是硬化后的水泥混凝土的力学性质和耐久性。

5.3.1 新拌水泥混凝土的工作性

5.3.1.1 混凝土工作性的定义

新拌水泥混凝土工作性又称和易性，是具有流动性、可塑性、稳定性和易密性等几个方面的一项综合性能。

(1)流动性：是指混凝土拌和物在自重或机械振捣作用下克服内部阻力，能产生流动，并均匀、紧密地填满模板的性能。新拌混凝土的流动性能好，混凝土容易拌匀、捣实、成型；但流动性过大，水泥浆用量过多，影响混凝土的密实性、均匀性和强度。

(2)可塑性：指拌和物在外力作用下产生塑性流动，不发生脆性断裂的性质。

(3)稳定性：指拌和物在外力作用下，集料在水泥浆体中保持均匀分布，不会产生离析或出现泌水现象的性能。

(4)易密性:指拌和物在人工捣实或机械振动过程中克服摩阻力达到密实程度的能力。

工作性好的新拌混凝土,易于搅拌均匀,运输浇灌时,不发生离析、泌水现象;捣实时,流动性大,易于充满模板各部分,容易捣实;所制成混凝土内部质地均匀致密,强度与耐久性均能保证。因此,它是混凝土重要性质之一。

5.3.1.2　工作性检测方法

常规的混凝土拌和物工作性的检测方法有坍落度法和维勃稠度法两种。坍落度法适用于测定塑性混凝土,对于干硬性混凝土,需要用维勃稠度仪进行测定。

以上试验方法的试验结果仅能对拌和物的流动性作出定量判定,对于其他性能指标还需要在试验过程中结合一定的辅助手段凭借经验进行观察,对工作性的其他指标给出定性判断。

(1)坍落度法

坍落度试验是将待测混凝土拌和物以规定的方式分三层装入标准坍落度圆筒中,每层按要求插捣25次。多余拌和物用镘刀刮平。随后提起圆锥筒,在重力作用下混凝土会自动坍落,测出筒高与坍落后混凝土试体最高点之间的高差(以mm为单位),作为试验结果之一,并称之为坍落度。接着通过采用侧向敲击如拌和物在敲击下渐渐下沉,表示黏聚性较好;如拌和物突然折断倒塌,或者有石子离析现象,则表示黏聚性较差。另一方面,观察整个过程中是否有水从拌和物中析出,判断混凝土的保水性。如整个试验过程有少量水泥浆从底部析出或从拌和物表面泌出,则表示混凝土保水性较好;如果有较多水泥浆从底部流出,并引起拌和物中集料外露,则说明混凝土保水性不好,以此综合评价混凝土的工作性。

本方法适用于集料公称最大粒径不大于31.5mm、坍落度值大于10mm的混凝土拌和物。

(2)维勃稠度试验

当混凝土比较干硬,坍落度很小时,则要采用维勃稠度试验来测定混凝土的工作性。

该试验采用专用维勃稠度仪来进行。维勃稠度仪由振动台、台上固定的标准圆筒和筒上的透明圆盘组成。进行维勃稠度试验,首先按坍落度试验相同的操作方式将拌和物装填到放在维勃稠度仪的圆锥筒中,提起圆锥筒后,将一透明圆盘扣在混凝土拌和物上。开启振动台,同时开始计时,当透明圆盘底面被水泥浆布满的瞬间停止计时,并关闭振动台。以这一过程所需的时间作为维勃试验的结果,以s为单位。显然维勃时间愈长,混凝土拌和物的坍落度就愈小。

本方法适用于集料公称最大粒径不大于31.5mm的水泥混凝土及维勃时间在5～30s之间的干稠性水泥混凝土的稠度测定。

5.3.1.3　影响混凝土工作性的因素

能够影响到混凝土拌和物工作性的因素概括分为内因和外因两大类。外因主要是指施工环境条件,包括外界环境的气温、湿度、风力以及时间等。但应值得重视和了解的因素是在构成混凝土组成材料的特点及其配合比例的内因上,其中包括原材料特性、单位用水量、水灰比和砂率等方面。

(1)原材料特性

水泥品种不同,达到标准稠度用水量不同,所以不同品种水泥配制成的混凝土拌和物具有不同的工作性。如普通硅酸盐水泥拌和物的工作性相对较好;矿渣水泥的流动性较大,但黏聚性较差;火山灰水泥拌和物流动性较小,黏聚性较好等。另一方面,适当提高水泥细度可改善混凝土拌和物的黏聚性和保水性,减少泌水和离析现象。

在相同用水量的条件下,集料表面光滑,形状较圆、少棱角的卵石,所拌制的混合料流动性好,但强度较表面粗糙、有棱角的碎石低。

当混凝土中使用外加剂时,会显著改善混凝土的工作性,所以目前实际工作中普遍使用外加剂。常用的外加剂包括减水剂、早强剂等,可以根据需要选用一种或多种。

(2)单位用水量

单位用水量决定了混凝土拌和物中水泥浆的数量。显然,在组成材料一定的情况下,拌和物的流动性随单位用水量的增加而加大。当固定水和水泥用量的比例,即水灰比一定时,如果单位用水量过小,则水泥浆数量就偏少,此时混凝土中集料颗粒间缺少足够的黏结材料,拌和物的黏聚性较差,易发生离析和崩塌现象,而且也不易密实;如果单位用水量过大,虽然混凝土的流动性随之增大,但黏聚性和保水性却随之变差,会产生流浆、泌水、离析现象。同时单位用水量过大还会导致混凝土易产生收缩裂缝,影响到混凝土耐久性和造成水浪费等问题。

(3)水灰比

水灰比是指水和水泥质量之比。单位用水量的多少决定了水泥数量的多少,而水灰比的大小则决定了水泥浆的稀稠程度。水灰比小,则水泥浆的稠度大,混凝土拌和物流动性小。在水灰比过小时,在一定施工方式下很难保证混凝土密实成型。相反,若水灰比过大,水泥浆稠度较小,虽然混凝土拌和物的流动性增加,但可能引起混凝土拌和物黏聚性和保水性不良。而且水灰比超过一定限度时,混凝土拌和物将产生严重的泌水、离析现象。因此,当混凝土拌和物的流动性不足或过大时,不能仅仅采用增加或减少单位用水量的方法来改变混凝土的流动性,而是在保持原有水灰比不变的基础上同时增加或减少水和水泥的用量,以控制水灰比在适宜的状态。

(4)砂率

砂率是指混凝土中砂(或细集料)用量占砂石(或粗集料)总用量的百分率。砂率反映了粗细集料的相对比例。它影响混凝土集料的空隙和总表面积:当水泥浆用量一定时,砂率过大,则集料的总表面积增大,包裹砂子的水泥浆层变薄,砂粒间的摩阻力加大,拌和物的流动性减小;砂率减小,但由于砂浆量不足,水泥砂浆除填充石子空隙外,包裹在石子表面水泥砂浆层薄,拌和物的流动性变小,同时由于砂量不足,也易导致离析、泌水现象,影响工作性。在水泥浆用量一定时,能使新拌混凝土获得最大流动性,又不离析、不泌水时的砂率,即合理砂率。

(5)温度与搅拌时间

混凝土拌和物的流动性随着温度的升高而减小,温度升高10℃,坍落度大约减小20～40mm。另外,搅拌时间长短,也会影响混凝土拌和物的工作性,若搅拌时间不足,拌和物的工作性就差,质量也不均匀。

5.3.2 硬化后混凝土的力学性质——强度指标

(1)强度

强度是混凝土力学性质最主要的性质之一,工程实践中最为关注的有抗压强度和抗折强度。

①立方体抗压强度(f_{cu})

以标准方法制成边长为150mm的立方体试件,在标准条件下(20℃±2℃,相对湿度95%以上)养护至28d龄期,用标准方法测定其极限受压破坏荷载,以此求得混凝土的抗压强度(MPa)。该强度指标常用于实际工程的质量控制。

需要指出的是,随着与国际标准的接轨,抗压强度有采用圆柱体试件进行试验的发展趋势。圆柱体试件的尺寸有三种规格,分别是ϕ100mm×200mm、ϕ150mm×300mm和ϕ200mm×400mm,其中标准尺寸是ϕ150mm×300mm。在专用试模中通过机械振动振实或人工捣棒捣实的方式分层装填成型,拆模前进行端面找平。与立方体试件同样的养护条件养护到指定龄期,按照类似的加载试验方法进行抗压试验,求得混凝土的抗压强度。

②抗折强度(抗弯拉强度)(f_{cp})

将混凝土试件制成150mm×150mm×550mm(或600mm)的直角棱柱小梁试件,按照规定的养护方法养护到28d龄期,通过采用三分点加荷方式进行试验,测得抗弯拉强度(MPa)。该强度在道路和机场工程中有着重要的意义,因为这些工程中的路面混凝土结构主要承受荷载的弯拉作用,所以在进行混凝土结构设计或质量控制时,要采用抗折强度作为设计控制指标,而以抗压强度作为参考强度指标,见表5-2、表5-3。

路面混凝土计算抗折强度 表5-2

交通分级	特重	重	中等	轻
混凝土计算抗折强度(MPa)	5.0	4.5	4.5	4.0

道路水泥混凝土抗折强度与抗压强度的关系 表5-3

抗折强度(MPa)	4.0	4.5	5.0	5.5
抗压强度(MPa)	25.0	30.0	35.5	40.0

(2)强度等级

硬化后的水泥混凝土在路面结构中,将受到复杂的应力作用,因此要求水泥混凝土材料必须具有各种力学强度,如抗压强度、抗拉强度、抗剪强度、抗折强度等。

在路面结构设计时,混凝土各种力学强度的标准值均可由强度等级经换算得出,因此,强度等级是各种力学强度标准值的基础。

①立方体抗压强度标准值($f_{cu,k}$)

按标准方法制作和养护的边长为150mm的立方体试件,在标准养护条件(温度20℃±2℃,相对湿度95%以上)下,养护至28d龄期,采用标准试验方式测得的抗压强度总体分布中的一个值,强度低于该值的百分率不超过5%(即具有95%保证率的抗压强度),以MPa(N/mm^2)计。

②混凝土强度等级

根据立方体抗压强度标准值来确定强度等级。表示方法是用符号"C"和"立方体抗压强度标准值"两项内容表示。如C30表示混凝土的立方体抗压强度标准值$f_{cu,k}$不小于30MPa。我国现行规范将混凝土立方体抗压强度标准值划分为12个强度等级:C7.5、C10、C15、C20、C25、C30、C35、C40、C45、C50、C55、和C60。

(3)影响混凝土强度的因素

混凝土的强度主要取决于水泥石强度及其与集料表面胶结强度,该强度又与水泥强度等级、水灰比及集料表面特征有密切关系。此外,混凝土强度还受施工质量、养护条件及龄期的影响。

①水泥强度和水灰比

在配合比相同的条件下,水泥强度等级越高,制成的混凝土强度也越高。当采用同一种水泥(品种及强度等级相同)时,混凝土强度主要取决于水灰比。因为水泥水化时所需要的结合水,一般只占水泥质量的10%～25%左右,但在拌制混凝土拌和物时,为了获得必要的流动性,常需要较多的水(约占水泥质量的40%～70%),即采用较大的水灰比。当混凝土硬化后,多余的水分就残留在混凝土中形成水泡,水分蒸发后形成气孔,是混凝土的密实度和强度降低,因此,在水泥强度等级相同情况下,水灰比越小,水泥强度越高。

根据大量试验资料的统计结果,得出水灰比、水泥实际强度与混凝土28d立方体强度之间的关系式:

$$W/C = \frac{a_a \times f_{ce}}{f_{cu,28} + a_a \times a_b \times f_{ce}} \tag{5-5}$$

式中:$f_{cu,28}$——28d龄期混凝土立方体抗压强度,MPa;

f_{ce}——水泥实际强度,MPa;

W/C——水灰比;

a_a,a_b——与集料品种有关的统计回归系数,通过试验回归求得,也可按表5-4选用。

混凝土强度公式的回归系数表 表5-4

回归系数 集料品种	a_a	a_b
碎石	0.46	0.07
卵石	0.48	0.33

②集料特性

采用碎石拌制的混凝土,其形成的强度要比采用卵石拌制的混凝土强度要高,但在相同的用水情况下,流动性相对较小。这是因为粗糙的表面和较多的棱角,使碎石在提高与水泥及其水化产物的黏附性和胶结程度的同时,也加大了拌和物内部摩擦阻力。由于针、片状颗粒给施工带来不利影响,并引起混凝土空隙率的提高,所以混凝土用的粗集料要限制针片状颗粒含量。粗集料的最大粒径对混凝土均有影响,一方面随着粗集料粒径的增大,单位用水量相应减少,在固定的用水量和水灰比条件下,加大最大粒径,可获得较好的工作性,或因减少水灰比而提高混凝土的强度和耐久性;另一方面随着粗集料最大粒径的增加,将会减少集料和水泥浆接触的总面积,使界面强度降低,同时还会由于振捣不密实而降低混凝土的强度。所以随着粗集料最大粒径的增加,带来双重影响,但造成不利影响的程度对混凝土抗折强度要比抗压强度大一些。

③浆集比

混凝土中水泥浆的体积和集料体积之比称为浆集比,该比值对混凝土的强度也有一定的影响。在水灰比相同条件下,达到最佳浆集比后,混凝土的强度随着浆集比的增加而降低。

④养护条件

养护过程中温度、湿度和龄期是影响混凝土强度形成的主要因素。混凝土在潮湿环境下养护，形成的强度要远高于在干燥环境下形成的强度。因此，为了使混凝土正常硬化，促进强度的形成和提高，应创造和维持一定的潮湿环境，尤其在夏季高温季节，由于气温较高，水分蒸发迅速，更要特别注意洒水养护。

确保一定的养护温度是混凝土强度形成的必要条件。如果混凝土养护温度过低或降至冰点以下，由于水泥水化反应的停止使混凝土的强度不再发展，甚至因冰冻作用造成混凝土强度的损失。所以在相同温度条件下，适宜的高温养护有利于强度的快速提高。

在标准养护条件下，混凝土强度与龄期之间有较好的相关性，在对数坐标上呈直线关系。所以可利用这种相关性，根据早期结果来推算混凝土的后期强度。

⑤试验条件

试验时的试件尺寸、试件温度和湿度、支撑状况和加载方式等都会影响同一混凝土最终的强度结果。

(4)混凝土强度的质量评定

1)水泥混凝土抗压强度评定

评定水泥混凝土的抗压强度应以标准养护 28d 龄期的试件为准。试件为边长 150mm 的立方体。3 件试件为 1 组，制取组数应符合下列规定：

①不同强度等级及不同配合比的混凝土应在浇筑地点或拌和地点分别随机制取试件。

②浇筑一般体积的结构物(如基础、墩台等)时，每一单元结构物应制取 2 组。

③连续浇筑大体积结构物时，每 80 ~ 200m^3 或每一工作班应制取 2 组。

④上部结构，主要构件长 16m 以下应制取 1 组，16 ~ 30m 制取 2 组，31 ~ 50m 制取 3 组，50m 以上者不少于 5 组。小型构件每批或每工作班至少应制取 2 组。

⑤每根钻孔桩至少应制取 2 组；桩长 20m 以上者不少于 3 组；桩径大，浇筑时间很长时，不少于 4 组。换工作班时，每工作班应制取 2 组。

⑥构筑物(小桥涵、挡土墙)每座、每处或每工作班制取不少于 2 组，当原材料和配合比相同，并由同一拌和站拌制时，可几座或几处合并制取 2 组。

⑦应根据施工需要，只制取几组与结构物同条件养护的试件，作为拆模、吊装、张拉预应力、承受荷载等施工阶段的强度依据。

2)水泥混凝土抗压强度的合格标准

①试件≥10 组时，应以数理统计方法的规定进行判断。

②试件 <10 组时，可按下述条件进行评定：

只要材料和配合比不变，混凝土构件如桩盖梁和梁等的混凝土强度都应尽可能采用数理统计评定。梁可以每孔或每两孔、三孔(较窄桥时)作为一批评定，中、小跨径桥的桩、盖梁，可以数孔作为一批评定。每批的混凝土试件组数也不宜太多，一般不超过 80 ~ 100 组。

如果在一些构件浇筑后较长时间才浇筑另一些同类构件，或者虽然时间不久，但温度等气候条件变化较大时，则不应视作同批，而应分别评定。

3)混凝土抗弯拉强度的合格标准

①试件组数大于 10 组时，平均强度合格判断以数理统计方法的标准进行判定。当试件组

数大于20组时,允许有一组强度小于0.85MPa,但不得小于0.75MPa。高速公路和一级公路均不得小于0.85MPa。

②试件组数等于或少于10组时,试件平均强度不得小于1.05MPa,但任何一组强度均不得小于0.85MPa。

③应该尽可能地采用更为科学合理的数理统计评定方法。

4)混凝土质量水平的评定

混凝土的生产质量水平,可根据统计周期内混凝土的强度标准差(σ_0 或 S_{fcu})和试件强度不低于要求强度等级的百分率 P,按表5-5的规定评定。P 值由式(5-6)计算:

$$P = \frac{n_0}{n} \tag{5-6}$$

式中:n_0——统计周期内试件强度等级不低于要求强度等级的组数;

n——统计周期内相同强度等级的混凝土试件的全部组数,$n \geqslant 25$。

混凝土生产质量水平 表5-5

生产质量水平		优 良		一 般		差	
评定指标	生产指标	<C20	≥C20	<C20	≥C20	<C20	≥C20
混凝土强度标准差(MPa)	预制混凝土、预制混凝土构件厂	≤3.0	≤3.5	≤4.0	≤5.0	>5.0	>5.0
	集中搅拌混凝土的施工现场	≤3.5	≤4.0	≤4.5	≤5.5	>4.5	>5.5
强度要求不低于要求强度的百分率(%)	预制混凝土和预制混凝土构件厂及集中搅拌混凝土的施工现场	≥95		>85		≤85	

5.4 水泥混凝土试验检测

5.4.1 水泥混凝土拌和物的拌制和控制

5.4.1.1 概述

水泥混凝土拌和物的拌制有人工拌制和机械拌制两种。

5.4.1.2 实验室水泥混凝土拌和物的拌制和控制

(1)人工拌制和控制

1)仪器设备

①拌板:1m×2m的金属板。

②铁铲:手工拌和用。

③量具:装水泥及各种集料用。

④量筒:1 000mL。

⑤抹布。

⑥台秤:称量 50kg,分度值 0.5kg。

2)拌制步骤

①清除拌板上黏着的混凝土,并用湿布润湿,然后按计算结果称取各种材料,分别装在各容器中。

②按配合比称好各种材料,称量的精确度:粗集料为 ±1%,水、水泥及细集料为 ±0.5%。

③将称好的砂置于拌板上,然后倒上所需数量的水泥,用铲子拌和至呈均一颜色为止。

④加入所需数量的粗集料拌和,使粗集料在整个拌和物中分配均匀为止。

⑤使该拌和物成细长、椭圆形的堆,在堆的中心仔细扒一凹穴,将所需水的一半注入凹穴中,小心拌和,不使水流散,重新将材料堆集成堆,并将剩下的水渐渐加入,继续用铲拌和,直至彻底拌匀为止。

(2)机械拌制和控制

1)仪器设备

①实验室用混凝土拌和机:容积为 75 ~ 100L;转速为 18 ~ 22 转/min。

②其他仪器设备均同人工拌制用的仪器设备。

2)拌制步骤

①按计算结果将所需材料分别称好,装在各容器中,各材料称量精度同人工拌和。

②使用拌和机前,应先用少量砂浆进行涮膛,再刮去膛砂浆,以避免正式拌和混凝土时水泥浆(黏附筒壁)损失。涮膛砂浆的水灰比及砂灰比与混凝土相同。

③将称好的各种原材料,往拌和机按顺序加入(石子、砂和水泥),开动拌和机,将材料拌和均匀,在拌和过程中,将水徐徐加入,全部加料时间不宜超过 2min。水全部加入后,继续拌和 2min,然后将拌和物倾于拌和板上,再经人工翻拌 1 ~ 2min,使拌和物均匀一致。所得混凝土拌和物,可供工作性试验或水泥混凝土强度等试验使用。拌制混凝土拌和物的拌和机及其他仪器在使用后必须立即清洗干净。

5.4.1.3　工地混凝土拌和物的拌制控制和取样方法

(1)拌制和控制

工地混凝土拌和物的拌制和控制方法基本与实验室混凝土拌和物拌制和控制相同。只是工地使用的拌和机容量大,而且是控制上水器加水,所以混凝土拌和物中的砂、石、水泥原材料拌制前要计量准确外,还应详细阅读所用拌和机说明书,对拌和机的上水器做专门的校验。

(2)工地混凝土拌和物有关指标的抽检和取样方法

进行工地混凝土拌和物的工作性试验或水泥混凝土强度等试验时,取样应有代表性。凡由搅拌机、料斗、运输小车以及浇制的构件中取样的,均须从三处以上的不同部位抽取大致相同分量的代表性样品(不要抽取已经分离的混凝土),集中用铁铲翻拌均匀,而后立即进行拌和物的试验。试样数量应在 20L 以上或较试验所需的数量多 5L 以上。试样从抽取至试验完毕过程中,不要风吹日晒,必要时应采取保护措施。

5.4.2　水泥混凝土拌和物的工作性试验检测方法

5.4.2.1　概述

新拌混凝土拌和物,必须具有一定流动性、均匀不离析、不渗水、容易抹平等性质,以适合运送、灌筑、捣实等施工要求,这些性质总称为和易性,通常用稠度表示。测定稠度的方式有坍落度和维勃稠度。

坍落度试验方法适用于集料公称最大粒径不大于31.5mm、坍落度值大于10mm的混凝土拌和物稠度测定;维勃稠度试验方法适用于集料公称最大粒径不大于31.5mm的水泥混凝土及维勃时间在5~30s之间的干稠性水泥混凝土的稠度测定。

5.4.2.2　坍落度试验

(1)试验仪器

①坍落度筒:坍落度筒为铁板制成的截头圆锥筒,厚度应不小于1.5mm,内侧平滑,没有铆钉头之类的突出物,在筒的上方约2/3高度处安装两个把手;近下端两侧焊两个踏脚板,以保证坍落度筒可以稳定,见图5-3。

②捣棒:直径16mm,长约650mm,一端为半圆形。

③其他:小铲、钢尺、装料漏斗、镘刀和钢平板等。

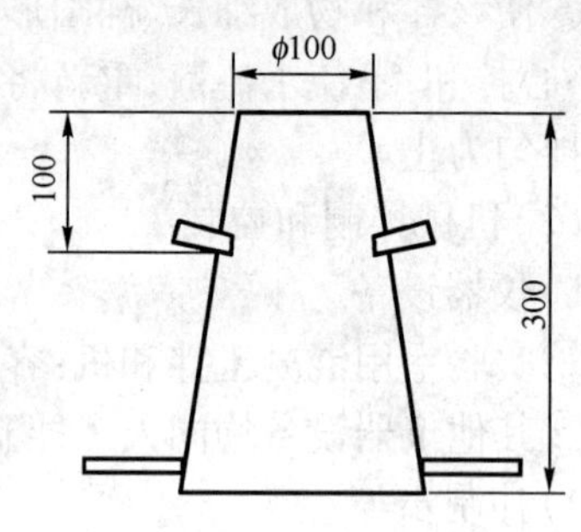

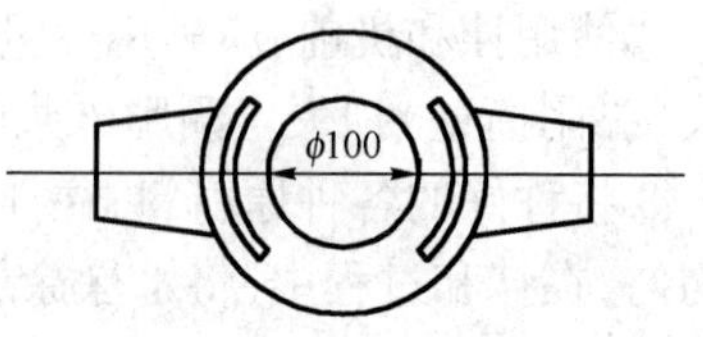

图5-3　坍落度试验用坍落筒(尺寸单位:mm)

(2)试验方法

1)试验前将坍落度筒内冲洗净,放在水润湿过的平板上(平板吸水时应垫以塑料布),踏紧踏脚板。

2)将代表样分3层装入筒内:每层装入高度稍大于筒高的1/3,用捣棒在每一层的截面上均匀插捣25次,在全部面积上沿螺旋线由边缘至中心进行插捣。插捣底层时插至底部,插捣其他两层时,应插透本层并插入至下层约20~30mm,插捣棒须垂直压下(边缘部分除外),不得冲击。

在插捣顶层时,装入的混凝土应高出坍落筒,随插捣过程随时添加拌和物。当顶层插捣完毕后,用捣棒做锯和滚的动作,以清除掉多余的混凝土,用镘刀抹平筒口,刮净筒底周围的拌和物,而后立即垂直地提起坍落度筒,提筒在5~10s内完成,并使混凝土不受横向力及扭力作用。从开始装筒至提起坍落度筒的全过程,不应超过2.5min。

3)将坍落度筒放在锥体混凝土试样一旁,筒顶平放木尺,用小钢尺量出目标尺底面至试样顶面中心的垂直距离,即为该混凝土拌和物的坍落度,以mm计,精确至5mm。

4)同一次拌和的混凝土拌和物,必要时,宜测两次坍落度,取其平均值作为测定值。每一次必须换新的拌和物,如两次结果相差20mm以上,须做第三次试验;如第三次结果与前两次结果均相差20mm以上时,则整个试验重做。

5)坍落度试验的同时,可用目测方法评定混凝土拌和物的下列性质,并作记录。

①棍度:

上——表示插捣容易;

中——表示插捣时稍有石子阻滞的感觉;

下——表示很难插捣。

②含砂情况,按拌和物外观含砂多少而评定,分多、中、少三级:

多——表示用镘刀抹拌和物表面时,一两次即可使拌和物表面平整无蜂窝;

中——表示抹五六次才使表面平整、无蜂窝；

少——表示抹面困难，不易抹平，有空隙及石子外露等现象。

③黏聚性：

观测拌和物各组成成分相互黏聚情况。评定方法用捣棒在已坍落的混凝土锥体一侧轻打，如锥体在轻打后渐渐下沉，表示黏聚性良好；如锥体突然倒坍，部分崩裂或发生石子离析现象，则表示黏聚性不好。

④保水性：

指水分从拌和物中析出情况，分多量，少量，无三级评定：

多量——表示提起坍落筒后，有较多水分从底部析出；

少量——表示提起坍落筒后，有少量水分从底部析出；

无——表示提起坍落度筒后，没有水分从底部析出。

5.4.2.3　维勃稠度试验

(1)仪器设备

1)维勃稠度仪：

①容器：为金属圆筒，内径 240mm ± 5mm，高约 200mm ± 2mm，壁厚 3mm，底厚 7.5mm，容器应不漏水并有足够刚度，上有把手，底部外伸部分可用螺母将其固定在振动台上。

②坍落度筒：为截头圆锥，筒底部直径 200mm ± 2mm，顶部直径 100mm ± 2mm，高度 300mm ± 2mm，壁厚不小于 1.5mm，上下开口并与锥体轴线垂直，内壁光滑，筒外安有把手　。

③圆盘：用透明塑料制成，上装有滑棒，滑棒可以穿过套筒垂直滑动，套筒装在一个可用螺栓固定位置的旋转悬臂上。悬臂上还装有一个漏斗，坍落筒在容器中放好后，转动旋臂，使漏斗底部套在坍落筒上口，旋臂装在支柱上，可用定位螺丝固定位置。滑棒和漏斗的轴线应与容器的轴线重合，见图 5-4。

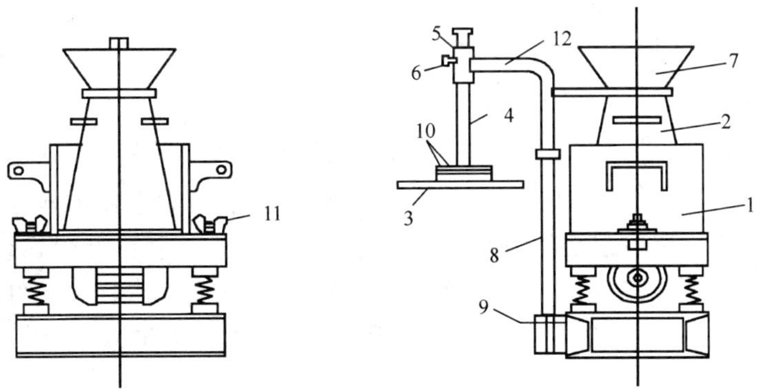

图 5-4　稠度仪(维勃仪)

1-容器；2-坍落度筒；3-圆盘；4-滑杆；5-套筒；6-螺钉；7-漏斗；8-支柱；9-定位螺丝；10-荷重；11-元宝螺母；12-旋转架

圆盘直径 230mm ± 2mm，厚 10mm ± 2mm，圆盘、滑棒及荷重在一起滑动部分质量为 2 750g ± 50g，滑棒刻度可测量坍落度值。

2)振动台：工作频率 50Hz，空载振幅 0.5mm，上有固定螺丝。

3)捣棒、秒表、镘刀等。

(2)试验步骤

①将容器用螺母固定在振动台上,放入坍落度筒,把漏斗转到坍落度筒上口,拧紧螺丝,使漏斗不偏离开坍落度筒口。

②按坍落度试验步骤,分三层装拌和物,每层捣25次,捣毕第三层混凝土后,移去漏斗,抹平筒口,提起筒模,拧紧螺栓,仔细地放下圆盘,读出滑棒上的刻度即为坍落度值。

③拧紧螺丝,使圆盘可定向地向下滑动,开动振动台,并按动秒表,通过透明圆盘观察混凝土的振实情况,当圆盘底面刚为水泥浆布满时,立即按停秒表,关闭振动台,记下秒表所记录时间。

④仪器每测试一次后,必须将容器、筒模及透明圆盘洗净擦干,并在滑棒等处涂薄层黄油,以备下次使用。

⑤结果表示方法:秒表所记录时间即为混凝土拌和物稠度的维勃时间。

5.4.3 水泥混凝土拌和物毛体积密度试验检测方法

5.4.3.1 概述

本试验适用于测定混凝土拌和物捣实后的毛体积密度,用以修正、核实混凝土配合比计算中的材料用量。

5.4.3.2 试验仪器设备

(1)量筒:其内径应不小于集料最大公称粒径的4倍,如最大粒径为31.5mm时,量筒容积$V=5L$,即$\phi186mm\times186mm$,精确至2mm(或其他合适量筒)。量筒为刚性金属圆筒,两侧装有把手,筒壁坚固而不漏水,也可用混凝土试模进行试验。

(2)圆头形捣棒:同坍落度试验捣棒。

(3)磅秤:称量100kg,感量50g。

(4)其他:振动台、金属直尺、镘刀、玻璃板等。

5.4.3.3 试验步骤

(1)试验前用湿布将量筒内外擦拭干净,称出质量m_1,精确至50g。

(2)捣固方法应与现场施工相同。如用人工捣固,一般当坍落度不小于70mm时,将代表样分三层装入量筒,每层高度约1/3筒高,用捣棒从边缘到中心沿螺旋线均匀插捣。捣棒应垂直压下,不得冲击,捣底层应至筒底,捣上两层时,须插入其下一层约20~30mm。每捣毕一层,应在量筒外壁拍打5~10次,直至拌和物表面不出现气泡为止。每层插捣25次。

(3)如用振动台振实时(坍落度小于70mm)应将量筒在振动台上夹紧,一次将拌和物装满量筒,立即开始振动,直至拌和物出现水泥浆为止。如在实际生产振动时尚需加压,则试验时应在相应压力下予以振实。

(4)用金属直尺齐筒口刮去多余的混凝土,仔细用镘刀抹平表面,并用玻璃板检验,而后擦净量筒外部并称其质量m_2,精确至50g。

5.4.3.4　试验结果计算

按式(5-7)计算拌和物毛体积密度 ρ_h,精确至 $10kg/m^3$。

$$\rho_h = \frac{m_2 - m_1}{V} \tag{5-7}$$

式中:ρ_h——拌和物毛体积密度,kg/L;

m_1——量筒质量,kg;

m_2——捣实或振实后混凝土和量筒总质量,kg;

V——量筒容积,L。

以两次试验结果的算术平均值作为测定值,试样不得重复使用。

注:应经常校正量筒容积:将干净的量筒和玻璃板合并称其质量,再将量筒加满水,盖上玻璃板,勿使筒内存有气泡,擦干外部水分,称出水的质量,即为量筒容积。

5.4.4　水泥混凝土拌和物凝结时间试验检测方法

5.4.4.1　概述

本试验规定了测定混凝土拌和物凝结时间的方法,以控制现场施工流程,适用于各类水泥、外加剂以及不同混凝土配合比、不同气温环境下的混凝土拌和物。

5.4.4.2　试验仪器设备

(1)贯入阻力仪:测定混凝土拌和后经过不同时间,试验测试用贯入混凝土中所受到的阻力,最大测量值不小于 1 000N,刻度盘分度值 10N,见图 5-5。

(2)测针:长约 100mm,根据平面针头圆面积分 $100mm^2$、$50mm^2$ 和 $20mm^2$ 三种。

(3)试模:上口径为 160mm,下口径为 150mm,净高 150mm 的刚性容器,并配有盖子。

(4)钢制捣棒:直径 16mm,长 650mm,一端为半球形。

(5)标准筛:孔径 4.75mm。

(6)其他:铁制拌和板、吸液管和玻璃片等。

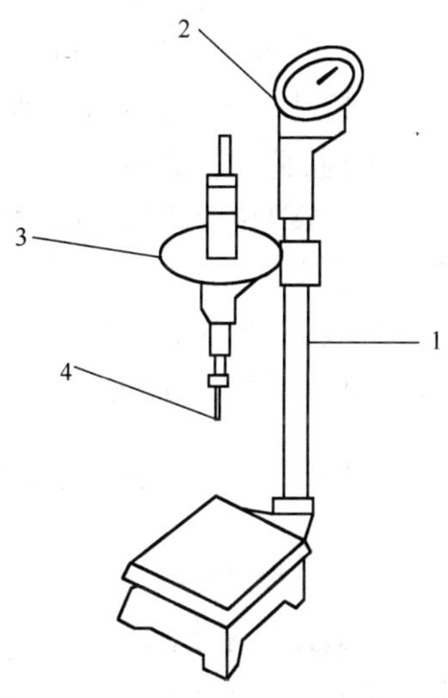

图 5-5　贯入阻力仪示意图

1-主体;2-刻度盘;3-手轮;4-测针

5.4.4.3　试样制备

(1)取有代表性的混凝土拌和物,用 4.75mm 筛尽快地筛出砂浆,再经人工翻拌后,装入一个试模。每批混凝土拌和物取一个试样,共取三个试样,分装三个试模。混凝土湿筛困难时,允许按混凝土中砂浆的配合比直接称料,用人工拌成砂浆,但应按砂石吸水率扣除含水率。

(2)砂浆装入试模后,用捣棒均匀插捣,然后轻击试模侧面以排除在捣实过程中留下的空洞。进一步整平砂浆的表面,使其低于试模上沿约 10mm。也可用振动台代替人工插捣。

(3)试件静置于温度尽可能与现场相同的环境中,盖上玻璃片或湿布。约 1h 后,将试件一侧稍微垫高约 20mm,使倾斜静置约 2min,用吸管吸去泌水。以后每次测试前约 5min,重复上述步骤,用吸管吸去泌水(低温或缓凝的混凝土拌和物试样,静置与吸水间隔时间可适当延长),若在贯入测试前还泌水,也应吸干。

5.4.4.4 试验步骤

(1)将试件放在贯入阻力仪底座上,记录刻度盘上显示的砂浆和容器总质量。

(2)根据试样的贯入阻力大小选择适宜的测针。

(3)测定时,测针应距试模边缘至少25mm,测针贯入砂浆各点间净距至少为所用测针直径的2倍且不小于15mm。三个试模每次各测1~2点,取其算术平均值为该时间的贯入阻力值。

(4)每个试样做贯入阻力试验不小于6次,最后一次的单位面积贯入阻力应不低于28MPa。从加水拌和时算起,常温下普通混凝土3h后开始测定,以后每间隔0.5h测一次;快硬混凝土或气温较高的情况下,则宜在2h后开始测定,以后每隔0.5h测一次;缓凝混凝土或低温情况下,可从5h后开始测定,以后可每隔2h测一次。

5.4.4.5 试验结果计算

(1)计算单位面积贯入阻力 P:

$$P = \frac{F}{A} \tag{5-8}$$

式中:P——单位面积贯入阻力, MPa;

F——测针贯入深度25mm时贯入压力,即测针垂直插入试样25mm时刻度盘质量增值,N;

A——贯入测针截面面积,mm^2。

(2)凝结时间取三个试样的平均值。三个测值中的最大值或最小值,如果有一个与中间值之差超过中间值的10%,则以中间值为试验结果;如果最大值与中间值之差均超过中间值的10%时,此试验无效。

(3)以单位面积贯入阻力为纵坐标,测试时间为横坐标,绘制单位面积贯入阻力与测试时间关系曲线。

(4)经3.5MPa及28MPa画两条平行于横坐标的直线,则直线与曲线相交点的横坐标即为初凝时间和终凝时间。

5.4.5 水泥混凝土抗压强度试验检测方法

5.4.5.1 概述

本试验规定了测定混凝土抗压强度的方法,以确定混凝土强度等级,作为评定混凝土品质的主要指标。本试验适用于各类混凝土的立方体试件。

目前,混凝土抗压强度试件以边长为150mm的正立方体或尺寸为ϕ150mm×300mm为标准试件。混凝土强度以该试件标准养护到28d,按规定方法测得的强度为准。当混凝土抗压强度采用非标准试件时,应根据其集料粒径要求及抗压强度尺寸换算系数得到标准试件强度。

5.4.5.2 试件成型与养护方法

(1)试件的成型

1)将试模装配好,检查试模尺寸,避免使用变形试模。

2)给试模内部涂一薄层矿物油脂或其他脱模剂,注意勿使涂模油或脱模剂过多,否则会影响混凝土实际强度,然后将拌好的混合料装入试模,进行捣实工作。

3）取拌和物的总量至少应比所需量高 20% 以上，并取出少量混凝土拌和物代表样，在 5min 内进行坍落度或维勃试验，认为品质合格后，应在 15min 内开始制件。

4）混合料捣实工作可采用下列方式：

①插捣法（当坍落度小于 25mm 时，可采用直径 25mm 的插入式振捣棒成型）：

A. 非圆柱体试件：将混凝土拌和物一次装入试模，装料时应用抹刀沿各试模壁插捣，并使混凝土拌和物高出试模口；振捣时振捣棒距板 10 ~ 20mm，且不要接触底板。振捣直到表面出浆为止，且应避免过振，以防止混凝土离析，一般振捣时间为 20s。振捣棒拔出时要缓慢，拔出后不得留有孔洞。用刮刀刮去多余的混凝土，在临近初凝时，用抹刀抹平。试件抹面与试模边缘高低差不得超过 0.5mm。

B. 圆柱体试件：拌和物分厚度大致相等的两层装入试模。以试模的纵轴为对称轴，呈对称方式填料。插入密度以每层分三次插入。振捣底层时，振捣棒距底板 10 ~ 20mm 且不要接触底板；振捣上层时，振捣棒插入该层底面下 15mm 深。振捣直到表面出浆为止，且应避免过振，以防止混凝土离析，一般振捣时间为 20s。捣完一层后，如有棒坑留下，可用橡皮锤敲击试模侧面 10 ~ 15 下。振捣棒拔出时要缓慢。用刮刀刮去多余的混凝土，在临近初凝时，用抹刀抹平，使表面略低于试模边缘 1 ~ 2mm。

②振动法（当坍落度大于 25mm 且小于 70mm 时，用标准振动台成型）：

将试模放在振动台上夹牢，防止试模自由跳动，将拌和物一次装满试模并稍有富余，开动振动台至混凝土表面出现乳状水泥浆为止。振动过程中随时添加混凝土使试模常满，记录振动时间（约为维勃微秒数的 2 ~ 3 倍，一般不超过 90s）。振动结束后，用金属直尺沿试模边缘刮去多余混凝土，用镘刀将表面初次抹平，待试件收浆后，再次用镘刀将试件仔细抹平。

A. 非圆柱体试件：试件抹面与试模边缘高低差不得超过 0.5mm。

B. 圆柱体试件：试件抹面略低于试模边缘 1 ~ 2mm。

③人工成型（当坍落度大于 70mm 时，用人工成型）：

A. 非圆柱体试件：拌和物分厚度大致相等的两层装入试模。捣固时按螺旋方向从边缘到中心均匀进行。插捣底层混凝土时，捣棒应该到达模底；插捣上层时，捣棒应贯穿上层后插入下层 20 ~ 30mm 处。插捣时应用力将捣棒压下，保持捣棒垂直，不得冲击，捣完一层后，用橡皮锤轻轻击打试模外端面 10 ~ 15 下，以填平插捣过程中留下的孔洞。每层插捣次数 $100cm^2$ 截面积内不得少于 12 次。试件抹面与试模边缘高低差不得超过 0.5mm。

B. 圆柱体试件：对于试件直径为 200mm 时，拌和物分厚度大致相等的三层装入试模，以试模的纵轴为对称轴，呈对称方式填料。每层插捣 25 下，捣固时按螺旋方向从边缘到中心均匀进行。插捣底层时，捣棒应该到达模底；插捣上层时，捣棒应该层下面 20 ~ 30mm 处。插捣时应用力将捣棒压下，保持捣棒垂直，不得冲击，捣完一层后，如有棒坑留下，可用橡皮锤轻轻击打试模外端面 10 ~ 15 下。用镘刀将试件仔细抹平，使表面略低于试模边缘 1 ~ 2mm。

对于试件直径为 100mm 或 150mm 时，分两层装料，各层厚度大致相等。试件直径为 150mm 时，每层插捣 15 下；试件为 100mm 时，每层插捣 8 下。捣固时按螺旋方向从边缘到中心均匀进行。插捣底层时，捣棒应该到达模底；插捣上层时，捣棒应该层下面 15mm 深。用镘刀将试件仔细抹平，使表面略低于试模边缘 1 ~ 2mm。

当所确定的插捣次数使混凝土拌和物产生离析现象时，可酌情减少插捣次数至拌和物不产生离析的程度。

(2)养护方法

①试件成型后,用湿布覆盖表面(或采用其他保持湿度方法),以防止水分蒸发,并在室温20℃ ±5℃,相对湿度大于50%的环境下,静放1 ~2d,然后拆模并做第一次外观检查、编号。有缺陷的试件应除去或加工补平。

②将完好试件标准养护至试验时,标准养护室温度20℃ ±2℃,相对湿度90%以上。试件宜放在铁架或木架上,间距至少10 ~20mm,并避免用水直接冲淋;或者将试件放入$Ca(OH)_2$溶液中养护,温度20℃ ±2℃。

③至试验龄期时,自养护室取出试件,并继续保持其湿度不变,如试件与构件同条件养护,也应尽量保持与构件相同干湿状态进行试验。

5.4.5.3 试验仪器设备

(1)搅拌机:自由式或强制式。

(2)振动台:标准振动台,应符合《混凝土试验用振动台》(JG/T 3020—1994)要求

(3)压力机或万能试验机:压力机除符合《液压式压力试验机》(GB/T 3722—1992)及《试验机通用技术要求》(GB/T 2611—1992)中的要求外,其测量精度为±1%,试件破坏荷载应大于压力机全量程的20%且小于压力机全量程的80%;同时应具有加荷速度指示装置或加荷速度控制装置。上下压板平整并有足够刚度,可以均匀地连续加荷卸荷,可以保持固定荷载,开机停机均灵活自如,能够满足试件破型吨位要求。

(4)球座:钢质坚硬,面部平整度要求在100mm距离内高低差值不超过0.05mm,球面及球窝粗糙度$R_a=0.32\mu m$,研磨、转动灵活。不应在大球座上做小试件破型,球座最好放置在试件顶面,并凸面朝上;当试件均匀受力后,一般不宜再敲动球座。

(5)试模:

①非圆柱试模:应符合《混凝土试模》(JG 3019—1994),内表面刨光磨光(粗糙度$R_a=0.32\mu m$)。

内部尺寸允许偏差为±0.2%;相邻面夹角为90°±3°。试件边长的尺寸公差为1mm。

②圆柱试模:直径误差小于$\frac{1}{200}d$,高度误差应小于$\frac{1}{100}h$。试模底板的平面度公差不超过0.02mm。组装试模时,圆筒纵轴与底板应成直角,允许公差为0.5°。

相应的几何尺寸见表5-6。

水泥混凝土试模尺寸及换算系数 表5-6

试件名称	标准尺寸(mm)		尺寸换算系数
立方体抗压强度试件	标准试件	150×150×150(31.5)	1.00
	非标准试件	200×200×200(53)	1.05
		100×100×100(26.5)	0.95
圆柱体抗压强度试件	标准试件	ϕ150×300(31.5)	1.00
	非标准试件	ϕ100×200(26.5)	0.95
		ϕ200×400(53)	1.05

注:括号中的数字为试件中集料公称最大粒径,单位mm。

(6)其他:捣棒、压板、橡皮锤、锯、游标卡尺、镘刀、金属直尺、湿布等。

5.4.5.4　试验方法与步骤

(1)按上述成型试件和养护方法养护到规定的龄期。

(2)测量试件

在破型前,保持试件原有湿度,在试验时擦干试件。

立方体试件:取出试件,先检查其尺寸及形状,相对两面应平行,量出棱边长度,精确至 1mm。试件受力截面积按其与压力机上下接触面的平均值计算。

圆柱体试件:测量其尺寸及外观,首先测量沿试件高度中央部位相互垂直的两个方向的直径,分别记为 d_1、d_2;再分别测量相互垂直两个方向同直径端点的四个高度。

(3)安放试件

试件中心与压力机几何对中。

立方体试件:以成型时侧面为上下受压面。

圆柱体试件:以上下底面为受压面。

(4)施加荷载

强度等级低于 C30 的混凝土取 0.3 ~ 0.5 MPa/s 的加荷速度;强度等级大于 C30 且小于 C60 时,则取 0.5 ~ 0 .8MPa/s 的加荷速度;强度等级大于 C60 时的混凝土取则取 0.8 ~ 1.0MPa/s 的加荷速度。当试件接近破坏而开始迅速变形时,应停止调整试验机油门,直至试件破坏,记下破坏极限荷载 F_{max}(N)。

5.4.5.5　试验结果计算

(1)计算水泥混凝土抗压强度 f_{cu}:

$$f_{cu} = \frac{F_{max}}{A_0} \tag{5-9}$$

式中:f_{cu}——水泥混凝土抗压强度,MPa;

F_{max}——极限荷载,N;

A_0——试件受压面积,mm^2,其中圆柱体试件受压面积 $A_0 = \pi\left(\frac{d_1 + d_2}{2}\right)^2$。

(2)以 3 个试件测值的算术平均值为测定值。如任一个测值与中间值的差值超过中间值的 15%,则取中间值为测定值;如有两个测值与中间值的差值均超过上述规定时,则该组试验结果无效。

(3)计算结果精确至 0.1MPa。

(4)混凝土强度等级小于 C60 时,非标准试件的抗压强度应乘以尺寸换算系数(见表 5-6),并应在报告中注明。当混凝土强度等级大于等于 C60 时,宜用标准试件,使用非标准试件时,换算系数由试验确定。

5.4.6　水泥混凝土抗折强度试验检测方法

5.4.6.1　概述

本试验规定了测定混凝土抗折(抗弯拉)极限强度的方法,以提供水泥混凝土路面设计参数,检查水泥混凝土路面施工品质和确定抗折弹性模量试验加荷标准,适用于道路混凝土的直角小梁试件。

水泥混凝土抗折强度是以 150mm × 150mm × 550mm 的梁形试件在标准养护条件下达到规定龄期后,净跨 450mm,双支点荷载作用下的弯拉破坏,并按规定的计算方法得到强度值。试件的成型及养护可参考 4.5.2 中的内容。

5.4.6.2 试验仪器设备

(1)万能试验机或具有 50 ~ 300kN 抗折试验机;

(2)抗折试验装置,即三分点处双点加荷和三点自由支承式混凝土抗折强度与抗折弹性模量试验装置。

5.4.6.3 试验方法与步骤

(1)试验前先检查试件,试件中部 1/3 长度内表面不得有直径超过 5mm、深度超过 2mm 的孔洞。

(2)在试件中部量出其宽度和高度,精确至 1mm。

(3)调整两个可移动支座,使其与试验机下压头中心距离为 225mm,并旋紧两支座。将试件放在支座上,试件成型时的侧面朝上。几何对中后,缓缓加初荷载,约 1kN,而后以 0.5 ~ 0.7MPa/s的加荷速度,均匀而连续加荷(低标号时用较低速度)。当试件接近破坏而开始迅速变形时,应停止调整试验机油门,直至试件破坏,记下最大荷载。

5.4.6.4 试验结果计算

水泥混凝土抗折强度通过式(5-10)计算:

$$f_f = \frac{FL}{bh^2} \tag{5-10}$$

式中:f_f——抗折强度,MPa;

F——极限荷载,N;

L——支座间距,450mm;

b、h——分别为试件的宽和高(标准均为 150mm)。

5.4.6.5 说明与注意问题

(1)如断面位于加荷点外侧,则该试件之结果无效;如两根试件之结果无效,则该组结果作废。断面位置在试件断块短边的一侧的底面中轴线上量得。

(2)计算结果精确至 0.01MPa。

(3)采用 100mm × 100mm × 400mm 非标准试件时,在三分点加荷的试验方法同前,但所取得的抗折强度值应乘以尺寸换算系数 0.85。

第 6 章　沥青和沥青混合料试验检测方法

6.1　沥青材料试验检测方法

当沥青作为胶结料用于道路工程，须满足一定的技术性质。对于中轻交通量道路石油沥青，需检验针入度、延度、软化点、溶解度、闪点以及蒸发损失试验后的质量损失和针入度比。对于重交通道路石油沥青，需检验针入度、延度、软化点、闪点、溶解度、含蜡量、密度以及薄膜加热试验后的质量损失、针入度比、延度。现将各指标的检测方法分别介绍。

6.1.1　沥青针入度试验方法

针入度试验是一种用来测定黏稠(固体、半固体)沥青稠度的方法，通常稠度愈高的沥青，针入度值愈小，表示沥青愈硬；相反稠度愈低的沥青，针入度值愈大，表示沥青愈软。我国现行标准以针入度为等级来划分沥青的标号。

6.1.1.1　目的和适用范围

本方法适用于测定道路石油沥青、改性沥青针入度以及液体石油沥青蒸馏或乳化沥青蒸发后残留物的针入度。其标准试验条件为温度 25℃，荷重 100g，贯入时间 5s，贯入深度以 0.1mm 计。用本方法评定聚合物改性沥青的改性效果时，仅适用于融混均匀的样品。

针入度指数 PI 用以描述沥青的温度敏感性，宜在 15℃、25℃、30℃等 3 个或 3 个以上温度条件下测定针入度后按规定的方法计算得到，若 30℃时的针入度值过大，可采用 5℃代替。当量软化点 T_{800}是相当于沥青针入度为 800 时的温度，用以评价沥青的高温稳定性。当量脆点 $T_{1.2}$是相当于沥青针入度为 1.2 时的温度，用以评价沥青的低温抗裂性能。

该方法采用规定形状的针在规定重量的作用下刺入规定温度的沥青的深度，以此来表征沥青的黏度。

6.1.1.2　仪具与材料

(1)针入度仪：凡能保证针和针连杆在无明显摩擦下垂直运动，并能指示针贯入深度准确至 0.1mm 的仪器均可使用。针和针连杆组合件总质量为 50g ±0.05g，另附 50g ±0.05g 砝码一只，试验时总质量为 100g ±0.05g。当采用其他试验条件时，应在试验结果中注明。仪器设有放置平底玻璃保温皿的平台，并有调节水平的装置，针连杆应与平台相垂直。仪器设有针连杆制动按钮，使针连杆可自由下落。针连杆易于装拆，以便检查其质量。仪器还设有可自由转动与调节距离的悬臂，其端部有一面小镜或聚光灯泡，借以观察针尖与试样表面接触情况。当为自动针入度仪时，各项要求与此项相同。温度采用温度传感器测定。针入度值采用位移计测定，并能自动显示或记录，且应对自动装置的准确性经常校验。为提高测试精密度，不同温度的针入度试验宜采用自动针入度仪进行。

(2)标准针由硬化回火的不锈钢制成,洛氏硬度 HRC54~60,表面粗糙度 Ra0.2~0.3μm,针及针杆总质量 2.5g±0.05g,针杆上打印有号码标志。针应设有固定用装置盒(筒),以免碰撞针尖,每根针必须附有计量部门的检验单,并定期进行检验。其尺寸及形状如图 6-1。

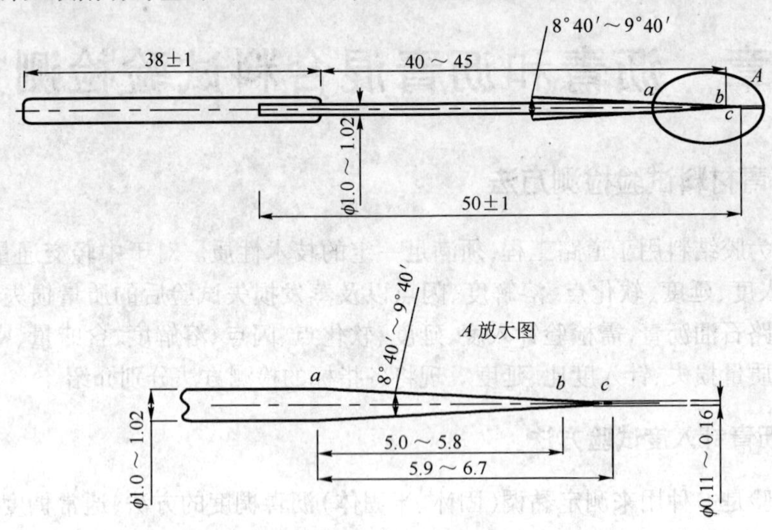

图 6-1 针入度标准针(尺寸单位:mm)

(3)盛样皿:金属制,圆柱形平底。小盛样皿的内径 55mm,深 35mm(适用于针入度小于 200);大盛样皿内径 70mm,深 45mm(适用于针入度 200~350);对针入度大于 350 的试样需使用特殊盛样皿,其深度不小于 60mm,,试样体积不少于 125mL。

(4)恒温水槽:容量不少于 10L,控制温度准确至 0.1℃。水槽中应备有一带孔的搁架,位于水面下不得少于 100mm,距水槽底不得少于 50mm 处。

(5)平底玻璃皿:容量不少于 1L,深度不少于 80mm。内设有一不锈钢三脚支架,能使盛样皿稳定。

(6)温度计:0℃~50℃,分度 0.1℃。

(7)秒表:分度 0.1s。

(8)盛样皿盖:平板玻璃,直径不小于盛样皿开口尺寸。

(9)溶剂:三氯乙烯等。

(10)其他:电炉或砂浴、石棉网、金属锅或瓷把坩埚等。

6.1.1.3 方法与步骤

(1)准备工作

①按试验要求将恒温水槽调节到要求的试验温度 25℃,或 15℃、30℃(5℃),保持稳定。

②将试样注入盛样皿中,试样高度应超过预计针入度值 10mm,并盖上盛样皿,以防落入灰尘。盛有试样的盛样皿在 15℃~30℃室温中冷却 1~1.5h(小盛样皿)、1.5~2h(大盛样皿)或 2~2.5h(特殊盛样皿)后,移入保持规定试验温度 ±0.1℃的恒温水槽中 1~1.5 h(小盛样皿)、1.5~2h(大试样皿)或 2~2.5h(特殊盛样皿)。

③调整针入度仪使之水平。检查针连杆和导轨,以确认无水和其他外来物,无明显摩擦。用三氯乙烯或其他溶剂清洗标准针,并拭干。将标准针插入针连杆,用螺丝固紧。按试验条

件，加上附加砝码。

（2）试验步骤

①取出达到恒温的盛样皿，并移入水温控制在试验温度±0.1℃（可用恒温水槽中的水）的平底玻璃皿中的三脚支架上。试样表面以上的水层深度不少于10mm。

②将盛有试样的平底玻璃皿置于针入度仪的平台上，慢慢放下针连杆，用适当位置的反光镜或灯光反射观察，使针尖恰好与试样表面接触。拉下刻度盘的拉杆，使与针连杆顶端轻轻接触，调节刻度盘或深度指示器的指针指示为零。

③开动秒表，在指针正指5s的瞬间，用手紧压按钮，使标准针自动下落贯入试样。经规定时间，停压按钮使针停止移动。

注：当采用自动针入度仪时，计时与标准针落下贯入试样同时开始，至5s时自动停止。

④拉下刻度盘拉杆与针连杆顶端接触，读取刻度盘指针或深度指示器的读数，精确至0.5（0.1mm）。

⑤同一试样平行试验至少3次，各测试点之间及与盛样皿边缘的距离不应少于10mm。每次试验后应将盛有盛样皿的平底玻璃皿放入恒温水槽，使平底玻璃皿中水温保持试验温度。每次试验应换一根干净的标准针或将标准针取下，用蘸有三氯乙烯溶剂的棉花或布揩净，再用干棉花或布擦干。

⑥测定针入度大于200的沥青试样时，至少用3支标准针，每次试验后将针留在试样中，直至3次平行试验完成后，才能将标准针取出。

⑦测定针入度指数PI时，按同样的方法在15℃、25℃、30℃（5℃）温度条件下分别测定沥青的针入度。当沥青较稀在30℃条件下测定沥青的针入度有困难时，可测定沥青的5℃温度条件下针入度，必要时增加10℃、20℃温度条件下针入度。

6.1.1.4　计算

根据测试结果可按公式计算法计算针入度指数、当量软化点及当量脆点。

（1）对不同温度条件下测试的针入度值取对数，令$y=\lg P$，$x=T$，按式（6-1）的针入度对数与温度的直线关系，进行$y=a+bx$一元一次方程的直线回归，求取针入度温度指数$A_{\lg Pen}$。

$$\lg P = K + A_{\lg Pen} \times T \tag{6-1}$$

式中：T——不同试验温度，相应温度下的针入度为P；

K——回归方程的常数项a；

$A_{\lg Pen}$——回归方程系数b。

按式（6-1）回归时必须进行相关性检验，直线回归相关系数R不得小于0.997（置信度95%），否则试验无效。

（2）按式（6-2）确定沥青的针入度指数PI，并记为$PI_{\lg Pen}$。

$$PI_{\lg Pen} = \frac{20 - 500A_{\lg Pen}}{1 + 50A_{\lg Pen}} \tag{6-2}$$

（3）按式（6-3）确定沥青的当量软化点T_{800}。

$$T_{800} = \frac{\lg 800 - K}{A_{\lg Pen}} = \frac{2.9031 - K}{A_{\lg Pen}} \tag{6-3}$$

(4)按式(6-4)确定沥青的当量脆点 $T_{1.2}$。

$$T_{1.2} = \frac{\lg 1.2 - K}{A_{\lg Pen}} = \frac{0.0792 - K}{A_{\lg Pen}} \tag{6-4}$$

(5)按式(6-5)计算沥青的塑性温度范围 ΔT。

$$\Delta T = T_{800} - T_{1.2} = \frac{2.8239}{A_{\lg Pen}} \tag{6-5}$$

6.1.1.5　报告

(1)应报告标准温度(25℃)时的针入度 T_{25} 以及其他试验温度 T 所对应的针入度 P,及由此求取针入度指数 PI、当量软化点 T_{800}、当量脆点 $T_{1.2}$ 的方法和结果。当采用公式计算法时,应报告按式(6-1)回归的直线相关系数 R。

(2)同一试样 3 次平行试验结果的最大值和最小值之差在下列允许偏差范围内时,计算 3 次试验结果的平均值,取整数作为针入度试验结果,以 0.1mm 为单位。

针入度(0.1mm)	允许差值(0.1mm)
0 ~ 49	2
50 ~ 149	4
150 ~ 249	12
250 ~ 500	20

当试验值不符此要求时,应重新进行。

6.1.1.6　精密度或允许差

(1)当试验结果小于 50(0.1mm)时,重复性试验的允许差为 2(0.1mm),复现性试验的允许差为 4(0.1mm)。

(2)当试验结果等于或大于 50(0.1mm)时,重复性试验的允许差为平均值的 4%,复现性试验的允许差为平均值的 8%。

6.1.1.7　注意事项

(1)试验的精密度和允许差规定是非常重要的项目,本法对精度的规定尽量按国际上通行的采用重复性和再现性的表示方法。重复性试验是指短期内,在同一实验室由同一个试验人员,采用同一仪器,对同一试样完成两次以上的试验操作,所得试验结果之间的误差应不超过规定的允许差;再现性试验是指在两个以上不同的实验室,由各自的试验人员采用各自的仪器,按相同的试验方法,对同一试样分别完成试验操作,所得的试验结果之间的误差也不应超过规定的允许差。但一个样品某次试验结果的获得是同时进行几次试验(如针入度同时扎三针),通常以几次平行试验的平均值作为试验结果。试验方法一般均规定几次试验结果的允许误差,它并不属于重复性试验。这里平行试验的允许差是检验这一次试验的精确度,是对试验方法本身的要求,其重复性和再现性试验的允许值与作为一次试验取 2 ~ 3 个平行试验的差值含义不同,它是多次试验的结果,即平均值之间的允许差,故要求更为严格。重复性和再现性试验只有在需要时(如仲裁试验)才做。重复性试验往往是对试验人员的操作水平、取样代表性的检验,再现性则同时检验仪器设备的性能。通过这两种试验检验试验结果的法定效果,如试验结果不符合精确度要求时,试验结果即属无效。

(2)针入度试验属于条件性试验,因此试验时要注意其条件。针入度的条件有三项,分别为温度、时间和针质量,这三项要求不一样,会严重影响结果的正确性。试验时要定期检验标准针,尤其不能使用针尖被损的标准针;在每次试验时,均应用三氯乙烯擦拭标准针;同时要严格控制温度,使其满足精度要求。

(3)影响沥青针入度测定值的一个非常重要的步骤就是标准针与试样表面的接触情况。在试验时,一定要让标准针刚接触试样表面;试验时可将针入度仪置于光线照射处,从试样表面观察标准针的倒影,而后调节标准针升降,使标准针与其倒影刚好接触即可。

(4)将沥青试样注入试皿时,不应留有气泡;若有气泡,可用明火将其消掉,以免影响结果的正确性。

6.1.2　沥青延度试验方法

沥青的延性是当沥青受到外力的拉伸作用时,所能承受的塑性变形的总能力,通常是用延度作为条件延性指标来表征。

沥青的延度是规定形状的试样在规定温度下,以一定速度受拉伸至断开时的长度,以 cm 表示。

6.1.2.1　目的和适用范围

(1)本方法适用于测定道路石油沥青、液体沥青蒸馏残留物和乳化沥青蒸发残留物等材料的延度。

(2)沥青延度试验温度与拉伸速率根据有关规定采用,通常采用的试验温度为 25℃、15℃、10℃或 5℃,拉伸速度为 5cm/min ±0.025cm/min。当低温时采用 1cm/min ±0.05cm/min 拉伸速度时,应在报告中注明。

6.1.2.2　仪具与材料

本试验需要下列仪具与材料。

(1)延度仪:将试件浸没于水中,能保持规定的试验温度及按照规定拉伸速度拉伸试件且试验时无明显振动的延度仪均可使用。其形状及组成如图 6-2 所示。

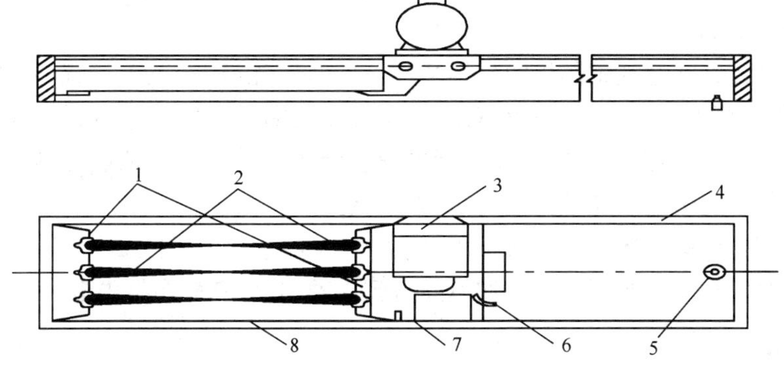

图 6-2　延度仪(尺寸单位:mm)

1-试模;2-试样;3-电机;4-水槽;5-泄水孔;6-开关柄;7-指针;8-标尺

(2)试模:黄铜制,由两个端模和两个侧模组成,尺寸见图6-3。试模内侧表面粗糙度 Ra 0.2μm。

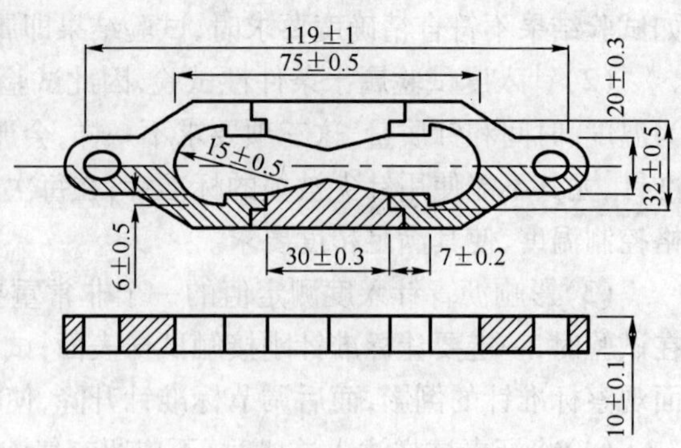

图 6-3 延度试模(尺寸单位:mm)

(3)试模底板;玻璃板或磨光的铜板、不锈钢板(表面粗糙度 Ra0.2μm)。

(4)恒温水槽:容量不少于 10L,控制温度的准确为 0.1℃,水槽中设有带孔搁架,搁架距水槽底不得少于 50mm。试件浸入水中深度不小于 100mm。

(5)温度计:0℃ ~50℃,分度 0.1℃。

(6)砂浴或其他加热炉具。

(7)甘油滑石粉隔离剂(甘油与滑石粉的质量比 2:1)。

(8)其他:平刮刀、石棉网、酒精、食盐等。

6.1.2.3 方法与步骤

(1)准备工作

①将隔离剂拌和均匀,涂于清洁干燥的试模底板和两个侧模的内侧表面,并将试模在试模底板上装妥。

②将沥青试样仔细自试模的一端至另一端往返数次缓缓注入模中,最后略高出试模。灌模时,应注意勿使气泡混入。

③试件在室温中冷却 34 ~40min,然后置于规定试验温度 ±0.1℃ 的恒温水槽中;保持 30min 后取出,用热刮刀刮除高出试模的沥青,使沥青面与试模面齐平。沥青的刮法应自试模的中间刮向两端,且表面应刮得平滑。将试模连同底板再浸入规定试验温度的水槽中 1 ~1.5h。

④检查延度仪延伸速度是否符合规定要求,然后移动滑板使其指针正对标尺的零点。将延度仪注水,并保温达试验温度 ±0.5℃。

(2)试验步骤

①将保温后的试件连同底板移入延度仪的水槽中,然后将盛有试样的试模自玻璃板或不锈钢板上取下,将试模两端的孔分别套在滑板及槽端固定板的金属柱上,并取下侧模。水面距试件表面应不小于 25mm。

②开动延度仪,并注意观察试样的延伸情况。此时应注意,在试验过程中,水温应始终保持在试验温度规定范围内,且仪器不得有振动,水面不得有晃动。当水槽采用循环水时,应暂时中断循环,停止水流。在试验中,如发现沥青细丝浮于水面或沉入槽底时,则应在水中加入酒精或食盐,调整水的密度至与试样相近后,重新试验。

③试件拉断时,读取指针所指标尺上的读数,以 cm 表示。在正常情况下,试件延伸时应呈锥尖状,拉断时实际断面接近于零。如不能得到这种结果,则应在报告中注明。

6.1.2.4 报告

同一试样,每次平行试验不少于 3 个,如 3 个测定结果均大于 100cm,试验结果记作“ >100cm”;特殊需要也可分别记录实测值。如 3 个测定结果中,有一个以上的测定值小于

100cm 时，若最大值或最小值与平均值之差满足重复性试验精度要求，则取 3 个测定结果的平均值的整数作为延度试验结果；若平均值大于 100cm，记作“ >100cm”；若最大值或最小值与平均值之差不符合重复性试验精度要求时，试验应重新进行。

6.1.2.5　精密度或允许差

当试验结果小于 100cm 时，重复性试验精度的允许差为平均值的 20%；再现性试验精度的允许差为平均值的 30%。

6.1.2.6　注意事项

(1)在浇试样时，隔离剂配置要适当，以免试样取不下来。对于黏结在玻璃上的试样，应放弃。在试模底部涂隔离剂时，不易太多，以免隔离剂占用试样部分体积，冷却后造成试样断面不合格，影响试验结果。

(2)在灌模时应使试样高出试模，以免试样冷却后欠模。

(3)对于延度较大的沥青试样，为了便于观察延度值，延度值底部尽量采用白色衬砌。

(4)在刮模时，应将沥青与试模刮为齐平，尤其是试模中部，不应有低凹现象。

6.1.3　沥青软化点试验方法

沥青材料是一种非晶质高分子材料，它由液态凝结为固态或由固态熔化为液态，没有敏锐的固化点或液化点，通常采用条件的硬化点和滴落点来表示。沥青材料在硬化点至滴落点之间的温度阶段时，是一种黏滞流动状态。在工程实用中，为保证沥青不致由于温度升高而产生流动的状态，因此取液化点与固化点之间温度间隔的 87.2% 作为软化点。软化点的数值随采用仪器不同而异，我国现行规范试验法是采用环球法。软化点是沥青达到规定条件黏度时的温度，所以软化点既是反映沥青材料热稳定性的一个指标，也是沥青黏性的一种量度。

沥青的软化点是试样在规定尺寸的金属环内，上置规定尺寸和质量的钢球，放于水(或甘油)中，以 5℃/min ±0.5℃/min 的速度加热，至钢球下沉达规定距离(25.4mm)时的温度，以℃表示。

6.1.3.1　目的和适用范围

本方法适用于测定道路石油沥青、煤沥青的软化点，也适用于测定液体石油沥青经蒸馏或乳化沥青破乳蒸发后残留物的软化点。

6.1.3.2　仪具与材料

(1)软化点试验仪，如图 6-4 所示，由下列附件组成：

①钢球：直径 9.53mm，质量 3.5g ±0.05g。

②试样环：黄铜或不锈钢等制成，形状尺寸见图 6-5。

③钢球定位环：黄铜或不锈钢制成，形状尺寸见图 6-6。

④金属支架：由两个主杆和三层平行的金属板组成。上层为一圆盘，直径略大于烧杯直径。中间有一圆孔，用以插放温度计。中层板板上有两个孔，准备放置金属环，中间有一小孔可支持温度计的测温端部。一侧立杆距环上面 51mm 处刻有水高标记。环下面距下层底板为 25.4mm，而下底板距烧杯底不少于 12.7mm，也不得大于 19mm。三层金属板和两个主杆由两螺母固定在一起。

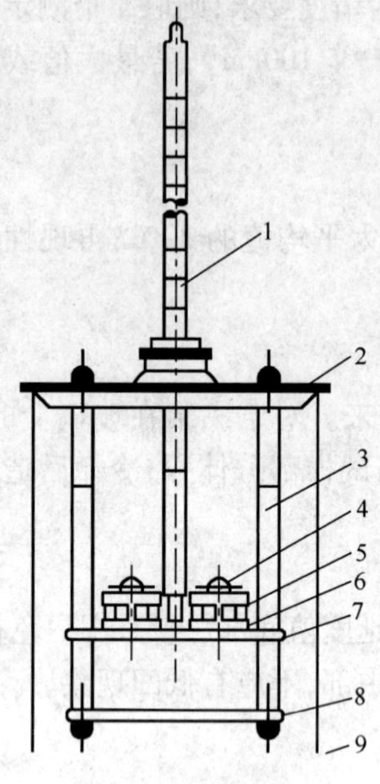

图 6-4　软化点试验仪

1-温度计;2-上盖板;3-立杆;4-钢球;5-钢球定位环;6-金属环;7-中层板;8-下底板;9-烧杯

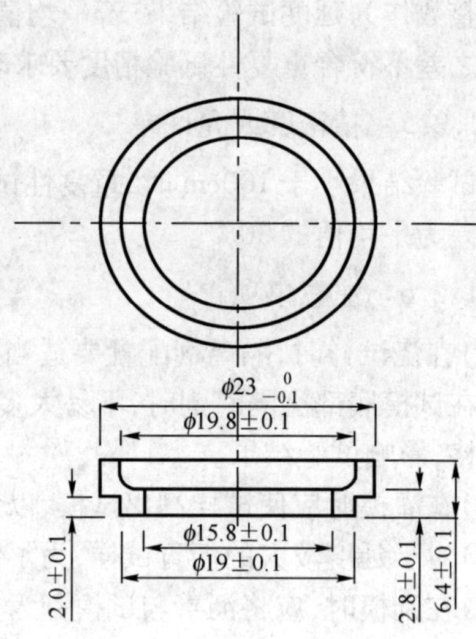

图 6-5　试样环(尺寸单位:mm)

⑤耐热玻璃烧杯:容量 800 ~ 1 000mL,直径不少于 86mm,高不少于 120mm。

⑥温度计:0 ~ 80℃,分度 0.5℃。

(2)环夹:由薄钢条制成,用以夹持金属环,以便刮平表面。

(3)装有温度调节器的电炉或其他加热炉具(液化石油气、天然气等)。应采用带有振荡搅拌器的加热电炉,振荡子置于烧杯底部。

(4)试样底板:金属板(表面粗糙度应达 Ra0.8μm)或玻璃板。

(5)恒温水槽。

(6)平刮刀。

(7)甘油滑石粉隔离剂(甘油与滑石粉的比例为质量比 2:1)。

(8)新煮沸过的蒸馏水。

(9)其他:石棉网。

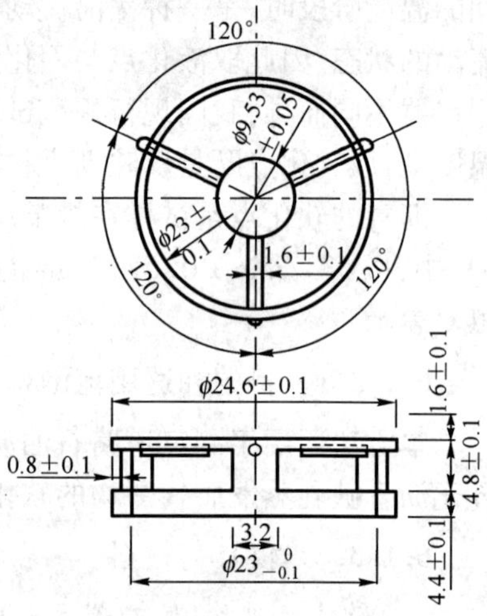

图 6-6　钢球定位环(尺寸单位:mm)

6.1.3.3　方法与步骤

(1)准备工作

将试样环置于涂有甘油滑石粉隔离剂的试样底板上,将准备好的沥青试样徐徐注入试样环内至略高出环面为止。如估计试样软化点高于 120℃,则试样环和试样底板(不用玻璃板)

均应预热至 80℃ ~100℃。试样在室温冷却 30min 后,用环夹夹着试样杯,并用热刮刀刮除环面上的试样,务必使与环面齐平。

(2)试验步骤

1)试样软化点在 80℃以下者:

①将装有试样的试样环连同试样底板置于装有 5℃ ±0.5℃水的恒温水槽中至少 15min,同时将金属支架、钢球、钢球定位环等也置于相同水槽中。

②烧杯内注入新煮沸并冷却至 5℃的蒸馏水,水面略低于立杆上的深度标记。

③从恒温水槽中取出盛有试样的试样环放置在支架中层板的圆孔中,套上定位环;然后将整个环架放入烧杯中,调整水面至深度标记,并保持水温为 5℃ ±0.5℃。注意,环架上任何部分不得附有气泡。将 0℃ ~80℃的温度计由上层板中心孔垂直插入,使端部测温头底部与试样环下面齐平。

④将盛有水和环架的烧杯移至放有石棉网的加热炉具上,然后将钢球放在定位环中间的试样中央,立即加热,使杯中水温在 3min 内调节至温度上升 5℃/min ±0.5℃/min。注意,在加热过程中,如温度上升速度超出此范围时,则试验应重做。

⑤试样受热软化逐渐下坠,至与下层底板表面接触时,立即读取温度,至 0.5℃。

2)试样软化点在 80℃以上者:

①将装有试样的试样环连同试样底板置于装有 32℃ ±1℃甘油的恒温水槽中至少 15min,同时将金属支架、钢球、钢球定位环等也置于甘油中。

②在烧杯内注入预先加热至 32℃的甘油,其液面略低于立杆上的深度标记。

③从恒温水槽中取出装有试样的试样环按上述方法进行测定,读取温度至 1℃。

6.1.3.4　报告

同一试样平行试验两次,当两次测定值的差值符合重复性试验精度要求时,取其平均值作为软化点试验结果,准确至 0.5℃。

6.1.3.5　精密度或允许差

(1)当试样软化点小于 80℃时,重复性试验精度的允许差为 1℃,再现性试验精度的允许差为 4℃。

(2)当试样软化点等于或大于 80℃时,重复性试验精度的允许差为 2℃,再现性试验精度的允许差为 8℃。

6.1.4　沥青蒸发损失试验

沥青蒸发损失是试样在规定条件下,加热并保持一定时间后质量的损失,以百分率表示。非经注明,一般沥青试样为 50g,保持受热时间为 5h,温度为 163℃。

6.1.4.1　目的和适用范围

(1)本方法适用于测定石油沥青材料的蒸发损失试验。

(2)蒸发损失后的残留物进行针入度试验,并计算残留物针入度占原试样针入度的百分率。根据需要也可进行残留物的延度、软化点等其他试验,以评定沥青受热时性质的变化。

6.1.4.2　仪具与材料

(1)烘箱:内部尺寸不少于330mm×330mm,装有温度自动调节器,控制温度的准确度为1℃。箱内安装有一个直径大于250mm的转盘,中心由一垂直轴悬挂于烘箱中央,通过传动机构,使转盘以5.5r/min±1r/min的速度转动。转盘呈水平装置,上有6个凹圆槽,供放置盛样皿使用。烘箱正面安装有大于100mm×100mm的铰接密封窗门,只要打开窗门,即可通过玻璃读取箱内温度计的读数。烘箱应至少有一个进气孔及一个出气孔。

注:烘箱也可用"沥青薄膜加热试验"所用的薄膜加热烘箱代替。

(2)盛样皿:金属或硬玻璃制成,不少于两个,平底,筒状,内径55mm±1mm,深35mm±1mm,也可用洁净的针入度试验用盛样皿代替。

(3)温度计:0℃~200℃,分度0.5℃。

(4)天平:感量1mg。

(5)其他:沥青熔化锅、计时器等。

6.1.4.3　方法与步骤

(1)准备工作

①称洁净、干燥的盛样皿的质量(m_0),准确至1mg。

②将试样缓缓倾入两个盛样皿中,质量约50g±0.5g冷却至室温后再称试样与盛样皿合计质量(m_1),准确至1mg。

③将烘箱调成水平,使转盘在水平面上旋转;再将温度计挂在转盘上方,位于转盘边缘内侧20mm,水银球底部在转盘顶面上的6mm处;然后打开烘箱的上下气孔并加热保持温度163℃±1℃。

(2)试验步骤

①待温度恒温后,将两个已盛试样的盛样皿置于烘箱内,注意观察温度下降,从温度回升至163℃时开始计算,连续保持5h。全部时间不得超过5.25h。

注:一般不宜将不同品种或标号的沥青同时放进一个烘箱中试验。

②加热终了后取出盛样皿,在不落入灰尘的条件下,在室温下冷却,称取质量(m_2),准确至1mg。

③将盛样皿置于加热炉具徐徐加热将沥青熔化,并用玻璃棒上下搅匀;按针入度试验法规定的步骤测定此残留物的针入度,如果试样数量不够要求时,应增加试样皿数量;然后合并符合要求的试样皿内试验。

6.1.4.4　计算

(1)沥青试样蒸发损失百分率按式(6-6)计算,当试样蒸发试验后质量减少时为负值(-),质量增加时为正值(+):

$$L_b = \frac{m_2 - m_1}{m_1 - m_0} \times 100 \tag{6-6}$$

式中:L_b——试样的蒸发损失,%;

m_0——盛样皿质量,g;

m_1——加热前盛样皿与试样合计质量,g;

m_2——加热后盛样皿与试样合计质量,g。

(2)试样蒸发后残留物的针入度占原试样针入度的百分率按式(6-7)计算:

$$K_P = \frac{P_2}{P_1} \times 100 \tag{6-7}$$

式中:K_P——针入度比,%;

P_1——原试样的针入度,0.1mm;

P_2——蒸发损失后残留物的针入度,0.1mm。

6.1.4.5　报告

同一试样平行试验两次,两个盛样皿的蒸发损失百分率之差符合重复性试验的精度要求时,求取其平均值作为试验结果,准确至小数点后 2 位。

6.1.4.6　精密度或允许差

(1)当蒸发损失小于 0.5% 时,重复性试验精度的允许差为 0.10%,再现性试验精度的允许差为 0.20%。

(2)当蒸发损失等于或大于 0.5% 时,重复性试验精度的允许差为 0.20%,再现性试验精度的允许差为 0.40%。

(3)残留物针入度的精密度同针入度试验规定,不符合要求时应重新试验。

6.1.5　沥青薄膜加热试验

该法又称为薄膜烘箱试验,将 50g 沥青试样盛于内径 139.7mm、深为 9.5mm 器皿中,使沥青成为厚约 3mm 的薄膜,沥青薄膜在 163℃ ±1℃ 标准烘箱中加热 5h,以加热前后质量损失、针入度比和 25℃、15℃ 延度值作为评价指标。薄膜加热试验后的性质与沥青在拌和机中加热拌和后的性质有很好的相关性。沥青在薄膜加热试验后的性质,相当于在 150℃ 拌和机中拌和 1.0 ~ 1.5min 后的性质。

6.1.5.1　目的和适用范围

本方法适用于测定道路石油沥青薄膜加热后的质量损失,并根据需要测定薄膜加热后残留物的针入度、黏度、软化点、脆点及延度等性质的变化,以评定沥青的耐老化性能。

6.1.5.2　仪具与材料

(1)薄膜加热烘箱:工作温度 200℃,装有温度调节器和可转动的圆盘架。圆盘直径 360 ~ 370mm,上有浅槽 4 个,供放置盛样皿。转盘中心由一垂直轴悬挂于烘箱的中央,由传动机构使转盘水平转动,速度为 5.5 转/min ±1 转/min。门为双层,两层之间应留有间隙,内层门为玻璃制,只要打开外门,即可通过玻璃读取烘箱中温度计的读数。烘箱应能自动通风,为此在烘箱上下部设有气孔,以供热空气和蒸气的逸出和空气进入。

(2)盛样皿:铝或不锈钢制成,不少于 4 个,形状及尺寸如图 6-7 所示。

(3)温度计:0℃ ~ 200℃,分度 0.5℃(允许由普通温度计代替)。

(4)天平:感量不大于 1mg。

(5)其他:干燥器、计时器等。

6.1.5.3 准备工作

(1)将洁净、烘干、冷却后的盛样皿编号，称其质量(m_0)，准确至1mg。

(2)准备沥青试样，分别注入4个已称质量的盛样皿中50g±0.5g，并形成厚度均匀的沥青薄膜，放入干燥器中冷却至室温后称取质量(m_1)，准确至1mg。同时按规定方法，测定沥青试样薄膜加热试验前的针入度、黏度、软化点脆点及延度等性质。当试验项目需要，预计沥青数量不够时，可增加盛样皿数目，但不允许将不同品种或不同标号的沥青同时放在一个烘箱中试验。

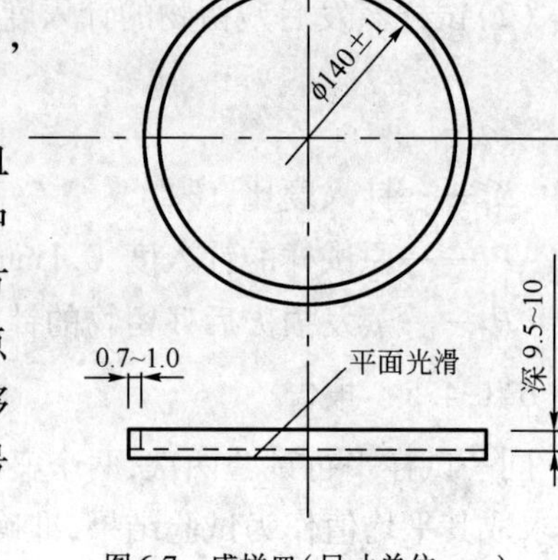

图6-7 盛样皿(尺寸单位:mm)

(3)将温度计垂直悬挂于转盘轴上，位于转盘中心、水银球应在转盘顶面上的6mm处，将烘箱加热并保持至163℃±1℃。

6.1.5.4 试验步骤

(1)把烘箱调整水平，使转盘在水平面上以5.5转/min±1转/min的速度旋转，转盘与水平面倾斜角不大于3°，温度计位置距转盘中心和边缘距离相等。

(2)在烘箱达到恒温163℃后，将盛样皿迅速放入烘箱内的转盘上，并关闭烘箱门和开动转盘架；使烘箱内温度回升至162℃时开始计时，并保持温度163℃±1℃连续5h。从放置盛样皿开始至试验结束的总时间，不得超过5.25h。

(3)加热后取出盛样皿，放入干燥器中冷却至室温后，随机取其中两个盛样皿分别称其质量(m_2)，准确至1mg。注意，即使不进行质量损失测定的，也应放入干燥器中冷却，但不称量，然后进行以下步骤。

(4)将盛样皿置一石棉网上，并连同石棉网放回163℃±1℃的烘箱中转动15min；然后，取出石棉网和盛样皿，立即将沥青残留物样品刮入一适当的容器内，置于加热炉上加热并适当搅拌使之充分熔化达流动状态。

(5)将热试样倾入针入度盛样皿或延度、软化点等试模内，并按规定方法进行针入度等各项薄膜加热试验后残留物的相应试验。如在当日不能进行试验时，试样应在容器内冷却后放置过夜，但全部试验必须在加热后72h内完成。

6.1.5.5 计算

(1)按式(6-8)计算沥青薄膜试验后质量损失，结果精确至小数点后1位(质量损失为负值，质量增加为正值)：

$$L_T = \frac{m_2 - m_1}{m_1 - m_0} \times 100 \tag{6-8}$$

式中：L_T——试样的蒸发损失，%；

m_0——盛样皿质量，g；

m_1——加热前盛样皿与试样合计质量，g；

m_2——加热后盛样皿与试样合计质量，g。

(2)试样蒸发后残留物的针入度占原试样针入度的百分率按式(6-9)计算。

$$K_P = \frac{P_2}{P_1} \times 100 \tag{6-9}$$

式中：K_P——针入度比，%；

P_1——原试样的针入度，0.1mm；

P_2——蒸发损失后残留物的针入度，0.1mm。

6.1.5.6 报告

（1）质量损失，当两个试样皿的质量损失符合重复性试验精度要求时，取其平均值作为试验结果，准确至小数点后2位。

（2）根据需要报告残留物的针入度及针入度比、软化点及软化点增值、黏度及黏度比、老化指数、延度、脆点等各项性质的变化。

6.1.5.7 精密度或允许差

（1）当薄膜加热后质量损失小于或等于0.4%时，重复性试验精度的允许差为0.04%，再现性试验精度的允许差为0.16%。

（2）当薄膜加热后质量损失大于0.4%时，重复性试验精度的允许差为平均值的8%，再现性试验精度的允许差为平均值的40%。

（3）残留物针入度、软化点、延度、黏度等性质试验的精密度应符合相应试验方法的规定。

6.1.6 沥青闪点试验方法

沥青材料在加热至一定温度时，沥青材料中挥发的油分蒸气与周围空气组成混合气体，此混合气体遇火焰则易发生闪火。若继续加热，油分蒸气的饱和度增加，此种蒸气与空气组成的混合气体遇火极易燃烧，而引起熔油车间发生火灾或使沥青烧坏产生损失。因此，为了保证生产施工安全，必须测定沥青闪点。闪点是保证沥青加热质量和施工安全的一项重要指标。

沥青闪点是试样在规定的克利夫兰开口杯（简称COC）盛样器内，按规定的升温速度受热时所蒸发的气体，以规定的方法与试样接触，初次发生一瞬即灭火焰时的试样温度，以℃表示。

6.1.6.1 目的和适用范围

本方法适用于测定黏稠石油沥青、煤沥青及闪点在79℃以上的液体石油沥青材料的闪点和燃点，以确定施工安全性时使用。

6.1.6.2 仪具与材料

（1）克利夫兰开口杯式闪点仪，形状及尺寸如图6-8所示。

①克利夫兰开口杯：用黄铜或铜合金制成，内口直径ϕ63.5mm±0.5mm，深33.6mm±0.5mm，在内壁与杯上口的距离为9.4mm±0.4mm处刻有一道环状标线，带一个弯柄把手。

②加热板：黄铜或铸铁制，为直径145mm～160mm、厚约6.5mm的金属板，上有石棉垫板，中心有圆孔，以支承金属试样杯。在距中心58mm处有一个与标准试焰大小相当的ϕ4.0mm±0.2mm电镀金属小球，供火焰调节的对照使用。

③温度计：0℃～400℃，分度值为2℃。

④点火器：金属管制，端部为产生火焰的尖嘴，端部外径约1.6mm，内径为0.7～0.8mm，与可燃气体压力容器（如液化丙烷气或天然气）连接，火焰大小可以调节。点火器可以150mm

半径水平旋转,且端部恰好通过坩埚中心上方2mm以内,也可采用电动旋转点火用具,但火焰通过金属试验杯的时间应为1.0s左右。

⑤铁支架:高约500mm,附有温度计夹及试样杯支架,支脚为高度调节器,使加热顶保持水平。

(2)防风屏:金属薄板制,三面将仪器围住挡风,内壁涂成黑色,高约600mm。

(3)加热源附有调节器的1kW电炉或燃气炉。根据需要,可以控制加热试样的升温速度为14~17℃/min、5.5℃/min±0.5℃/min。

6.1.6.3　方法与步骤

(1)准备工作

①将试样杯用溶剂洗净、烘干,装置于支架上。加热板放在可调电炉上,如用燃气炉时,加热板距炉口约50mm,接好可燃气管道或电源。

②安装温度计,垂直插入试样杯中,温度计的水银球距杯底约6.5mm,位置在与点火器相对一侧距杯边缘约16mm处。

③准备沥青试样后,注入试样杯中至标线处,并使试样杯其他部位不粘有沥青。

注:试样加热温度不能超过闪点以下55℃。

④全部装置应置于室内光线较暗且无显著空气流通的地方,并用防风屏三面围护。

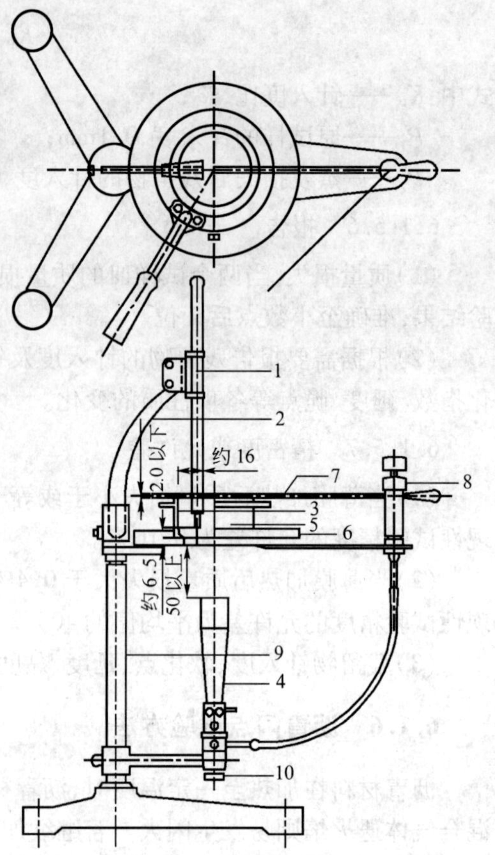

图6-8　克利夫兰开口杯式闪点仪(尺寸单位:mm)

1-温度计;2-温度计支架;3-金属试验杯;4-加热器具;5-试验标准球;-6加热板;7-试验火焰喷嘴;8-试验火焰调节开关;9-加热板支架;10-加热器调节钮

⑤将点火器转向一侧,试验点火,调节火苗在成标准球的形状或成直径为4mm±0.8mm的小球形试焰。

(2)试验步骤

①开始加热试样,升温速度迅速地达到14~17℃/min待试样温度达到预期闪点前56℃时,调节加热器降低升温速度,以便在预期闪点前28℃时能使升温速度控制在5.5℃/min±0.5℃/min。

②试样温度达到预期闪点前28℃时开始,每隔2℃将点火器的试焰沿试验杯口中心以150mm半径作弧水平扫过一次;从试验杯口的一边至另一边所经过的时间约1s。此时应确认点火器的试焰为直径4mm±0.8mm的火球,并位于坩埚口上方2~2.5mm处。注意,试验时不应对着试样杯呼气。

(3)当试样液面上最初出现一瞬即灭的蓝色火焰,立即从温度计上读记温度,作为试样的闪点。注意,勿将试焰四周的蓝白色火焰误认为是闪点火焰。

(4)继续加热,保持试样升温速度5.5℃/min±0.5℃/min,并按上述操作要求用点火器点火试验。

(5)当试样接触火焰立即着火,并能继续燃烧不少于5s时,停止加热,并读记温度计上的温度,作为试样的燃点。

6.1.6.4 报告

(1)同一试样至少平行试验两次,两次测定结果的差值不超过重复性试验允许差8℃时,取其平均值的整数作为试验结果。

(2)当试验时大气压在95.3kPa(715mmHg)以下时,应对闪点的试验结果进行修正,若大气压为95.3~84.3kPa(715~634mmHg)时,修正值为增加2.8℃;当大气压为84.3~73.3kPa(634~500mmHg)时,修正值为增加5.5℃。

6.1.6.5 精密度或允许差

重复性试验精度的允许差为:闪点8℃,燃点8℃。

再现性试验精度的允许差为:闪点16℃,燃点14℃。

6.1.7 沥青含蜡量试验方法

石油沥青中的蜡含量测定是以裂解蒸馏法馏出油分后,在规定的溶剂及低温下结晶析出的蜡含量,以质量百分比表示。

6.1.7.1 目的和适用范围

本方法适用于测定道路石油沥青的蜡含量。

6.1.7.2 仪具与材料

(1)蒸馏烧瓶:耐热玻璃制成。

(2)冷却过滤装置:玻璃制,由吸滤瓶、砂芯过滤漏斗、试样冷却筒、塞子及冷槽等组成,过滤漏斗(P16)的孔径系数为10~16μm。

(3)立式高温电炉:可达950℃

(4)天平:感量不大于1mg及不大于0.1g各一个。

(5)温度计:-30℃~+60℃,分度为0.5℃。

(6)锥形烧瓶:150mL或250mL数个。

(7)玻璃漏斗:直径40mm。

(8)水流泵或真空泵。

(9)乙醚—无水乙醇混合液:分析纯,按体积1:1配制。

(10)石油醚经硅胶脱芳烃60℃~90℃:分析纯。

(11)工业酒精及干冰(固体CO_2)。

(12)其他:烘箱、低温水槽、量筒、烧杯、铁架、U形水银柱压力计(或真空表)、洗液、蒸馏水、温度计、电炉等。

6.1.7.3 方法与步骤

(1)准备工作

①将蒸馏瓶洗净、干燥后,称其质量,准确至0.1g,然后置烘箱中备用。

②将150mL或250mL锥形瓶洗净、烘干、编号后,称其质量,准确至1mg,然后置干燥器中

备用。

③将冷却装置各部洗净、干燥，其中砂芯过滤漏斗用洗液浸泡后蒸馏水洗至中性，然后烘干备用。

④准备沥青试样。

⑤用高温炉蒸馏时，应预先加热并控制炉内恒温550℃ ±10℃。

⑥在烧杯内备好冰水。

(2)试验步骤

①在蒸馏瓶中称取沥青试样质量(m_b)为50g ±1g，准确至0.1g，并将瓶塞塞妥，用锥形瓶作接受器，装在盛有冰水的烧杯中。

②当用高温电炉时，将盛有试样的蒸馏瓶置已恒温550℃ ±10℃的电炉中，并迅速将瓶颈固定在铁架的弹簧支架上，蒸馏瓶支管与置于冰水中的锥形瓶连接。如用燃气炉时，调节火焰高度将蒸馏瓶周围包住。

③调节加热强度(即调节蒸馏瓶至高温炉间距离或燃气炉火焰大小)，使从加热开始起5 ~8min内开始初馏(支管端口流出第一滴馏分)。其后以每秒两滴(4 ~5mL/min)的流出速度继续蒸馏至无溜出油为止，然后在1min内将蒸馏瓶底烧红(即瓶内蒸馏残留物焦化)。全部蒸馏过程必须在25min内完成。蒸馏后支管中残留的馏出油应流入接受器中。

④将盛有馏出油的锥形瓶从冰水中取出，拭干瓶外水分，在室温下冷却称其质量，得到馏出油总质量(m_1)，准确至0.05g。

⑤将锥形瓶中的馏出油加热熔化，并搅拌均匀。加热时温度不要太高，避免有蒸发损失。然后将熔化的馏出油注入另一已知质量的锥形瓶(250mL)中，称取用于脱蜡的馏出油质量(m_2)，准确至1mg，其数量需使其冷冻过滤后能得到0.05 ~0.1g蜡，但取样量不得超过10g。

⑥将冷却过滤装置装妥，并将吸滤瓶支管用橡胶管与水流泵(或真空泵)及U形水银柱压力计连接起来。向冷槽中注入适量的冷液(工业酒精)，其液面比试样冷却筒内液面(乙醚—乙醇)高约70mm以上，以便向冷槽内加干冰不致溅入试样冷却筒内，用适当工具搅拌冷液，使之保持温度 -20℃ ±0.5℃；也可取低温水槽作冷槽，此时冷液可采用1∶1甲醇水溶液，低温水槽应能自动控温到 -20℃ ±0.5℃。

⑦将盛有馏出油的锥形瓶注入10mL乙醚，使其充分溶解，然后注入试样冷却筒中，再用15mL乙醚分两次清洗盛油的锥形瓶，并将清洗液倒入试样冷却筒中，将25mL乙醇注入试样冷却筒内与乙醚充分混合均匀。从加入乙醚时间开始，冷却1h，使蜡充分结晶析出。

⑧预先在另一锥形瓶或试管(50mL)中量取50mL乙醚—乙醇1∶1混合液，使其冷却至 -20℃，至少恒冷15min以后再使用。

⑨当试样冷却筒中溶液冷却结晶后，拔起其中的塞子，过滤结晶析出的蜡，并将塞子用适当方法或吊在试样冷却筒中，保持自然过滤30min。

⑩当砂芯过滤漏斗内看不到液体时，启动水流泵(或真空泵)，调节U形水银柱压力计真空度，使滤液的过滤速度为每秒一滴左右，抽滤至无液体滴落，然后小心关闭水流泵(或真空泵)，使压力计恢复常压。再将已冷却的乙醚—乙醇混合液一次加入30mL，洗涤蜡层，并清洗塞子及试样冷却筒内壁。继续过滤，当溶剂在蜡层上看不见时，继续抽滤5min，将蜡中的溶剂

抽干，以除去蜡中的溶液。

⑪从冷槽中取出试样冷却过滤装置，取下吸滤瓶，将其中溶液倾入一回收瓶中。吸滤瓶也用乙醚—乙醇混合液中洗3次，每次用10～15mL，洗液倒入回收瓶中。

⑫将试样冷却筒、塞子及吸滤瓶重新装妥，再将30mL已预热至50℃～60℃的石油醚清洗试样冷却筒及塞子，拔起塞子使溶液流至过滤漏斗，待漏斗中无溶液后，再用热石油醚溶解漏斗中的蜡两次，每次用量35mL，然后立即用水流泵（或真空泵）吸滤，至无液滴滴落。

⑬将吸滤瓶中蜡溶液倾入已称质量的锥形瓶中，并用常温石油醚分三次清洗吸滤瓶，每次用量10～15mL。洗液倒入锥形瓶的蜡溶液中。

⑭将盛有蜡溶液的锥形瓶放在适宜的热源上回收溶剂或使溶剂蒸发净尽。然后将锥形瓶置温度为105℃±5℃烘箱中除去石油醚，然后放入真空干燥箱（105℃±5℃，残压21～35kPa）中1h，再置干燥器中冷却1h后称其质量，得到析出蜡的质量m_3，准确至0.1mg。

⑮同一沥青试样蒸馏后，从馏出油中取3个试样进行试验。

6.1.7.4　计算

（1）沥青试样的蜡含量按式（6-10）计算：

$$P_P = \frac{m_1 \times m_w}{m_b \times m_2} \times 100 \tag{6-10}$$

式中：P_P——蜡含量，%；

m_b——沥青试样质量，g；

m_1——馏分油总质量，g；

m_2——用于测定蜡的馏分油质量，g；

m_w——析出蜡的质量，g。

（2）所进行的平行试验结果的最大值与最小值之差符合重复性试验精密度要求时，取其平均值作为蜡含量结果，取小数点一位（%）。当超过重复性试验精密度时，以分离得到的蜡的质量（g）为横轴，蜡的质量百分率为纵轴，按直线关系回归求出蜡的质量为0.075g时的蜡的质量百分率，作为蜡含量结果，取小数点1位（%）。

注：关系直线的方向系数只取正值，有两条直线时，取内插值的平均值。

6.1.7.5　精密度或允许差

蜡含量测定时重复性或再现性试验精度的允许差应符合下列要求：

蜡含量（%）	重复性（%）	再现性（%）
0.0～1.0	0.1	0.3
1.0～3.0	0.3	1.0
>3.0	0.5	1.5

6.1.8　沥青溶解度试验方法

沥青的溶解度是试样在规定溶剂中可溶物的含量，以质量百分率表示。

6.1.8.1　目的和适用范围

本方法适用于测定石油沥青、液体石油沥青或乳化沥青蒸发后残留物的溶解度。非经注明,溶剂为三氯乙烯。

6.1.8.2　仪具与材料

(1)分析天平:称量100g,感量不大于0.2mg。

(2)锥形烧瓶:200mL。

(3)古氏坩埚:50mL。

(4)玻璃纤维滤纸:直径2.6cm,最小过滤孔0.6μm。

(5)过滤瓶:250mL。

(6)橡胶管或接管,固定古氏坩埚在吸滤瓶上用。

(7)洗瓶。

(8)量筒600mL。

(9)干燥器。

(10)烘箱:装有温度自动调节器。

(11)水槽。

(12)双连球、水流泵或真空泵。

(13)三氯乙烯(化学纯)。

6.1.8.3　方法与步骤

(1)准备工作

①准备沥青试样。

②将玻璃纤维滤纸置于洁净的古氏坩埚的底部,用溶剂冲洗滤纸和古氏坩埚,使溶剂挥发后,置温度为105℃±5℃的烘箱内干燥至恒重(一般为15min),然后移入干燥器中冷却,冷却时间不少于30min称其质量(m_1),准确至0.2mg。

③称取已烘干的锥形烧瓶和玻璃棒(m_2)的质量,准确至0.2mg。

(2)试验步骤

①用预先干燥的锥形烧瓶称取沥青试样2g(m_3),准确至0.2mg。

②在不断摇动下,分次加入三氯乙烯100mL,直至试样溶解后盖上瓶塞,并在室温下放置至少15min。

(3)将已称质量的滤纸及古氏坩埚,安装在过滤烧瓶上,用少量的三氯乙烯润湿玻璃纤维滤纸。然后将沥青溶液沿玻璃棒倒入玻璃纤维滤纸中,并以连续滴状速度进行过滤。必要时,使用水流泵或真空泵过滤。过滤时,应尽量将在锥形烧瓶中的不溶物移至坩埚中。再用溶剂洗涤古氏坩埚的玻璃纤维滤纸,直至滤液无色透明为止。

(4)取出古氏坩埚置通风处,直至无溶剂气味为止;然后将古氏坩埚移入温度为105℃±5℃的烘箱中至少20min;同时,将原锥形瓶、玻璃棒等也置于烘箱中烘至恒重。

(5)取出古氏坩埚及锥形瓶等置于干燥器中冷却30min±5min后,分别称其质量(m_4,m_5),直至连续称量的差不大于0.3mg为止。

6.1.8.4　计算

沥青试样的可溶物含量按式(6-11)计算:

$$S_b = [1 - \frac{(m_4 - m_1) + (m_5 - m_2)}{m_3 - m_2}] \times 100 \tag{6-11}$$

式中：S_b——沥青试样的溶解度，%；

m_1——古氏坩埚与玻璃纤维滤纸合计质量，g；

m_2——锥形瓶与玻璃棒合计质量，g；

m_3——锥形瓶、玻璃棒与沥青试样合计质量，g；

m_4——古氏坩埚、玻璃纤维滤纸与不溶物合计质量，g；

m_5——锥形瓶、玻璃棒与黏附不溶物合计质量，g。

6.1.8.5 报告

同一试样至少平行试验两次；当两次结果之差不大于 0.1% 时，取其平均值作为试验结果。对于溶解度大于 99.0% 的试验结果，准确至 0.01%；对于溶解度等于或小于 99.0% 的试验结果，准确至 0.1%。

6.1.8.6 精密度或允许差

当试验结果平均值大于 99.0% 时，重复性试验精度的允许差为 0.1%，再现性试验精度的允许差为 0.5%。

6.1.9 沥青密度与相对密度试验方法

沥青的密度，是沥青分子致密程度的指标，它是以 15℃ 作为测定标准。沥青的相对密度也是沥青的一项基本数据，它是沥青密度与水的密度之比，通常的测定条件是 25℃。测定沥青密度的目的有两个，一是供沥青储存期间体积与质量换算用，另一个是计算沥青混合料最大理论密度供配合比设计所用。

6.1.9.1 目的和适用范围

(1) 沥青的密度是试样在规定温度下单位体积所具有的质量，以 t/m^3 或 g/cm^3 表示，非经注明，规定温度为 15℃。

(2) 沥青的相对密度是指在规定温度下，沥青质量与同体积的水质量之比值。非经注明，沥青与水的相对密度是指 25℃ 相同温度下的相对密度。

(3) 本方法适用于利用比重瓶测定各种沥青材料的密度与相对密度。本方法可以测定密度（15℃），换算得相对密度（25℃/25℃）；也可以测定相对密度（25℃/25℃），换算求取密度（15℃）。

6.1.9.2 仪具与材料

(1) 比重瓶：玻璃制，瓶塞下部与瓶口须经仔细研磨。瓶塞中间有一个垂直孔，以便由孔中排除空气。比重瓶的容积为 20 ~ 30mL，质量不超过 40g，形状和尺寸如图 6-9 所示。

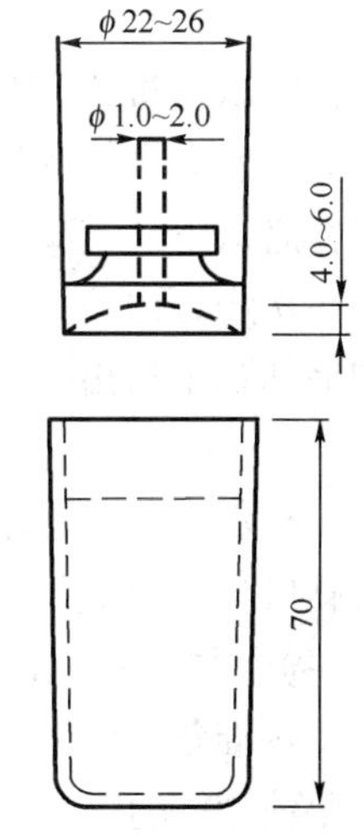

图 6-9 比重瓶（尺寸单位：mm）

(2) 恒温水槽：控温的准确度为 0.1℃。

(3) 烘箱：200℃，装有温度自动调节器。

(4)天平:感量不大于1mg。

(5)滤筛:0.6mm、2.36mm各一个。

(6)温度计:0℃~50℃,分度0.1℃。

(7)烧杯:600~800mL。

(8)真空干燥器。

(9)洗液:玻璃仪器清洗液,三氯乙烯(分析纯)等。

(10)蒸馏水(或去离子水)。

(11)表面活性剂:洗衣粉(或洗涤灵)。

(12)其他:软布、滤纸等。

6.1.9.3 方法与步骤

(1)准备工作

①用洗液、水、蒸馏水先后仔细洗涤比重瓶,然后烘干称其质量(m_1),准确至1mg。

②将盛有新煮沸并冷却的蒸馏水的烧杯浸入恒温水槽中一同保温,在烧杯中插入温度计,水的深度必须超过比重瓶顶部40mm以上。

③使恒温水槽及烧杯中的蒸馏水达到规定的试验温度±0.1℃。

(2)比重瓶水值的测定步骤

①将比重瓶及瓶塞放入恒温水槽中,烧杯底浸没水中的深度应不少于100mm,烧杯口露出水面,并用夹具将其固牢。

②待烧杯中水温再次达至规定温度并保温30min后;将瓶塞塞入瓶口,使多余的水由瓶塞上的毛细孔中挤出。注意,比重瓶内不得有气泡。

③将烧杯从水槽中取出,再从烧杯中取出比重瓶,立即用干净软布将瓶塞顶部擦拭一次,再迅速擦干比重瓶外面的水分,称其质量(m_2),准确至1mg。注意,瓶塞顶部只能擦拭一次,即使由于膨胀瓶塞上有小水滴也不能再擦拭。

④以m_2-m_1作为试验温度时比重瓶的水值。

(3)液体沥青试样的试验步骤

①将试样过筛(0.6mm)后注入干燥比重瓶中至满,注意不要混入气泡。

②将盛有试样的比重瓶及瓶塞移入恒温水槽(测定温度±0.1℃)内盛有水的烧杯中,水面应在瓶口下约40mm。注意,勿使水浸入瓶内。

③从烧杯内的水温达到要求的温度后起算保温30min后,将瓶塞塞上,使多余的试样由瓶塞的毛细孔中挤出。仔细用蘸有三氯乙烯的棉花擦净孔口挤出的试样,并注意保持孔中充满试样。

④从水中取出比重瓶,立即用干净软布仔细地擦去瓶外的水分或黏附的试样(注意不得再揩孔口)后,称其质量(m_3),准确至1mg。

(4)黏稠沥青试样的试验步骤

①将准备好的沥青试样,仔细注入比重瓶中,约至2/3高度。注意,勿使试样黏附瓶口或上方瓶壁,并防止混入气泡。

②取出盛有试样的比重瓶,移入干燥器中,在室温下冷却不少于1h,连同瓶塞称其质量

(m_4),准确至 1mg。

③从水槽中取出盛有蒸馏水的烧杯,将蒸馏水注入比重瓶,再放入烧杯中(塞也放进烧杯中)。然后把烧杯放回已达试验温度的恒温水槽中,从烧杯中的水温达到规定温度时起算保温 30min 后,使比重瓶中气泡上升到水面,用细针挑除。保温至水的体积不再变化为止。待确认比重瓶已经恒温且无气泡后,再用保温在规定温度水中的瓶塞塞紧,使多余的水从塞孔中溢出,此时应注意不得带入气泡。

④保温 30min 后,取出比重瓶,按前述方法迅速揩干瓶外水分后称其质量(m_5),准确至 1mg。

(5)固体沥青试样的试验步骤

①试验前,如试样表面潮湿,可用干燥、清洁的空气吹干,或置 50℃烘箱中烘干。

②将 50 ~ 100g 试样打碎,过 0.6mm 及 2.36mm 筛。取 0.6 ~ 2.36mm 的粉碎试样不少于 5g 放入清洁、干燥的比重瓶中,塞紧瓶塞后称其质量(m_6),准确至 1mg。

③取下瓶塞,将恒温水槽内烧杯中的蒸馏水注入比重瓶,水面高于试样约 10mm,同时加入几滴表面活性剂溶液(如 1% 洗衣粉、洗涤灵),并摇动比重瓶使大部分试样沉入水底,必须使试样颗粒表面上附气泡逸出。注意,摇动时勿使试样摇出瓶外。

④取下瓶塞,将盛有试样和蒸馏水的比重瓶置真空干燥箱(器)中抽真空,逐渐达到真空度 98kPa(735mmHg),不少于 15min。如比重瓶试样表面仍有气泡,可再加几滴表面活性剂溶液,摇动后再抽真空。必要时,可反复几次操作,直至无气泡为止。

注:抽真空不宜过快,防止样品带出比重瓶。

⑤将保温烧杯中的蒸馏水再注入比重瓶中至满,轻轻地塞好瓶塞,再将带塞的比重瓶放入盛有蒸馏水的烧杯中,并塞紧瓶塞。

⑥将有比重瓶的盛水烧杯再置恒温水槽(试验温度 ±0.1℃)中保持至少 30min 后,取出比重瓶,迅速揩干瓶外水分后称其质量(m_7),准确至 1mg。

6.1.9.4　计算

(1)试验温度下液体沥青试样的密度或相对密度按式(6-12)、式(6-13)计算:

$$\rho_b = \frac{m_3 - m_1}{m_2 - m_1} \times \rho_w \tag{6-12}$$

$$\gamma_b = \frac{m_3 - m_1}{m_2 - m_1} \tag{6-13}$$

式中:ρ_b——试样在试验温度下的密度,g/cm³;

γ_b——试样在试验温度下的相对密度;

m_1——比重瓶质量,g;

m_2——比重瓶与盛满水时的合计质量,g;

m_3——比重瓶与盛满试样时的合计质量,g;

ρ_w——试验温度下水的密度,15℃水的密度为 0.999 10g/cm³,25℃水的密度为 0.997 03g/cm³。

(2)试验温度下黏稠沥青试样的密度或相对密度按式(6-14)、式(6-15)计算:

$$\rho_b = \frac{m_4 - m_1}{(m_2 - m_1) - (m_5 - m_4)} \times \rho_w \tag{6-14}$$

$$\gamma_b = \frac{m_4 - m_1}{(m_2 - m_1) - (m_5 - m_4)} \tag{6-15}$$

式中：m_4——比重瓶与沥青试样合计质量，g；

m_5——比重瓶与试样和水合计质量，g。

(3)试验温度下固体沥青试样的密度或相对密度按式(6-16)、式(6-17)计算：

$$\rho_b = \frac{m_6 - m_1}{(m_2 - m_1) - (m_7 - m_6)} \times \rho_w \tag{6-16}$$

$$\gamma_b = \frac{m_6 - m_1}{(m_2 - m_1) - (m_7 - m_6)} \tag{6-17}$$

式中：m_6——比重瓶与沥青试样合计质量，g；

m_7——比重瓶与试样和水合计质量，g。

6.1.9.5　报告

同一试样应平行试验两次，当两次试验结果的差值符合重复性试验的精度要求时，以平均值作为沥青的密度试验结果，并准确至3位小数，试验报告应注明试验温度。

6.1.9.6　精密度或允许差

(1)对黏稠石油沥青及液体沥青，重复性试验精度的允许差为0.003g/cm^3，再现性试验精度的允许差为0.007g/cm^3。

(2)对固体沥青，重复性试验精度的允许差为0.01g/cm^3，再现性试验精度的允许差为0.02g/cm^3。

(3)相对密度的精密度要求与密度相同(无单位)。

6.1.10　沥青旋转薄膜烘箱试验方法

6.1.10.1　目的和适用范围

(1)用旋转薄膜烘箱试验引起的沥青性质的变化可以模拟在150℃常规的热拌和过程中沥青性质的变化。

(2)老化后的沥青与150℃热拌和后铺在路上的沥青性质相当。

(3)本试验方法还可以测量沥青的质量变化，以确定沥青中可挥发组分的多少。

6.1.10.2　仪具与材料

该试验需要一个旋转薄膜烘箱。烘箱包括一个垂直转动圆盘架，圆盘上有一些专用于试件瓶的孔洞，圆盘架由机械驱动，围绕其中心旋转，烘箱内还有一个空气喷嘴，当试样瓶旋转到最低位置时，向每个试样瓶吹空气，如图6-10所示。

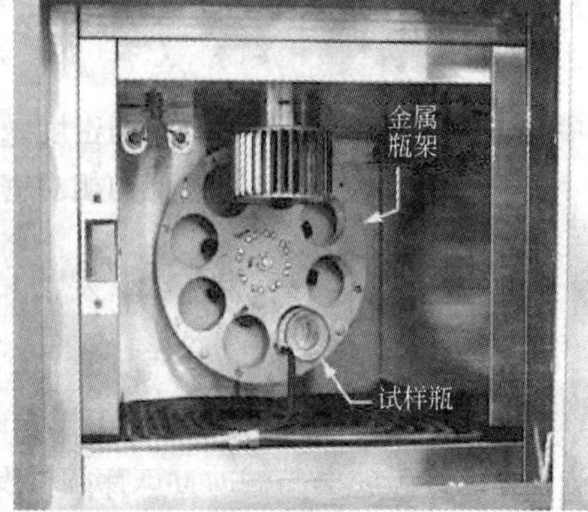

图6-10　旋转薄膜烘箱内部构造

6.1.10.3　准备工作

(1)调整喷嘴出口位置于样品瓶口约6～7mm

处,使喷出的空气可以水平地送入样品瓶开口的中心。

(2)调整温度计的位置,使水银球在环形框架中心轴线 25mm 之内。

(3)烘箱要水平放置,以使安放在环形金属架上的样品瓶均处于水平位置。

(4)开启、调整并设定恒温装置,将烘箱预热 16h,以保证烘箱里放满样品并通入空气时,可于 10min 内将温度恒定于 163℃ ±0.5℃,以温度计显示为准。

6.1.10.4　方法与步骤

(1)所测试的样品应无水。将样品容器用配合严密的盖子松松地盖上,放入温度不超过 150℃烘箱中加热,用最少的时间将样品加热到完全流动,搅动样品,切勿混入空气泡。

(2)在每个备好的样品瓶中注入 35g ±0.5g 样品。样品瓶的个数由分析试验所需烘后沥青的数量决定。

(3)注入样品的瓶立即水平放置,勿搅动或使其流动,样品瓶置于干净的冷却架上放在室温、通风、干燥处冷却 60 ~ 180min。

(4)如需要测量质量变化,应事先称重两个有标记的样品瓶。将沥青样品倒入标记瓶中,冷却后,将标记瓶垂直放在天平上称量,计算出试样的质量,精确至 0.001g。

(5)待烘箱已达到试验温度,空气流量为 4 000 mL/min ±200mL/min 时,将盛有沥青的样品瓶均匀分配在环形金属架上,使其平衡,如有空位应置以空瓶。关闭烘箱门并以 15 转/m ±0.2 转/m转速转动环形金属架。在上述运行条件下,从关闭烘箱门到打开烘箱门移第一个样品瓶之前,样品放在烘箱中的总时间为 85min,烘箱门关闭后的 10min 内必须将温度升到 163℃ ±0.5℃,否则停止试验。

(6)达到试验要求的时间后,先移出测定质量变化的样品瓶,水平置于冷却架上。然后将余下的样品瓶依次移出,将瓶中沥青倒入同一个容器中,容器的大小需较预期残留物总量多出 30%。样品转移过程中,可使样品先自由流出,所余样品可依经验尽量刮出。移出每个样品瓶后均应立即关闭烘箱门,然后倒出样品。加热电源、通风及环形金属架转速维持在试验条件下不变。从第一个样品瓶移出到最后一个样品瓶移出,应在 5min 内完成。

(7)将容器中的沥青小心搅拌均匀,搅拌时勿使空气进入沥青中。将此老化后沥青根据检测要求按现行标准方法浇注试件并进行分析。老化后的沥青应在旋转薄膜烘箱试验后的 72h 内全部完成检测。

(8)测定质量变化的样品瓶在冷却架上冷却 60 ~ 180min 后垂直放置在天平上称重,精确至 0.001g。测定质量变化后的样品应废弃,不得用做其他检验。

6.1.10.5　报告

(1)根据预先要求的检测项目,按照相应的试验标准,测定旋转薄膜烘箱试验前后样品物理性质的变化,以此表示该沥青样品的热老化特征。

(2)报告两个样品瓶质量变化的平均值作为试验结果,质量减少时为负值,质量增加时为正值,精确到 0.001%。

6.1.10.6　精密度或允许差

(1)用表 6-1 中规定的内容判断旋转薄膜烘箱试验后沥青 60℃黏度和 15℃延度的可靠性。

(2)质量损失的精密度暂未规定。

旋转薄膜烘箱试验后的测试精密度 表 6-1

测试项目	均方根差	两次测试结果之差不应超过下列数值	离散系数(%)	两次测试结果之差不应超过下列数值(平均值的百分比,%)
同一操作者,同一实验室				
黏度 60℃			2.3	6.5
延度 15℃,cm	3	9		
不同操作者,多个实验室				
黏度 60℃			4.2	11.9
延度 15℃,cm	6	16		

6.1.11 压力老化试验方法

6.1.11.1 目的和适用范围

(1)本试验采用压力老化仪(PAV)模拟道路在使用过程中发生在沥青黏结剂中的氧化老化。用本试验得到的残留物性能预测道路中使用几年后沥青黏结剂的物理和化学性质。

(2)在进行本试验步骤之前,先用 RTFOT 试验对沥青黏结剂进行老化。

(3)对具有不同等级或不同来源的沥青黏结剂,本试验中老化时间和温度与道路使用中老化时间和温度之间没有直接对应关系。

(4)在某一相同的温度和压力条件作用下,两个沥青黏结剂可能具有相似的老化速率,但是在另一试验条件下,老化速率可能不同。因此在 PAV 条件下,一些沥青黏结剂相对老化速率可能与使用时的实际相对速率有明显的不同。

6.1.11.2 仪具与材料

压力老化仪的结构形式主要有两种,组合式和独立式。组合式压力老化仪的结构形式可见图 6-11,其压力容器是温度室的一部分。独立式压力老化仪的压力老化容器独立于温度室。

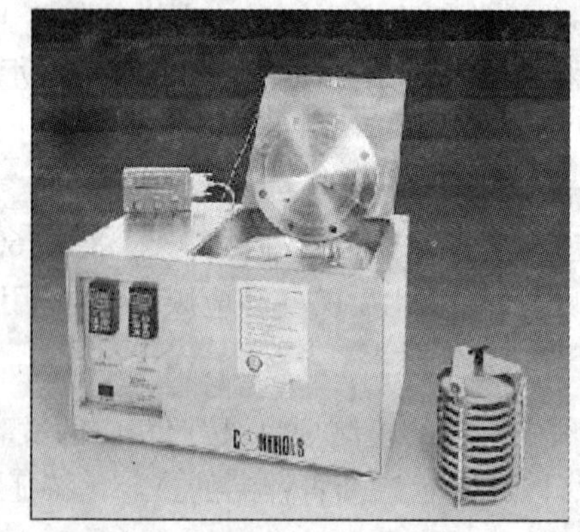

图 6-11 组合式压力老化仪

压力容器由不锈钢制成,设计操作压力为 2 070kPa,温度为 90℃、100℃或 110℃。一个试验架至少容纳 10 个试样盘。为了防止压力损失,容器的盖子都有密封装置。

空气压力由一个干燥清洁的空气压缩瓶提供,压缩瓶有压力调节器,放气阀和慢速放气阀。容器盖上装有压力接头和温度传感器,温度传感器连接到一个数字仪表,通过数字仪表监视整个老化过程中的容器内部温度。试验期间，还要求继续监视温度。

以一个强制通风烘箱作为温度室，可以控制试验期内试验温度在 ±0.5℃以内；此外，还要求有一个数字比例控制器和容器内部温度显示仪。

6.1.11.3　方法与步骤

(1)根据沥青旋转薄膜烘箱试验方法对沥青黏结剂进行老化试验。

(2)将 RTFOT 瓶中残留物倒入一个容器中。搅拌混合后，对 PAV 进行温度调节。根据步骤(4)将残留物转移到 RTFOT 盘中，或将容器中的残留物冷却到室温，盖上盖子，储藏在室温下，以后再进行 PAV 温度调节。如果经过 RTFOT 后的沥青黏结剂冷却到室温，在倒入 RTFOT 盘中前，将它加热到倾倒时能足够流动并搅拌时的温度。

(3)将盘架放在压力容器内部，如果用烘箱，则将压力容器放在烘箱中，选择老化温度，将压力容器预热到选定的老化温度。如果使用积分温度控制的压力容器，应选择一个老化温度，按照设备说明预热压力容器。

(4)将 RTFOT 盘放在天平上，向盘中加入 50g ±0.5g 的沥青黏结剂，产生约 3.2mm 厚的沥青黏结剂薄膜。

(5)如用烘箱加热的容器被预热到高于预定的温度，重新设定烘箱上的温度控制器以达到老化温度。

(6)尽可能快地按照步骤(7)和步骤(8)描述的内容进行操作，避免容器和盘的冷却。

(7)将装样盘放在盘架上(在进行单一老化过程时，不同来源不同等级的沥青黏结剂的盘可放在同一压力容器中)，并将装有试样盘的盘架放入压力容器，然后关闭压力容器(未用的架槽不需要放置空盘)。

(8)如果使用烘箱，将装载并关闭的压力容器放入烘箱中。连接温度传感器，按照容器的设计和烘箱结构的要求，将空气压力供应管线连接到装载的压力容器外部的连接件上。

(9)对放在烘箱中的压力容器，一直等到压力容器内部的温度达到确定值(规定的温度减去由于压力施加而导致的容器内温度的增加值)，并通入 2.1MPa ±0.1MPa 的空气压力，开始对老化流程记时。如果用温度控制器，预热容器，施加 2.1MPa ±0.1MPa 空气压力，按照设备说明开始对老化流程记时。如果装载盘架和盘后 2h 内容器内的温度还没有达到加压要求的温度，停止试验，放弃试验样品。

(10)将压力容器内部的温度和压力维持 20h ±10min。

(11)在 20h 的老化阶段，如果温度记录设备显示的温度超过目标老化温度 ±0.5℃的总时间超过 60min，则老化过程无效，放弃试验样品。如果老化阶段结束时，压力超出步骤(9)中的设计范围，则老化过程无效，放弃试验样品。如果用的设备只能记录最高和最低温度，并且如果在 20h 的老化期间，记录最高或最低温度的变化超过老化温度 ±0.5℃，老化过程无效，放弃试验样品。

(12)当 20h 老化阶段结束时，用放空阀开始慢慢减少 PAV 的内部压力。放空阀预先设定一个开度，使 PAV 内部和外部压力在 8 ~15min 达到平衡，避免沥青黏结剂产生过多的气泡和泡沫。20h 的老化时间不包括释放压力和平衡压力的时间。

(13)对老化试样进行真空脱气。

①将盘架和盘从 PAV 中移出，将盘放在设定在 163℃的烘箱中加热 15min ±1min。

②将真空烘箱预热到170℃ ±5℃。

③从烘箱中移出盘,将含有单一样品的盘中热的残留物倒入一个单一容器中,选择尺寸合适的容器,使容器中的残留物的厚度在15 ~40mm之间。刮完最后一个盘后,在1min内将容器转移到真空烘箱中。将真空烘箱在170℃ ±5℃温度下保持10min ±1min。

④尽可能快地打开减压阀,将压力减少到15kPa ±2.5kPa的绝对压力,并恒压维持30min ±1min。释放真空,移出容器。如果表面还留有气泡,用火苗烧一下或用热刀移走PAV残留物表面的气泡。

(14)如果没有立即对脱气后的PAV残留物进行其他试验,可将PAV残留物容器加盖后放在室温下储藏,用于进一步试验。

6.1.11.4　报告

(1)样品名称及编号;

(2)老化温度,准确到0.5℃;

(3)最高和最低老化温度,准确到0.1℃;

(4)老化过程中老化温度在规定范围外的总时间,准确到0.1min;

(5)总老化时间,以小时和分钟计。

6.1.11.5　精密度或允许差

本老化试验方法,仅规定试验过程,不规定材料性能的测试指标,试验报告勿需陈述精密度和偏差。

6.1.12　布鲁克菲尔德黏度试验方法

6.1.12.1　目的和适用范围

(1)本方法可用于测量沥青在使用温度下的表观黏度。

(2)在规定的温度范围和剪切条件下,部分沥青可能表现出非牛顿流体的特性。由于非牛顿流体的黏度不是一个常数,它只是反映了该流体在特定的测量条件下的黏流性质,因此,在本方法规定的条件下测得的非牛顿体沥青的黏度不一定能够准确反映该沥青在使用条件下的黏度。

(3)对于非牛顿流体,只有用同类的黏度仪在相同的温度和剪切条件下测得的黏度才具有可比性。

6.1.12.2　仪具与材料

本试验需要利用旋转黏度计,旋转黏度计是用来评估胶结料的高温工作特性的设备,其工作过程可见图6-12。实践中常采用同轴黏度计;如布鲁克菲尔德黏度计,而不用毛细管黏度仪。

旋转黏度的测定是通过测量沉浸在试样中的旋转轴在恒温下保持固定转速所需的扭矩完成。旋转轴在固定速度的扭矩同胶结料试样的黏度有直接的关系,这种关系由黏度计自动确定。

旋转黏度计由两部分组成:旋转黏度计和温度控制系统。

旋转黏度计由一个电动机、旋转轴、控制键盘和数字显示表组成,如图6-13所示。电动机通过一个弹簧把动力传给旋转轴,当扭矩增加时,弹簧就卷紧,旋转传感器测量弹簧上的扭矩,对于大多数旋转黏度计和规范试验,电动机转速应设置在20rad/min。

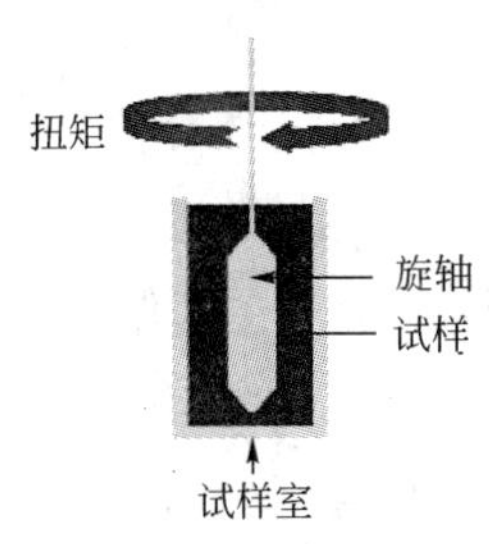

图 6-12　黏度计示意图

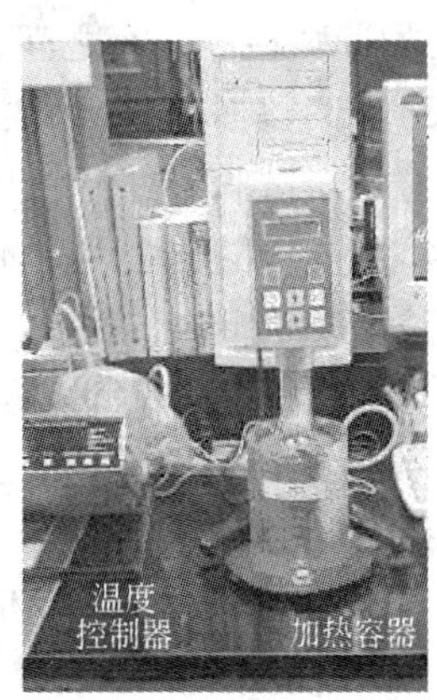

图 6-13　旋转黏度计设备组成

旋转轴形状是纺锤形，像一个铅垂。由于浸在胶结料中，胶结料的黏性使得其有抵抗旋转的作用。旋转黏度计有许多旋转轴，应依据被测试胶结料的黏度选择合适的旋转轴。许多胶结料可以仅用两个旋转轴做试验（21 号和 27 号），其中 27 号旋转轴是最常用的。

施加的扭矩和转速在显示表上示出，控制键用来输入测试参数（如旋转轴号数）。转轴号数指示黏度计正在使用的是哪一个旋转轴。这些键还用来设定电动机转轴，设定电动机转速和开关。要使黏度计工作正常，必须进行调平。水泡形水准仪置于黏度仪的顶部，通过在基础部分的调平螺丝进行调节。

温度控制系统由试样筒、加热容器和温度控制器组成，试样筒是一个形状像试管的不锈钢筒。当其温度较高时，要用专门提取工具来进行操作。

加热容器容纳试样筒，由保持和改变试验温度的电加热部件组成。温度控制器允许使用者设定 135℃的测试温度，另一个水泡形水准仪置于热容器的底部，以保证热容器处于水平状态。

6.1.12.3　方法与步骤

（1）操作前仔细阅读仪器说明书。

（2）接通恒温电源。

（3）将温度控制器的温度设定在测试所需的温度。

（4）按说明书中规定校正温度控制器。

（5）将已选好的转子与样品筒一起放进仪器的恒温室中恒温 1.5h（或通过指示灯确定到达平衡温度）。

（6）移出样品筒并加入加热好的沥青样品（沥青的加热温度不得超过其软化点的 110℃）。根据沥青的比重不同，一般大约需样品 8 ~ 10mL。样品不可装得过满，但液面线应浸没转子的筒体，并高于转子上锥体约 3.2mm。

（7）用取样夹具将装好沥青的样品筒放入仪器的恒温室中。

（8）根据估计的黏度值选用合适的转子并将转子挂在黏度仪上。

（9）降低黏度计测量头，将挂好的转子垂直插入样品筒中心。

（10）让沥青达到平衡温度（大约需要 15min）。

（11）开启黏度仪。RV、HA、HB 型的黏度仪的转速 20 转/m；LV 型的转速为 12 转/m；观察读数,如读数在 2 ~98 之间,则可开始测量。

(12)如读数不在 2 ~98 之间,则选用其他的转子,并重复(5)至(11)步骤。

(13)每个试验温度下,记录三个读数,每 60s 记录一次。

(14)用同样的方法测定不同温度下的黏度。

(15)Brookfield 上的读数乘以其黏度系数得到测量黏度值以 mPa · s 表示。

(16)如在最低的测试温度下读数超过 98,可降低转子转速,继续测量。在其他测试温度下 如读数超过 98,用小一号的转子,按步骤(5)要求重复进行试验,并根据步骤(6)中要求加入与之相匹配的沥青量。

(17)为避免剪切速率发生变化,黏度测量过程中不得变动所设定的速度。

6.1.12.4　报告

(1)测试结果中必须报告:试验温度、转子型号、转速及黏度值,黏度以 mPa · s 表示。

(2)以 3 个或 3 个以上的试验温度及所对应的黏度值作图得到黏—温曲线。

6.1.12.5　精密度或允许差

同一操作者重复测定的数据,误差不超过 3.5%。不同操作者,在两个实验室,对同一试样得出的结果不得超过算术平均值的 14.5%。

6.1.13　沥青胶结料流变性试验方法

6.1.13.1　适用范围

(1)当用平行板几何仪进行动力剪切(振荡)试验时,本试验方法用于测量沥青黏结剂的相位角和动力剪切模量。本方法适于测量沥青黏结剂动力剪切模量值的范围为 10Pa ~ 10MPa,这个范围的模量通常在 5℃ ~85℃之间得到。

(2)本方法适用于未老化、PAV 老化后和 RTFOT 老化后的沥青黏结剂。

(3)本方法适于测量颗粒尺寸小于 250μm 的沥青黏结剂。

6.1.13.2　仪具与材料

动态剪切流变仪(DSR)是用来测试沥青胶结料黏性和弹性特征的仪器,见图 6-14。其方法是通过测量夹在振荡板和固定板之间的薄沥青胶结料试样的黏性和弹性性质来完成。

DSR 的工作原理很直观,沥青试样夹在来回振荡的旋转轴和固定板之间,振荡板(常叫做"旋转轴")从起点 A 开始转动到 B 点。振荡板再从 B 点转回,经过 A 点到 C 点,从 C 点再转回到 A 点。此运动从 A 到 B,从 B 到 C,再回到 A 形成了一个循环,如图 6-15 所示。

当力通过旋转轴加到沥青上时,DSR 就会测量沥青对此施加力的反应。如果沥青是完全弹性的材料,其反应就与瞬间施加的力相一致,两者间的时间滞后就为零。若是完全的黏性材料,荷载和反应之间的时间滞后就会很大。

6.1.13.3　样品和试样的准备

(1)试验样品的准备

若试验材料是未老化的沥青黏结剂,应按照《石油沥青取样法》(GB/T 11147—1989)得到试验样品。

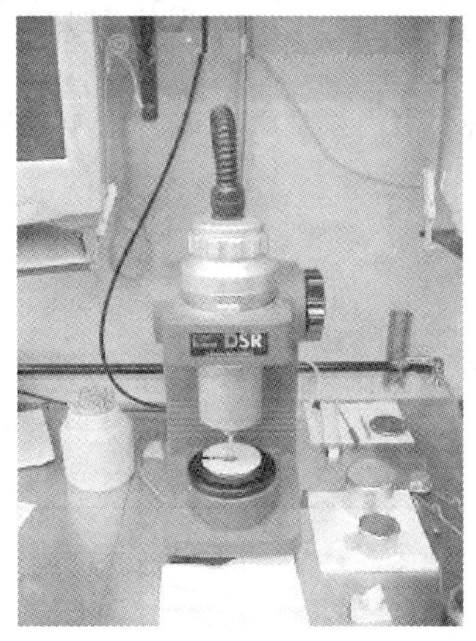

图6-14　动态剪切流变仪设备组成

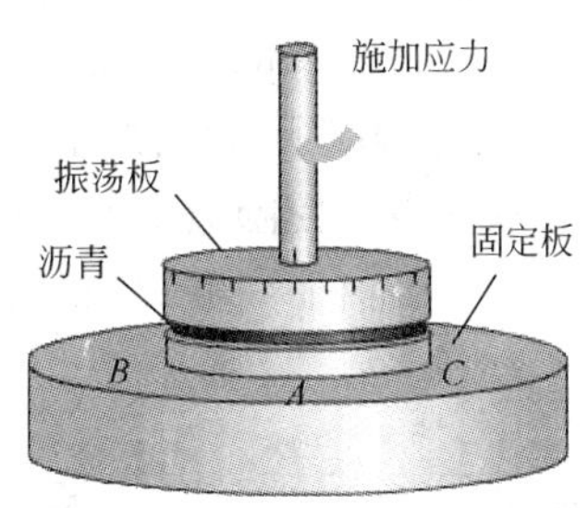

图6-15　动态剪切流变仪工作原理

在试验前加热沥青黏结剂，直到沥青黏结剂足够流动用来浇注试件，应避免将未老化的沥青黏结剂加热温度高于135℃；对于一些改性沥青或重度老化的沥青黏结剂，要求浇注温度高于135℃，但加热温度不要超过163℃。在加热过程中给样品加盖，偶尔进行搅拌以保证样品的均匀性，并可带走气泡。为了避免样品硬化，应使用加热温度最低和加热时间最少。

(2)试件制备

对间隙进行调零。仔细清洁和干燥试验板表面，使沥青黏结剂均匀牢固地黏到两个试验板上。当用8mm试件时，将环境室升到约45℃；当用25mm试件时，将环境室升到试验温度或试验温度范围的初始温度。用以下两种规定的方法之一制备试件。

①移走可移动板，将沥青黏结剂浇注在上面试验板的中心处，使得沥青黏结剂基本覆盖整个板。待试件变硬后，将试件安装在流变仪中，准备进行试验。

②将沥青黏结剂倒入硅橡胶模中，形成一个直径约等于上试验板直径、高度约等于试验间隙的1.5倍的试件。将硅橡胶模内试件冷却到室温。从模子中取出试件，将试件安装在下板的中心处。

(3)试件修整

按上述方法将试件安装在试验板上后，移动试验板挤压两个试验板间的试件，直到试验板间隙等于试验间隙加0.05mm。

①在加热板上或火焰上加热试件修整器。

②试件修整后，将间隙减少0.05mm，以达到期望的试验间隙。

6.1.13.4　方法与步骤

(1)调整好试验板间隙后，将试件温度升到试验温度的±0.1℃。

①当用ASTM D 6373对沥青黏结剂进行符合性试验时，从ASTM D 6373的附录一中选择合适的试验温度。

②当进行温度扫描时，从试验温度的中点开始增加或降低试验温度，以达到期望的试验温度范围。

(2)将温度控制器设定到所需试验温度。当 RTD 显示的温度达到所需温度的 ±0.1℃内时恒温最少 10min,然后开始进行测试。

(3)应变控制模式:当在应变控制模式下操作时,根据复合模量值确定应变值。将应变值控制在由式(6-18)中计算的目标值的 20% 以内。

$$\gamma = 12.0/(G^*)^{0.29} \tag{6-18}$$

式中:γ——剪切应变的百分率;

G^*——复合模量,kPa。

当用 ASTM D 6373 对试件进行试验测量符合性时,从表 6-2 中选择合适的应变值。动力剪切流变仪软件自动控制应变水平而不用操作者控制。

目 标 应 变 值 表 6-2

材　料	临界值(kPa)	应变(%)	
		目标值	范围
原样沥青黏结剂	$G^*/\sin\delta(1.0)$	12	9~15
RTFOT 残留物	$G^*/\sin\delta(2.2)$	10	8~12
PAV 残留物	$G^*\sin\delta(5\,000)$	1	0.8~1.2

(4)应力控制模式:当在应力控制模式下操作时,根据复合模量值确定应力水平。将应力控制在由式(6-19)计算得到的目标值的 20% 以内。

$$\tau = 12.0/(G^*)^{0.71} \tag{6-19}$$

式中:τ——剪切应力,kPa;

G^*——复合模量,kPa。

当用 ASTM D 6373 进行柔性试验时,从表 6-3 中选择合适的应力水平,动力剪切流变仪软件自动控制应力水平而不用操作者控制。

目 标 应 力 水 平 表 6-3

材　料	临界值(kPa)	应力(kPa)	
		目 标 水 平	范 围
原样沥青黏结剂	$G^*/\sin\delta(1.0)$	0.12	0.09~0.15
RTFOT 残留物	$G^*/\sin\delta(2.2)$	0.22	0.18~0.26
PAV 残留物	$G^*\sin\delta(5\,000)$	50.0	40.0~60.0

(5)当温度达到平衡时,在 10rad/s 的频率下,设备将自动向试件施加 10 个周期的所需应变。试验测量值由记录附加的 10 个周期的数据得到,从第二个 10 周期产生的数据中产生复合模量和相位角值。可用测量得到的多个数据来检查试验样品是否正确制备。当在多个频率下进行试验时,应从最低频率开始试验然后增加到最高频率。

(6)数据采集系统自动从测量得到的试验数据中计算 G^* 和 δ。

(7)当试件制备和修整结束后,立即进行试验。在多个温度下进行试验时,应尽可能快地进行,所有试验应在 4h 内完成。

6.1.13.5　报告

对每个试验报告内容如下:

(1)试验板直径,精确到0.1mm;试验间隙,精确到1μm;

(2)试验温度,精确到0.1℃;

(3)试验频率,精确到0.1rad/s;

(4)应变大小,精确到0.01%;或扭矩,精确到mN·m;

(5)10次测得的复合模量G^*,单位kPa,精确到3位有效数字;

(6)第二次10个周期的相位角(δ),精确到0.1°。

6.1.13.6 精密度或允许差

对于同一操作者用同一台设备,在相同试验室对同一个试验样品进行试验得到的两个结果,如果这两个结果的差(用平均值的百分数表示)不超过表6-4中的值,就认为两个试验结果是可靠的。

对于两个不同的操作者在两个不同的试验室对同一样品进行试验得到的两个结果,如果两个结果的差(用平均值的百分数表示)不超过表6-4中的值,就认为两个试验结果是可靠的。

精度估计值 表6-4

条件		两个结果的可接受范围(%)
单一操作者精度	原沥青黏结剂:$G^*/\sin(\delta)$(kPa)	9.5
	RTFO/TFO残留物:$G^*/\sin(\delta)$(kPa)	11.0
	PAV残留物:$G^*\sin(\delta)$(kPa)	22.4
多个试验室精度	原沥青黏结剂:$G^*/\sin(\delta)$(kPa)	29.1
	RTFO/TFO残留物:$G^*/\sin(\delta)$(kPa)	31.3
	PAV残留物:$G^*\sin(\delta)$(kPa)	56.1

6.1.14 沥青胶结料蠕变劲度试验方法

6.1.14.1 目的和适用范围

(1)本试验方法用弯曲梁流变仪测量沥青黏结剂的弯曲蠕变劲度或柔量和m值。测量的弯曲蠕变劲度范围为20MPa~1GPa(弯曲蠕变柔量的测量范围为50mPa^{-1}~1nPa^{-1}),被测量的材料可以是未老化的沥青或沥青旋转薄膜烘箱试验法、沥青黏结剂压力老化容器加速老化试验法得到的老化沥青。试验设备的操作温度范围为-36℃~0℃。

(2)根据本方法进行试验时,若试件的形变大于4mm或小于0.08mm时,试验结果无效。

6.1.14.2 仪具与材料

弯曲梁流变仪(BBR)用来测量沥青在极低温度下的劲度,如图6-16所示。试验应用工程上梁的原理测量在蠕变荷载下小沥青梁试样的劲度。这种蠕变荷载用来模拟当温度下降时,逐渐施加到路面的应力。在BBR试验中,有两个参数值,即蠕变劲度和m值。蠕变劲度是测量沥青抵抗恒载的能力,m值是测量加载后沥青劲度变化的速率。

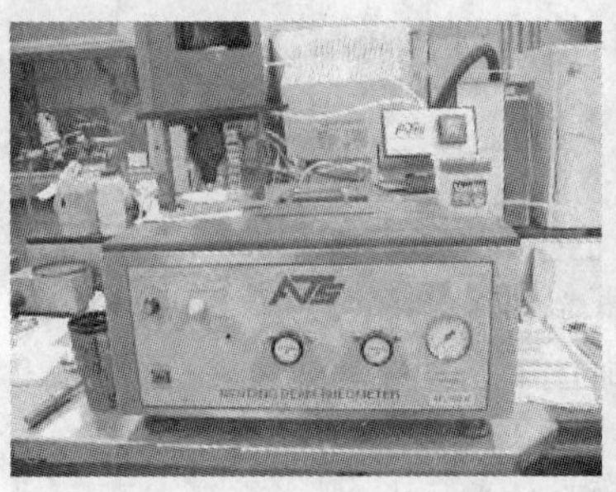

图6-16　弯曲梁流变仪装置

BBR 的主要组成部分有荷载架、控制温度的流体域、计算机控制与数据采集系统等。沥青梁有两个支承点,BBR 用一根凸形轴对沥青梁施加集中荷载。一个荷载传感器安装在加载轴上,而加载轴周围采用空气轴承,以消除加载时的任何摩擦阻力。位移测量传感器连接在加载轴上,以监测变形,荷载通过气压施加。调节器用来调节由加载轴施加的荷载。

温度域使用乙二醇、甲醇和水组成的液体浴。此液体在试验浴和循环浴之间循环,循环浴温度控制在 0.1℃范围之内。循环或其他浴的搅动,绝不能对正在试验的试样造成影响。数据采集系统由连接 BBR 的计算机及软件组成,此计算机用于控制试验参数,获取荷载和变形试验结果。

6.1.14.3　样品和试样的准备

(1)模具的准备

①金属模具的准备。将模具清理干净,在模具的三个长金属部分的内表面涂一层石油基润滑脂,用仅有必须数量的润滑脂将塑料片平粘到金属上。不能使用因热沥青作用而变形的塑料片。将塑料片放在金属表面,用手指挤压塑料片,靠摩擦力将塑料片压在金属表面上。在两个端件的内表面涂一层丙三醇和滑石粉的混合物,以防止沥青黏结剂粘到金属端件上。按图 6-17 安装模具。用 O 形橡胶环将模件紧紧捆在一起。检查模具,用力将塑料片向金属表面压,以挤出气泡。如果仍存在气泡,则卸开模具,再用润滑脂在金属表面涂层。安装结束后,将模具放在室温下直到浇注沥青。

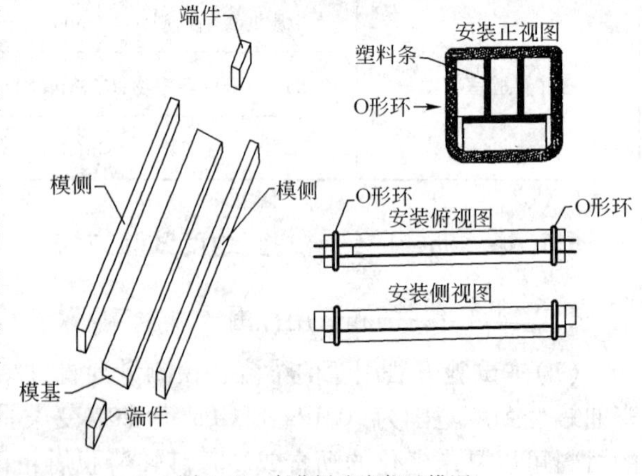

图 6-17　弯曲梁流变仪试模图

②硅橡胶模具的准备。用干净的布将沥青黏结剂、油脂或其他残渣擦干净,不要用有机溶剂清洗模具。

(2)试件的制备

①如果试验材料是未老化的沥青黏结剂,根据《石油沥青取样法》(GB/T 11147—1989)取样;如果是实验室老化的样品或从混合料中回收的沥青黏结剂,应根据适当的试验方法或规范取样。

②在设定加热温度不高于 165℃的烘箱中加热沥青黏结剂，直到样品充分流动并且容易倾倒。建议使用最低倾倒温度（容易倾倒但不过分液态化），应避免沥青黏结剂加热到 165℃以上。一些改性沥青或老化沥青黏结剂可能需要加热到 165℃以上，但是不应超过 185℃。若在设定温度为 165℃的烘箱中加热时，沥青黏结剂不易倾倒，可将烘箱温度设定到 180℃进行加热，直到容易流动并易于倾倒。在所有情况下，加热时间应最少。在加热过程中偶尔搅拌一下，以保证样品的均匀性。搅拌时应避免空气泡进入到沥青黏结剂中。

（3）浇注试件

可按以下两种方法进行试件浇注。

①浇注试件（金属模）：将模具放在室温下，将沥青黏结剂从模具的一端向另一端来回浇注，使沥青黏结剂略高出模具。倾倒时使盛样容器距模具顶端 20 ~ 30mm，以单一路径向另一端浇注沥青。将倒满沥青黏结剂的模具放在试验台上，在室温下冷却 45 ~ 60min。冷却到室温后，用热刀切掉并切平冷却后高出模具顶端的沥青样品。

②浇注试件（硅橡胶模）：在保证黏结剂黏度的条件下（由操作者判断），可以在浇注前将铝夹具中的硅橡胶模在 135℃的烘箱中预热 30min。从模具的顶端以慢而稳定的方式进行浇注，小心不要带入气泡。将试样浇注到模具的顶端，用眼睛观察试样是否高出顶端。倒完后将模具和其内沥青在室温下冷却至少 45min。

（4）试件的存放和脱模

①试验前将模具中的试件置于室温下，试件浇注完后应在 4h 内完成试验。

②在脱模前，在冷却室或水浴中冷却含试件的金属模或硅橡胶模，冷却时间不超过 5min；但试件要足够硬，以使试件容易脱模且不变形。决不能将样品在试验温度的 10℃之内进行脱模。不要在试验浴液中冷却含试件的模具，因为这样可能引起浴液温度波动超过 0.2℃。

③当模具内试件足够硬、脱模又不使试件变形时，立即拆掉金属模具或将试件从硅橡胶中移出。为了避免试件变形，应将塑料片和侧模从试件上滑动脱模。

6.1.14.4　方法与步骤

（1）脱模后，立即将试件放入试验浴液中，试件在试验温度 ±0.1℃的浴液中保持 60min ± 5min 后，向试件施加就位负载。

（2）试件厚度的测量（试件的厚度是模具端件的厚度）如下。

试验者可选择两种测量厚度的方法，即直接测量法和位移传感器测量法。对金属模具，可参考端件厚度选择；而硅橡胶模具必须使用直接测量法或位移传感器测量法。

①直接测量法：用厚度计量器或类似的设备测量试件的厚度。在测量过程中，试件要保持浸在试验温度的 ±0.2℃内。在试件的中点测量试件的厚度，准确到 2.5μm。操作者将测量值输入软件中用来计算试件的劲度。

②位移传感器测量法：试件的厚度可以用下述位移传感器进行测量。厚度可以用仪器显示的位移读数通过手工计算，也可输入软件中自动计算，厚度要准确到 50μm。

A. 在支架上放 6.35mm 厚不锈钢梁，建立对应支架顶部的位移读数。向不锈钢梁施加 35mN ± 10mN 的接触负载。记录位移传感器的读数为 R_{S1}。翻转不锈钢梁得到另一个读数 R_{S2}，两个读数的平均值记录为 R_S。计算对应的支架顶部的位移传感器读数：

$$R_0 = R_S + t_S \tag{6-20}$$

式中：R_0——对应支架顶端的位移传感器读数；

R_S——用位移传感器与不锈钢梁试件顶部接触的两个位移传感器读数的平均值；

t_S——测得的不锈钢梁的厚度。

B. 将试件放在支架上之前立即测量试件的厚度。向试件施加 35mN ± 10mN 的接触负载，记录位移传感器的读数为 R_{a1}，翻转试件得到另一个读数 R_{a2}。如果两个读数之差小于1.0mm，对两个数进行平均得到 R_a；如果两个读数之差大于 1.0mm，试件的平整度值得怀疑，试件作废。试件的厚度计算式为：

$$t_a = R_0 - R_a \tag{6-21}$$

式中：t_a——计算的试件厚度；

R_0——用式(6-20)计算的对应支架顶部的位移传感器读数；

R_a——用位移传感器测得的与试件顶部接触的两个位移传感器读数的平均值。

(3)接触负载和试验负载的检查。在测量每批试件之前，检查接触负载和试验负载的调节。用 6.35mm 厚的不锈钢梁来检查接触负载和试验负载。

①将厚钢梁放在梁支架的位置上，用试验负载调节器的阀向梁轻轻施加力，直至 980mN ± 50mN。

②将试验负载转换为接触负载，将梁上的力调节到 35mN ± 10mN，将试验负载和接触负载进行四次转换。

③当进行试验负载和试验负载的转换时，用眼睛观察加载轴和平台的垂直运动，加载轴与钢梁保持接触。接触负载和试验负载应分别保持在 35mN ± 10mN 和 980mN ± 50mN。

④如果不能满足上述三步的要求，设备需进行校正或加载轴需要清洁或校准。经过校准、清洁或其他方式进行纠正后，仍不能满足上述三步的要求，设备应停用待修。

(4)按报告内容将有关信息输入到计算机中。

(5)存放处置后，将试件放在支架上，将试件的后部轻轻靠在校准针上。按照步骤(6)中描述的内容进行试验。在试验期间，浴液应保持在试验温度的 ±0.1℃，否则放弃试验。

(6)向试件手动施加一个 35mN ± 10mN 的接触负载，施加负载时间不能大于 10s，且保证试件和负载头之间的接触。

(7)施加接触负载时要轻轻增加到 35mN ± 10mN。当施加接触负载时梁上的负载不应超过 45mN。

(8)将接触负载施加到试件上，激活自动试验系统，这个系统的程序进行如下操作。

①施加 980mN ± 50mN 的就位负载，施加时间为 1s ± 0.1s。

②将负载减少到 35mN ± 10mN 的接触负载，让试件恢复 20s ± 0.1s。就位负载结束时，操作者监控电脑屏幕以验证负载回到 35mN ± 10mN，如果未返回到 35mN ± 10mN，放弃试验。

③向试件施加一个 980mN ± 50mN 的试验负载，加载时间为 240s。计算机将从 0.5s 起，以 0.5s 的时间间隔自动记录负载值并计算记录负载的平均值。加载后的最初 0.5s 和 5s 内，试验负载应保持在平均试验负载的 ± 50mN 以内，其余时间内试验负载应保持在平均负载的 ± 10mN 以内。用测力传感器测得的试件实际承受的负载计算试件应力。

④移走试验负载并返回到 35mN ± 10mN 的接触负载。

(9)从支架上移走试件进行下一个试验。

6.1.14.5　报告

对8.0s、15.0s、30.0s、60.0s、120.0s和240.0s间隔时间报告下列试验结果。

(1)施加负载的时间,(s,准确到0.1s)。

(2)试验负载,(mN,准确到1mN)。

(3)试件的形变量,(mm,准确到1μm)。

(4)测量得到的劲度模量,(MPa,保留三位有效数字)。

(5)估计的劲度模量,(MPa,保留三位有效数字)。

(6)按下式计算得到的估计劲度和测量得到的劲度之间的差:

$$(估计的劲度-测得的劲度)\times 100\%/测得的劲度 \tag{6-22}$$

(7)估计 m 值,准确到0.001。

(8)步骤(8)中的回归系数和 R^2。

(9)在施加试验负载前,$t=0$ 时的接触负载(mN,准确到1mN)。

(10)施加0.5s的负载后的试验负载(mN,准确到1mN)。

(11)通过对0.5s的负载和每隔0.5s直到240s的测得的负载进行平均所得到的平均负载。

(12)从0.5s到5.0s期间的负载与平均负载的最大偏差。

(13)从5.0s到240.0s期间的负载与平均负载的最大偏差。

(14)零时间的形变(mm)。

(15)在0.5s时的形变(mm)。

6.1.14.6　精密度或允许差

弯曲蠕变劲度和 m 值测量精密度的可接受性判断标准可参见表6-5。

估计的重复性和再现性　　表6-5

条　　件		两个试验结果的可接受范围(%)
单一操作者精度	蠕变劲度(MPa)	9.1
	m 值	4.0
多个实验室精度	蠕变劲度(MPa)	26.9
	m 值	13.0

6.1.15　沥青胶结料断裂性能试验方法

6.1.15.1　目的和适用范围

(1)本部分介绍了用直接拉伸试验测定沥青破坏应变和破坏应力的方法。该法可用于未老化的沥青材料或用于经过沥青旋转薄膜烘箱试验(RTFOT)、沥青压力老化容器加速老化试验(PAV)之后的沥青材料。本方法适用试验温度范围-36℃~6℃。

(2)如用于含有颗粒的沥青材料,本试验方法只适用于颗粒尺寸小于250μm的沥青。

6.1.15.2　仪具与材料

直接拉伸试验测量沥青胶结料低温最大拉应变。试验在相对低的温度范围-36℃~6℃

内进行。在这个温度范围内,沥青呈现脆性。另外,做试验的沥青胶结料是已经在旋转膜烘箱和压力老化容器中经过老化试验的材料。因此,用以进行性能特性试验的沥青胶结料类似于已经在热拌混合料设备中拌和过和经过某种程度路面服务期老化的沥青。

用于进行直接拉伸试验的设备由三部分组成:施加拉力荷载的试验设备、伸长测量系统、环境系统。

任何至少产生500N荷载、加载速率为1.0mm/min的通用试验机均可作为直接拉伸试验设备,如图6-18所示。此仪器必须配备有±0.1N分辨率的电子荷重传感器,计算机用于采集数据。

试验设备的一个主要特点就是其夹具系统。此夹具系统把试样同拉力荷载的准直杆相连。此夹具系统有一个球形铰,保证试样不引起弯曲。

试验原理如图6-19所示。

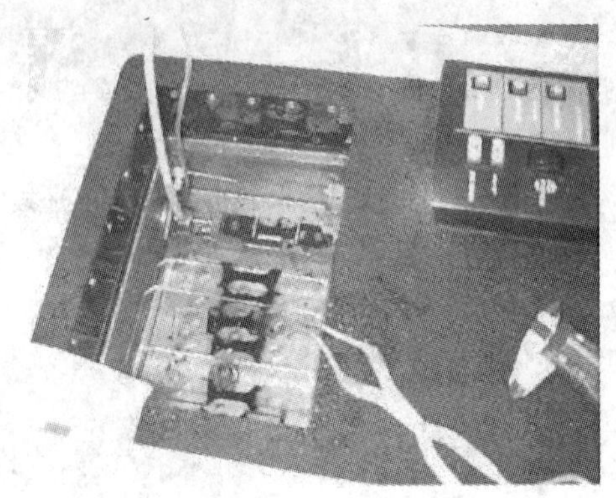

图6-18 直接拉伸试验仪装置

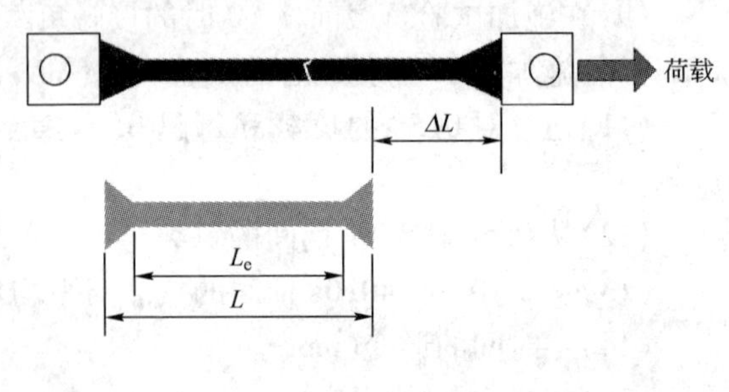

图6-19 直接拉伸试验原理

6.1.15.3 样品和试样的准备

(1)未老化的试样按《石油沥青取样法》(GB/T 11147—1989)石油沥青取样法取样。

将冷浴设定在要求的试验温度并稳定于±0.1℃范围内。将沥青均匀加热,直至容易流动、浇注,但应避免加热温度超过165℃。对于改性沥青或老化后的沥青,为保证浇注时的流动度,可以加热到180℃。加热时间应尽量短,可以不时搅拌以保证均匀性,搅拌时应小心不要让气泡裹进沥青中。

(2)用隔离剂涂满试模的两个内侧模板,使其金属表面均匀分布一薄层隔离剂,金属表面无暴露部分。将一张预先裁好的隔离纸放在试模的托板上,把侧模板放在隔离纸上,将端模放在试模的两端,将另一侧模放在底板上形成一个完整的试模组件。将此组件放在一个平整的瓷砖上并放入加热沥青的烘箱中,在加热沥青同样的温度下静置3min±1min取出。

(3)从烘箱中取出瓷砖和试模,水平置于平坦的桌面上,从模框的一端到另一端浇注热沥青,浇注一次完成。浇注过程应连续,避免气泡和间断;应尽可能快地完成浇注操作,以避免沥青温度过分下降。热沥青的液面应稍稍超过试模表面,以利于冷却后修整。一次加热最好只浇注两个试件,经验认为同时浇注两个以上试件,沥青材料会因过分冷却而产生几何尺寸不一致的试件。

(4)浇注试件后,应当使试模和瓷砖放置在桌面上冷却30~60min至室温,不应骤冷到室温(25℃或更低)。

(5)冷却到室温的试件用大约 165℃坚硬而平的刮刀刮平试模顶部的沥青,修整后的沥青试件表面应是平整光滑的,不要修成凹面且不要损伤塑料端模。修整操作应沿样品长轴方向连续推出,修整后将多余的沥青从端孔或模槽中清除,试件在室温下放置 10 ~ 15min。

(6)脱膜方法如下。

①脱膜前,应将两个未使用的金属侧模板放入冷浴或空气环境室中冷却,这些侧模板将用于夹住试件,将其转移到冷浴或空气环境室中。

②取一个未用过的试模的底板正面向下放在工作台上作为转移托板,沿长度方向放两张隔离纸重叠盖住板的表面。

③将冷却到室温的试件小心向侧边滑动,至侧模板一半到底板边缘之外,轻轻地向下压,脱去侧模板。

④将刚脱的侧模板放回原处,推动试件向另一边缘滑去,重复上述步骤③脱去另一侧板。

⑤将从冷浴或环境室中取出冷的侧模板轻轻地粘在试件一侧,代替刚脱去的侧模板。

⑥重复上述④和⑤步骤,脱去另一试模侧板,用从冷浴或环境室中取出的冷侧板代替另一侧的模板。至此,两边的侧模均用冷却的未使用侧模代替了。

⑦用双手的两个手指小心拿住试模组件中间,将其修整过的正面向下水平放在盖了隔离纸的托板上(注意垂直操作)。

⑧轻轻地滑动该正面向下的试件和底模板,小心握住两侧板以保护试件,把试件底面暴露的隔离纸拿走。

⑨手拿托板,将正面向下的试件连同两个侧模板放入冷浴或环境室中的盘上,而带有隔离纸的托板不应放入冷浴或环境室中。

⑩放置 2min 后移开两侧模。某些较软等级的沥青,可能要超过 2min。

⑪在冷浴或环境室中将移走侧模的试件小心翻转,使修整面向上。注意,在脱模过程中应避免扭曲或弯曲试件,否则影响试验结果。

6.1.15.4　方法与步骤

(1)准备 6 个试件。

(2)用专用夹子夹住试件,将其每一端模的孔对准荷载架上的传力销子,可先对上一端的孔,再转动控制箱上手轮使另一端孔落在销上。

(3)试件就位后,夹子轻轻夹住试件两端检查试件对中状态,然后开始调零。

①对于有自动调零功能的设备,可按其程序自动调整拉伸的初始点,从荷载为 2N ±0.3N 的初始值应变调零,开始测试,此时无须按开始按键。

②对于手动调零的设备,或使用垂直安装的空气冷却的环境箱时,通过转动箱上的手轮进行调节,转动手轮使显示屏上出现初始拉力为 2N ±0.3N。用专用夹子再次检验试件就位及加载情况。重复上述手动加载方法,转动手轮进行微调使显示屏上再次出现初始拉力为 2N ±0.3N。

(4)设定拉伸速率为 1mm/min(即拉伸应变速率为 3%/min)。

(5)当试件断裂或试件伸长达到 10%,此两种情况无论哪种先出现,立即停止试验并移走试件及沥青碎片。

(6)当荷载达到峰值时试件突然断裂,记为脆性破坏,此时最大应力状态下得到最大应变;如果试件达到最大应力时未断裂而继续变形,则破坏应变记录为相应于最大应力时应变;当应变超过10%时,不必继续试验,记录破坏应变为"大于10%",该沥青满足ASTM D 6373有关试验温度的要求。

(7)记录破坏荷载和破坏伸长,如果试件在颈部变径部分破坏,则记录破坏数据并注明在变径部分;如属于10%伸长未断裂的破坏形式,记录10%伸长时的荷载并注明试件没有断裂。

试件正常的断裂应在18mm计量长度区间(理想的破坏应发生在每个试件的中部)。如不在此区间内,说明制样及试件安放过程有错误,该试件作废。

(8)重复步骤(2)~(7),测完其余5个试件。

(9)试验完成后,清理废沥青,将塑料端模浸在溶剂中,然后用柔软的布擦干净。擦干净的端模再用清洁的肥皂溶液去除矿物溶剂留下的油膜。黏结面上的油膜会减弱沥青与塑料端模间的黏结力,造成试件作废。

6.1.15.5　报告

报告试验记录如下信息:

(1)试样编号。

(2)日期和时间。

(3)试验温度,精确到0.1℃。

(4)拉伸速率,精确到0.01mm/min。

(5)平均破坏应变,精确到0.01%。

(6)平均破坏应力,精确到0.01MPa。

(7)峰值荷载,精确到N。

(8)记录破坏类型(断裂、未断裂或变径部分)。

6.1.15.6　精密度或允许差

根据多个实验室操作员数据,建议按表6-6所示精密度估算误差区间。

试验精密度　表6-6

指　标	变异系数(%)	变异系数可接受范围(%)
破坏应力(MPa)	8.5	24.1
破坏应变(%)	22.8	63.84

6.2　沥青混合料试验检测方法

6.2.1　沥青混合料取样方法

6.2.1.1　目的与适用范围

本方法适用于在拌和厂及道路施工现场采集热拌沥青混合料或常温沥青混合料试样,供施工过程中的质量检验或在实验室测定沥青混合料的各项物理力学性质。所取的试样应有充分的代表性。

6.2.1.2　仪具与材料

(1)铁锹。

(2)手铲。

(3)搪瓷盘或其他金属盛样容器、塑料编织袋。

(4)温度计:分度为 1℃。宜采用有金属插杆的热电耦沥青温度计,金属插杆的长度应不小于 300mm。量程 0℃ ~30℃,数字显示或度盘指针的分度 0.1℃,且有留置读数功能。

(5)其他:标签、溶剂(汽油)、棉纱等。

6.2.1.3　取样方法

(1)取样数量

取样数量应符合下列要求:

①试样数量根据试验目的决定,宜不少于试验用量的 2 倍。按现行规范规定进行沥青混合料试验的每一组代表性取样,见表 6-7。

平行试验应加倍取样。在现场取样直接装入试模或盛样盒成型时,也可等量取样。

常用沥青混合料试验项目的样品数量表　　表 6-7

试 验 项 目	目　　的	最少试样量(kg)	取样量(kg)
马歇尔试验、抽提筛分	施工质量检验	12	20
车辙试验	高温稳定性检验	40	60
浸水马歇尔试验	水稳定性检验	12	20
冻融劈裂试验	水稳定性检验	12	20
弯曲试验	低温性能检验	15	25

②根据沥青混合料集料公称最大粒径,取样应不少于下列数量:

细粒式沥青混合料,不少于 4kg;

中粒式沥青混合料,不少于 8kg;

粗粒式沥青混合料,不少于 12kg;

特粗式沥青混合料,不少于 16kg。

③取样材料用于仲裁试验时,取样数量除应满足本取样方法规定外,还应保留一份有代表性试样,直到仲裁结束。

(2)取样方法

沥青混合料取样应是随机的,并具有充分的代表性。以检查拌和质量(如油石比、矿料级配)为目的时,应从拌和机一次放料的下方或提升斗中取样,不得多次取样混合后使用。以评定混合料质量为目的时,必须分几次取样,拌和均匀后作为代表性试样。

①在沥青混合料拌和厂取样时,宜用专用的容器(一次可装 5 ~8kg)装在拌和机卸料斗下方,每放一次料取一次样,顺次装入试样容器中。每次倒在清扫干净的平板上,连续几次取样,混合均匀,按四分法取样至足够数量。

②在沥青混合料运料车上取样品时,宜在汽车装料一半后,于汽车车箱内分别用铁锹从不同方向的 3 个不同高度处取样,然后混在一起用手铲适当拌和均匀,取出规定数量。运料车到达施工现场后取样时,应在卸掉一半后,从不同方向的 3 个不同高度处取样,且宜从 3 辆不同

的车上取样混合使用。注意,在运料车上取样时不得仅从满载的运料车车顶上取样,且不允许只在一辆车上取样。

③在道路施工现场取样

在道路施工现场取样时,应在摊铺后未碾压前于摊铺宽度的两侧1/2~1/3位置处取样,用铁锹将摊铺层的全厚铲出,但不得将摊铺层下的其他层料铲入。每摊铺一车料取一次样,连续3车取样后,混合均匀按四分法取样至足够数量。对现场制件的细粒式沥青混合料,也可在摊铺机经螺旋拨料杆拌匀的一端一边前进一边取样。

④对热拌沥青混合料每次取样时,都必须用温度计测量温度,准确至1℃。

⑤乳化沥青常温混合料的取样方法与热拌沥青混合料相同,但宜在乳化沥青破乳水分蒸发后装袋。对袋装常温沥青混合料也可直接从储存的混合料中直接取样,取样袋数不少于3袋。使用时,将3袋混合料倒出作适当拌和,按四分法取出规定数量试样。

⑥液体沥青常温沥青混合料的取样方法同上,当用汽油稀释时,必须在溶剂挥发后方可封袋保存。当用煤油或柴油稀释时,可在取样后即装袋保存,保存时应特别注意防火安全。其余与热拌沥青混合料相同。

⑦从碾压成型的路面上取样时,应随机选取3个以上不同地点,钻孔、切割或刨取混合料至全厚度,仔细清除杂物及不属于这一层的混合料。需重新制作试件时,应加热拌匀按四分法取样至足够数量。

(3)试样的保存与处理

①热拌热铺的沥青混合料试样需送至中心实验室或质量检测机构作质量评定。二次加热会影响试验结果(如车辙试验),必须在取样后趁高温立即装入保温桶内,送实验室立即成型试件,试件成型温度不得低于规定要求。

②热混合料需要存放时,可在温度下降至60℃后装入塑料编织袋内,扎紧袋口,并宜低温保存,应防止潮湿、淋雨等,且时间不要太长。

③在进行沥青混合料质量检验或进行物理力学性质试验时,由于采集的热拌混合料试样温度下降或稀释沥青溶剂挥发结成硬块,已不符合试验要求时,宜用微波炉或烘箱适当加热重塑,且只容许加热一次,不得重复加热。不得用电炉或燃气炉明火局部加热。用微波炉加热沥青混合料时,不得使用金属容器和带有金属的物件。沥青混合料的加热温度以达到符合压实温度要求为度,控制最短的加热时间,通常用烘箱加热时不宜超过4h,用工业微波炉加热约5~10min。

6.2.1.4 样品的标记

(1)取样后当场试验时,可将必要的项目一并记录在试验记录报告上。此时,试验报告必须包括取样时间、地点、混合料温度、取样数量、取样人等栏目。

(2)取样后转送实验室试验或存放后用于其他项目试验时应附有样品标签,样品标签应记载下列事项:

①工程名称、拌和厂名称及拌和机型号。

②样品概况:包括沥青混合料种类及摊铺层次、沥青品种、标号、矿料种类、取样时混合料温度及取样位置或用以摊铺的路段桩号等。

③试样数量。

④取样人、提交试样单位及责任者姓名。

⑤取样目的或用途(送达单位)。

⑥样品标签填写人,取样日期。

⑦备考:其他应予注明的事项。

6.2.2　沥青混合料试件制作方法(击实法)

沥青混合料的制备和试件成型,是按照设计的配合比,应用现场实际材料,在实验室内用小型拌和机按规定的拌制温度制备成沥青混合料,然后将这种混合料在规定温度下成型,供试验使用。

6.2.2.1　目的与适用范围

(1)本方法适用于标准击实法或大型击实法制作沥青混合料试件,供实验室进行沥青混合料物理力学性质试验使用。

(2)标准击实法适用于马歇尔试验、间接抗拉试验(劈裂法)等使用的直径为 101.6mm、高为 63.5mm 的圆柱体试件的成型。大型击实法适用于直径为 152.4mm、高为 95.3mm 的大型圆柱体试件的成型。

6.2.2.2　试验仪具

(1)标准击实仪:由击实锤、ϕ98.5mm 平圆形压实头及带手柄的导向棒组成。用机械将压实锤举起,从 457.2mm ± 1.5mm 高度沿导向棒自由落下击实,标准击实锤质量 4 536g ± 9g。

大型击实仪:由击实锤、ϕ149.5mm 平圆形压实头及带手柄的导向棒组成。用机械将压实锤举起,从 457.2mm ± 2.5mm 高度沿导向棒自由落下击实,大型击实锤质量 10 210g ± 10g。

(2)标准击实台:用以固定试模,在 200mm × 200mm × 457mm 的硬木墩上固定一块 305mm × 305mm × 25mm 的钢板。木墩用 4 根型钢固定在下面的水泥混凝土板上,木墩采用青冈栎、松木或其他干密度为 0.67 ~ 0.77g/cm^2 的硬木制成。人工击实或机械击实必须有此标准击实台。

自动击实仪是将标准击实锤及标准击实台安装于一体,并用电力驱动使击实锤连续击实试件且自动记数的设备,击实速度为 60 次/min ± 5 次/min。大型击实仪的功率不小于 250W。

(3)实验室用沥青混合料拌和机:能保证拌和温度并充分拌和均匀,可控制拌和时间,容量不少于 10L。搅拌叶自转速度 70 ~ 80 转/min,公转速度 40 ~ 50 转/min。

(4)脱模器:电动或手动,可无破损地推出圆柱体试件,备有标准圆柱体试件及大型圆柱体试件尺寸的推出环。

(5)试模:每种至少 3 组,由高碳钢或工具钢制成,每组包括内径 101.6mm ± 0.2mm、高 87.0mm 的圆柱形金属筒以及底座(直径约 120.6mm)、套筒(内径 101.6mm、高约 70mm)各 1 个。

(6)烘箱:大、中型各一台,装有温度调节器。

(7)天平或电子秤:用于称量矿料,分度值不大于 0.5g;用于称量沥青,分度值不大于 0.1g。

(8)沥青运动黏度测定设备:毛细管黏度计或赛波特重油黏度计。

(9)插刀或大螺丝刀。

(10)温度计:分度值不大于1℃。

(11)其他:电炉或煤气炉、沥青熔化锅、拌和铲、试验筛、滤纸(或普通纸)、胶布、卡尺、秒表、粉笔、棉纱等。

6.2.2.3　制作方法

(1)准备工作

①用毛细管黏度计测定沥青的运动黏度,绘制黏温曲线。当使用石油沥青时,以运动黏度为170mm^2/s±20mm^2/s 的温度为拌和温度,以运动黏度 280mm^2/s±30mm^2/s 时的温度为压实温度。也可用赛氏黏度计测定赛波特黏度,以 85s±10s 时的温度为拌和温度,以 140s±15s 时的温度为压实温度。

②当缺乏运动黏度测定条件时,试件的拌和与压实温度可适当选用,并根据沥青品种和标号作适当调整。针入度小、稠度大的沥青取高限,针入度大、稠度小的沥青取低限,一般取中值。

③将各种规格的矿料在 105℃±5℃的烘箱中烘干至恒重(一般不少于 4~6h)。根据需要,可将粗细集料过筛后,用水冲洗再烘干备用。

④分别测定不同粒径细集料及填料(矿粉)的表观密度,并测定沥青的密度。

⑤将烘干分级的粗细集料按每个试件设计配比组成要求称其质量,在一金属盘上混合均匀。矿粉单独加热,置烘箱中预热至沥青拌和温度以上约 15℃(石油沥青通常为 163℃)备用。一般按一组试件(每组 3~6 个)备料,但进行配合比设计时宜一个一个分别备料。

⑥将沥青试样用电热套或恒温烘箱熔化加热至规定的沥青混合料拌和温度备用。

⑦用沾有少许黄油的棉纱擦净试模、套筒及击实座等,并置于 100℃左右烘箱中加热 1h 备用。

(2)混合料拌制

①将沥青混合料拌和机预热至拌和温度以上 10℃左右备用。

②将每个试件预热的粗细集料置于拌和机中,用小铲适当混合后加入需要数量的已加热至拌和温度的沥青。开动拌和机,一边搅拌一边将拌和叶片插入混合料中拌和 1~1.5min,然后暂停拌和。加入单独加热的矿粉,继续拌和均匀为止,并使沥青混合料保持在要求的拌和温度范围内。标准的总拌和时间为 3min。

(3)试件成型

①将拌好的沥青混合料均匀称取一个试件所需的用量(约 1 200g)。当一次拌和几个试件时,宜将其倒入经预热的金属盘上,用小铲拌和均匀分成几份,分别取用。

②从烘箱中取出预热的试模及套筒,用沾有少许黄油的棉纱擦拭套筒、底座及击实锤底面,将试模装在底座上(也可垫一张圆形的吸油性小的纸)。按四分法从四个方向用小铲将混合料铲入试模中,用插刀沿周边插捣 15 次,中间 10 次。插捣后将沥青混合料表面整平成凸弧面。

③插入温度计,至混合料中心附近,检查混合料温度。

④待混合料温度符合要求的压实温度后,将试模连同底座一起放在击实台上固定(也可在装好的混合料上垫一张吸油性小的圆纸),再将装有击实及导向棒的压实头插入试模

中,开启开关(或人工)使击实锤从457mm的高度自由落下击实规定的次数(75次、50次或35次)。

⑤试件击实一面后,取下套筒,将试模掉头,装上套筒,然后以同样的方式和次数击实另一面。

⑥试件击实结束后,如上下面垫有圆纸,应立即用镊子取掉,用卡尺量取试件离试模上口的高度,并由此计算试件高度。如高度不符合要求时,试件应作废,并调整试件的混合料数量,使高度符合63.5mm±1.3mm的要求。

⑦卸去套筒和底座,将装有试件的试模横向放置、冷却至室温后,置脱模机上脱出试件,将试件仔细置于干燥洁净的平面上,在室温下静置过夜(12h以上)供试验用。

6.2.3　沥青混合料试件制作方法(轮碾法)

6.2.3.1　目的与适用范围

(1)本方法规定了在实验室用轮碾法制作沥青混合料试件的方法,供沥青混合料物理力学性质试验使用。

(2)轮碾法适用于300mm×300mm×50mm(或40mm)或300mm×300mm×100mm板块状试件的成型,由此板块状试件用切割机切制成棱柱体试件,或在实验室用芯样钻机钻取试样,成型试件的密度应符合马歇尔标准击实试样密度100%±1%的要求。

(3)沥青混合料试件制作时的试件尺寸应符合如下要求:对轮碾板块试件,碾压层厚度不小于公称最大集料粒径的1~1.5倍,对切制棱柱体试件,长度不小于公称最大集料粒径的4倍,宽度或厚度不小于公称最大集料粒径的1~1.5倍;对轮碾成型板厚50mm的试件,矿料规格及试件数量应符合6.2.2中的规定,但当试件厚度等于或大于100mm时,也可用直接法制作试件。

6.2.3.2　试验仪具

(1)轮碾成型机:轮碾成型机具有圆弧形碾压轮,轮宽300mm,压实线荷载为300N/cm,碾压行程等于试件长度,碾压后试件可达到马歇尔试验标准击实密度的100%±1%。

注:当无轮碾成型机时,可用手动碾代替,手动碾轮宽与试件同宽。此外,应备有10kg砝码5个,以调整载重(手动碾成型的试件厚度不大于50mm)。

(2)实验室用沥青混合料拌和机:能保证拌和温度并充分拌和均匀,可控制拌和时间,宜采用容量大于30L的大型沥青混合料拌和机,也可采用容量大于10L的小型拌和机。

(3)试模:由高碳钢或工具钢制成内部平面尺寸为300mm×300mm,高50mm。根据需要,试模深度及平面尺寸可以调节,以制备不同尺寸的板块状试件。

(4)手动碾压成型车辙试件的试模框架:钢板制,内部尺寸300mm×300mm×50mm,平面能与试模边缘齐平。

(5)烘箱:大、中型各一台,装有温度调节器。

(6)台秤、天平或电子秤:称量5kg以上时,感量不大于1g;称量5kg以下时,用于称量矿料的感量不大于0.5g,用于称量沥青的感量不大于0.1g。

(7)沥青运动黏度测定设备:布洛克菲尔德黏度计、毛细管黏度计或赛波特黏度计。

(8)小型击实锤:钢制端部断面80mm×80mm,厚10mm,带手柄,总质量0.5kg左右。

(9)温度计:分度为1℃。宜采用有金属插杆的热电耦沥青温度计,金属插杆的长度不小于300mm,量程0℃~300℃,数字显示或度盘指针的分度0.1℃,且有留置读数功能。

(10)干冰:固体CO_2。

(11)其他:电炉或煤气炉、沥青熔化锅、拌和铲、标准筛、滤纸、胶布、卡尺、秒表、粉笔、垫木、棉纱等。

6.2.3.3　制作方法

(1)按马歇尔稳定度试件成型方法,确定沥青混合料的拌和温度和压实温度。

(2)将金属试模及小型击实锤等置于约100℃的烘箱中加热1h备用。

(3)称出制作一块试件所需要的各种材料的用量。按试件体积(V)乘以马歇尔稳定度击实密度(ρ_0),再乘以系数1.03,即得材料总用量($m=V\cdot\rho_0\times1.03$),按配合比计算出各种材料用量。分别将各种材料放入烘箱中预热备用。

(4)将预热的试模从烘箱中取出,装上试模框架。在试模中铺一张裁好的普通纸(可用报纸),使底面及侧面均被纸隔离。将拌和好的全部沥青混合料用小铲稍加拌和后均匀地沿试模由边至中按顺序装入试模,中部要略高于四周。

(5)取下试模框架,用预热的小型击实锤由边至中压实一遍,整平成凸圆弧形。

(6)插入温度计,待混合料冷却至规定的压实温度(为使冷却均匀,试模底下可用垫木支起)时,在表面铺一张裁好尺寸的普通纸。

(7)当用轮碾机碾压时,宜先将碾压轮预热至100℃左右(如不加热,应铺牛皮纸)。然后,将盛有沥青混合料的试模置于轮碾机的平台上,轻轻放下碾压轮,调整总荷载为9kN(线荷载300N/cm)。

(8)启动轮碾机,先在一个方向碾压2个往返(4次),卸荷,再抬起碾压轮,将试件掉转方向,再加相同荷载碾压至马歇尔标准密实度100%±1%为止。试件正式压实前,应经试压,决定碾压次数,一般12个往返(24次)左右可达要求。如试件厚度大于100mm必须分层碾压。

(9)当用手动碾碾压时,先用空碾碾压,然后逐渐增加砝码荷载,直至将5个砝码全部加上,进行压实至马歇尔标准密实度100%±1%为止。碾压方法及次数应由试压决定,并压至无轮迹为止。

(10)压实成型后,揭去表面的纸,用粉笔在试件表面上标明碾压方向。

(11)盛有压实试件的试模,置室温下冷却,至少12h后方可脱模。

6.2.4　沥青混合料试件制作方法(旋转压实法)

6.2.4.1　目的与适用范围

Superpave旋转压实机(SGC)的基础是德克萨斯旋转压实仪,后来被改进改型的德克萨斯旋转压实仪满足试件仿真压实目的,且相当轻便。其试样直径6in(在SGC上最大150mm),可适合最大尺寸达50mm(公称最大尺寸37.5mm)集料的混合料。

6.2.4.2　试验仪具

SGC由下列部件构成(图6-20):

（1）反力架、旋转底座和电动机。

（2）加载系统、加载头和压力计。

（3）高度量测和记录系统。

（4）试模和底板。

（5）试件脱模装置。

加载机构靠反力架施压，并施加荷载至加载头对试件产生 600kPa 的压实压力。在压实过程中压力计量测加载头加载，以使压力保持不变。SGC 试模（图 6-21）内径 150mm，试模底部的底板在压实过程中提供限制。SGC 的底座在压实过程中以每分钟 30 转的恒定速度旋转，而试模压实角度设置在 1.25°。

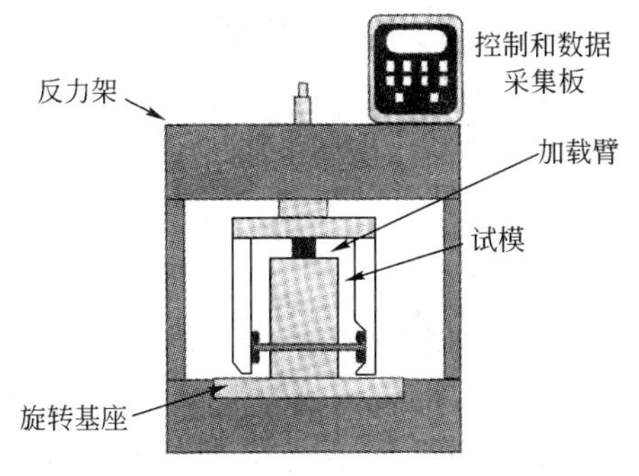

图 6-20　Superpave 旋转压实机

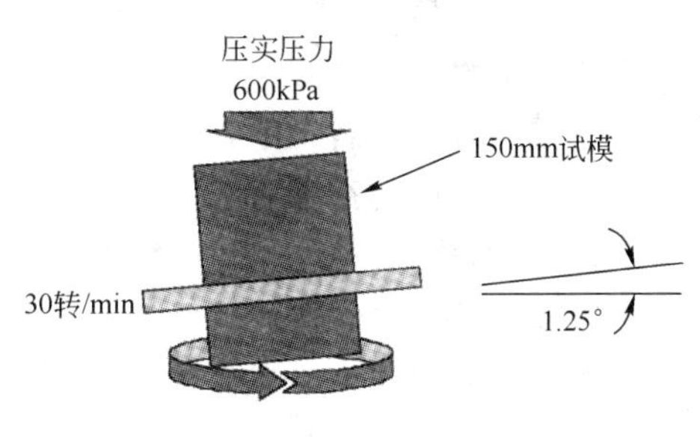

图 6-21　SGC 试模配置图

试件高度量测是 SGC 的重要功能。压实过程中可以通过已知试模中材料的质量、试模内径和试件高度来估算试件密度。高度是在试验中通过记录加载头的位置来量测。用这些量测结果可得到试件的压实特性（图 6-22）。

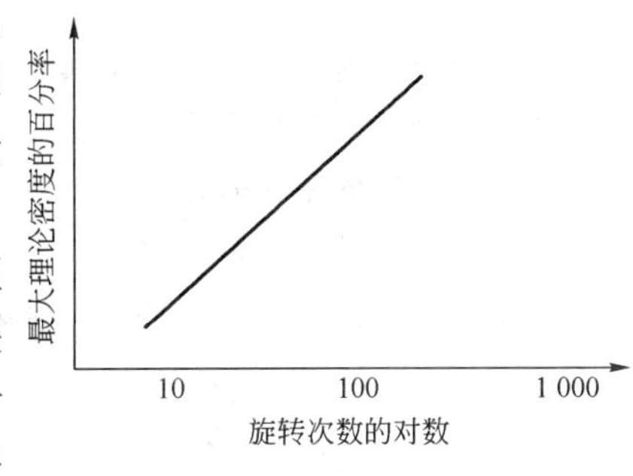

图 6-22　SGC 混合料压实特性

同其他混合料设计方法一样，Superpave 在特定的压实水平上对混合料进行设计。在 Superpave 中压实水平是设计旋转压实次数 N 设计的函数，用 N 设计来区别设计混合料压实功能的不同，它是交通水平的函数。交通水平由设计 ESAL's 表示。N 设计值的范围列于表 6-8。

Superpave 旋转压实次数　　表 6-8

设计 ESAL's（百万次）	压实参数			应用的典型道路
	$N_{初始}$	$N_{设计}$	$N_{最大}$	
<0.3	6	50	75	很轻的交通量（地方/县级道路，货车被禁止通行的城市街道）
0.3～3	7	75	115	中等交通量（集散道路，大多数县级道路）
3～30	8	100	160	中等至重交通量（城市街道，州公路，国家公路，一些乡村州际公路
≥30	9	125	205	重交通量（大多数州际公路，爬坡道路，货车称重站）

其他两种旋转水平——初始旋转次数($N_{初始}$)和最大旋转次数($N_{最大}$)也很重要。用 $N_{设计}$ 旋转次数进行试验试件的压实,可以估计混合料压实性能,在混合料特性确定以后,$N_{最大}$(用另外的 SGC 试件)作为检验以保证在超过设计交通量过多时不会发生塑性破坏。$N_{最大}$和 $N_{初始}$ 均由 $N_{设计}$用下列关系进行计算:

$$\left.\begin{aligned}\lg N_{最大} &= 1.10\lg N_{设计}\\ \lg N_{初始} &= 0.45\lg N_{设计}\end{aligned}\right\} \tag{6-23}$$

Superpave 定义的各交通量水平下的 $N_{初始}$、$N_{设计}$和 $N_{最大}$值见表 6-8。

Superpave 沥青混合料准备所需辅助试验设备包括:

①加热集料、沥青的恒温控制烘箱和设备。

②机械拌和器:容量为 10L 或更大,配有金属拌和锅和金属丝制的搅拌器。

③加热集料和老化混合料用的平底金属盘。

④拌和沥青和集料用的容量约 10L 的圆形金属盘。

⑤配制集料用的铲子。

⑥容器:加热沥青用的腮形罐、烧杯或灌油罐。

⑦温度计:带套的、玻璃的或有金属把、带刻度的 10℃ ~235℃温度计,用以测定集料、沥青和沥青混合料温度。

⑧天平:称量 10kg,感量至 1g,称集料和沥青用;称量 10kg,感量至 0.1g,称压实试件用。

⑨大拌和匙和小镘刀。

⑩大刮刀。

⑪操作热设备用的焊工手套。

⑫标记试件用的油漆、标志笔或蜡笔。

⑬压实用纸垫,150mm。

⑭冷却压实试件用的风扇。

⑮资料采集记录用的计算机或打印机。

6.2.4.3 制作方法

(1)集料准备

准备一份表明每种集料组成和沥青胶结料分配质量的配量表。称取适当质量的集料放入盘中。

按其最终用途采用三种试件尺寸。对用于 Superpave 混合料设计的压实试件,试件尺寸为直径 150mm,高度 115mm,需要集料约 4 700g;用于按 AASHTO T 209/ASTM D 2041 确定最大理论密度的试样不予压实,其数量多少随集料尺寸变化,范围在 1 000 ~2 500g 之间;AASHTO T 283 进行的水损害试验,要求试件高度为 95mm,集料约 3 700g。

(2)拌和与压实温度

用黏度—温度的关系图(图 6-23)来确定拌和与压实温度。选择拌和与压实温度相应的胶结料黏度分别为 0.17Pa · s ±0.02Pa · s 和 0.28Pa · s ±0.03Pa · s。

注意,对于改性沥青,这些黏度范围并不适用。当使用改性沥青时,拌和与压实温度的确定应咨询制造商的建议。实际上,拌和温度应不超过 165℃,压实温度应不低于 115℃。

将装有集料的盘置于烘箱中，温度设置约比拌和温度高 15℃。为达到拌和温度，集料需在烘箱中放置 2 ~ 4h。在加热集料的同时，加热所有拌和工具，如刮刀、拌和钵及其他工具。将沥青胶结料加热到要求的拌和温度，这一步骤所需时间随沥青数量及加热方法而异。

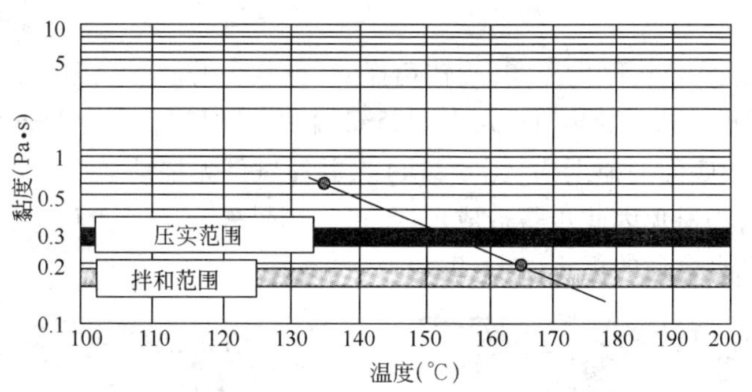

图 6-23　温度—黏度关系

(3)混合料准备

①将热拌钵放置于秤盘上并将秤盘调零[图 6-24a)]。

②将加热后的集料装进拌钵并充分干拌。

③在混合集料中形成凹坑，将所需配量的沥青加入混合物。

④从秤盘取下拌钵，用机械式拌和器将沥青与集料进行拌和[图 6-24b)]。

⑤将试样拌和到集料被沥青充分裹覆。

⑥将混合料倒入平底浅盘，保持厚度在 25 ~ 50mm 之间。

⑦在混合料压实温度 ± 3℃[图 6-24c)]的温度下，将装有混合料的浅盘放入烘箱 2h ± 5min(将试件短期老化 2h)。

⑧重复上述步骤直至生产出的试样达到所要求数量。

⑨在拌和每一试样之间有大约 20min 间隙，以此可达到与旋转压实步骤的适当协调。

⑩在短期老化结束时，如将混合料用来确定最大理论密度，则进行 AASHTO T 209/ASTM D 2041 试验。

经验表明，当集料吸水率大于 2% 时应老化 4h 以保证沥青被充分吸收。这个调整将使实验室体积指标的计算和测定与施工生产中更接近。为了分析施工生产中包含吸收性集料的沥青混合料压实试件的特性，应考虑增加短期老化(STOA)。为了保证沥青胶结料的吸收，进行 2h 的短期老化是必要的。

(4)体积分析试件的压实

在进行混合料试样短期老化[图 6-24d)]的同时，进行压实仪的准备，包括检验压实压力，将压实角和旋转速度设置到合适数值，设定期望的旋转次数 $N_{设计}$，还要保证资料采集设备处于运行状态。

在第一个试件压实前约 45 ~ 60min，将压实试模与底/顶板放入设定在压实温度的烘箱内。从烘箱中取出试模和底板，将底板置于试模中，并将纸垫置于底模顶面[图 6-24e)]。

将短期老化之后的混合料装入试模[图 6-24f)]，整平混合料，将纸垫置于整平的混合料顶面，将装满试样的试模放进压实仪[图 6-24g)和 6-24h)]。将荷载头下的试模对中，并启动系统使荷载头向下伸入试模圆柱体并与试件接触,当压力达到600kPa时停止加压。

使用1.25°的旋转角,并启动旋转压实仪[图6-24i)],压实将进行到$N_{设计}$完成。在压实过程中,荷载头加载系统将保持600kPa的常压力。在压实过程中连续检测试件高度,每转一次后记录高度量测值。

在达到$N_{设计}$后压实仪将停止压实,旋转角撤除,加载头升起。从压实仪取出盛压实试件的试模,并将试件从试模中挤压脱出[图6-24j)],5min的冷却时间有利于无挠动地取出试件。

从试件的顶面和底面去掉纸垫[图6-24k)],并使试件无挠动地冷却。将试模和底板放回烘箱达到压实温度,为避免因此步骤造成延误,可使用另外的试模。对每个试件重复此压实方法,确认每个试件都有合适的标识[图6-24l)]。

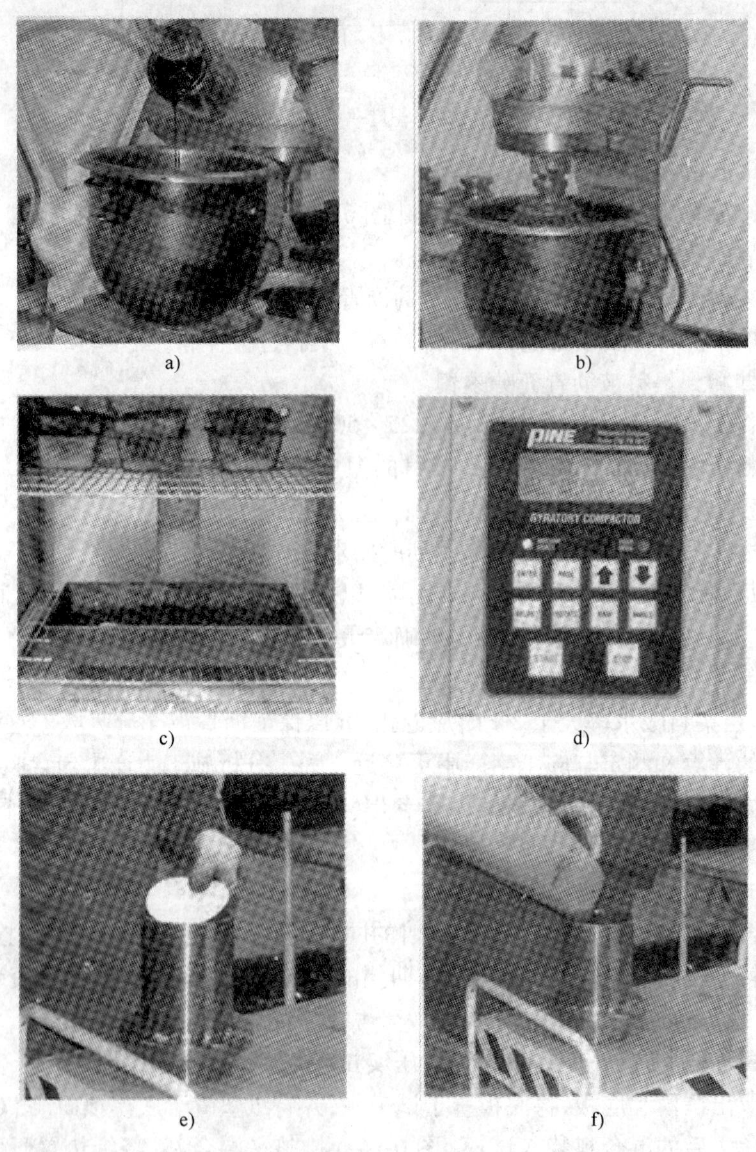

a) b) c) d) e) f)

图 6-24

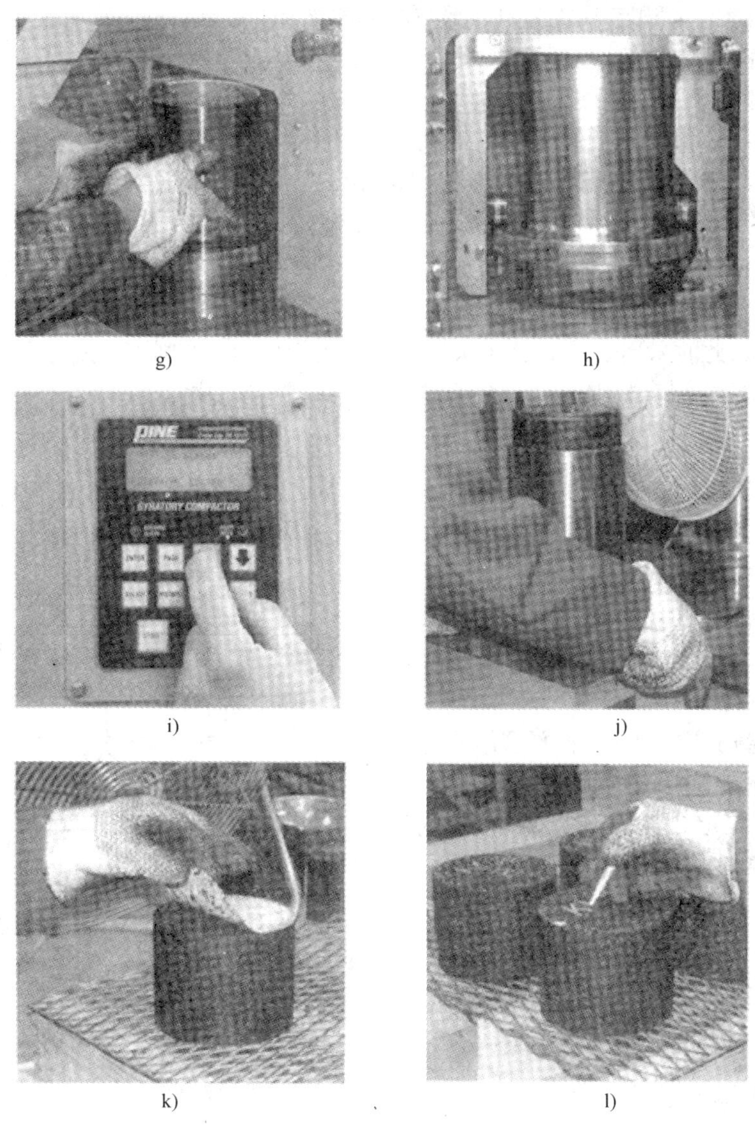

g)　h)　i)　j)　k)　l)

图6-24　混合料准备

6.2.5　沥青混合料密度试验检测方法(表干法)

6.2.5.1　目的与适用范围

(1)表干法适用于测定吸水率不大于2%的各种沥青混合料试件[包括Ⅰ型或较密实的Ⅱ型沥青混凝土、抗滑表层混合料、沥青玛蹄脂碎石混合料(SMA)试件]的毛体积相对密度或毛体积密度。

(2)本方法测定的毛体积密度适用于计算沥青混合料试件的空隙率、矿料间隙率等各项体积指标。

(3)沥青混合料的表观密度(视密度)是指在规定条件下,沥青混合料试件的单位表观体积(沥青混合料实体体积与不吸水的内部空隙体积之和)的干质量。沥青混合料的毛体积密度指沥青混合料试件的单位毛体积(包括沥青混合料实体体积与不吸水的闭口空隙体积、能吸水的开口空隙体积之和)的干质量。

(4)针对不同的沥青混合料的吸水率采用不同的方法:如果几乎完全不吸水,可采用水中重法;吸水率不大于2%,适用于表干法;吸水率大于2%,适用于蜡封法。三种方法测定沥青混合料的基本原理一致,都是以水作为媒介,通过称取不同状况下的沥青混合料质量得到沥青混合料密度与水的密度的比值,从而得到沥青混合料密度。表干法之所以采取沥青混合料芯样浸水后取出,在表干状态下称重,就是为了抵消沥青混合料吸水的影响;但如果沥青混合料吸水率大于2%,此时采用表干法已无法抵消沥青混合料吸水的影响,因而必须采用蜡封法。当完全不吸水,沥青混合料必须烘干至恒重时称重,这就是水中重法。

6.2.5.2　仪具与材料

(1)浸水天平或电子秤:当最大称量在3kg以下时,感量不大于0.1g;最大称量3kg以上时,感量不大于0.5g;最大称量10kg以上时,感量5g;应有测量水中重的挂钩。

(2)网篮。

(3)溢流水箱:如图6-25所示,使用洁净水,有水位溢流装置,保持试件和网篮浸入水中后的水位一定。

(4)试件悬吊装置:天平下方悬吊网篮及试件的装置,吊线应采用不吸水的细尼龙线绳,并有足够的长度。对轮碾成型机成型的板块状试件可用铁丝悬挂。

(5)秒表。

(6)毛巾。

(7)电风扇或烘箱。

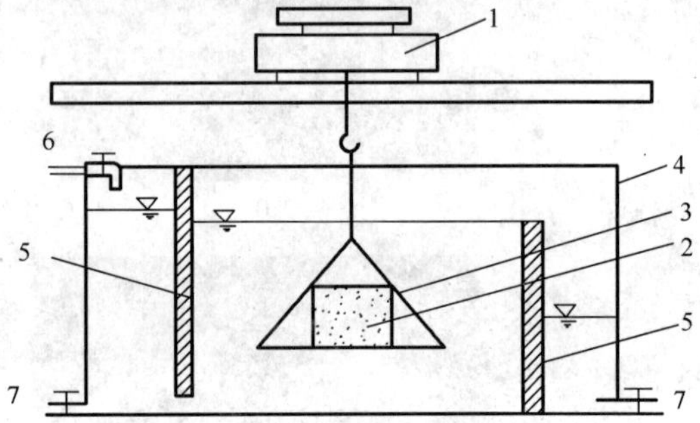

图6-25　溢流水箱及下挂法水中重称量方法示意图

1-浸水天平或电子秤;2-试件;3-网篮;4-溢流水箱;5-水位搁板;6-注入口;7-放水阀门

6.2.5.3　试验方法与步骤

(1)选择适宜的浸水天平或电子秤,最大称量应不小于试件质量的1.25倍,且不大于试件质量的5倍。

(2)除去试件表面的浮粒,称取干燥试件的空中质量(m_a),根据选择的天平的感量读数,准确至0.1g、0.5g或5g。

(3)挂上网篮,浸入溢流水箱中,调节水位,将天平调平或复零,把试件置于网篮中(注意,不要晃动水)浸水中约3~5min,称取水中质量(m_w)。若天平读数持续变化,不能很快达到稳定,说明试件吸水较严重,不适用于此法测定,应改用蜡封法测定。

(4)从水中取出试件,用洁净柔软的拧干湿毛巾轻轻擦去试件的表面水(不得吸走空隙内的水),称取试件的表干质量(m_f)。

(5)对从路上钻取的非干燥试件可先称取水中质量(m_w),然后用电风扇将试件吹干至恒重(一般不少于12h,当不需进行其他试验时,也可用60℃ ±5℃烘箱烘干至恒重),再称取空中质量(m_a)。

6.2.5.4　计算

(1)计算试件的吸水率,取1位小数。试件的吸水率即试件吸水体积占沥青混合料毛体积的百分率,按式(6-24)计算。

$$S_a = \frac{m_f - m_a}{m_f - m_w} \times 100 \tag{6-24}$$

式中:S_a——试件的吸水率,%;

m_a——干燥试件的空中质量,g;

m_w——试件的水中质量,g;

m_f——试件的表干质量,g。

(2)计算试件的毛体积相对密度和毛体积密度,取3位小数。

当试件的吸水率符合 $S_a < 2\%$ 要求时,试件的毛体积相对密度和毛体积密度按式(6-25)及式(6-26)计算,当吸水率 $S_a > 2\%$ 要求时,应改用蜡封法测定。

$$\gamma_f = \frac{m_a}{m_f - m_w} \tag{6-25}$$

$$\rho_f = \frac{m_a}{m_f - m_w} \times \rho_w \tag{6-26}$$

式中:γ_f——用表干法测定的试件毛体积相对密度,无量纲;

ρ_f——用表干法测定的试件毛体积密度,g/cm^3;

ρ_w——常温水的密度,约 $1g/cm^3$。

(3)试件的空隙率按式(6-27)计算,取1位小数。

$$VV = \left(1 - \frac{\gamma_f}{\gamma_t}\right) \times 100 \tag{6-27}$$

式中:VV——试件的空隙率,%;

γ_t——测定的沥青混合料理论最大相对密度,当实测理论最大相对密度有困难时,也可采用按式(6-28)或(6-29)计算的理论最大相对密度;

γ_f——试件的毛体积相对密度,用表干法测定,当试件吸水率 $S_a > 2\%$ 时,由蜡封法或体积法测定;当按规定容许采用水中重法测定时,也可用表观相对密度 γ_a 代替。

(4)计算试件的理论最大相对密度或理论最大密度,取3位小数。

①当已知试件的油石比时,试件的理论最大相对密度可按式(6-28)计算。

$$\gamma_t = \frac{100 + P_a}{\frac{P_1}{\gamma_1} + \frac{P_2}{\gamma_2} + \cdots + \frac{P_n}{\gamma_n} + \frac{P_a}{\gamma_a}} \tag{6-28}$$

式中:γ_t——理论最大相对密度,无量纲;

P_a——油石比,%;

γ_a——沥青的相对密度(25℃/25℃);

$P_1,\cdots,P_n$——各种矿料占矿料总质量的百分率,%;

$\gamma_1,\cdots,\gamma_n$——各种矿料对水的相对密度。对粗集料,宜采用与沥青混合料同一种相对密度,即混合料采用表干法、蜡封法或体积法测定的毛体积相对密度时,粗集料也采用毛体积相对密度。当混合料采用水中重法测定的表观相对密度代替时,粗集料也采用表观相对密度。对细集料(砂、石屑)和矿粉均采用表观相对密度。

②当已知试件的沥青含量时,试件的理论最大相对密度按式(6-29)计算。

$$\gamma_t = \frac{100}{\frac{P'_1}{\gamma_1} + \frac{P'_2}{\gamma_2} + \cdots + \frac{P'_n}{\gamma_n} + \frac{P_b}{\gamma_a}} \tag{6-29}$$

式中:$P'_1,\cdots,P'_n$——各种矿料占沥青混合料总质量的百分率,%;

P_b——沥青含量,%。

③试件的理论最大密度按式(6-30)计算。

$$\rho_t = \gamma_t \times \rho_w \tag{6-30}$$

式中:ρ_t——理论最大密度,g/cm^3。

④旧路面钻取芯样试样的混合料缺乏材料密度及配合比时,沥青混合料理论最大相对密度应采用6.2.10节方法实测求得。

⑤试件中沥青的体积百分率可按式(6-31)或(6-32)计算,取1位小数。

$$VA = \frac{P_b \times \gamma_f}{\gamma_a} \tag{6-31}$$

$$VA = \frac{100 \times P_a \times \gamma_f}{(100 + P_a) \times \gamma_a} \tag{6-32}$$

式中:VA——沥青混合料试件的沥青体积百分率,%。

⑥试件中的矿料间隙率,可按式(6-33)或式(6-34)计算。式(6-33)适用于空隙率按计算的理论最大相对密度计算的情况;式(6-34)适用于空隙率按实测的理论最大相对密度计算的情况,取1位小数。

$$VMA = VA + VV \tag{6-33}$$

$$VMA = \left(1 - \frac{\gamma_f}{\gamma_{sb}} \times P_s\right) \times 100 \tag{6-34}$$

式中:VMA——沥青混合料试件的矿料间隙率,%;

P_s——沥青混合料中各种矿料占沥青混合料总质量的百分率之和,即$\sum P'_i$,%;

γ_{sb}——全部矿料对水的平均相对密度,按式(6-35)计算。

$$\gamma_{sb} = \frac{100}{\frac{P_1}{\gamma_1} + \frac{P_2}{\gamma_2} + \cdots + \frac{P_n}{P_n}} \tag{6-35}$$

⑦试件的沥青饱和度按式(6-36)计算,取1位小数。

$$VFA = \frac{VA}{VA + VV} \times 100 \tag{6-36}$$

式中:VFA——沥青混合料试件的沥青饱和度,%。

⑧试件中的粗集料骨架间隙率可按式(6-37)计算,取1位小数。

$$VCA_{mix} = \left(1 - \frac{\gamma_f}{\gamma_{ca}} \times P_{ca}\right) \times 100 \tag{6-37}$$

式中：VCA_{mix}——沥青混合料中粗集料骨架之外的体积（通常指小于4.75mm的粗细集料、矿粉、沥青及空隙）占总体积的比例，%；

P_{ca}——沥青混合料中粗集料的比例，%，由 $P_{ca} = P_s \times PA_{4.75}$ 计算，$PA_{4.75}$ 为矿料级配中4.75mm筛余量，即100减去4.75mm通过率之差；

γ_{ca}——矿料中所有粗集料颗粒部分对水的合成毛体积相对密度，按式(6-38)计算。

$$\gamma_{ca} = \frac{P_{1c} + P_{2c} + \cdots + P_{nc}}{\frac{P_{1c}}{\gamma_{1c}} + \frac{P_{2c}}{\gamma_{2c}} + \cdots + \frac{P_{nc}}{\gamma_{nc}}} \tag{6-38}$$

式中：$P_{1c}, \cdots, P_{nc}$——各种粗集料在矿料配合比中的比例，%；

$\gamma_{1c}, \cdots, \gamma_{nc}$——相应的各种粗集料对水的毛体积相对密度。

6.2.6 沥青混合料密度试验检测方法（水中重法）

6.2.6.1 目的与适用范围

(1)水中重法适用于测定几乎不吸水的密实的Ⅰ型沥青混合料试件的表观相对密度或表观密度。

(2)当试件很密实，几乎不存在与外界连通的开口孔隙时，可采用按本方法测定的表观相对密度代替按表干法测定的毛体积相对密度，并据此计算沥青混合料试件的空隙率、矿料间隙率等各项体积指标。

6.2.6.2 仪具与材料

(1)浸水天平或电子秤：当最大称量在3kg以下时，感量不大于0.1g；最大称量3kg以上时，感量不大于0.5g；最大称量10kg以上时，感量不大于5g；应有测量水中重的挂钩。

(2)网篮。

(3)溢流水箱：使用洁净水，有水位溢流装置，保持试件和网篮浸入水中后的水位一定。试验时的水温应在15℃～25℃范围内，并与测定集料密度时的水温相同。

(4)试件悬吊装置：天平下方悬吊网篮及试件的装置，吊线应采用不吸水的细尼龙线绳，并有足够的长度。对轮碾成型机成型的板块状试件可用铁丝悬挂。

(5)秒表。

(6)电风扇或烘箱。

6.2.6.3 方法与步骤

(1)选择适宜的浸水天平或电子秤，最大称量应不小于试件质量的1.25倍，且不大于试件质量的5倍。

(2)除去试件表面的浮粒，称取干燥试件的空中质量(m_a)，根据选择的天平的感量读数，准确至0.1g、0.5g或5g。

(3)挂上网篮，浸入溢流水箱的水中，调节水位，将天平调平或复零，把试件置于网篮中（注意，不要使水晃动），待天平稳定后立即读数，称取水中质量(m_w)。若天平读数持续变化，不能在数秒钟内达到稳定,说明试件有吸水情况,不适用于此法测定,应改用表干法或蜡封法的方法测定。

(4)对从路上钻取的非干燥试件,可先称取水中质量(m_w),然后用电风扇将试件吹干至恒重(一般不少于12h,当不需进行其他试验时,也可用60℃ ±5℃烘箱烘干至恒重),再称取空中质量(m_a)。

6.2.6.4　计算

(1)按式(6-39)及式(6-40)计算用水中重法测定的沥青混合料试件的表观相对密度及表观密度,取3位小数。

$$\gamma_a = \frac{m_a}{m_a - m_w} \tag{6-39}$$

$$\rho_a = \frac{m_a}{m_a - m_w} \times \rho_w \tag{6-40}$$

式中:γ_a——试件的表观相对密度,无量纲;

ρ_a——试件的表观密度,g/cm³;

m_a——干燥试件的空中质量,g;

m_w——试件的水中质量,g;

ρ_w——常温水的密度,取1g/cm³。

(2)当试件为几乎不吸水的密实沥青混合料时,以表观相对密度代替毛体积相对密度,按水中重法计算试件的理论最大相对密度及空隙率、沥青的体积百分率、矿料间隙率、粗集料骨架间隙率、沥青饱和度等各项体积指标。

6.2.7　沥青混合料密度试验检测方法(蜡封法)

6.2.7.1　目的与适用范围

(1)蜡封法适用于测定吸水率大于2%的沥青混凝土或沥青碎石混合料试件的毛体积相对密度或毛体积密度。

(2)本方法测定的毛体积相对密度适用于计算沥青混合料试件的空隙率、矿料间隙率等各项体积指标。

(3)采用蜡封法,就是因为沥青混合料芯样吸水率大,用蜡封住以后,放在水中测芯样和蜡的总体积,而蜡的质量和密度都可以通过试验获得,因此可得到蜡的体积,扣减蜡的体积后就是芯样的体积。

6.2.7.2　仪具与材料

(1)浸水天平或电子秤:当最大称量在3kg以下时,感量不大于0.1g;最大称量3kg以上时,感量不大于0.5g;最大称量10kg以上时,感量不大于5g;应有测量水中重的挂钩。

(2)网篮。

(3)溢流水箱:使用洁净水,有水位溢流装置,保持试件和网篮浸入水中后的水位一定。

(4)试件悬吊装置:天平下方悬吊网篮及试件的装置,吊线应采用不吸水的细尼龙线绳,并有足够的长度。对轮碾成型机成型的板块状试件可用铁丝悬挂。

(5)熔点已知的石蜡。

(6)冰箱:可保持温度为 4℃ ~5℃。

(7)铅或铁块等重物。

(8)滑石粉。

(9)秒表。

(10)电风扇。

(11)其他:电炉或燃气炉。

6.2.7.3　方法与步骤

(1)选择适宜的浸水天平或电子秤,最大称量应不小于试件质量的 1.25 倍,且不大于试件质量的 5 倍。

(2)称取干燥试件的空中质量(m_a),根据选择的天平感量读数,准确至 0.1g、0.5g 或 5g。当为钻芯法取得的非干燥试件时,应用电风扇吹干 12h 以上至恒重作为空中质量,但不得用烘干法。

(3)将试件置于冰箱中,在 4℃ ~5℃条件下冷却不少于 30min。

(4)将石蜡熔化至其熔点以上 5.5℃ ±0.5℃。

(5)从冰箱中取出试件立即浸入石蜡液中,至全部表面被石蜡封住后迅速取出试件,在常温下放置 30min,称取蜡封试件的空中质量(m_p)。

(6)挂上网篮,浸入溢流水箱中,调节水位,将天平调平或复零。将蜡封试件放入网篮浸水约 1min,读取水中质量(m_c)。

(7)如果试件在测定密度后还需要做其他试验时,为便于除去石蜡,可事先在干燥试件表面涂一薄层滑石粉,称取涂滑石粉后的试件质量(m_s),然后再蜡封测定。

(8)用蜡封法测定时,石蜡对水的相对密度按下列步骤实测确定:

①取一块铅或铁块之类的重物,称取空中质量(m_g)。

②测定重物的水中质量(m'_g)。

③待重物干燥后,按上述试件蜡封的步骤将重物蜡封后测定其空中质量(m_d)及水中质量(m'_d)。

④按式(6-41)计算石蜡对水的相对密度。

$$\gamma_p = \frac{m_d - m_g}{(m - m_g) - (m'_d - m'_g)} \tag{6-41}$$

式中:γ_P——在常温条件下石蜡对水的相对密度;

m_g——重物的空中质量,g;

m'_g——重物的水中质量,g;

m_d——蜡封后重物的空中质量,g;

m'_d——蜡封后重物的水中质量,g。

6.2.7.4　计算

(1)计算试件的毛体积相对密度,取 3 位小数。

①蜡封法测定的试件毛体积相对密度按式(6-42)计算。

$$\gamma_f = \frac{m_a}{m_p - m_c - (m_p - m_a)/\gamma_p} \tag{6-42}$$

式中：γ_f——由蜡封法测定的试件毛体积相对密度；

m_a——试件的空中质量，g；

m_p——蜡封试件的空中质量，g；

m_c——蜡封试件的水中质量，g。

②涂滑石粉后用蜡封法测定的试件毛体积相对密度按式(6-43)计算。

$$\gamma_f = \frac{m_a}{m_p - m_c - [(m_p - m_s)/\gamma_p + (m_s - m_a)/\gamma_s]} \tag{6-43}$$

式中：m_s——试件涂滑石粉后的空中质量，g；

γ_s——滑石粉对水的相对密度。

③试件的毛体积密度按式(6-44)计算。

$$\rho_f = \gamma_f \times \rho_w \tag{6-44}$$

式中：ρ_f——蜡封法测定的试件毛体积密度，g/cm^3；

ρ_w——常温水的密度，取 1g/cm^3。

(2)计算试件的理论最大相对密度及空隙率、沥青的体积百分率、矿料间隙率、粗集料骨架间隙率、沥青饱和度等各项体积指标。

6.2.8 沥青混合料马歇尔稳定度试验检测方法

6.2.8.1 目的与适用范围

(1)本方法适用于马歇尔稳定度试验和浸水马歇尔稳定度试验，以进行沥青混合料的配合比设计或沥青路面施工质量检验。浸水马歇尔稳定度试验(根据需要，也可进行真空饱水马歇尔试验)供检验沥青混合料受水损害时抵抗剥落的能力时使用，通过测试其水稳定性检验配合比设计的可行性。

(2)本方法适用于按击实法成型的标准马歇尔试件圆柱体和大型马歇尔试件圆柱体。

6.2.8.2 仪具与材料

(1)沥青混合料马歇尔试验仪：符合标准《马歇尔稳定度试验仪》(JT/T 119—2006)技术要求的产品。对用于高速公路和一级公路的沥青混合料宜采用自动马歇尔试验仪，用计算机或 X—Y 记录仪记录荷载—位移曲线，并具有自动测定荷载与试件垂直变形的传感器、位移计，能自动显示或打印试验结果。对 ϕ63.5mm 的标准马歇尔试件，试验仪最大荷载不小于 25kN，读数准确度 100N，加载速率应能保持 50mm/min ± 5mm/min。钢球直径 16mm，上下压头曲率半径为 50.8mm。当采用 ϕ152.4mm 大型马歇尔试件时，试验仪最大荷载不得小于 50kN，读数准确度为 100N。上下压头的曲率内径为 152.4mm ± 0.2mm，上下压头间距 19.05mm ± 0.1mm。

(2)恒温水槽：控温准确度为 1℃，深度不小于 150mm。

(3)真空饱水容器：包括真空泵及真空干燥器。

(4)烘箱。

(5)天平:感量不大于0.1g。

(6)温度计:分度为1℃。

(7)卡尺。

(8)其他:棉纱,黄油。

6.2.8.3　标准马歇尔试验方法

(1)准备工作

①按标准击实法成型马歇尔试件,标准马歇尔尺寸应符合直径101.6mm ±0.2mm、高63.5mm ±1.3mm的要求。对大型马歇尔试件,尺寸应符合直径152.4mm ±0.2mm,高95.3mm ±2.5mm 的要求。一组试件的数量最少不得少于4个,并符合击实法成型标准马歇尔试件的规定。

②量测试件的直径及高度:用卡尺测量试件中部的直径,用马歇尔试件高度测定器或用卡尺在十字对称的4个方向量测离试件边缘10mm 处的高度,准确至0.1mm,并以其平均值作为试件的高度。如试件高度不符合63.5mm ±1.3mm 或95.3mm ±2.5mm 要求或两侧高度差大于2mm 时,此试件应作废。

③测定试件的密度、空隙率、沥青体积百分率、沥青饱和度、矿料间隙率等物理指标。

④将恒温水槽调节至要求的试验温度,对黏稠石油沥青或烘箱养生过的乳化沥青混合料为60℃ ±1℃,对煤沥青混合料为33.8℃ ±1℃,对空气养生的乳化沥青或液体沥青混合料为25℃ ±1℃。

(2)试验步骤

①将试件置于已达规定温度的恒温水槽中保温,保温时间对标准马歇尔试件需30 ~40min,对大型马歇尔试件需45 ~60min。试件之间应有间隔,底下应垫起,离容器底部不小于5cm。

②将马歇尔试验仪的上下压头放入水槽或烘箱中达到同样温度。将上下压头从水槽或烘箱中取出擦拭干净内面。为使上下压头滑动自如,可在下压头的导棒上涂少量黄油。再将试件取出置于下压头上,盖上上压头,然后装在加载设备上。

③在上压头的球座上放妥钢球,并对准荷载测定装置的压头。

④当采用自动马歇尔试验仪时,将自动马歇尔试验仪的压力传感器、位移传感器与计算机或 X—Y 记录仪正确连接,调整好适宜的放大比例。调整好计算机程序或将 X—Y 记录仪的记录笔对准原点。

⑤当采用压力环和流值计时,将流值计安装在导棒上,使导向套管轻轻地压住上压头,同时将流值计读数调零。调整压力环中百分表,对零。

⑥启动加载设备,使试件承受荷载,加载速度为50mm/min ±5mm/min。计算机或 X—Y 记录仪自动记录传感器压力和试件变形曲线并将数据自动存入计算机。

⑦当试验荷载达到最大值的瞬间,取下流值计,同时读取压力环中百分表读数及流值计的流值读数。

⑧从恒温水槽中取出试件至测出最大荷载值的时间不得超过30s。

6.2.8.4　浸水马歇尔试验方法

浸水马歇尔试验方法与标准马歇尔试验方法的不同之处在于,试件在已达规定温度恒温水槽中的保温时间为48h,其余均与标准马歇尔试验方法相同。

6.2.8.5　真空饱水马歇尔试验方法

试件先放入真空干燥器中,关闭进水胶管,开动真空泵,使干燥器的真空度达到98.3kPa(730mmHg)以上,维持15min,然后打开进水胶管,靠负压进入冷水流使试件全部浸入水中,浸水15min后恢复常压,取出试件再放入已达规定温度的恒温水槽中保温48h。其余均与标准马歇尔试验方法相同。

6.2.8.6　计算

(1)试件的稳定度及流值

①当采用自动马歇尔试验仪时,将计算机采集的数据绘制成压力和试件变形曲线,或由X—Y记录仪自动记录的荷载—变形曲线,在切线方向延长曲线与横坐标相交于O_1。将O_1作为修正原点,从O_1起量取相应于荷载最大值时的变形作为流值(FL),以mm计,准确至0.1mm。最大荷载即为稳定度(MS),以kN计,准确至0.01kN。

②采用压力环和流值计测定时,根据压力环标定曲线,将压力环中百分表的读数换算为荷载值,或者由荷载测定装置读取的最大值即为试样的稳定度(MS),以kN计,准确至0.01kN。由流值计及位移传感器测定装置读取的试件垂直变形,即为试件的流值(FL),以mm计,准确至0.1mm。

(2)试件的马歇尔模数按式(6-45)计算。

$$T = \frac{\mathrm{MS}}{\mathrm{FL}} \tag{6-45}$$

式中:T——试件的马歇尔模数,kN/mm;

MS——试件的稳定度,kN;

FL——试件的流值,mm。

(3)试件的浸水残留稳定度按式(6-46)计算。

$$\mathrm{MS}_0 = \frac{\mathrm{MS}_1}{\mathrm{MS}} \times 100 \tag{6-46}$$

式中:MS_0——试件的浸水残留稳定度,%;

MS_1——试件浸水48h后的稳定度,kN。

(4)试件的真空饱水残留稳定度按式(6-47)计算。

$$\mathrm{MS'}_0 = \frac{\mathrm{MS}_2}{\mathrm{MS}} \times 100 \tag{6-47}$$

式中:$\mathrm{MS'}_0$——试件的真空饱水残留稳定度,%;

MS_2——试件真空饱水后浸水48h后的稳定度,kN。

6.2.8.7　报告

(1)当一组测定值中某个测定值与平均值之差大于标准差的k倍时,该测定值应予舍弃,并以其余测定值的平均值作为试验结果。当试件数目n为3、4、5、6个时,k值分别为1.15、1.46、1.67、1.82。

(2)采用自动马歇尔试验时,试验结果应附上荷载—变形曲线原件或自动打印结果,并报告马歇尔稳定度、流值、马歇尔模数,以及试件尺寸、试件的密度、空隙率、沥青用量、沥青体积百分率、沥青饱和度、矿料间隙率等各项物理指标。

6.2.9　沥青混合料芯样马歇尔试验方法

6.2.9.1　目的与适用范围

本方法适用于从沥青路面钻取的芯样进行马歇尔试验,供评定沥青路面施工质量是否符合设计要求或进行路况调查。标准芯样钻孔试件的直径为 100mm,适用的试件高度为 30 ~ 80mm;大型钻孔试件的直径为 150mm,适用的试件高度为 80 ~ 100mm。

6.2.9.2　仪具与材料

本方法所用的仪具与材料与 6.2.8 沥青混合料马歇尔稳定度试验相同。

6.2.9.3　方法与步骤

(1)用钻孔机钻取压实沥青混合料路面芯样试件。

(2)适当清扫混合料芯样表面,如果底面粘有基层泥土则应洗净,若底面严重凹凸不平,则应用锯石机将其锯平。

(3)如缺乏沥青用量、矿料配合比及各种材料的密度数据时,测定沥青混合料的理论最大相对密度,按本章方法测定试件的密度、空隙率等各项物理指标。

(4)按沥青混合料试件密度试验及空隙率等物理指标计算方法,计算试件的密度、空隙率等各项物理指标。

(5)用卡尺测定试件的直径,取两个方向的平均值。

(6)测定试件的高度,取 4 个对称位置的平均值,准确至 0.1mm。

(7)按 6.2.8 节方法进行马歇尔试验,由试验实测稳定度乘以表 6-9 或表 6-10 的试件高度修正系数 K 得到试件的稳定度 MS。

现场钻取芯样试件高度修正系数(适用于 ϕ100mm 试件)　　表 6-9

试件高度(cm)	修正系数 K	试件高度(cm)	修正系数 K
2.47 ~ 2.61	5.56	4.37 ~ 4.51	1.92
2.62 ~ 2.77	5.00	4.52 ~ 4.67	1.79
2.78 ~ 2.93	4.55	4.68 ~ 4.87	1.67
2.94 ~ 3.09	4.17	4.88 ~ 4.99	1.50
3.10 ~ 3.25	3.85	5.00 ~ 5.15	61.47
3.26 ~ 3.40	3.57	5.16 ~ 5.31	1.39
3.41 ~ 3.56	3.33	5.32 ~ 5.46	1.32
3.57 ~ 3.72	3.03	5.47 ~ 5.62	1.25
3.73 ~ 3.88	2.78	5.63 ~ 5.80	1.19
3.89 ~ 4.04	2.50	5.81 ~ 5.94	1.14
4.05 ~ 4.20	2.27	5.95 ~ 6.10	1.09
4.21 ~ 4.36	2.08	6.11 ~ 6.26	1.01

续上表

试件高度(cm)	修正系数 K	试件高度(cm)	修正系数 K
6.27~6.44	1.00	7.07~7.21	0.83
6.45~6.60	0.96	7.22~7.37	0.81
6.61~6.73	0.93	7.38~7.54	0.78
6.74~6.89	0.89	7.55~7.69	0.76
6.90~7.06	0.86		

现场钻取芯样试件高度修正系数(适用于 ϕ150mm 试件) 表 6-10

试件高度(cm)	试件体积(cm^3)	修正系数 K
8.81~8.97	1 608~1 626	1.12
8.98~9.13	1 637~1 665	1.09
9.14~9.29	1 666~1 694	1.06
9.30~9.45	1 695~1 723	1.03
9.46~9.60	1 724~1 752	1.00
9.61~9.76	1 753~1 781	0.97
9.77~9.92	1 782~1 810	0.95
9.93~10.08	1 811~1 839	0.92
10.09~10.24	1 840~1 868	0.90

6.2.10 沥青混合料理论最大相对密度试验法(真空法)

6.2.10.1 目的与适用范围

(1)本方法适用于真空法测定沥青混合料理论最大相对密度,供沥青混合料配合比设计、路况调查或路面施工质量管理计算空隙率、压实度等使用。

(2)本方法不适用于吸水率大于3%的多孔性集料的沥青混合料。

6.2.10.2 仪具与材料

(1)天平:称量10kg以上,感量不大于0.5kg;称量5kg以上,感量不大于0.1g;称量2kg以下,感量不大于0.05g。

(2)负压容器:根据试样数量选用表6-11中的A、B、C任何一种类型。负压容器口带橡皮塞,上接橡胶管,管口下方有滤网,防止细料部分吸入胶管。

负压容器类型 表 6-11

类型	容器	附属设备
A	耐压玻璃、塑料或金属制的罐,容积大于1 000mL	有密封盖,接真空胶管,与真空泵连接
B	容积大于1 000mL的真空容量瓶	带胶皮塞,接真空胶管,与真空泵连接
C	4 000mL耐压真空干燥器	带胶皮塞,放气阀,接真空胶皮管与真空泵连接

(3)真空负压装置:由真空泵及水银压力计(或真空表)组成,真空泵能使负压容器内造成 4kPa(30mmHg)负压。

(4)恒温水槽:水温控制 25℃ ±0.5℃。

(5)温度计:分度为 0.5℃。

(6)其他:玻璃板等。

6.2.10.3　方法与步骤

(1)准备工作

①按 6.2.1 节沥青混合料取样方法或从沥青路面上采取(或钻取)沥青混合料试样。试样数量不少于如下规定数量:

沥青混合料中集料公称最大粒径(mm)	最少试样数量(g)
37.5	4 000
26.5	2 500
19.0	2 000
13.2、16.0	1 500
9.5	1 000
4.75	500

②将沥青混合料团块仔细分散,粗集料不破碎,细集料团块分散到小于 6.4mm。若混合料坚硬时可用烘箱适当加热后分散,一般加热温度不超过 60℃。分散试样应用手掰开,不得用锤打碎,防止集料破碎。当试样是从路上采取的非干燥混合料时,应用电风扇吹干至恒重后再操作。

③负压容器标定方法将 B、C 类负压容器装满 25℃ ±0.5℃的水(上面用玻璃板盖住保持完全充满水),正确称取负压容器与水的总质量 m_b。

④采用 A 类容器时,将容器全部浸入 25℃ ±0.5℃的恒温水槽中,称取容器的水中质量(m_1)。

⑤将负压容器干燥,编号称取其质量。

(2)试验步骤

①将沥青混合料试样装入干燥的负压容器中,称容器及沥青混合料总质量,得到试样的净质量 m_a,试样质量应不小于上述规定的最小数量。

②在负压容器中注入约 25℃的水,将混合料全部浸没。

③将负压容器与真空泵、真空表连接,开动真空泵,使真空度达到 97.3kPa(730mmHg)持续 15min ±2min。

④然后强烈振荡负压容器,使水充分搅动混合料,除去剩余的气泡。每隔 2min 晃动若干次,直至不见气泡出现为止。为使气泡容易除去,可在水中加有 0.01% 浓度的表面活性剂(如每 100mL 水中加 0.01g 洗涤灵)。

⑤当负压容器采用 A 类容器时,浸入保温至 25℃ ±0.5℃的恒温水槽,约 10min 后,称取负压容器与沥青混合料的水中质量(m_2)。

当负压容器采用 B、C 类容器时,将装有沥青混合料试样的容器浸入保温至 25℃ ±0.5℃

的恒温水槽，约10min后取出，加上盖，使容器中没有空气，擦净容器外的水分，称取容器、水和沥青混合料试样的总质量(m_c)。

6.2.10.4　计算

(1)采用A类容器时，沥青混合料的理论最大相对密度按式(6-48)计算。

$$\gamma_t = \frac{m_a}{m_a - (m_2 - m_1)} \tag{6-48}$$

式中：γ_t——沥青混合料理论最大相对密度；

m_a——干燥沥青混合料试样的空气中质量，g；

m_1——负压容器在25℃水中的质量，g；

m_2——负压容器与沥青混合料一起在25℃水中的质量，g。

(2)采用B、C类容器作负压容器时，沥青混合料的最大相对密度按式(6-49)计算。

$$\gamma_t = \frac{m_a}{m_a + m_b - m_c} \tag{6-49}$$

式中：m_b——装满25℃水的负压容器质量，g；

m_c——25℃时试样、水与负压容器的总质量，g。

(3)沥青混合料25℃时的理论最大密度按式(6-50)计算。

$$\rho_t = \gamma_t \times \rho_w \tag{6-50}$$

式中：ρ_t——沥青混合料的理论最大密度，g/cm^3；

ρ_w——25℃时水的密度，0.997 1g/cm^3。

6.2.10.5　报告

同一试样至少平行试验两次，取平均值作为试验结果，计算至小数点后3位。

6.2.11　沥青混合料劈裂试验

6.2.11.1　目的与适用范围

(1)本方法适用于测定沥青混合料在规定温度和加载速率时劈裂破坏或处于弹性阶段时的力学性质，也可供沥青路面结构设计选择沥青混合料力学设计参数及评价沥青混合料低温抗裂性能时使用。试验温度与加载速率可由当地气候条件根据试验目的或有关规定选用，但试验温度不得高于30℃，如无特殊规定，宜采用试验温度15℃ ±0.5℃，加载速率为50mm/min。当用于评价沥青混合料低温抗裂性能时，宜采用试验温度 -10℃ ±0.5℃及加载速率1mm/min。

(2)本方法测定时采用沥青混合料的泊松比μ值如表6-12所示，其他试验温度的μ值由内插法决定。本方法也可由试验实测的垂直变形及水平变形计算实际的μ值，但计算的μ值必须在0.2~0.5范围内。

劈裂试验使用的泊松比μ　　表6-12

试验温度(℃)	≤10	15	20	25	30
泊松比μ值	0.25	0.30	0.35	0.40	0.45

(3)本方法采用的圆柱体试件应符合下列要求:

①最大粒径不超过26.5mm(圆孔筛30mm)时,用马歇尔标准击实法成型的直径为ϕ101.6mm ±0.25mm试件,高为63.5mm±1.3mm。

②从轮碾机成型的板块试件或从道路现场钻取直径ϕ100mm±2mm或ϕ150mm ±2.5mm,高为40mm±5mm的圆柱体试件。

6.2.11.2 仪具与材料

(1)试验机:能保持规定的加载速率及试验温度的材料试验机,当采用50mm/min的加载速率时,也可采用具有相当传感器的自动马歇尔试验仪代替,但均必须配置有荷载及试件变形的测定记录装置。荷载由传感器测定,应满足最大测定荷载不超过其量程的80%且不小于其量程的20%的要求,一般宜采用40kN或60kN传感器,测定精密度为10N。

(2)位移传感器可采用LVDT或电测百分表:水平变形宜用非接触式位移传感器测定,其量程应大于预计最大变形的1.2倍,通常不小于5mm。测定垂直变形精密度不低于0.01mm,测定水平变形的精密度不低于0.005mm。

(3)数据采集系统或X—Y记录仪:能自动采集传感器及位移计的电测信号,在数据采集系统中储存或在X—Y记录仪上绘制荷载与跨中挠度曲线。

(4)恒温水槽或冰箱、烘箱:用于试件保温,温度范围能满足试验要求,控温程度±0.5℃。当试验温度低于0℃时,恒温水槽可采用1:1的甲醇水溶液或防冻液作冷媒介质。恒温水槽中的液体应能循环回流。

(5)压条:上下各一根,试件直径为100mm±2mm或101.6mm±0.25mm时,压条宽度为12.7mm,内侧曲率半径50.8mm;试件直径为150mm±2.5mm时,压条宽度为19mm,内侧曲率半径75mm。压条两端均应磨圆。

(6)劈裂试验夹具:下压条固定在夹具上,上压条可上下自由活动。

(7)其他:卡尺、天平、记录纸、胶皮手套等。

6.2.11.3 方法与步骤

(1)准备工作

①按本6.2.2节所述击实方法制作圆柱体试件。

②测定试件的直径及高度,准确至0.1mm。在试件两侧通过圆心画上对称的十字标记。

③按本6.2.3节轮碾方法测定试件的密度、空隙率等各项物理指标。

④使恒温水槽达到预定的试验温度±0.5℃。将试件浸入恒温水槽的水或冷媒中,不少于1.5h,当为恒温空气槽时不少于6h,直至试件内部温度达到要求的试验温度±0.5℃为止。保温时,试件之间的距离不少于10mm。

⑤将试验机环境保温箱达到要求的试验温度,当加载速率等于或大于50mm/min时,也可不用环境保温箱。

(2)试验步骤

①从恒温水槽中取出试件,迅速置于试验台的夹具中安放稳定,其上下均安放有圆弧形压条,与侧面的十字画线对准,上下压条应居中、平行。

②迅速安装试件变形测定装置,水平变形测定装置应对准水平轴线并位于中央位置,垂直

变形的支座与下支座固定，上端支于上支座上。

③将记录仪与荷载及位移传感器连接，选择好适宜的量程开关及记录速度。当以压力机压头的位移作为垂直变形时，宜采用50mm/min加载。记录仪走纸速度根据温度高低可采用500～5000mm/min。

④开动试验机，使压头与上下压条接触，荷载不超过30N，迅速调整好数据采集系统或$X—Y$记录仪到零点位置。

⑤开动数据采集系统或记录仪，同时启动试验机，以规定的加载速率向试件加载劈裂至破坏，记录仪记录荷载及水平变形（或垂直位移）。当试验机无环境保温箱时，自恒温槽中取出试件至试验结束的时间应不超过45s。

6.2.11.4 计算

(1)将荷载—变形曲线的直线段延长与横坐标相交作为曲线的原点，由图中量取峰值时的最大荷载P_T及最大变形(Y_T或X_T)。

当试件直径为100mm±2.0mm、压条宽度为12.7mm及试件直径为150.0mm±2.5mm、压条宽度为19.0mm时，劈裂抗拉强度P_T分别按式(6-51)及(6-52)计算，泊松比μ、破坏拉伸应变ε_T及破坏劲度模量S_T按式(6-53)、(6-54)、(6-55)计算。

$$R_T = 0.006\,287P_T/h \tag{6-51}$$

$$R_T = 0.004\,25P_T/h \tag{6-52}$$

$$\mu = (0.135\,0A - 1.794\,0)/(-0.5A - 0.031\,4) \tag{6-53}$$

$$\varepsilon_T = X_T \times (0.030\,7 + 0.093\,6\mu)/(1.35 + 5\mu) \tag{6-54}$$

$$S_T = P_T \times (0.27 + 1.0\mu)/(h \times X_T) \tag{6-55}$$

式中：R_T——劈裂抗拉强度，MPa；

ε_T——破坏拉伸应变；

S_T——破坏劲度模量，MPa；

μ——泊松比；

P_T——试验荷载的最大值，N；

h——试件高度，mm；

A——试件垂直变形与水平变形的比值($A = Y_T/X_T$)；

Y_T——试件相应于最大破坏荷载时的垂直方向总变形，mm；

X_T——量取的相应于最大破坏荷载时的水平方向总变形，mm。当试验仪测定垂直方向变形Y_T或由实测的Y_T、X_T计算的μ值大于0.5或小于0.2时，水平变形(X_T)可由表6-12规定的泊松比(μ)按式(6-56)求算。

$$X_T = Y_T \times (0.135 + 0.5\mu)/(1.794 - 0.031\,4\mu) \tag{6-56}$$

(2)需要计算加载过程中任一加载时刻的应力、应变、劲度模量的方法同上，只需读取该时刻的荷载及变形代替上式的最大荷载及破坏变形即可。

(3)当记录的荷载—变形曲线在小变形区有一定的直线段时，可以试验的最大荷载P_T的0.1～0.4范围内的直线段部分的斜率计算弹性阶段的劲度模量，或以此范围内各测点的应力σ、应变ε数据计算的$S=\sigma/\varepsilon$的平均值作为劲度模量，并以此作为路面设计用的力学参数。

σ、ε 及 S 的计算方法同本节中(1)的 R_T、ε_T、S_T 的计算方法。

6.2.11.5　报告

(1)当一组测定值中某个数据与平均值之差大于标准差的 k 倍时,该测定值应予舍弃,并以其余测定值的平均值作为试验结果。当试验数目 n 为 3、4、5、6 个时,k 值分别为 1.15、1.46、1.67、1.82。

(2)试验结果均应注明试件尺寸、成型方法、试验温度、加载速率及采用的泊松比 μ 值。

6.2.12　沥青混合料饱水率试验

6.2.12.1　目的与适用范围

本方法适用于测定沥青混合料的饱水率,它可用于沥青拌和厂的混合料质量控制、旧路调查及路面压实沥青混合料的质量评定。非经注明,试验均在室温条件下进行。

6.2.12.2　仪具与材料

(1)浸水天平或电子秤:当最大称量在 3kg 以下时,感量不大于 0.1g;最大称量 3kg 以上时,感量不大于 0.5g;最大称量 10kg 以上时,感量不大于 5g;应有测量水中重的挂钩。

(2)真空干燥箱或真空干燥器:可保持真空度 97.3~98.7kPa(730~740mmHg)且可容纳要求水槽的容器,带有橡皮塞。

(3)压力计、真空表。

(4)真空泵:不小于 200W。

(5)水槽:不小于 200mm×200mm×100mm 或 ϕ200mm×100mm。

(6)其他:金属盘、金属容器、毛巾、秒表、电风扇等。

6.2.12.3　试验步骤

(1)按本 6.2.2 节沥青混合料试件制作方法中用马歇尔标准击实法成型试件,如采用现场路面芯样钻孔法操作规程用钻孔机在沥青路面上钻取的芯样,将其清理干净后用电风扇吹干。根据需要,也可按其他方式制作试件。

(2)称取试件的空中质量(m_a)。

(3)将试件置常温的水槽中,被水浸没,并将盛有试件的水槽置真空干燥箱或真空干燥器中。

(4)将真空干燥箱或真空干燥器与真空泵、压力计(真空表)相连接,启动真空泵,使真空干燥箱或真空干燥器中保持 97.3~98.7kPa(730~740mmHg)的真空度下 15min。

(5)打开释气阀门,使真空干燥箱或真空干燥器恢复常压状态,并使试件在水中继续留放 0.5h。

(6)取出水槽,从水中取出试件,迅速用拧干的湿毛巾轻轻拭去表面多余的水分后,称取真空饱水后的表干试件质量(m_f)。

注:毛巾不可拧得太干,以防擦拭试件时吸走试件内部的水分。

6.2.12.4　计算

沥青混合料试件的饱水率按式(6-57)计算。

$$S_W = \frac{m_f - m_a}{m_a} \times 100 \tag{6-57}$$

式中：S_W——试件的饱水率，%；

m_a——干燥试件在空气中的质量，g；

m_f——真空饱水后试件在空气中的表干质量，g。

6.2.12.5　报告

一种试样至少平行试验3个，取其平均值作为试验结果。

6.2.13　沥青混合料车辙试验

6.2.13.1　目的与适用范围

(1)本方法适用于测定沥青混合料的高温抗车辙能力，供沥青混合料配合比设计的高温稳定性检验使用。

(2)车辙试验的试验温度与轮压可根据有关规定和需要选用，非经注明，试验温度为60℃，轮压为0.7MPa。根据需要，如在寒冷地区也可采用45℃，在高温条件下采用70℃等，但应在报告中注明。计算动稳定度的时间原则上为试验开始后45～60min之间。

(3)本方法适用于按6.2.3节用轮碾成型机碾压成型的长300mm、宽300mm、厚50mm的板块状试件，也适用于现场切割制作长300mm、宽150mm、厚50mm板块状试件。根据需要，试件的厚度也可采用40mm。

6.2.13.2　仪具与材料

(1)车辙试验机，主要由下列部分组成。

①试件台：可牢固地安装两种宽度(300mm及150mm)的规定尺寸试件的试模。

②试验轮：橡胶制的实心轮胎，外径ϕ200mm，轮宽50mm，橡胶层厚15mm。橡胶硬度(国际标准硬度)20℃时为84±4，60℃时为78±2。试验轮行走距离为230mm±10mm，往返碾压速度为42次/min±1次/min(21次往返/min)。允许采用曲柄连杆驱动试验台运动(试验轮不移动)或链驱动试验轮运动(试验台不动)的任一种方式。

注：轮胎橡胶硬度应注意检验，不符合要求者应及时更换。

③加载装置：使试验轮与试件的接触压强在60℃时为0.7MPa±0.05MPa，施加的总荷重为78kg左右，根据需要可以调整。

④试模：钢板制成，由底板及侧板组成，试模内侧尺寸长为300mm，宽为300mm，厚为50mm(实验室制作)，也可固定150mm宽的现场切制试件。

⑤变形测量装置：自动检测车辙变形并记录曲线的装置，通常用LVDT、电测百分表或非接触位移计。

⑥温度检测装置：自动检测并记录试件表面及恒温室内温度的温度传感器、温度计，精密度0.5℃。

(2)恒温室：车辙试验机必须整机安放在恒温室内，装有加热器、气流循环装置及装有自动温度控制设备，能保持恒温室温度60℃±1℃(试件内部温度60℃±0.5℃)，根据需要也可为其他需要的温度。用于保温试件并进行试验。温度应能自动连续记录。

(3)台秤:称量15kg,感量不大于5g。

6.2.13.3　方法与步骤

(1)准备工作

①试验轮接地压强测定:测定在60℃时进行,在试验台上放置一块50mm厚的钢板,其上铺一张毫米方格纸,上铺一张新的复写纸,以规定的700N荷载后试验轮静压复写纸,即可在方格纸上得出轮压面积,并由此求得接地压强。当压强不符合0.7MPa±0.05MPa,荷载应予适当调整。

②按6.2.3节用轮碾成型法制作车辙试验试块。在实验室或工地制备成型的车辙试件,其标准尺寸为300mm×300mm×50mm,也可从路面切割得到300mm×150mm×50mm的试件。

当直接在拌和厂取拌和好的沥青混合料样品制作试件检验生产配合比设计或混合料生产质量时,必须将混合料装入保温桶中,在温度下降至成型温度之前迅速送达实验室制作试件,如果温度稍有不足,可放在烘箱中稍事加热(时间不超过30min)后使用;也可直接在现场用手动碾或压路机碾压成型试件,但不得将混合料放冷却后二次加热重塑制作试件。重塑制件的试验结果仅供参考,不得用于评定配合比设计检验是否合格使用。

③如需要,将试件脱模,测定密度及空隙率等各项物理指标。如经水浸,应用电扇将其吹干,然后再装回原试模中。

④试件成型后,连同试模一起在常温条件下放置的时间不得少于12h。对聚合物改性沥青混合料,放置的时间以48h为宜,使聚合物改性沥青充分固化后方可进行车辙试验,但室温放置时间也不得长于一周。

注:为使试件与试模紧密接触应记住四边的方向位置不变。

(2)试验步骤

①将试件连同试模一起,置于已达到试验温度60℃±1℃的恒温室中,保温不少于5h,也不得多于24h。在试件的试验轮不行走的部位上,粘贴一个热电隅温度计(也可在试件制作时预先将热电隅导线埋入试件一角),控制试件温度稳定在60℃±0.5℃。

②将试件连同试模移置于轮辙试验机的试验台上,试验轮在试件的中央部位,其行走方向须与试件碾压或行车方向一致。开动车辙变形自动记录仪,然后启动试验机,使试验轮往返行走,时间约1h,或最大变形达到25mm时为止。试验时,记录仪自动记录变形曲线及试件温度。

注:对300mm宽且试验时变形较小的试件,也可对一块试件在两侧1/3位置上进行两次试验取平均值。

6.2.13.4　计算

(1)从记录的变形曲线上读取45min(t_1)及60min(t_2)时的车辙变形d_1及d_2,准确至0.01mm。

当变形过大,在未到60min变形已达25mm时,则以达到25mm(d_2)时的时间为t_2,将其前15min为t_1,此时的变形量为d_1。

(2)沥青混合料试件的动稳定度按式(6-58)计算。

$$DS=\frac{(t_2-t_1)\times N}{d_2-d_1}\times C_1\times C_2 \tag{6-58}$$

式中:DS——沥青混合料的动稳定度,次/mm;

d_1——对应于时间 t_1 的变形量,mm;

d_2——对应于时间 t_2 的变形量,mm;

C_1——试验机类型修正系数,曲柄连杆驱动试件的变速行走方式为1.0,链驱动试验轮的等速方式为1.5;

C_2——试件系数,实验室制备的宽300mm的试件为1.0,从路面切割的宽150mm的试件为0.8;

N——试验轮往返碾压速度,通常为42次/min。

6.2.13.5 报告

(1)同一沥青混合料或同一路段的路面,至少平行试验3个试件,当3个试件动稳定度变异系数小于20%时,取其平均值作为试验结果。变异系数大于20%时应分析原因,并追加试验。如计算动稳定度值大于6 000次/mm时,记作:>6 000次/mm。

(2)试验报告应注明试验温度、试验轮接地压强、试件密度、空隙率及试件制作方法等。

6.2.13.6 精密度或允许差

重复性试验动稳定度变异系数的允许差为20%。

6.2.14 沥青混合料中沥青的含量测试方法(离心分离法)

6.2.14.1 目的和适用范围

(1)沥青混合料的沥青含量是沥青质量在沥青混合料总质量中的比例,当采用油石比时,它表示沥青质量与沥青混合料中的矿料总质量的比例,均以质量百分率表示。

(2)本方法适用于热拌热铺沥青混合料路面施工时的沥青用量检测,以评定拌和厂产品质量。此法也适用于旧路调查时检测沥青混合料的沥青用量,用此法抽提的沥青溶液可用于回收沥青,以评定沥青的老化性质。

6.2.14.2 仪具与材料

(1)离心抽提仪:由试样容器及转速不小于3 000转/min的离心分离器组成,分离器备有滤液出口。容器盖与容器之间用耐油的圆环形滤纸密封。滤液通过滤纸排出后从出口流出收入回收瓶中,仪器必须安放稳固并有排风装置。

(2)圆环形滤纸。

(3)回收瓶:容量1 700mL以上。

(4)压力过滤装置。

(5)天平:精度0.01g、1mg。

(6)量筒:最小刻度1mL。

(7)电烘箱:装有温度自动调节器。

(8)三氯乙烯:工业用。

(9)碳酸铵饱和溶液:供燃烧法测定滤纸中的矿粉含量用。

(10)其他:小铲、金属盘、大烧杯等。

6.2.14.3　方法与步骤

(1)准备工作

①在拌和厂从运料卡车采取沥青混合料试样,放在金属盘中适当拌和,待温度稍下降至100℃以下时,用大烧杯取混合料试样质量1 000～1 500g(粗粒式沥青混合料用高限,细粒式用低限,中粒式用中限),准确至0.1g。

②如果试样是路上用钻机法或切割法取得的,应用电风扇吹风使其完全干燥,置微波炉或烘箱中适当加热后成松散状态取样,但不得用锤击以防集料破碎。

(2)试验步骤

1)向装有试样的烧杯中注入三氯乙烯溶剂,将其浸没,浸泡30min,用玻璃棒适当搅动混合料,使沥青充分溶解。

注:也可直接在离心分离器中浸泡。

2)将混合料及溶液倒入离心分离器,用少量溶剂将烧杯及玻璃棒上的黏附物全部洗入分离容器中。

3)称取洁净的圆环形滤纸质量,准确至0.01g。注意,滤纸不宜多次反复使用,有破损者不能使用,有石粉黏附时应用毛刷清除干净。

4)将滤纸垫在分离器边缘上,加盖紧固。在分离器出口处放上回收瓶,上口应注意密封,防止流出液呈雾状散失。

5)开动离心机,转速逐渐增至3 000转/min,沥青溶液通过排出口注入回收瓶中,待流出停止后停机。

6)从上盖的孔中加入新溶剂,数量相同。稍停3～5min后,重复上述操作,如此数次直至流出的抽提液成清澈的淡黄色为止。

7)卸下上盖,取下圆环形滤纸,在通风橱或室内空气中蒸发后放入105℃±5℃的烘箱中干燥,称取质量,其增重部分(m_2)为矿粉的一部分。

8)将容器中的集料仔细取出,在通风橱或室内空气中蒸发后放入105℃±5℃的烘箱中烘干(一般需4h),然后放入大干燥器中冷却至室温,称取集料质量(m_1)。

9)用压力过滤器过滤回收瓶中的沥青溶液,由滤纸的增重m_3得出泄漏入滤液中矿粉。如无压力过滤器时,也可用燃烧法测定。

10)用燃烧法测定抽提液中矿粉质量的步骤如下:

A.将回收瓶中的抽提液倒入量筒中,准确定量至(V_a)mL。

B.充分搅匀抽提液,取出10mL(V_b)放入坩埚中,在热槽上适当加热使溶液试样变成暗黑色后,置高温炉(500℃～600℃)中烧成残渣,取出坩埚冷却。

C.向坩埚中按每1g残渣5mL的用量比例,注入碳酸铵饱和溶液,静置1h后放入105℃±5℃炉箱中干燥。

D.取出后放在干燥器中冷却,称取残渣质量(m_4)。

6.2.14.4　计算

(1)按式(6-59)计算沥青混合料中矿料的总质量。

$$m_a = m_1 + m_2 + m_3 \tag{6-59}$$

式中：m_a——沥青混合料中矿料部分的总质量，g；

m_1——容器中留下的集料干燥质量，g；

m_2——圆环形滤纸在试验前后的增重，g；

m_3——泄漏入抽提液中的矿粉质量，g，用燃烧法时可按式(6-60)计算。

$$m_3 = m_4 \times \frac{V_a}{V_b} \tag{6-60}$$

式中：V_a——抽提液的总量，mL；

V_b——取出的燃烧干燥的抽提液数量，mL；

m_4——坩埚中燃烧干燥的残渣质量，g。

(2)按式(6-61)及式(6-62)计算沥青混合料中的沥青含量和油石比。

$$p_b = \frac{m - m_a}{m} \tag{6-61}$$

$$p_a = \frac{m - m_a}{m_a} \tag{6-62}$$

式中：m——沥青混合料的总质量，g；

P_b——沥青混合料的沥青含量，%；

P_a——沥青混合料的油石比，%。

6.2.14.5　报告

同一沥青混合料试样至少平行试验两次，取平均值作为试验结果。两次试验结果的差值应小于0.3%，当大于0.3%但小于0.5%时，应补充平行试验一次，以3次试验的平均值作为试验结果。3次试验的最大值与最小值之差不得大于0.5%。

6.2.15　沥青混合料中沥青的含量测试方法(回流式抽提仪法)

6.2.15.1　目的和适用范围

(1)沥青混合料的沥青含量是沥青质量在沥青混合料总质量中的比例，当采用油石比时，它表示沥青质量与沥青混合料中的矿料总质量的比例，均以质量百分率表示。

(2)本方法规定用回流式抽提仪法测定沥青混合料中沥青的含量。

(3)本方法适用于沥青路面施工的沥青用量检测使用，以评定施工质量，也适用于旧路调查中检测沥青路面的沥青用量。但对煤沥青路面，需有煤沥青的游离碳含量的原始测定数据。

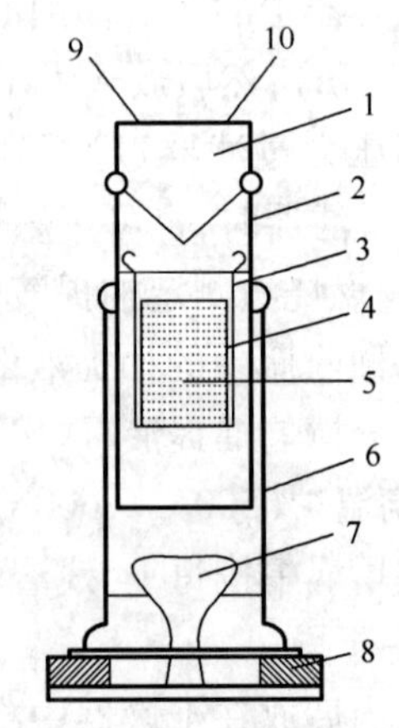

图6-26　回流式沥青抽提仪

1-水冷凝器；2-抽提筒；3-铜柱；4-铜筛筒；5-沥青混合料；6-外套筒；7-红外线灯泡；8-底座；9-进水管；10-出水管

6.2.15.2　仪具与材料

(1)回流式沥青抽提仪：形状如图6-26所示，由水冷凝器、抽提筒、铜网筛筒、外套筒及热源等部分组成。除铜网筛外均为紫铜皮制成,热源可用红外线灯泡(250W)或电热丝等。

(2)滤纸筒:壁厚2mm左右,大小与筛网筒内部尺寸匹配,也可用大张定性滤纸或滤纸筒代替。

(3)天平:感量不大于1g。

(4)溶剂:三氯乙烯,工业纯。

(5)碳酸铵饱和溶液。

(6)其他:蒸馏烧瓶、滤纸、脱脂棉、烘箱、高温炉(1 000℃)、量筒、金属盘、磁蒸发皿。

6.2.15.3 方法与步骤

(1)准备工作

①准备好滤纸筒。如没有滤纸筒时也可将大张定性滤纸卷成2~3层的圆筒状,下部摺成平底(大小接近铜筛网内部尺寸),用一细线捆好以防散开,底面再铺一张滤纸和一层脱脂棉,称合计质量(m_1)后,仔细置于铜网筛筒内。

②将溶剂注入抽提筒内,其用量可根据试样质量确定,一般约为试样的1~1.5倍。

③采集沥青混合料试样。当试样已冷却结块或系从路上钻取的芯样时,应置微波炉或烘箱内加热(石油沥青不高于100℃,煤沥青不高于80℃),使之呈松散状态(注意,不得用锤打碎)。需要时,须用电风扇充分吹干1h以上,预先测定试样的水分含量。

④称取松散的沥青混合料试样1kg,准确至1g,轻轻放入铜网筛筒的滤纸筒内。

⑤将盛有试样的铜网筛筒放入抽提筒内的铜柱上,盖好水冷凝器。

(2)试验步骤

1)检查抽提仪是否全部装妥。

2)开放进水阀,使冷水流入冷凝器,充满后不断由排水阀流出。

3)接通电路,加热抽提筒内的溶剂至沸腾后,其蒸汽上升遇冷凝器冷凝后滴入铜网筛筒溶洗混合料试样中的沥青,并通过滤纸流至抽提筒内。如此反复溶洗,至试样中的沥青被溶解洗净为止。这一过程一般需要8~10h。

4)抽提结束,关闭电源。待冷却后关闭进水阀,取下冷凝器,仔细将筒网筛筒取出,置通风橱内晾干,再将装有矿料的滤纸筒置于干净的金属盘中,并置烘箱105℃±5℃内烘至恒重,一般需4h。

5)分别称取烘干的矿料质量(m_2)及带有矿粉的滤纸筒、脱脂棉质量(m_3)。

6)测定抽提溶液中矿粉质量:

A. 将抽提筒中的抽提溶液搅动后倒入量筒中,并用少量溶剂摇洗抽提筒数次,清洗的溶液倒入量筒中,记录量筒内抽提液的体积(V_1),准确至mL。

B. 搅匀量筒内抽提液后,约取10mL溶液倒入一已称重的磁蒸发皿(m_4)中,并记录用于量测部分的抽提溶液体积(V_2)。

C. 将蒸发皿移至电热板或砂浴上适当加热,使溶剂蒸发、干燥。

D. 将蒸发皿移入高温炉内加热至暗红色500℃~600℃后,冷却至室温。

E. 按每1g残余物约5mL的比例向蒸发皿内注入饱和碳酸铵溶液,在室温下使蒸发皿中残余物浸渍1h,然后置烘箱105℃±5℃中烘至恒重。

F. 将恒重的蒸发皿置干燥器中冷却后称其质量(m_5),作为矿粉的一部分。

6.2.15.4 计算

(1)按式(6-63)计算沥青路面或混合料试样的沥青含量。

$$P_b = \frac{(m - m_0) - m_2 - (m_3 - m_1) - m_6}{m - m_0} \times 100 \tag{6-63}$$

式中:P_b——试样的沥青含量,%;

m——试样的质量,g;

m_0——试样中水分含量(不需测定时,可省略),g;

m_1——滤纸筒及脱脂棉质量,g;

m_2——抽提后矿料的质量,g;

m_3——抽提后黏附有矿粉的滤纸筒和脱脂棉质量,g;

m_6——抽提溶液中的矿粉质量,g。

(2)如试样为煤沥青路面时,煤沥青含量应按式(6-64)进行修正。

$$m_6 = m_7 \times \frac{V_1}{V_2} \tag{6-64}$$

式中:m_7——10mL 试验部分抽提溶液中矿粉的质量($m_5 - m_4$),g;

V_1——抽提液的全部体积,mL;

V_2——用于量测部分的抽提液体积,mL。

6.2.15.5 报告

同一试样至少平行试验两次,其差值不大于 0.3% 时,取其平均值作为试验结果。

6.2.16 沥青混合料的矿料级配检验方法

6.2.16.1 目的和适用范围

(1)沥青混合料的矿料级配检验方法是沥青路面施工时检验拌和厂生产的沥青混合料的矿料颗粒级配组成的试验,以通过规定筛孔的质量百分率表示。

(2)本方法适用于测定沥青路面施工过程中沥青混合料的矿料级配,以评定沥青路面的施工质量时使用。

6.2.16.2 仪具与材料

本试验需要下列仪具与材料:

(1)标准筛:孔径为 53.0mm、37.5mm、31.5mm、26.5mm、19.0mm、16.0mm、13.2mm、9.5mm、4.75mm、2.36mm、1.18mm、0.6mm、0.3mm、0.15mm、0.075mm 的方孔筛标准筛系列中,根据沥青混合料级配选用相应的筛号,必须有密封圈、盖和底。

(2)天平:感量不大于 0.1g。

(3)摇筛机。

(4)烘箱:装有温度自动控制器。

(5)其他:样品盘、毛刷等。

6.2.16.3　方法与步骤

(1)准备工作

①从拌和厂选取代表性样品。

②将沥青混合料试样按规定的沥青混合料沥青含量的试验方法抽提沥青后,将全部矿质混合料放入样品盘中置温度105℃ ±5℃烘干,并冷却至室温。

注:应将沾在滤纸、棉花上的矿粉及抽提液中的矿粉计入矿料的矿粉含量中。

③按沥青混合料矿料级配设计要求。选用全部或部分需要筛孔的标准筛。做施工质量检验时,至少应包括0.075mm、2.36mm、4.75mm及集料公称最大粒径、最大粒径等5个筛孔,按大小顺序排列成套筛。

(2)试验步骤

①将抽提后的矿料试样称其质量,准确至0.1g。

②将标准筛带筛底置摇筛机上,并将矿质混合料置于筛内,盖妥筛盖后,压紧摇筛机,开动摇筛机筛分10min。取下套筛后,按筛孔大小顺序,在一清洁的浅盘上再逐个进行手筛。手筛时可用手轻轻拍击筛框并经常地转动筛子,直至每分钟筛出量不超过筛上试样质量的0.1%时为止。但不允许用手将颗粒塞过筛孔,筛下的颗粒并入下一号筛,并和下一号筛中试样一起过筛。

③称量各筛上筛余颗粒的质量,准确至0.1g,并将粘在滤纸、棉花上的矿粉及抽提液中的矿粉计入矿料中通过0.075mm的矿粉含量中。所有各筛的分计筛余量和底盘中剩余质量的总和与筛分前试样总质量相比,相差不得超过总质量的1%。

6.2.16.4　计算

(1)计算试样的分计筛余量:

$$p_i = \frac{m_i}{m} \times 100 \tag{6-65}$$

式中:P_i——第i级试样的分计筛余量,%;

m_i——第i级筛上颗粒的质量,g;

m——试样的质量,g。

(2)累计筛余百分率:该号筛上的分计筛余百分率与大于该号筛的各号筛上的分计筛余百分率之和,准确到0.1%。

(3)通过筛分百分率:用100减去该号筛上的累计筛余百分率,准确至0.1%。

(4)以筛孔尺寸为横坐标,各个筛孔的通过筛分百分率为纵坐标,绘制矿料组成级配曲线,以评定该试样的颗粒组成。

6.2.16.5　报告

同一混合料至少取两个试样平行筛分试验两次,取平均值作为每号筛上筛余量的试验结果,报告矿料级配通过百分率及级配曲线。

6.2.17　沥青混合料冻融劈裂试验

6.2.17.1　目的与适用范围

(1)本方法适用于在规定条件下对沥青混合料进行冻融循环,测定混合料试件在受到水损害前后劈裂破坏的强度比,以评价沥青混合料水稳定性。非经注明,试验温度为25℃,加载速率为50mm/min。

(2)本方法采用马歇尔击实法成型的圆柱体试件,击实次数为双面各50次,集料公称最大粒径不得大于26.5mm。

6.2.17.2　仪具与材料

(1)试验机:能保持规定加载速率的材料试验机,也可采用马歇尔试验仪。试验机负荷应满足最大测定荷载不超过其量程的80%且不小于其量程的20%的要求,宜采用40kN或60kN传感器,读数精密度为10N。

(2)恒温冰箱:能保持温度为-18℃,当缺乏专用的恒温冰箱时,可采用家用电冰箱的冷冻室代替,控温准确度为2℃。

(3)恒温水槽:用于试件保温,温度范围能满足试验要求,控温准确度为0.5℃。

(4)压条:上下各一根,试件直径100mm时,压条宽度为12.7mm,内侧曲率半径50.8mm,压条两端均应磨圆。

(5)劈裂试验夹具:下压条固定在夹具上,压条可上下自由活动。

(6)其他:塑料袋、卡尺、天平、记录纸、胶皮手套等。

6.2.17.3　方法与步骤

(1)按6.2.2节方法制作圆柱体试件。用马歇尔击实仪双面击实各50次,试件数目不少于8个。

(2)测定试件的直径及高度,准确至0.1mm。试件尺寸应符合直径101.6mm±0.25mm,高63.5mm±1.3mm的要求。在试件两侧通过圆心画上对称的十字标记。

(3)测定试件的密度、空隙率等各项物理指标。

(4)将试件随机分成两组,每组不少于4个,将第一组试件置于平台上,在室温下保存备用。

(5)将第二组试件按标准的饱水试验方法真空饱水,在98.3~98.7kPa(730~740mmHg)真空条件下保持15min,然后打开阀门,恢复常压,试件在水中放置0.5h。

(6)取出试件放入塑料袋中,加入约10mL的水,扎紧袋口,将试件放入恒温冰箱(或家用冰箱的冷冻室),冷冻温度为-18℃±2℃,保持16h±1h。

(7)将试件取出后,立即放入已保温为60℃±0.5℃的恒温水槽中,撤去塑料袋,保温24h。

(8)将第一组与第二组全部试件浸入温度为25℃±0.5℃的恒温水槽中不少于2h,水温高时可适当加入冷水或冰块调节,保温时试件之间的距离不少于10mm。

(9)取出试件立即按6.2.11节方法,用50mm/min的加载速率进行劈裂试验,得到试验的最大荷载。

6.2.17.4　计算

(1)劈裂抗拉强度按式(6-66)及(6-67)计算。

$$R_{T1} = 0.006\,287 P_{T1}/h_1 \tag{6-66}$$

$$R_{T2} = 0.006\,287 P_{T2}/h_2 \tag{6-67}$$

式中：R_{T1}——未进行冻融循环的第一组试件的劈裂抗拉强度，MPa；

R_{T2}——经受冻融循环的第二组试件的劈裂抗拉强度，MPa；

P_{T1}——第一组试件的试验荷载的最大值，N；

P_{T1}——第二组试件的试验荷载的最大值，N；

h_1——第一组试件的试件高度，mm；

h_2——第二组试件的试件高度，mm。

（2）冻融劈裂抗拉强度比按式（6-68）计算。

$$\mathrm{TSR} = (R_{T2}/R_{T1}) \times 100 \qquad (6\text{-}68)$$

式中：TSR——冻融劈裂试验强度比，%；

R_{T2}——冻融循环后第二组试件的劈裂抗拉强度，MPa；

R_{T1}——未冻融循环的第一组试件的劈裂抗拉强度，MPa。

6.2.17.5　报告

（1）每个试验温度下，一组试验的有效试件不得少于 3 个，取其平均值作为试验结果。当一组测定值中某个数据与平均值之差大于标准差的 k 倍时，该测定值应予舍弃，并以其余测定值的平均值作为试验结果。当试件数目 n 为 3、4、5、6 个时，k 值分别为 1.15、1.46、1.67、1.82。

（2）试验结果均应注明试件尺寸、成型方法、试验温度、加载速率。

6.2.18　沥青混合料渗水试验

6.2.18.1　目的与适用范围

本方法适用于用路面渗水仪测定碾压成型的沥青混合料试件的渗水系数，以检验沥青混合料的配合比设计。

6.2.18.2　仪具与材料

（1）路面渗水仪：形状及尺寸如图 6-27 所示，上部盛水量筒由透明有机玻璃制成，容积 600mL，上有刻度，在 100mL 及 500mL 处有粗标线，下方通过 ϕ10mm 的细管与底座相接，中间有一开关。量筒通过支架连接，底座下方开口内径 ϕ150mm，外径 ϕ165mm，仪器附铁圈压重两个，每个质量约 5kg，内径 ϕ160mm。

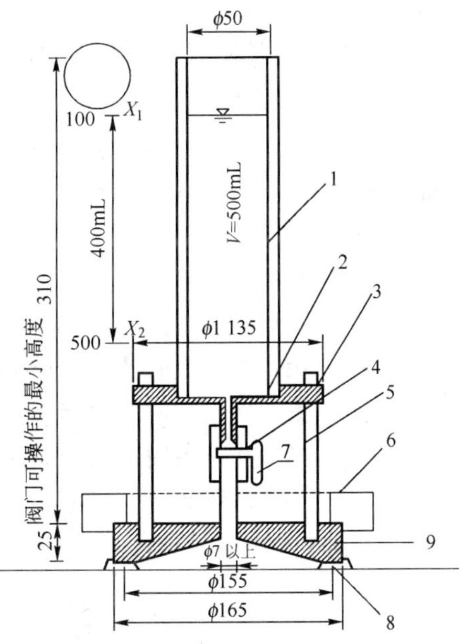

图 6-27　渗水仪（尺寸单位：mm）

1-透明有机玻璃筒；2-螺纹连接；3-顶板；4-阀；5-立柱支架；6-压重钢圈；7-把手；8-密封材料；9-底座

（2）水筒及大漏斗。

（3）秒表。

（4）密封材料：黄油、玻璃腻子、油灰或橡皮泥等，也可采用其他任何能起到密封作用的材料。

（5）接水容器。

(6)其他:水、红墨水、粉笔、扫帚等。

6.2.18.3　方法与步骤

(1)准备工作

①在洁净的水桶内滴入几点红墨水,使水成淡红色。

②组合装妥路面渗水仪。

③按照6.2.3节所述沥青混合料试件成型方法(轮碾法)制作沥青混合料试件,试件尺寸为30cm×30cm×5cm,脱模,揭去成型试件时垫在表面的纸。

(2)试验步骤

①将试件放置于坚实的平面上,在试件表面上沿渗水仪底座圆圈位置抹一薄层密封材料,边涂边用手压紧,使密封材料嵌满试件表面混合料的缝隙,且牢固地黏结在试件上,密封料圈的内径与底座内径相同,约150mm。将渗水试验仪底座用力压在试件密封材料圈上,再加上铁圈压重压住仪器底座,以防压力水从底座与试件表面间流出。

②用适当的垫块如混凝土试件或木块在左右两侧架起试件,试件下方放置一个接水容器。关闭渗水仪细管下方的开关,向仪器的上方量筒中注入淡红色的水至满,总量为600mL。

③迅速将开关全部打开,水开始从细管下部流出,待水面下降100mL时,立即开动秒表,每间隔60s,读记仪器管的刻度一次,至水面下降500mL时为止。测试过程中,应观察渗水的情况,正常情况下水应该通过混合料内部空隙从试件的反面及四周渗出,如水是从底座与密封材料间渗出,说明底座与试件密封不好,应另采用干燥试件重新操作。如水面下降速度很慢,从水面下降至100mL开始,测得3min的渗水量即可停止。若试验时水面下降至一定程度后基本保持不动,说明试件基本不透水或根本不透水,则在报告中注明。

④按以上步骤对同一种材料制作3块试件测定渗水系数,取其平均值,作为检测结果。

6.2.18.4　计算

沥青混合料试件的渗水系数按式(6-69)计算,计算时以水面从100mL下降至500mL所需的时间为标准,若渗水时间过长,也可采用3min通过的水量计算。

$$C_W = \frac{V_2 - V_1}{t_2 - t_1} \times 60 \tag{6-69}$$

式中:C_W——沥青混合料试件的渗水系数,mL/min;

V_1——第一次读数时的水量(通常为100mL),mL;

V_2——第二次读数时的水量(通常为500mL),mL;

t_1——第一次读数时的时间,s;

t_2——第二次读数时的时间,s。

6.2.18.5　报告

逐点报告每个试件的渗水系数及3个试件的平均值。若路面不透水,应在报告中注明。

6.2.19　沥青混合料表面构造深度试验

6.2.19.1　目的与适用范围

本方法适用于测定碾压成型的沥青混合料试件的表面构造深度,用以检验沥青混合料的配合比设计。

6.2.19.2 仪具与材料

(1)人工砂铺仪:由圆筒、推平板组成。

①量砂筒:形状尺寸如图6-28所示,一端是封闭的,容积为25mL±0.15mL,可通过称量砂筒中水的质量以确定其容积V,并调整其高度,使其容积符合规定要求。带一专门的刮尺将筒口量砂刮平。

②推平板:形状尺寸如图6-29所示,推平板应为木制或铝制,直径50mm,底面粘一层厚1.5mm的橡胶片,上面有一圆柱把手。

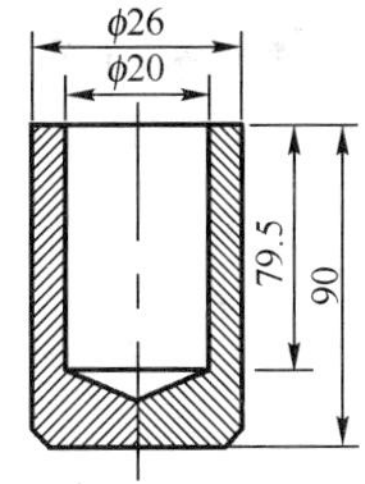

图6-28 量砂筒(尺寸单位:mm)

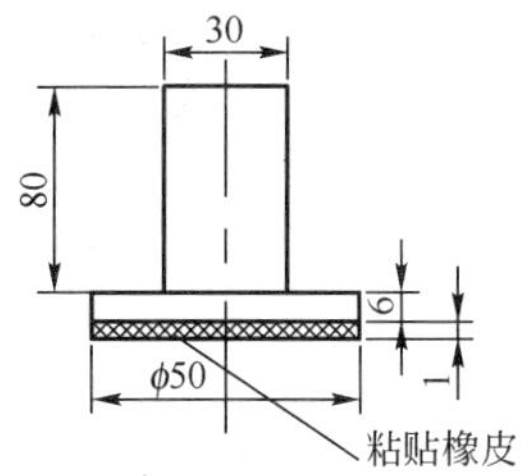

图6-29 推平板(尺寸单位:mm)

③刮平尺:可用30cm钢板尺代替。

(2)量砂:足够数量的干燥洁净的匀质砂,粒径0.15~0.3mm。

(3)量尺:钢板尺、钢卷尺,或采用已按式(6-70)将直径换算成构造深度作为刻度单位的专用构造深度尺。

(4)其他:装砂容器(小铲)、扫帚或毛刷、挡风板等。

6.2.19.3 方法与步骤

(1)准备工作

①按6.2.3节所述沥青混合料试件成型方法(轮碾法)制作沥青混合料试件,试件尺寸为30cm×30cm×5cm。

②量砂准备:取洁净的细砂,晾干,过筛,取0.15~0.3mm的砂置适当的容器中备用。量砂只能在路面上使用一次,不宜重复使用。回收砂必须干燥、过筛处理后方可使用。

(2)试验步骤

①应用小铲沿筒壁向圆筒中装满砂,手提圆筒上方,在地面上轻轻地叩打3次,使砂密实,补足砂面用钢尺一次刮平。注意不得直接用量砂筒装砂,以免影响量砂密度的均匀性。

②将砂倒在试件表面上,用底面粘有橡胶片的推平板,由里向外重复作摊铺运动,稍稍用力将砂细心地尽可能的向外摊开,使砂填入凹凸不平的试件表面的空隙中,尽可能将砂摊成圆形,并不得在表面上留有浮动余砂。摊铺时不可用力过大或向外推挤。当试件表面已不足以摊铺全部用砂时,在试验报告中注明。

③用钢板尺测量所构成圆的两个垂直方向的直径,取其平均值,读数至1mm。

④按以上方法,同一种材料平行测定不少于3个试件。

6.2.19.4 计算

沥青混合料表面构造深度测定结果按式(6-70)计算,准确至0.01mm。

$$TD = \frac{1\,000V}{\pi D^2/4} = \frac{31\,831}{D^2} \quad (6\text{-}70)$$

式中:TD——沥青混合料表面构造深度,mm;

V——砂的体积,25cm³;

D——摊平砂的平均直径,mm。

6.2.19.5 报告

取3个试件的表面构造深度的测定结果的平均值作为试验结果。当平均值小于0.2mm时,试验结果以<0.2mm表示。

第 7 章　路基路面现场试验检测方法

7.1　压实度试验检测方法

在道路工程中,压实具有其特殊的重要作用,压实能使路基路面各结构层材料具有足够的密实度,以充分发挥路基土和路面材料的强度,减少路基路面在行车荷载作用下产生的永久变形,增加路基土和路面材料的不透水性和强度的稳定性。为了评定压实效果,工程中历来将压实度作为一项重要指标用于控制道路施工、评定工程标准、工程验收以及质量事故的检查和判定。

对于路基土、路面半刚性基层及粒料类柔性基层而言,压实度是指工地实际达到的干密度与室内标准击实试验所得的最大干密度的比值;对沥青面层、沥青稳定基层而言,压实度是指现场实际达到的密度与室内标准密度的比值。因此,压实度的测定主要包括室内标准密度(最大干密度)确定和现场密度试验。

7.1.1　室内标准密度(最大干密度)确定

室内试验得出的标准密度(最大干密度)是压实度评定的基准值,直接决定着评定结果的可靠性,因此标准密度(最大干密度)的室内试验确定方法应合理科学、数据重视性高、操作简便,且实验条件应与实际压实条件相近。传统的室内压实试验的条件与实际工程中的压实手段并不尽相同,造成试验结果不能很好的反映实际工程质量等问题。近年来,逐渐被引起重视的振动击实、大型马歇尔试验等均是考虑到目前施工中广泛使用振动压路机进行碾压成型而对试验条件进行改进的结果。

由于筑路材料类型不同,其在施工过程中采用的压实方式也不同,因此相应的标准密度(最大干密度)室内试验确定方法也有所不同。在这里简单将其分为三类:路基土、路面基层材料、沥青混合料面层。

7.1.1.1　路基土最大干密度确定方法

根据路基土类别与性质不同,路基土最大干密度试验方法主要有击实法、振动台法和表面振动压实仪法,使用范围见表 7-1。

路基土最大干密度确定方法比较　　表 7-1

试验方法	适　用　范　围	土的粒组
轻型、重型击实法	小试筒适用于粒径不大于 25mm 的土 大试筒适用于粒径不大于 38mm 的土	细粒土 粗粒土

续上表

试验方法	适用范围	土的粒组
振动台法	①本试验规定采用振动台法测定无黏性自由排水粗粒土和巨粒土(包括堆石料)的最大干密度。 ②本试验方法适用于通过0.074mm标准筛的土颗粒质量百分数不大于15%的无黏性自由排水粗粒土和巨粒土。 ③对于最大颗粒大于60mm的巨粒土,因受试筒允许最大粒径的限制,宜按相似级配法的规定处理	粗粒土 巨粒土
表面振动压实仪法	同上	粗粒土 巨粒土

击实试验是我国路基土最大干密度确定的主要方法,通过试验得出击实曲线,确定最佳含水率和最大干密度。根据击实功的不同,试验可分为重型击实试验和轻型击实试验,两个试验的原理和基本规律类似,但重型击实试验的击实功较轻型击实提高了4.5倍,相应的击实效率也有所提高。按采集土样的含水率,试验方法又分为湿土法和干土法;按土能否重复使用,也分为两种,即土能重复使用和不能重复使用。根据工程的具体要求,按击实试验方法的规定,选用轻型或重型试验法;根据工程实际中土的性质选用干土法或湿土法,对于高含水率土宜选用湿土法,对于非高含水率土则选用干土法;除易击碎的试样外,试样可以重复使用。

振动台法与表面振动压实仪法均是采用振动方法测定土的最大干密度。前者是整个土样同时受到垂直方向的振动作用,而后者是振动作用自土体表面垂直向下传递。研究结果表明,对于无黏聚性自由排水土,这两种方法最大干密度试验的测定结果基本一致,但前者试验设备及操作比较复杂,后者相对容易,且更接近于现场振动碾压的实际状况。因此,使用时可根据试验设备拥有情况择其一即可,但推荐优先采用表面振动压实仪法。

国内外研究结果表明,对于砂、卵(漂)石及堆石料等无黏聚性自由排水土而言,应采用振动方法而不是普通击实仪法。

7.1.1.2 路面基层材料标准密度(最大干密度)确定试验方法

路面基层根据其力学性质可以大致分为两类:半刚性基层和柔性基层。其中柔性基层主要有以级配碎石为代表的粒料类基层和以沥青稳定碎石为代表的沥青稳定类基层。

(1)半刚性基层

半刚性基层最大干密度目前主要按照《公路工程无机结合料稳定材料试验规程》(JTJ 057—94)标准击实法确定,但当粒料含量高时(50%以上),由于击实筒空间限制,试验结果会产生缩尺效应,所以现行试验方法就不能得出真正的最大干密度。若以此为准,按施工规范要求的压实度成型,所测得的强度和有关参数偏小,据此进行设计,则设计成果较为保守,势必造成浪费。同样,如以此为准进行施工质量控制,容易使质量控制指标偏低从而不能保证工程质量。与此同时,随着振动碾压大面积的应用,标准击实试验无法反映实际施工中的振动压实状态。因此,新的压实试验方法,如理论计算法、振动击实法等更为科学的最大干密度确定方法逐渐进入工程人员的视野。

理论计算法主要是根据半刚性基层材料的体积组成,利用结合料和粒料级配组成与密度综合确定混合料最大干密度,主要用于无机结合料稳定粒料类材料。

①石灰土、二灰稳定粒料

根据室内试验测得结合料的最大干密度 ρ_1 和集料的相对密度 γ，把已确定的结合料与集料的质量比换算为体积比 $V_1 : V_2$，则混合料的最大干密度 ρ_0 为：

$$\rho_0 = V_1\rho_1 + V_2\gamma \tag{7-1}$$

石灰土、二灰稳定粒料的最佳含水率 w_0 是结合料的最佳含水率 w_1 和集料饱水裹覆含水率 w_2 的加权值，可按式(7-2)计算：

$$w_0 = w_1A + w_2B \tag{7-2}$$

式中：A，B ——结合料和集料的质量百分比，以小数计。

饱水裹覆含水率是指把集料浸水饱和后取出，不擦去表面裹覆水时的含水率。除吸水率特大的集料外，此值对于砾石可取 3%，碎石可取 4%。

②水泥稳定粒料

此类材料的最大干密度 ρ_0 与集料的最大干密度 ρ_G 和水泥硬化后的水泥质量有关，即：

$$\rho_0 = \frac{\rho_G}{1 - \frac{(1+k)a}{100}} \tag{7-3}$$

式中：ρ_G——集料在振动台上加载振动而得到的最大干密度，g/cm^3；

a——水泥含量，%；

k——水泥水化时水的增量，视水泥品种不同而异，一般为水泥质量的 10% ~25%，以小数计。

水泥加水拌匀后，在 105℃烘箱中烘干，称试验前水泥质量和烘干后硬化的水泥质量，即可求得水泥水化的水增量。

因水泥中含有水化水，故用烘箱法不能正确测出水泥稳定粒料的最佳含水率。根据对比试验，水泥稳定粒料的最佳含水率 w_0 由水泥的水化水、集料的饱水裹覆含水率和拌和水泥所需要的水(水灰比为 0.5)三者组成，即：

$$w_0 = (0.5 + k)a + w_2\left(1 - \frac{a}{100}\right) \tag{7-4}$$

式中：a——水泥含量，%；

w_2——集料饱水裹覆含水率，%，同式(7-2)中规定；

k——水泥水化水增量，以小数计，同式(7 - 3)中规定。

(2)以级配碎石为代表的粒料类基层

粒料类基层材料最大干密度确定试验方法有重型击实法和振动法两种，重型击实参照《公路土工试验规程》(JTG E40—2007)击实试验，对于大于 37.5mm 的颗粒进行筛除，利用公式校正计算最大干密度。振动法参考粗粒土、巨粒土的振动法，以振动台法或表面振动压实法确定最大干密度。

与传统的重型击实试验方法相比，振动法所采用的压实方法与现行工程实际中所采用的压实方法类似，所以得到的试验结果可以较好地反映工程实际情况，因此现在正在被逐渐的采用。国内外经过许多对比研究，表明振动法试验结果与传统的重型击实试验结果有较好的相关性，都能够很好地反映级配碎石的密实度。但考虑到目前振动试验尚未形成标准，振动参数不统一,且重型击实设备一般施工单位都有,试验方法简单易操作,因此,国内外仍以重型击实试验为主。

(3)沥青稳定碎石基层

沥青稳定碎石基层材料标准密度的试验方法主要有标准马歇尔击实法、大型马歇尔击实法、旋转压实法和振动法。我国主要采用马歇尔击实法,对于公称最大粒径等于或大于31.5mm的混合料采用大型马歇尔击实法。

标准密度取值有三种情况可以选择:以沥青拌和厂每天取样实测的马歇尔试件密度,取平均值为该批混合料铺筑路段压实度的标准密度;以每天真空法实测的最大理论密度作为标准密度;以试验路密度作为标准密度。可以根据工程需要与实际情况,选择其中一个或两个作为标准密度。

密度可以采用蜡封法、体积法和表干法进行测定。

7.1.1.3 沥青面层混合料

沥青面层混合料标准密度试验方法与沥青稳定碎石基层相同,我国仍以马歇尔击实法为主,有三个标准密度可供选择。

具体密度测定,根据混合料本身特点,可采用下列方法之一。

①水中重法:本法仅适用于密实的I型沥青混凝土试件,不适用于采用了吸水性较大的集料的沥青混合料试件。

②表干法:本法适用于吸水率不大于2%的各种沥青混合料试件。

③蜡封法:本法适用于吸水率大于2%的I型或II型沥青混凝土试件以及沥青碎石混合料试件,不能用水中重法或表干法测密度时,应用蜡封法测定。

④体积法:本法适用于空隙率较大的沥青碎石混合料及大空隙透水性开级配沥青混合料试件。

具体的试验方法见《公路工程沥青及沥青混合料试验规程》(JTJ 052—2000)。

7.1.2 现场密度试验检测方法

现场密度试验检测方法及各种方法的适用范围见表7-2。

现场密度试验检测方法及适用范围比较 表7-2

试验方法	适用范围
灌砂法	适用于在现场测定基层(或底基层)、砂石路面及路基土的各种材料压实层的密度和压实度,也适用于沥青表面处治、沥青贯入式面层密度和压实度的检测,但不适用于填石路堤等有大孔洞或大孔隙的压实度检测
环刀法	适用于细粒土及无机结合料稳定细粒土的密度测试。但对无机结合料稳定细粒土,其龄期不宜超过2d,且宜用于施工过程中的压实度检验
核子法	适用于现场用核子密度仪以散射法或直接透射法测定路基或路面材料的密度和含水率,并计算施工压实度。适用于施工质量的现场快速评定,不宜用作仲裁试验或评定验收试验
钻芯法	适用于检验从压实的沥青路面上钻取的沥青混合料芯样试件的密度,以评定沥青面层的施工压实度,同时适用于龄期较长的无机结合稳定料类基层和底基层的密度检测

7.1.3　挖坑灌砂法测定压实度试验方法

7.1.3.1　目的与适用范围

(1)本试验法适用于在现场测定基层(或底基层)、砂石路面及路基土的各种材料压实层的密度和压实度。但不适用于填石路堤等有大孔洞或大孔隙材料压实层的压实度检测。

(2)用挖坑灌砂法测定密度和压实度时,应符合下列规定:

1)当集料的最大粒径小于 13.2mm、测定层的厚度不超过 150mm 时,宜采用 ϕ100mm 的小型灌砂筒测试。

2)当集料的最大粒径等于或大于 13.2mm,但不大于 31.5mm,测定层的厚度不超过 200mm 时,应用 ϕ150mm 的大型灌砂筒测试。

7.1.3.2　仪具与材料技术要求

本方法需要下列仪具与材料:

(1)灌砂筒:有大小两种,根据需要采用。形式和主要尺寸见图 7-1 及表 7-3。当尺寸与表中不一致,但不影响使用时,也可使用。储砂筒筒底中心有一个圆孔,下部装一倒置的圆锥形漏斗,漏斗上端开口,直径与储砂筒的圆孔相同。漏斗焊接在一块铁板上,铁板中心有一圆孔与漏斗上开口相接。在储砂筒筒底与漏斗顶端铁板之间设有开关。开关为一薄板,一端与筒底及漏斗铁板铰接在一起,另一端伸出筒身外。开关铁板上也有一个相同直径的圆孔。

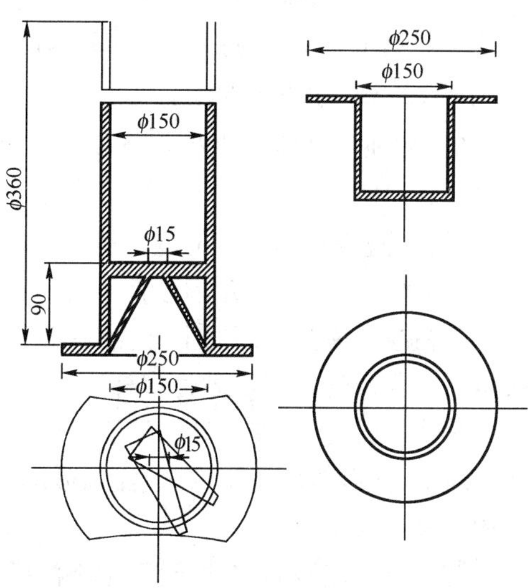

图 7-1　灌砂筒和标定罐(尺寸单位:mm)

灌砂筒的主要尺寸　　表 7-3

结　构			小型灌砂筒	大型灌砂筒
储砂筒	直径	mm	100	150
	容积	cm^3	2 120	4 600
流砂孔	直径	mm	10	15
金属标定罐	内径	mm	100	150
	外径	mm	150	200
金属方盘基板	边长	mm	350	400
	深	mm	40	50
	中孔直径	mm	100	150

注:如集料的最大粒径超过 31.5mm,则应相应地增大灌砂筒和标定罐的尺寸。如集料的最大粒径超过 53mm,灌砂筒和现场试洞的直径应为 200mm。

(2)金属标定罐:用薄铁板制作的金属罐,上端周围有一罐缘。

(3)基板:用薄铁板制作的金属方盘,盘的中心有一圆孔。

(4)玻璃板:边长约500~600mm的方形板。

(5)试样盘:小筒挖出的试样可用铝盒存放,大筒挖出的试样可用300mm×500mm×40mm的搪瓷盘存放。

(6)天平或台秤:称量10~15kg,感量不大于1g。用于含水率测定的天平精度,对细粒土、中粒土、粗粒土宜分别为0.01g、0.1g、1.0g。

(7)含水率测定器具:如铝盒、烘箱等。

(8)量砂:粒径0.30~0.60mm清洁干燥的砂,约20~40kg,使用前须洗净、烘干,并放置足够的时间,使其与空气的湿度达到平衡。

(9)盛砂的容器:塑料桶等。

(10)其他:凿子、螺丝刀、铁锤、长把勺、长把小簸箕、毛刷等。

7.1.3.3 方法与步骤

(1)按现行试验方法对检测对象试样用同种材料进行击实试验,得到最大干密度及最佳含水率。

(2)按规定选用适宜的灌砂筒。

(3)按下列步骤标定灌砂筒下部圆锥体内砂的质量:

①在灌砂筒筒口高度上,向灌砂筒内装砂至距筒顶15mm左右为止。称取装入筒内砂的质量m_1,准确至1g。以后每次标定及试验都应该维持装砂高度与质量不变。

②将开关打开,使灌砂筒筒底的流砂孔、圆锥形漏斗上端开口圆孔及开关铁板中心的圆孔上下对准,让砂自由流出,并使流出砂的体积与工地所挖试坑内的体积相当(或等于标定罐的容积),然后关上开关。

③不晃动储砂筒的砂,轻轻地将灌砂筒移至玻璃板上,将开关打开,让砂流出,直到筒内砂不再下流时,将开关关上,并细心地取走灌砂筒。

④收集并称量留在玻璃板上的砂或称量筒内的砂,准确至1g。玻璃板上的砂就是填满筒下部圆锥体的砂(m_2)。

⑤重复上述测量三次,取其平均值。

(4)按下列步骤标定量砂的单位质量γ_s(g/cm³):

①用水确定标定罐的容积V,准确至1mL。

②在储砂筒中装入质量为m_1的砂,并将砂筒放在标定罐上,将开关打开,让砂流出。在整个流砂过程中,不要碰动灌砂筒,直到储砂筒内的砂不再下流时,将开关关闭。取下灌砂筒,称取筒内剩余砂的质量(m_3),准确至1g。

③按式(7-5)计算填满标定罐所需砂的质量m_a(g):

$$m_a = m_1 - m_2 - m_3 \tag{7-5}$$

式中:m_a——标定罐中砂的质量,g;

m_1——装入灌砂筒内的砂的总质量,g;

m_2——灌砂筒下部圆锥体内砂的质量,g;

m_3——灌砂入标定罐后,筒内剩余砂的质量,g。

④重复上述测量三次,取其平均值。

⑤按式(7-6)计算量砂的单位质量 γ_s：

$$\gamma_s = \frac{m_a}{V} \tag{7-6}$$

式中：γ_s——量砂的单位质量，g/cm^3；

V——标定罐的体积，cm^3。

(5)试验步骤

①在试验地点，选一块平坦表面，并将其清扫干净，其面积不得小于基板面积。

②将基板放在平坦表面上。当表面的粗糙度较大时，则将盛有量砂(m_5)的灌砂筒放在基板中间的圆孔上，将灌砂筒的开关打开，让砂流入基板的中孔内，直到储砂筒内的砂不再下流时关闭开关。取下灌砂筒，并称量筒内砂的质量(m_6)，准确至1g。

③取走基板，并将留在试验地点的量砂收回，重新将表面清扫干净。

④将基板放回清扫干净的表面上(尽量放在原处)，沿基板中孔凿洞(洞的直径与灌砂筒一致)。在凿洞过程中，应注意不使凿出的材料丢失，并随时将凿松的材料取出装入塑料袋中，不使水分蒸发，也可放在大试样盒内。试洞的深度应等于测定层厚度，但不得有下层材料混入，最后将洞内的全部凿松材料取出。对土基或基层，为防止试样盘内材料的水分蒸发，可分几次称取材料的质量。全部取出材料的总质量为 m_w 准确至1g。

注：当需要检测厚度时，应先测量厚度后再进行这一步骤。

⑤从挖出的全部材料中取有代表性的样品，放在铝盒或洁净的搪瓷盘中，测定其含水率(w，以%计)。样品的数量如下：用小灌砂筒测定时，对于细粒土，不少于100g；对于各种中粒土，不少于500g。用大灌砂筒测定时，对于细粒土，不少于200g；对于各种中粒土，不少于1 000g；对于粗粒土或水泥、石灰、粉煤灰等无机结合料稳定材料，宜将取出的全部材料烘干，且不少于2 000g，称其质量(m_d)，准确至1g。

⑥将基板安放在试坑上，将灌砂筒安放在基板中间(储砂筒内放满砂到要求质量 m_1)，使灌砂筒的下口对准基板的中孔及试洞，打开灌砂筒的开关，让砂流入试坑内。在此期间，应注意勿碰动灌砂筒，直到储砂筒内的砂不再下流时，关闭开关。仔细取走灌砂筒，并称量筒内剩余砂的质量(m_4)，准确至1g。

⑦如清扫干净的平坦表面的粗糙度不大，也可省去②和③的操作。在试洞挖好后，将灌砂筒直接对准放在试坑上，中间不需要放基板。打开筒的开关，让砂流入试坑内。在此期间，应注意勿碰动灌砂筒，直到储砂筒内的砂不再下流时，关闭开关。仔细取走灌砂筒，并称量剩余砂的质量(m_4')，准确至1g。

⑧仔细取出试筒内的量砂，以备下次试验时再用。若量砂的湿度已发生变化或量砂中混有杂质，则应该重新烘干、过筛，并放置一段时间，使其与空气的湿度达到平衡后再用。

7.1.3.4　计算

(1)按式(7-7)或式(7-8)计算填满试坑所用的砂的质量 m_b(g)：

灌砂时，试坑上放有基板时

$$m_b = m_1 - m_4 - (m_5 - m_6) \tag{7-7}$$

灌砂时，试坑上不放基板时

$$m_b = m_1 - m'_4 - m_2 \tag{7-8}$$

式中：m_b——填满试坑的砂的质量，g；

m_1——灌砂前灌砂筒内砂的质量，g；

m_2——灌砂筒下部圆锥体内砂的质量，g；

m_4、m'_4——灌砂后，灌砂筒内剩余砂的质量，g；

$m_5 - m_6$——灌砂筒下部圆锥体内及基板和粗糙表面间砂的合计质量，g。

(2)按式(7-9)计算试坑材料的湿密度 ρ_w (g/cm³)：

$$\rho_w = \frac{m_w}{m_b} \times r_s \tag{7-9}$$

式中：m_b——填满试坑的砂的质量，g；

m_w——试坑中取出的全部材料的质量，g；

r_s——量砂的单位质量，g/cm³；

(3)按式(7-10)计算试坑材料的干密度 ρ_d (g/cm³)：

$$\rho_d = \frac{\rho_w}{1 + 0.01w} \tag{7-10}$$

式中：w——试坑材料的含水率，%。

(4)当为水泥、石灰、粉煤灰等无机结合料稳定土时，可按式(7-11)计算干密度 ρ_d (g/cm³)：

$$\rho_d = \frac{m_d}{m_b} \times r_s \tag{7-11}$$

式中：m_b——填满试坑的砂的质量，g；

m_d——试坑中取出的稳定土的烘干质量，g。

(5)按式(7-12)计算施工压实度：

$$K = \frac{\rho_d}{\rho_c} \times 100 \tag{7-12}$$

式中：K——测试地点的施工压实度，%；

ρ_d——试样的干密度，g/cm³；

ρ_c——由击实试验得到的试样的最大干密度，g/cm³。

注：当试坑材料组成与击实试验的材料有较大差异时，可以试坑材料作标准击实，求取实际的最大干密度。

7.1.3.5 报告

各种材料的干密度均应准确至0.01g/cm³。

7.1.4 核子仪测定压实度试验方法

该法是利用放射性元素(通常是γ射线和中子射线)测量土或路面材料的密度和含水率。这类仪器的特点是测量速度快，需要人员少。该类方法适用于测量各种土或路面材料的密度的含水量，有些进口仪器可储存打印测试结果。它的缺点是，放射性物质对人体有害，另外需要打洞的仪器，在打洞过程中使洞壁附近的结构遭到破坏，影响测定的准确性。对于核子密度湿度仪法，可作施工控制使用，但需与常规方法比较，以验证其可靠性。

7.1.4.1　目的与适用范围

(1)本方法适用于现场用核子密度湿度仪以散射法或直接透射法测定路基或路面材料的密度和含水率，并计算施工压实度。

(2)核子密温度仪是现场检测压实度较常用的一种方法，仪器按规定方法标定后，其检测结果可作为工程质量评定与验收的依据。本方法可检测土壤、碎石、土石混合物、沥青混合料和非硬化水泥混凝土等材料。

(3)本方法属非破坏性检测，允许对同一个测试位置进行适于重复测试，并监测密度和压实度的变化，以确定合适的碾压方法，达到所要求的压实度。

7.1.4.2　干扰因素

(1)核子密温度仪对靠近表层材料的密度最为敏感，当测试材料的表面与仪器底部之间存在空隙时，测试结果可能存在表面偏差(仅对散射法)。如果采用直接透射法测试，表面偏差不明显。

(2)材料的粒度、级配、均匀度以及组成成分等因素对密度的测试结果影响较小。但是对一些含有结晶水或有机物的材料，如高岭土、云母、石膏、石灰等可能会对水分的测试有明显的影响，检测时需要与其他可靠的方法进行对比，对测试结果进行调整。

(3)对刚铺筑完的热沥青混合料路面标测时，仪器不能长时间放置在路面上，测试完成后仪器应该从路面上移走冷却，避免影响测试结果。

(4)测量进行时，在周围 10m 之内不能存在其他核子仪和任何其他放射源。

7.1.4.3　仪器的标定

(1)每 12 个月以内要对核子密温度仪进行一次标定。标定可以由仪器生产厂家或独立的有资质的服务机构进行。

(2)对新出厂的仪器事先已经标定过的，可以不标定。对现存仪器如果经过维修后，可能影响仪器的结构，必须进行新的标定后才能使用。现存仪器如果在标定核实过程中被发现不能满足规定的限值，也必须重新标定。

(3)标定后的仪器密度(或含水率)值达到要求，所有标定块上的每一测试深度上的标定响应应该在 $\pm 16kg/m^3$。

7.1.4.4　仪具与材料技术要求

本试验需要下列仪具与材料：

(1)核子密度湿度仪：符合国家规定的关于健康保护和安全使用标准，密度的测定范围为 $1.12 \sim 2.73g/cm^3$，测定误差不大于 $\pm 0.03g/cm^3$。含水率测量范围为 $0 \sim 0.64g/cm^3$，测定误差不大于 $\pm 0.015g/cm^3$。

它主要包括下列部件：

①射线源：双层密封的同位素放射源，如铯 137、钴 60 或镭 226 等。

②中子源：如镅(241)—铍等。

③探测器：γ 射线探测器或热中子探测器等。

④读数显示设备：如液晶显示器、脉冲计数器、数率表或直接计数表。

⑤标准计数块:密度和含氢量都均匀不变的材料块,用于标验仪器运行状况和提供射线计数参考标准用。

⑥安全防护设备:符合国家规定要求的设备。

⑦刮平板、钻杆、接线等。

⑧钻杆:用于打测试孔以便插入控测杆。

(2)细砂:0.15~0.3mm。

(3)天平或台秤。

(4)其他:毛刷等。

7.1.4.5 方法与步骤

本方法用于测定沥青混合料面层的压实密度时,在表面用散射法测定,所测定沥青面层的层厚应不大于根据仪器性能决定的最大厚度。用于测定土基或基层材料的压实密度及含水率时,打洞后用直接透射法测定,测定层的厚度不宜大于30cm。

(1)准备工作

1)每天使用前按下列步骤用标准板测定仪器的标准值:

①进行标准值测定时的地点至少离开其他放射源10m的距离,地面必须经压实而且平整。

②接通电源,按照仪器使用说明书建议的预热时间,预热测定仪。

③在测定前,应检查仪器性能是否正常。在标准计数块上放置平稳,按照使用说明书的要求进行标准化计数并判断仪器标准化计数值必须符合要求。若标准读数超过仪器使用说明书规定的界限时,应重复此项标准的测量;若第二次标准计数仍超出规定的界限时,需视作故障并进行仪器检查。

2)在进行沥青混合料压实层密度测定前,应用核子仪对钻孔取样的试件进行标定;测定其他材料密度时,宜与挖坑灌砂法的结果进行标定。标定的步骤如下:

①选择压实的路表面,按要求的测定步骤用核子仪测定密度,读数。

②在测定的同一位置用钻机钻孔法或挖坑灌砂法取样,量测厚度,按规定的标准方法测定材料的密度。

③对同一种路面厚度及材料类型,在使用前至少测定15处,求取两种不同方法测定的密度的相关关系,其相关系数应不小于0.9。

3)测试位置的选择

①按照随机取样的方法确定测试位置,但与距路面边缘或其他物体的最小距离不得小于30cm。核子仪距其他的射线源不得少于10m。

②当用散射法测定时,应用细砂填平测试位置路表结构凸凹不平的空隙,使路表面平整,能与仪器紧密接触。

③当使用直接透射法测定时,应在表面上用钻杆打孔,孔深略深于要求测定的深度,孔应竖直圆滑并稍大于射线源探头。

4)按照规定的时间,预热仪器。

(2)测定步骤

①如用散射法测定时,应按图7-2的方法将核子仪平稳地置于测试位置上。

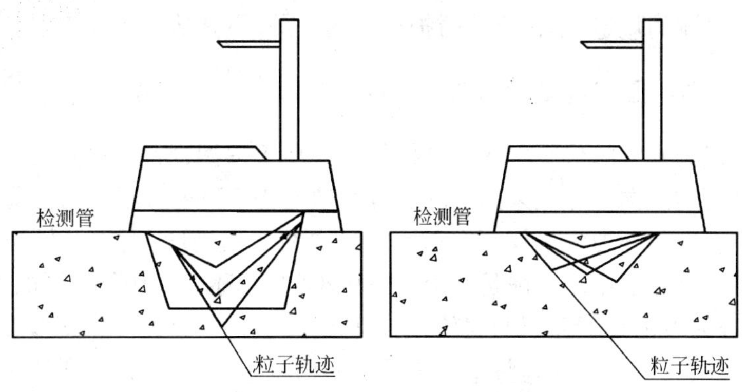

图 7-2　用散射法测定的方法

②如用直接透射法测定时，应按图 7-3 的方法将放射源棒放下插入已预先打好的孔内。

③打开仪器，测试员退出仪器 2m 以外，按照选定的测定时间进行测量，到达测定时间后，读取显示的各项数值，并迅速关机。

注：有关各种型号的仪器在具体操作步骤上略有不同，可按照仪器使用说明书进行。

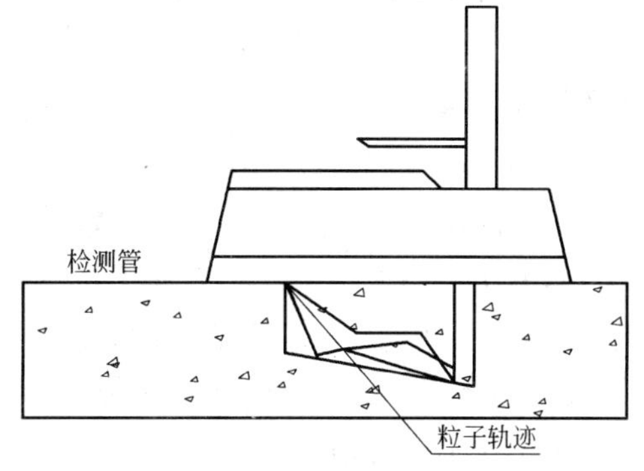

图 7-3　用透射法测定的方法

7.1.4.6　计算

按式（7-13）、式（7-14）计算施工干密度及压实度：

$$\rho_d = \frac{\rho_w}{1 + w} \tag{7-13}$$

$$K = \frac{\rho_d}{\rho_0} \times 100 \tag{7-14}$$

式中：K——测试地点的施工压实度，%；

w——含水率，以小数表示；

ρ_w——试样的湿密度，g/cm^3；

ρ_d——试样的干密度，g/cm^3；

ρ_0——由击实试验得到的试样的最大干密度，g/cm^3。

7.1.4.7　报告

测定路面密度及压实度的同时，应记录气温、路面的结构深度、沥青混合料类型、面层结构及测定厚度等数据和资料。

使用安全注意事项：

（1）仪器工作时，所有人员均应退至距离仪器 2m 以外的地方。

（2）仪器不使用时，应将手柄置于安全位置，仪器应装入专用的仪器箱内，放置在符合核辐射安全规定的地方。

（3）仪器应由经有关部门审查合格的专人保管，专人使用对从事仪器保管及使用的人员，应遵照有关核辐射检测的规定,不符合核防护规定的人员,不宜从事此项工作。

7.1.5 环刀法测定压实度试验方法

环刀法是测量现场密实的传统方法。其操作简便易于掌握,所用仪器设备较为常见,因此目前还在大范围的使用。国内习惯采用的环刀容积通常为200cm^3,环刀高度通常约5 cm。但是用环刀法测得的密度是环刀内土样所在深度范围内的平均密度,而不能代表整个碾压层的平均密度。由于碾压土层的密度一般是从上到下减小的,若环刀取在碾压层的上部,则得到的数值往往偏大;若环刀取的是碾压层的底部,则所得的数值将明显偏小。就检查路基土和路面结构层的压实度而言,我们需要的是整个碾压层的平均压实度,而不是碾压层中某一部分的压实度,因此,在用环刀法测定土的密度时,应使所得密度能代表整个碾压层的平均密度。然而,这在实际检测中是比较困难的,只有使环刀所取的土恰好是碾压层中间的砂,环刀法所得的结果才可能与灌砂法的结果大致相同。另外,环刀法适用面较窄,对于含有粒料的稳定土及松散性材料无法使用。

7.1.5.1 目的与适用范围

本方法规定在公路工程现场用环刀法测定土基及路面材料的密度及压实度。

本方法适用于测定细粒土及无机结合料稳定细粒土的密度。但对无机结合料稳定细粒土,其龄期不宜超过2d,且宜用于施工过程中的压实度检验。

7.1.5.2 仪具与材料技术要求

本方法需要下列仪具与材料:

(1)人工取土器:见图7-4,包括环刀、环盖、定向筒和击实锤系统(导杆、落锤、手柄)。环刀内径6~8cm,高2~3cm,壁厚1.5~2mm。

(2)电动取土器:由底座、行走轮、立柱、齿轮箱、升降机构、取芯头等组成。

①底座:由底座平台、定位销、行走轮组成。平台是整个仪器的支撑基础;定位销供操作时仪器定位用;行走轮供换点取芯时仪器近距离移动用,当定位时四只轮子可扳起离开地表。

②立柱:由立柱与立柱套组成,装在底座平台上,作为升降机构、取芯机构、动力和传动机构的支架。

③升降机构:由升降手轮、锁紧手柄组成,供调整取芯机构高低用。松开锁紧手柄,转动升降手轮,取芯机构即可升降,到所需位置时拧紧手柄定位。

④取芯机构:由取芯头、升降轴组成,取芯头为金属圆筒,下口对称焊接两个合金钢切削刀头,上端面焊有平盖,其上焊螺母,靠螺旋接于升降轴上。取芯头有三种规格,即50mm×50mm、70mm×70mm、100mm×100mm,取芯头为可换式。另配有相应的取芯套筒、扳手、铝盒等。

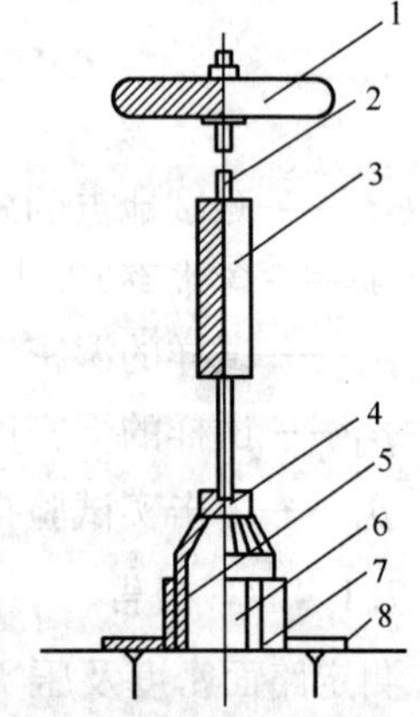

图7-4 人工取土器

1-手柄;2-导杆;3-落锤;4-环盖;5-环刀;6-定向筒;7-定向筒齿钉;8-试验地面

⑤动力和传动机构:主要由直流电机、调速器、齿轮箱组成。另配蓄电池和充电器。当电

机工作时,通过齿轮箱的齿轮将动力传给取芯机构,升降轴旋转,取芯头进入旋切工作状态。

⑥电动取土器主要技术参数为:工作电压 DC24V(36A·h);转速 50～70r/min,无级调速;整机质量约 35kg。

(3)天平:感量 0.1g(用于取芯头内径小于 70mm 样品的称量),或 1.0g(用于取芯头内径 100mm 样品的称量)。

(4)其他:镐、小铁锹、修土刀、毛刷、直尺、钢丝锯、凡士林、木板及测定含水率设备等。

7.1.5.3　方法与步骤

(1)按有关试验方法对检测试样用同种材料进行击实试验,得到最大干密度及最佳含水率。

(2)用人工取土器测定黏性土及无机结合料稳定细粒土密度的步骤:

①擦净环刀,称取环刀质量 m_2,准确至 0.1g。

②在试验地点,将面积约 30cm×30cm 的地面清扫干净,并将压实层铲去表面浮动及不平整的部分,达一定深度,使环刀打下后,能达到要求的取土深度,但不得将下层扰动。

③将定向筒齿钉固定于铲平的地面上,顺次将环刀,环盖放入定向筒内与地面垂直。

④将导杆保持垂直状态,用取土器落锤将环刀打入压实层中,至环盖顶面与定向筒上口齐平为止。

⑤去掉击实锤和定向筒,用镐将环刀及试样挖出。

⑥轻轻取下环盖,用修土刀自边至中削去环刀两端余土,用直尺检测直至修平为止。

⑦擦净环刀外壁,用天平称取出环刀及试样合计质量 m_1 ,准确至 0.1g。

⑧自环刀中取出试样,取具有代表性的试样,测定其含水率 w 。

(3)用人工取土器测定砂性土或砂层密度的步骤:

①如为湿润的砂土,试验时不需使用击实锤和定向筒。在铲平的地面上,细心挖出一个直径较环刀外径略大的砂土柱,将环刀刃口向下,平置于砂土柱上,用两手平稳地将环刀垂直压下,直至砂土柱突出环刀上端约 2cm 时为止。

②削掉环刀口上的多余砂土,并用直尺刮平。

③在环刀上口盖一块平滑的木板,一手按住木板,另一手用小铁锹将试样从环刀底部切断,然后将装满试样的环刀反转过来,削去环刀刃口上部的多余砂土,并用直尺刮平。

④擦净环刀外壁,称环刀与试样合计质量 m_1,准确至 0.1g。

⑤自环刀中取具有代表性的试样测定其含水率 w。

⑥干燥的砂土不能挖成砂土柱时,可直接将环刀压入或打入土中。

(4)用电动取土器测定无机结合料细粒土和硬塑土密度的步骤:

①装上所需规格的取芯头。在施工现场取芯前,选择一块平整的路段,将四只行走轮打起,四根定位销钉采用人工加压的方法,压入路基土层中。松开锁紧手柄,旋动升降手轮,使取芯头刚好与土层接触,锁紧手柄。

②将蓄电池与调速器接通,调速器的输出端接入取芯机电源插口。指示灯亮,显示电路已通;启动开关,电动机工作,带动取芯机构转动。根据土层含水率调节转速,操作升降手柄,上提取芯机构,停机,移开机器。由于取芯头圆筒外表有几条螺旋状凸起,切下的土屑排在筒外顺螺纹上旋抛出地表,因此,将取芯套筒套在切削好的土芯立柱上,摇动即可取出样品。

③取出样品，立即按取芯套筒长度用修土刀或钢丝锯修平两端，制成所需规格土芯，如拟进行其他试验项目，装入铝盒，送试验室备用。

④用天平称量土芯带套筒质量 m_1，从土芯中心部分取试样测定含水率 w。

(5)本试验须进行两次平行测定，其平行差值不得大于0.03 g/cm³，求其算术平均值。

7.1.5.4　计算

(1)按式(7-15)、式(7-16)计算试样的湿密度及干密度：

$$\rho_w = \frac{4 \times (m_1 - m_2)}{\pi \cdot d^2 \cdot h} \tag{7-15}$$

$$\rho_d = \frac{\rho}{1 + 0.01w} \tag{7-16}$$

式中：ρ_w——试样的湿密度，g/cm³；

ρ_d——试样的干密度，g/cm³；

m_1——环刀或取芯套筒与试样合计质量，g；

m_2——环刀或取芯套筒质量，g；

d——环刀或取芯套筒直径，cm；

h——环刀或取芯套筒高度，cm；

w——试样的含水率，%。

(2)按式(7-17)计算施工压实度：

$$K = \frac{\rho_d}{\rho_c} \times 100 \tag{7-17}$$

式中：K——测试地点的施工压实度，%；

ρ_d——试样的干密度，g/cm³；

ρ_c——由击实试验得到的试样的最大干密度，g/cm³。

7.1.5.5　报告

试验应报告土的鉴别分类、含水率、湿密度、干密度、最大干密度、压实度等。

7.1.6　钻芯法测定沥青面层压实度试验方法

7.1.6.1　目的与适用范围

沥青混合料面层的压实度是指按施工规范规定的方法测定的混合料试样的毛体积密度与标准密度之比值，以百分率表示。

本方法适用于检验从压实的沥青路面上钻取的沥青混合料芯样试件的密度，以评定沥青面层的施工压实度。

7.1.6.2　仪具与材料技术要求

本试验需要下列仪具与材料：

(1)路面取芯钻机。

(2)天平：感量不大于0.1g。

(3)水槽。

(4)吊篮。

(5)石蜡。

(6)其他:卡尺、毛刷、小勺、取样袋(容器)、电风扇。

7.1.6.3　方法与步骤

(1)钻取芯样

按“路面钻孔及切割取样方法”钻取路面芯样,芯样直径不宜小于 ϕ100mm。当一次钻孔取得的芯样包含有不同层位的沥青混合料时,应根据结构组合情况用切割机将芯样沿各层结合面锯开分层进行测定。

钻孔取样应在路面完全冷却后进行,对普通沥青路面通常在第二天取样,对改性沥青及SMA路面宜在第三天以后取样。

(2)测定试件密度

①将钻取的试件在水中用毛刷轻轻刷净粘附的粉尘。如试件边角有浮松颗粒,应仔细清除。

②将试件晾干或用电风扇吹干不少于24h,直至恒重。

③按现行《公路工程沥青及沥青混合料试验规程》(JTJ 052—2000)的沥青混合料试件密度试验方法测定试件密度 ρ_s。通常情况下采用表干法测定试件的毛体积相对密度;对吸水率大于2%的试件,宜采用蜡封法测定试件的毛体积相对密度;对吸水率小于0.5%特别致密的沥青混合料,在施工质量检验时,允许采用水中重法测定表观相对密度。

(3)按《公路沥青路面施工技术规范》(JTG F40—2004)附录E,确定计算压实度的标准密度。

7.1.6.4　计算

(1)当计算压实度的标准密度采用每天实验室实测的马歇尔击实试件密度或试验路段钻孔取样密度时,沥青面层的压实度按式(7-18)计算。

$$K = \frac{\rho_s}{\rho_0} \times 100 \tag{7-18}$$

式中:K——沥青面层某一测定部位的压实度,%;

ρ_s——沥青混合料芯样试件的实际密度,g/cm^3;

ρ_0——沥青混合料的标准密度,g/cm^3。

(2)计算压实度的标准密度采用最大理论密度时,沥青面层的压实度按式(7-19)计算。

$$K = \frac{\rho_s}{\rho_t} \times 100 \tag{7-19}$$

式中:ρ_s——沥青混合料芯样试件的实际密度,g/cm^3;

ρ_t——沥青混合料的最大理论密度,g/cm^3。

(3)计算一个评定路段检测的压实度的平均值、标准差、变异系数,并计算代表压实度。

7.1.6.5　报告

压实度试验报告应记载压实度检查的标准密度及依据,并列表表示各测点的试验结果。

7.2 回弹模量试验检测方法

土基回弹模量是公路路基路面设计的主要参数，是影响路面结构厚度的敏感参数之一。在路面结构设计中能否取用合适的土基回弹模量值，关系到路面结构的安全性和经济性。影响土基回弹模量的因素很多，主要有土质、压实度、含水率、试验方法、加荷方式等。固定土质种类的情况下，土基回弹模量值随着含水率和密实度的变化而变化，特别是含水率对回弹模量的影响最大。有关资料显示，保持干密度不变，仅含水率增加1%（绝对值）可使土基回弹模量降低8%～18%，平均降低11%。如考虑含水率增加常使干密度减小，则含水率增加1%使回弹模量降低的百分率还要大于11%。

我国现有规范已给出了不同的自然区划和土质的回弹模量的推荐值，具体参见《公路沥青路面设计规范》（JTG D50—2006）附录。随着工程质量的提高，回弹模量值的检验将会作为控制施工质量的一个重要指标。测定回弹模量的方法，目前国内常用的主要有承载板法、贝克曼梁法和其他间接测试方法（如贯入仪测定法和CBR测定法）。

7.2.1 承载板测定土基回弹模量试验方法

7.2.1.1 目的与适用范围

（1）本方法适用于在现场土基表面，通过承载板对土基逐级加载、卸载的方法，测出每级荷载下相应的土基回弹变形值，经过计算求得土基回弹模量。

（2）本方法测定的土基回弹模量可作为路面设计参数使用。

7.2.1.2 仪具与材料技术要求

本试验需要下列仪具与材料：

（1）加载设施：载有铁块或集料等重物、后轴重不小于60kN的载货汽车一辆，以作为加载设备。在汽车大梁的后轴之后约80cm处，附设加劲横梁一根作反力架。汽车轮胎充气压力0.50MPa。

（2）现场测试装置，如图7-5所示，由千斤顶、测力计（测力环或压力表）及球座组成。

（3）刚性承载板一块，板厚20mm，直径为ϕ30cm，直径两端设有立柱和可以调整高度的支座，供安放弯沉仪测头用，承载板安放在土基表面上。

（4）路面弯沉仪两台，由贝克曼梁、百分表及其支架组成。

（5）液压千斤顶一台，80～100kN，装有经过标定的压力表或测力环，其容量不小于土基强度，测定精度不小于测力计量程的1/100。

（6）秒表。

（7）水平尺。

（8）其他：细砂、毛刷、垂球、镐、铁锹、铲等。

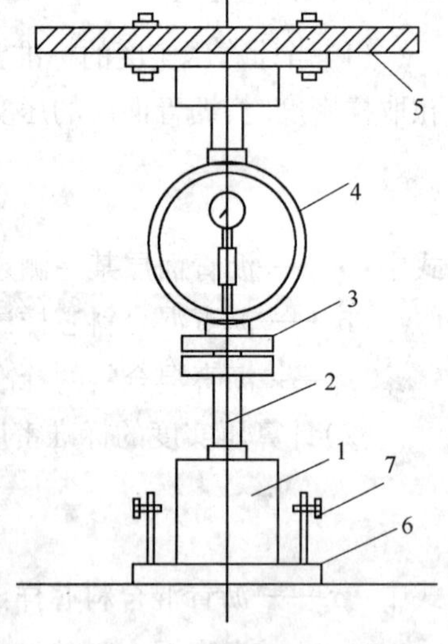

图7-5 承载板测试装备仪

1-加载千斤顶；2-钢圆筒；3-钢板及球座；4-测力计；5-加劲横梁；6-承载板；7-立柱及支座

7.2.1.3 方法与步骤

(1)准备工作

①根据需要选择有代表性的测点。测点应位于水平的路基上,土质均匀,不含杂物;

②仔细平整土基表面,撒干燥洁净的细砂填平土基凹处,砂子不可覆盖全部土基表面,避免形成夹层。

③安置承载板,并用水平尺进行校正,使承载板置水平状态。

④将试验车置于测点上,在加劲横梁中部悬挂垂球测试,使之恰好对准承载板中心,然后收起垂球。

⑤在承载板上安放千斤顶,上面衬垫钢圆筒、钢板,并将球座置于顶部与加劲横梁接触。如用测力环时,应将测力环置于千斤顶与横梁中间,千斤顶及衬垫物必须保持垂直,以免加压时千斤顶倾倒发生事故并影响测试数据的准确性。

⑥安放弯沉仪,将两台弯沉仪的测头分别置于承载板立柱的支座上,百分表对零或其他合适的初始位置上。

(2)测试步骤

①用千斤顶开始加载,注视测力环或压力表,至预压0.05MPa,稳压1min,使承载板与土基紧密接触。同时检查百分表的工作情况是否正常,然后放松千斤顶油门卸载,稳压1min后,将指针对零或记录初始读数。

②测定土基的压力—变形曲线。用千斤顶加载,采用逐级加载卸载法,用压力表或测力环控制加载量,荷载小于0.1MPa时,每级增加0.02MPa,以后每级增加0.04MPa左右。为了使加载和计算方便,加载数值可适当调整为整数。每次加至预定荷载(P)后,稳定1min,立即读记两台弯沉仪百分表数值,然后轻轻放开千斤顶油门卸载至0,待卸载稳定1min后,再次读数,每次卸载后百分表不再对零。当两台弯沉仪百分表读数之差不超过平均值的30%时,取平均值;如超过30%,则应重测。当回弹变形值超过1mm时,即可停止加载。

③各级荷载的回弹变形和总变形,按以下方法计算:

回弹变形(L)=(加载后读数平均值-卸载后读数平均值)×弯沉仪杠杆比

总变形(L')=(加载后读数平均值-加载初始前读数平均值)×弯沉仪杠杆比

④测定总影响量a。最后一次加载卸载循环结束后,取走千斤顶,重新读取百分表初读数,然后将汽车开出10m以外,读取终读数,两只百分表的初、终读数差之平均值即为总影响量a。

⑤在试验点下取样,测定材料含水率。取样数量如下:

最大粒径不大于4.75mm,试样数量约120g;

最大粒径不大于19.0mm,试样数量约250g;

最大粒径不大于31.5mm,试样数量约500g。

⑥在紧靠试验点旁边的适当位置,用灌砂法或环刀法等测定土基的密度。

⑦本试验的各项数值可记录于表7-5的记录表上。

7.2.1.4 计算

(1)各级压力的回弹变形值加上该级的影响量后,则为计算回弹变形值。表7-4是以后轴重 60kN 的标准车为测试车的各级荷载影响量的计算值。当使用其他类型测试车时,各级压力下的影响量 a_i 按式(7-20)计算:

$$a_i = \frac{(T_1 + T_2)\pi D^2 P_i}{4T_1 Q} \cdot a \tag{7-20}$$

式中:T_1——测试车前后轴距,m;

T_2——加劲小梁距后轴距离,m;

Q——测试车后轴重,N;

D——承载板直径,m;

p_i——该级承载板压力,Pa;

a——总影响量,0.01mm;

a_i——该级压力的分级影响量,0.01mm。

各级荷载影响量(后轴 60kN) 表 7-4

承载板压力(MPa)	0.05	0.10	0.15	0.20	0.30	0.40	0.50
影响量	0.06 a	0.12 a	0.18 a	0.24 a	0.36 a	0.48 a	0.60 a

(2)将各级计算回弹变形值点绘于标准计算纸上,排除显著偏离的异常点并绘出顺滑的 p—L 曲线。如曲线起始部分出现反弯,应按图 7-6 所示修正原点 O,O'则是修正后的原点。

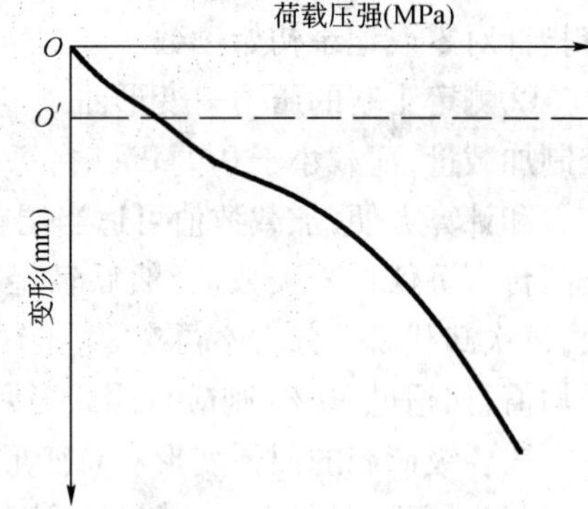

图 7-6 修正原点示意图

(3)按式(7-21)计算相应于各级荷载下的土基回弹模量 E_i 值:

$$E_i = \frac{\pi D}{4} \cdot \frac{p_i}{L_i}(1 - \mu_0^2) \tag{7-21}$$

式中:E_i——相应于各级荷载下的土基回弹模量,MPa;

μ_0——土的泊松比,根据相关路面设计规范规定选用;

D——承载板直径,$D = 30$cm;

p_i——承载板压力,MPa;

L_i——相对于荷载 p_i 时的回弹变形,cm。

(4)取结束试验前的各回弹变形值按线性回归方法由式(7-22)计算土基回弹模量 E_0 值:

$$E_0 = \frac{\pi D}{4} \cdot \frac{\sum p_i}{\sum L_i}(1 - \mu_0^2) \tag{7-22}$$

式中:E_0——土基回弹模量,MPa;

μ_0——土的泊松比,根据相关路面设计规范规定选用;

L_i——结束试验前的各级实测回弹变形值,cm;

p_i——对应于 L_i 各级压力值,MPa。

7.2.1.5 报告

(1)本试验采用的记录格式见表 7-5。

承载板测定记录　　表 7-5

<table>
<tr><td colspan="6">路线和编号：
测定层位：
承载板直径(cm)：</td><td colspan="5">路面结构：
测定用汽车型号：
测定日期：　年　月　日</td></tr>
<tr><td rowspan="2">千斤顶读数</td><td rowspan="2">荷载 P (kN)</td><td rowspan="2">承载板压力 p (MPa)</td><td colspan="3">百分表读数(0.01mm)</td><td rowspan="2">总变形 (0.01mm)</td><td rowspan="2">回弹变形 (0.01mm)</td><td rowspan="2">分级影响量 (0.01mm)</td><td rowspan="2">计算回弹变形 (0.01mm)</td><td rowspan="2">E_i (MPa)</td></tr>
<tr><td>加载前</td><td>加载后</td><td>卸载后</td></tr>
<tr><td></td><td></td><td></td><td colspan="3"></td><td></td><td></td><td></td><td></td><td></td></tr>
<tr><td></td><td></td><td></td><td colspan="3"></td><td></td><td></td><td></td><td></td><td></td></tr>
<tr><td colspan="11">总影响量 a：</td></tr>
<tr><td colspan="11">土基回弹模量 E_0 值(MPa)：</td></tr>
</table>

(2)试验报告应记录下列结果：

①试验时所采用的汽车。

②近期天气情况。

③试验时土基的含水率(%)。

④土基密度(g/cm^3) 和压实度(%)。

⑤相应于各级荷载下的土基回弹模量 E_i 值(MPa)。

⑥土基回弹模量 E_0 值(MPa)。

7.2.2　贝克曼梁测定路基路面回弹模量试验方法

7.2.2.1　目的与适用范围

本方法适用于在土基、厚度不小于 1m 的粒料整层表面,用弯沉仪测试各测点的回弹弯沉值,通过计算求得该材料的回弹模量值,也适用于在旧路表面测定路基路面的综合回弹模量。

7.2.2.2　仪具与材料技术要求

本方法需要下列仪具与材料：

(1)标准车。

(2)路面弯沉仪:由贝克曼梁、百分表及表架组成。贝克曼梁由合金铝制成,上有水准泡,其前臂(接触路面)与后臂(装百分表)长度比为 2∶1,标准弯沉仪前后臂分别为 240mm 和 120mm,加长弯沉仪分别为 360mm 和 180mm。弯沉采用百分表量得。

(3)路表温度计:分度不大于 1℃。

(4)接长杆:直径 ϕ16mm,长 500mm。

(5)其他:皮尺、口哨、粉笔、指挥旗等。

7.2.2.3　方法与步骤

(1)准备工作

1)选择洁净的路基路面表面作为测点,在测点处做好标记并编号。

2)无结合料粒料基层的整层试验段(试槽)应符合下列要求：

①整层试槽可修筑在行车带范围内或路肩及其他合适处,也可在室内修筑,但均应适于用

汽车测定弯沉。

②试槽应选择在干燥或中湿路段处，不得铺筑在软土基上。

③试槽面积不小于3m×2m，厚度不宜小于1m。铺筑时，先挖3m×2m×1m（长×宽×深）的坑，然后用欲测定的同一种路面材料按有关施工规范规定的压实层厚度分层铺筑并压实，直至顶面，使其达到要求的压实度标准。同时应严格控制材料组成，配比均匀一致，符合施工质量要求。

④试槽表面的测点间距可按图7-7布置在中间2m×1m范围内，可测定23点。

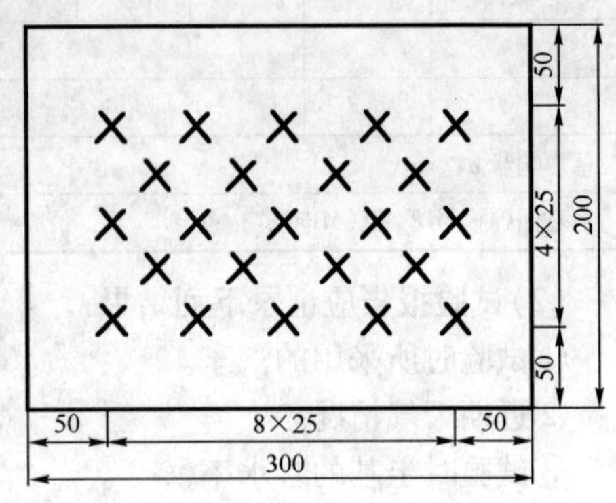

图7-7　试槽表面的测点布置（尺寸单位：cm）

（2）测试步骤

按上述方法选择适当的标准车，实测各测点处的路面回弹弯沉值 L_i。如在旧沥青面层上测定时，应读取温度，并按规定的方法进行测定弯沉值的温度修正，得到标准温度20℃时的弯沉值。

7.2.2.4　计算

（1）按式（7-23）、式（7-24）、式（7-25）计算全部测定值的算术平均值（$\bar{L}$）、单次测量的标准差（S）和自然误差（r_0）：

$$\bar{L}=\frac{\sum L_i}{n} \tag{7-23}$$

$$S=\sqrt{\frac{\sum(L_i-\bar{L})^2}{n-1}} \tag{7-24}$$

$$r_0=0.675\times S \tag{7-25}$$

式中：$\bar{L}$——回弹弯沉的平均值，0.01mm；

S——回弹弯沉测定值的标准差，0.01mm；

r_0——回弹弯沉测定值的自然误差，0.01mm；

L_i——各测点的回弹弯沉值，0.01mm；

n——测点总数。

（2）计算各测点的测定值与算术平均值的偏差值 $d_i=L_i-\bar{L}$，并计算较大的偏差与自然误差之比 d_i/r_0。当某个测点观测值的 d_i/r_0 值大于表7-6中的 d/r 极限值时，则应舍弃该测点，然后重复（1）的步骤计算所余各测点的算术平均值 $\bar{L}$ 及标准差（S）。

相应于不同观测次数的 d/r 极限值　　表7-6

n	5	10	15	20	50
d/r	2.5	2.9	3.2	3.3	3.8

（3）按式（7-26）计算代表弯沉值：

$$L_1=\bar{L}+S \tag{7-26}$$

式中：L_1——计算代表弯沉，0.01mm；

$\bar{L}$——舍弃不合要求的测点后所余各测点弯沉的算术平均值，0.01mm；

S——舍弃不合要求的测点后所余各测点弯沉的标准差。

(4)按式(7-27)计算土基、整层材料的回弹模量(E_1)或旧路的综合回弹模量:

$$E_1 = \frac{2p\delta}{L_1}(1 - \mu^2)\alpha \tag{7-27}$$

式中:E_1——计算的土基、整层材料的回弹模量或旧路的综合回弹模量,MPa;

p——测定车轮的平均垂直荷载,MPa;

δ——测定用标准车双圆荷载单轮传压面当量圆的半径,cm;

μ——测定层材料的泊松比,根据部颁路面设计规范的规定取用;

α——弯沉系数,为 0.712。

7.2.2.5　报告

报告应包括弯沉测定表、计算的代表弯沉、采用的泊松比及计算得到的材料回弹模量 E_1 等,对沥青路面应报告测试时的路面温度。

7.2.3　动力锥贯入仪测定路基路面回弹模量试验方法

7.2.3.1　目的与适用范围

本方法适用于动力锥贯入仪(DCP)现场快速测定或评估无机结合料材料路基、路面的强度。

7.2.3.2　仪具与材料技术要求

本方法需要下列仪具与材料:

(1)动力锥贯入仪(DCP):包括手柄、落锤、导向杆、联轴器(锤座)、扶手、夹紧环、探杆、1m 刻度尺、锥头。标准落锤质量为 8kg 或 10kg。锥头锥尖角度为 90°、60°或 30°等,最大直径 20mm。锥头最大允许磨损尺寸,尖端为 4mm,直径为 10%,否则必须更换。

(2)电钻。

(3)其他:扳手、铁铲、记录本等。

7.2.3.3　方法与步骤

(1)准备工作

①利用当地材料进行对比试验,建立现场 CBR 值或强度与用 DCP 测定的贯入度 D_d 或贯入阻力 Q_d 之间的相关关系。测点数宜不少于 15 个,相关系数 R 应不小于 0.95。

②放入落锤,将仪器的导向杆与探杆在联轴器处紧固连接,保证不会松动。

③将 DCP 竖直立于硬地(如混凝土)上,然后记录零读数。

④根据需要选择有代表性的测点,测点应位于平整的路基、路面基层、面层上。如果要探测的层位上面有难以穿透的坚硬结构层时,应钻孔或刨挖至其顶面。

(2)测试步骤

①将 DCP 放至测点位置。一人手扶仪器手柄,使探杆保持竖直;一人提起落锤至导向杆顶端,然后松开,使之呈自由落体下落。如果试验中探杆稍有倾斜,不可扶正;如果倾斜较大,造成落锤不是自由落体,则该点试验应废弃。

②读取贯入深度。每贯入约 10mm 读一次数,记录锤击数和贯入量(mm)。

注:对于粒料基层,可能每5次或10次锤击读数一次;对于比较软弱的结构层,可能每1~2次锤击读数一次。

③连续锤击、测量,直到需要的结构层深度。当材料层坚硬,贯入量低到连续锤击10次而无变化时,可以停止试验或钻孔透过后继续试验。

④将落锤移走,从探坑中取出DCP仪器。

7.2.3.4 计算

(1)DCP的测试结果可用以锤击次数为横坐标、贯入深度为纵坐标的贯入曲线表示,或使用专用的计算机程序进行处理,得出结构层材料的现场强度或CBR值等。

(2)通常可以计算出贯入度(平均每次的贯入量,mm/锤击次数)D_d,按得出的相关关系公式(7-28)计算CBR值:

$$\lg(\mathrm{CBR}) = a - b \cdot \lg D_d \tag{7-28}$$

式中:CBR——结构层材料的现场CBR值;

D_d——贯入度,mm;

a,b——回归系数。

(3)也可以按式(7-29)计算出动贯入阻力Q_d,按得出的相关关系式(7-30)计算CBR值。

$$Q_d = \frac{m}{m + m_0} \cdot \frac{MgH}{A} \tag{7-29}$$

式中:Q_d——动贯入阻力,kPa;

m_0——贯入器即被打入部分(包括锥头、探杆、锤座和导向杆等)的质量,kg;

m——落锤质量,kg;

g——重力加速度,$g = 9.8\mathrm{m/s^2}$;

H——落距,m;

A——探头截面积,$\mathrm{cm^2}$。

$$\lg(\mathrm{CBR}) = a + b \cdot \lg Q_d \tag{7-30}$$

式中:CBR——结构层材料的现场CBR值;

Q_d——动贯入阻力,kPa;

a、b——回归系数。

7.2.3.5 报告

(1)本试验采用的记录格式见表7-7。

动力锥贯入仪试验记录表 表7-7

工程名称: 路面(路基)结构:

测点桩号: 测试日期: 年 月 日

序号	锤击次数	Σ锤击次数	贯入深度(mm)	贯入度 D_d(mm)

(2)测试报告应包括下列事项:

①动力锥贯入仪的型号参数。

②各测点的位置桩号、锤击次数及相应的贯入量,并附贯入曲线图。

③数据处理方法,现场强度或 CBR 值、结构层厚度等。

7.3　CBR 试验检测方法

CBR 又称加州承载比,是 California Bearing Ratio 的缩写,由美国加利福尼亚州公路局首先提出来,用于评定路基土和路面材料的强度指标。在国外多采用 CBR 作为路面材料和路基土的设计参数。在我国现行的沥青和水泥混凝土路面设计规范中,所采用的路面材料设计参数则是回弹模量指标。但我国在境外修建的公路工程多采用 CBR 作为设计控制指标。为了进一步为实际工程累计积累经验,便于国际学术交流,参考了国内外的情况,我国已将 CBR 指标列入公路路基设计规范和公路路基施工技术规范,作为路基填料选择的依据。

路基填料的 CBR 值是土体抗局部剪切力(潜在强度)的反映,评价路用性能的重要指标。路基填料最小强度要求见表 7-8。

路基填料最小强度　　表 7-8

项 目 分 类	路面底面下深度(cm)	填料最小强度 CBR(%)	
		高速公路、一级公路	其他等级公路
上路床	0 ~ 30	8	6
下路床	30 ~ 80	6	4
上路堤	80 ~ 150	4	3
下路堤	150 以下	3	2

注:①当路床填料 CBR 值达不到表列要求时,可采取掺石灰或其他稳定材料等措施进行处理。

②其他公路铺筑高级路面时,应采用高速公路、一级公路的规定值。

7.3.1　土基现场 CBR 值测试方法

7.3.1.1　目的与适用范围

(1)本方法适用于在现场测定各种土基材料的现场 CBR 值,同时也适合于基层、底基层砂类土、天然砂粒、级配碎石等材料 CBR 值的试验。

(2)本方法所用试样的最大集料粒径宜小于 19.0mm,最大不得超过 31.5mm。

7.3.1.2　仪具与材料技术要求

本试验采用下列仪具与材料:

(1)荷重装置:装载有铁块或集料等重物的载货汽车,后轴重不小于 60kN,在汽车大梁的后轴之后设有一加劲横梁作反力架用。

(2)现场测试装置:如图 7-8 所示,由千斤顶(机械或液压)、测力计(测力环或压力表)及球座组成。千斤顶可使贯入杆的贯入速度调节成 1mm/min。测力计的容量不小于土基强度,测定精度不小于测力计量程的1/100。

(3)贯入杆:直径ϕ50mm,长约200mm的金属圆柱体。

(4)承载板:每块1.25kg,直径ϕ150mm,中心孔眼直径ϕ52mm,不少于4块,并沿直径分为两个半圆块。

(5)贯入量测定装置:由平台及百分表组成,百分表量程20mm,精度0.01mm,数量2个,对称固定于贯入杆上,端部与平台接触。平台跨度不小于50cm。

注:此设备也可用两台贝克曼梁弯沉仪代替。

(6)细砂:洁净干燥的细干砂,粒径0.3~0.6mm。

(7)其他:铁铲、盘、直尺、毛刷、天平等。

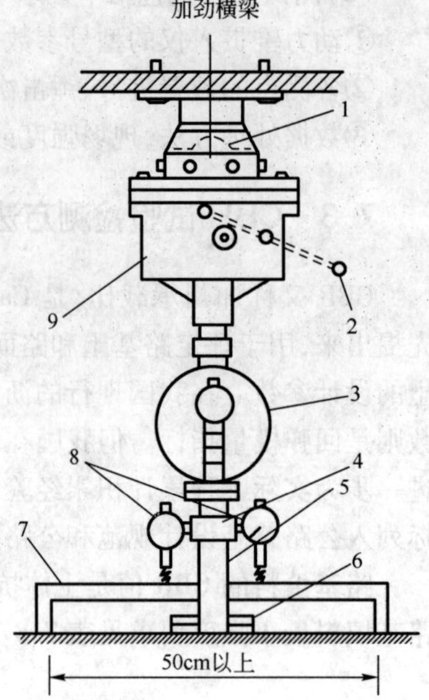

图7-8 现场CBR测试装置示意图

1-球座;2-手柄;3-测力计;4-百分表夹具;5-贯入杆;6-承载板;7-平台;8-百分表;9-加载千斤顶

7.3.1.3 方法与步骤

(1)准备工作

①将试验地点约直径ϕ30cm范围的表面找平,用毛刷刷净浮土,如表面为粗粒土时,应撒布少许洁净的干砂填平,但不能覆盖全部土基表面避免形成夹层。

②装置测试设置,应先设置好贯入杆及千斤顶,再将千斤顶顶在加劲横梁上且调节至高度适中。贯入杆应与土基表面紧密接触。

③安装贯入量测定装置,将支架平台、百分表(或两台贝克曼梁弯沉仪)安装好。

(2)测试步骤

①在贯入杆位置安放4块1.25kg的分开成半圆的承载板(共5kg)。

②试验贯入前,先在贯入杆上施加45N荷载后,将测力计及贯入量百分表调零,记录初始读数。

③起动千斤顶,使贯入杆以1mm/min的速度压入土基,当相应于贯入量为0.5mm、1.0 mm、1.5 mm、2.0 mm、2.5 mm、3.0 mm、4.0 mm、5.0 mm、6.5 mm、10.0 mm及11.5mm时,分别读取测力计读数。根据情况,也可在贯入量达6.5mm时结束试验。

注:用千斤顶连续加载,两个贯入量百分表及测力计均应在同一时刻读数,当两个百分表读数不超过平均值的30%时,以其平均值作为贯入量,当两个表读数差值超过平均值的30%时,应停止试验。

④卸除荷载,移去测定装置。

⑤在试验点下取样,测定材料含水率。取样数量如下:

最大粒径不大于4.75mm,试样数量约120g;

最大粒径不大于19.0mm,试样数量约250g;

最大粒径不大于31.5mm,试样数量约500g;

⑥在紧靠试验点旁边的适当位置,用灌砂法或环刀法等测定土基的密度。

7.3.1.4 计算

(1)将贯入试验得到的等级荷重数除以贯入断面积(19.625cm^2),得到各级压强(MPa),即可绘制荷载压强—贯入量曲线。如图7-9所示,当图中曲线在起点处有明显凹凸的情况时,应在曲线的拐弯处作切线延长作贯入量修正，以与坐标轴相交的点 O' 作原点，得到修正后的压强—贯入量曲线。

（2）从压强—贯入量曲线上读取贯入量为 2.5mm 及 5.0mm 时的荷载压强 P_1，按式（7-31）计算现场 CBR 值。CBR 一般以贯入量 2.5mm 时的测定值为准，当贯入量 5.0mm时的 CBR 大于 2.5mm 时的 CBR 时，应重新试验；如重新试验仍然如此时，则以贯入量 5.0mm 时的 CBR 为准。

$$现场\ CBR = \frac{P_1}{P_0} \times 100(\%) \qquad (7\text{-}31)$$

图 7-9　荷载压强—贯入量关系曲系

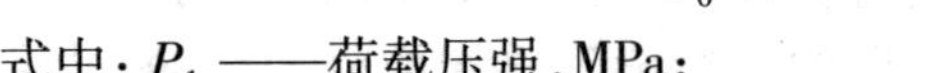

式中：P_1 ——荷载压强，MPa；

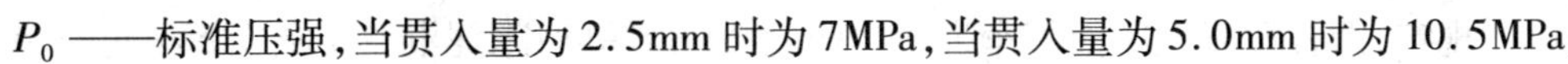

P_0 ——标准压强，当贯入量为 2.5mm 时为 7MPa，当贯入量为 5.0mm 时为 10.5MPa。

7.3.1.5　报告

（1）本试验采用的记录格式如表 7-9 所示。

现场 CBR 值测定记录表　　表 7-9

路线和编号：　　路面结构：

测定层位：

承载板直径：　　测定日期：　年　月　日

	预定贯入量(mm)	贯入量百分表读数(0.01mm)			测力计读数	压强(MPa)
		1	2	平均		
加载记录	0					
	0.5					
	1.0					
	1.5					
	2.0					
	2.5					
	3.0					
	4.0					

现场 CBR 计算：

贯入断面面积：　cm^2

相当于贯入量 2.5mm 时的荷载强度；标准压强 = 7MPa　　$CBR_{2.5}$ =　(%)

相当于贯入量 5.0mm 时的荷载强度；标准压强 = 10.5MPa　　$CBR_{5.0}$ =　(%)

试验结果现场 CBR =　(%)

含水量计算		湿土重(g)	干土重(g)	水重(g)	含水率(%)	平均含水率(%)
	1					
	2					

密度计算		试样湿重(g)	试样干重(g)	体积(cm^3)	干密度(g/cm^3)	平均干密度(g/cm^3)
	1					
	2					

(2)试验报告应包括下列结果：

①土基含水率(%)。

②测点的干密度(g/cm^3)。

③现场 CBR 值及相应的贯入量。

7.4 路面结构层厚度测试方法

在道路工程中,路面结构层厚度对于道路整体强度和使用寿命都是密切相关的。在路面设计中,不管采用什么样的设计指标,最终要确定的都是各结构层的厚度。只有在保证各结构层厚度的前提下,路面各层次和整体的强度和使用性能才能发挥。另外,各层结构层厚度对于整个路面高程来说也是非常重要。因此,在《公路工程质量检验评定标准》(JTG F80/1—2004)中规定,沥青混凝土路面每车道每 200m 测 1 处厚度;水泥混凝土路面每车道每 200m 测 2 处厚度。另外,路面结构层厚度也是路面结构不强设计的重要依据。路面结构层厚度在道路工程指标检测评定、使用寿命预测及养护管理决策中都是重要的指标之一。

传统的路面结构层厚度分为两种,对于基层或砂石路面的结构层厚度检测主要采用挖坑法,对于沥青面层和水泥混凝土路面板的厚度检测主要依靠钻芯法。采用挖坑法时可以同时进行压实度测试,量取挖坑灌砂深度即为结构层厚度;采用钻芯法时直接量取芯样高度即可。结构层厚度可采用水准仪量测法求得,即在同一测点量出结构层底面及顶面的高程,然后求其差值。这种方法无需破坏路面,测试精度高。

由于以上挖坑法和钻芯法对道路都是有破损的,其测试点可能成为道路通车使用后的薄弱点,从而较早地产生病害。而且这种挖坑和钻芯的测试结果只能代表测试地点处的结构层厚度,而不能反映道路一定范围内的结构层厚度。因此,新兴的无损检测方法也逐渐为人们使用,代表性的方法主要有雷达、超声波检测等。这些方法相比以上有破损检测方法,可以实现连续无破损检测。但是由于使用标准和精度的问题一般不能用于竣工验收之中。

7.4.1 挖坑及钻芯法测定路面厚度试验方法

7.4.1.1 目的与适用范围

本方法适用于路面各层施工过程中的厚度检验及工程交工验收检查使用。

7.4.1.2 仪具与材料技术要求

本方法根据需要选用下列仪具和材料：

(1)挖坑用镐、铲、凿子、锤子、小铲、毛刷。

(2)取样用路面取芯钻机及钻头、冷却水。钻头的标准直径为 ϕ100mm,如芯样仅供测量厚度,不做其他试验时,对沥青面层与水泥混凝土板也可用直径 ϕ50mm 的钻头,对基层材料有可能损坏试件时,也可用直径 ϕ150mm 的钻头,但钻孔深度均必须达到层厚。

(3)量尺:钢板尺、钢卷尺、卡尺。

(4)补坑材料:与检查层位的材料相同。

(5)补坑用具:夯、热夯、水等。

(6)其他:搪瓷盘、棉纱等。

7.4.1.3　方法与步骤

(1)基层或砂石路面的厚度可用挖坑法测定,沥青面层及水泥混凝土路面板的厚度应用钻孔法测定。

(2)用挖坑法测定厚度应按下列步骤执行:

①根据现行相关规范的要求,随机取样决定挖坑检查的位置,如为旧路,该点有坑洞等显著缺陷或接缝时,可在其旁边检测。

②选一块约40cm×40cm的平坦表面作为试验地点,用毛刷将其清扫干净。

③根据材料坚硬程度,选择稿、铲、凿子等适当的工具,开挖这一层材料,直至层位底面。在便于开挖的前提下,开挖面积应尽量缩小,坑洞大体呈圆形,边开挖边将材料铲出,置搪瓷盘中。

④用毛刷将坑底清扫,确认为下一层的顶面。

⑤将钢板尺平放横跨于坑的两边,用另一把钢尺或卡尺等量具在坑的中部位置垂直伸至坑底,测量坑底至钢板尺的距离,即为检查层的厚度,以mm计,准确至1mm。

(3)用钻孔取样法测定厚度应按下列步骤执行:

①根据现行规范的要求,随机取样决定钻孔检查的位置,如为旧路,该点有坑洞等显著缺陷或接缝时,可在其旁边检测。

②用路面取芯钻机钻孔,芯样的直径应为100mm,钻孔深度必须达到层厚。

③仔细取出芯样,清除底面灰土,找出与下层的分界面。

④用钢板尺或卡尺沿圆周对称的十字方向四处量取表面至上下层界面的高度,取其平均值,即为该层的厚度,准确至1mm。

(4)在沥青路面施工过程中,当沥青混合料尚未冷却时,可根据需要随机选择测点,用大螺丝刀插入至沥青层底面深度后用尺读数,量取沥青层的厚度,以mm计,准确至1mm。

(5)按下列步骤用与取样层相同的材料填补试坑或钻孔:

①适当清理坑中残留物,钻孔时留下的积水应用棉纱吸干。

②对无机结合料稳定层及水泥混凝土路面板,应按相同配比用新拌的材料分层填补并用小锤压实。水泥混凝土中宜掺加少量快凝早强剂。

③对无机结合料粒料基层,可用挖坑时取出的材料,适当加水拌和后分层填补,并用小锤压实。

④对正在施工的沥青路面,用相同级配的热拌沥青混合料分层填补并用加热的铁锤或热夯压实。旧路钻孔也可用乳化沥青混合料修补。

⑤所有补坑结束时,宜比原面层略鼓出少许,用重锤或压路机压实平整。

注:补坑工序如有疏忽、遗留或补的不好,易成为隐患而导致开裂,因此所有挖坑、钻孔均应仔细做好。

7.4.1.4　计算

(1)按式(7-32)计算实测厚度 T_{1i} 与设计厚度 T_{0i} 之差。

$$\Delta T_i = T_{1i} - T_{0i} \tag{7-32}$$

式中:T_{1i}——路面的实测厚度,mm;

T_{0i}——路面的设计厚度,mm;

ΔT_i——路面实测厚度与设计厚度的差值,mm。

(2)当为检查路面总厚度时,则将各层平均厚度相加即为路面总厚度。

7.4.1.5　报告

路面厚度检测报告应列表填写,并记录与设计厚度之差,不足设计厚度为负,大于设计厚度为正。

7.4.2　短脉冲雷达测定路面厚度试验方法

7.4.2.1　目的与适用范围

(1)本方法适用于采用短脉冲雷达无损检测路面面层厚度。

(2)本方法的数据采集、传输、记录和数据处理分别由专用软件自动控制进行。

(3)本方法适用于新建、改建路面工程质量验收和旧路加铺路面设计的厚度调查。

(4)雷达发射的电磁波在路面层传播过程中会逐渐削弱、消散、层面反射。雷达最大探测深度是由雷达系统的参数以及路面材料的电磁性决定。对于材料过度潮湿或饱和以及有含铁量矿渣集料的路面不适用本方法测试。

7.4.2.2　仪器与材料技术要求

雷达测试系统由承载车、天线、雷达发射接收器和控制系统组成。设备部分如图7-10所示。

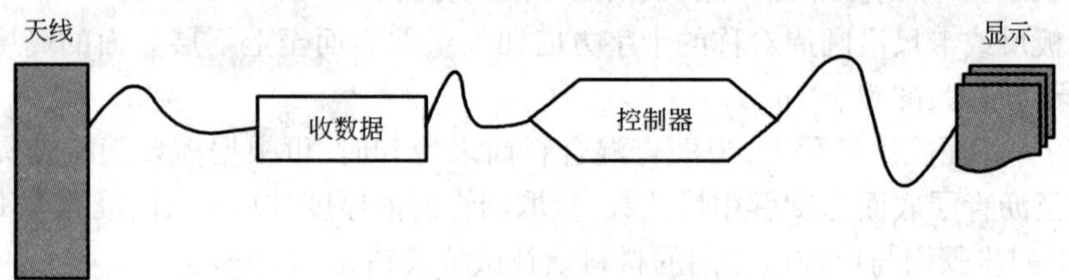

图7-10　雷达系统组成图

(1)设备承载车基本技术要求和参数

设备承载车车型应满足设备制造商的要求。

(2)测试系统技术要求和参数

①距离标定误差:≤0.1%。

②设备工作温度:0℃~40℃。

③最小分辨层厚:≤40mm。

④系统测量精度要求:见表7-10。

系统测量精度技术要求　　表7-10

测量深度(cm)	测量误差(mm)	测量深度(cm)	测量误差(mm)
<10	±3	>25	±10
10~25	±5		

⑤天线：喇叭形空气耦合天线，带宽能适应所选择的发射脉冲频率。

⑥收发器：脉冲宽度≤1.0ns，时间信号处理能力可以适应所需要的测试深度。

7.4.2.3　方法与步骤

(1)准备工作

①距离标定：承载车行驶超过 20 000km，更换轮胎，或适用超过 1 年的情形下需要进行距离标定。距离标定方法根据厂家提供的说明进行。

②安装雷达天线：将雷达天线按照厂商提供的安装方法牢固安装好，并将天线与主机的连线连接好。

③检查连接线安装无误后开机预热，预热时间不得少于厂商规定的时间。

④将金属板放置在天线正下方，启动控制软件的标定程序，获取相应参数。

⑤打开控制软件的参数设置界面，根据不同的检测目的，设置采样间隔、时间窗、增益等参数。

(2)测试步骤

①将承载车停在起点，开启安全警示灯，启动软件测试程序，令驾驶员缓慢加速车辆到正常检测速度。

②检测过程中，操作人员应记录测试线路所遇到的桥梁、涵洞、隧道等构造物的起终点。

③当测试车辆到达测试终点后，操作人员停止采集程序。

④芯样标定：为了准确反算出路面厚度，必须知道路面材料的介电常数，通常采用在路面上钻芯取样方法以获取路面的介电常数。做法是首先令雷达天线在需要标定芯样点的上方取样，然后钻芯，最后将芯样的真实度数据输入到计算程序中，反算出路面材料的介电常数或者雷达波在材料的传播速度。路面材料的介电常数会随集料类型、沥青产地、密度、湿度等而不同。测试过程中应根据实际情况增加芯样钻取数量，以保证测试厚度的准确性。

⑤操作人员检查数据文件，文件应完整，内容应正常，否则应重新测试。

⑥关闭测试系统电源，结束测试。

7.4.2.4　计算

(1)计算原理：由于地下介质具有不同的介电常数，造成各种介质具有不同的电导性。电导性的差异影响了电磁波的传播速度，一般用式(7-33)计算电磁波在不同介质中的传播速度。

$$v = \frac{c}{\sqrt{\varepsilon_r}} \tag{7-33}$$

式中：v——电磁波在介质中的传播速度，mm/ns；

c——电磁波在空气中的传播速度，取 300 mm/ns；

ε_r——介质的相对介电常数。

根据雷达波在路面面层中的双程走时以及材料的相对介电常数，用式(7-34)确定面层厚度。

$$T = \frac{\Delta t \times c}{2\sqrt{\varepsilon_r}} \tag{7-34}$$

式中：T——面层厚度，mm

c——电磁波在空气中的传播速度,取 300mm/ns;

ε_r——介质的相对介电常数。

Δt——雷达波在路面面层中的双程走时,ns。

(2)路面材料的相对介电常数 ε_r 可以通过路面芯样获得。路面厚度的计算通常先由雷达波识别软件自动识别各层分界线,得到雷达波在各层中的双层走时,然后计算各层厚度。

7.4.2.5 报告

路面厚度测试报告应包括检测路段的厚度平均值、标准差、厚度代表值。

7.5 路面弯沉检测方法

路面弯沉不仅反映路面各结构层及土基的整体强度和刚度,而且与路面的使用状态存在一定的内在联系。国内外普遍采用回弹弯沉值来表征路基路面的承载能力,回弹弯沉值越大,承载能力越小,反之越大。通常所说的回弹弯沉值是指标准后轴双轮组轮隙中心处的最大回弹弯沉值。在路面工程分项工程的质量评定中,高速公路和一级公路的弯沉分值分别为 15 分和 20 分;如弯沉达不到,该分项不可能达到优良。

回弹弯沉值在我国已广泛使用且有很多的经验及研究成果,不仅用于新建路面结构的设计(设计弯沉值)和施工控制与验收(竣工验收弯沉值),也用于旧路补强设计。

(1)弯沉

弯沉是指在规定的标准轴载作用下,路基路面表面轮隙位置产生的总垂直变形(总弯沉)或垂直回弹变形值(回弹弯沉),以 0.01mm 为单位。

(2)设计弯沉

根据设计年限内一个车道上预测通过的累计当量轴次、公路等级、面层和基层类型而确定的路面弯沉设计值。

(3)竣工验收弯沉值

竣工验收弯沉值是检验路面是否达到设计要求的指标之一。当路面厚度计算以设计弯沉值为控制指标时,则验收弯沉值应小于或等于设计弯沉值;当厚度计算以层底拉应力为控制指标时,应根据拉应力计算所得的结构厚度,重新计算路面弯沉值,该弯沉值即为竣工验收弯沉值。

弯沉值的测试方法较多,目前应用最多的是贝克曼梁法,在我国已有成熟的经验,在相应的规范中也详细的说明;但其测试速度慢,人为误差较大,而且检测人员安全感较差,所以新的检测方法在工程实践中也有广泛的应用,如自动弯沉仪、落锤式弯沉仪、激光弯沉仪等检测方法。

激光微弯沉测量装置专门用来测定路面微小弯沉(包括沥青混凝土路及半刚性与刚性路面)。这种微小弯沉一般在微米数量级,用一般的贝克曼梁已经无法满足检测要求,采用激光衍射可以测出其微小弯沉,经实践证明,效果良好。

7.5.1 贝克曼梁测定路基路面回弹模量试验方法

7.5.1.1 目的与适用范围

(1)本方法适用于测定各类路基路面的回弹弯沉,用以评定其整体承载能力,可供路面结构设计使用。

(2)沥青路面的弯沉检测以沥青面层平均温度20℃时为准,当路面平均温度在20℃ ±2℃以内可不修正;在其他温度测试时,对沥青层厚度大于5cm的沥青路面,弯沉值应予温度修正。

7.5.1.2 仪具与材料技术要求

本方法根据需要下列仪具和材料:

(1)标准车:双轴、后轴双侧4轮的载重车。其标准轴荷载、轮胎尺寸、轮胎间隙及轮胎气压等主要参数应符合表7-11的要求。测试车应采用后轴10t标准轴载BZZ—100的汽车。

测定弯沉用的标准车参数 表7-11

标准轴载等级	BZZ – 100
后轴标准轴载 P,kN	100 ±1
一侧双轮荷载,kN	50 ±0.5
轮胎充气压力,MPa	0.70 ±0.05
单轮传压面当量圆直径,cm	21.30 ±0.5
轮隙宽度	应满足能自由插入弯沉仪测头的测试要求

(2)路面弯沉仪:由贝克曼梁、百分表及表架组成。贝克曼梁由合金铝制成,上有水准泡,其前臂(接触路面)与后臂(装百分表)长度比为2:1。弯沉仪长度有两种:一种长3.6m,前后臂分别为2.4m和1.2m;另一种加长的弯沉仪长5.4m,前后臂分别为3.6m和1.8m。当在半刚性基层沥青路面或水泥混凝土路面上测定时,应采用长度为5.4m的贝克曼梁弯沉仪;对柔性基层或混合式结构沥青路面,可采用长度为3.6m的贝克曼梁弯沉仪测定。弯沉采用百分表量得,也可用自动记录装置进行测量。

(3)接触式路表温度计:端部为平头,分度不大于1℃。

(4)其他:皮尺、口哨、白油漆或粉笔、指挥旗等。

7.5.1.3 试验方法与步骤

(1)准备工作

①检查并保持测定用标准车的车况及制动性能良好,轮胎胎压符合规定充气压力。

②向汽车车槽中装载(铁块或集料),并用地中衡称量后轴总质量及单侧轮荷载,均应符合要求的轴重规定。汽车行驶及测定过程中,轴重不得变化。

③测定轮胎接地面积:在平整光滑的硬质路面上用千斤顶将汽车后轴顶起,在轮胎下方铺一张新的复写纸和一张方格纸,轻轻落下千斤顶,即在方格纸上印上轮胎印痕,用求积仪或数方格的方法测算轮胎接地面积,准确至0.1cm^2。

④检查弯沉仪百分表量测灵敏情况。

⑤当在沥青路面上测定时,用路表温度计测定试验时气温及路表温度(一天中气温不断变化,应随时测定),并通过气象台了解前5d的平均气温(日最高气温与最低气温的平均

值)。

⑥记录沥青路面修建或改建材料、结构、厚度、施工及养护等情况。

(2)测试步骤

①在测试路段布置测点,其距离随测试需要而定。测点应在路面行车道的轮迹带上,并用白油漆或粉笔画上标记。

②将试验车后轮轮隙对准测点后约3~5cm处的位置上。

③将弯沉仪插入汽车后轮之间的缝隙处,与汽车方向一致,梁臂不得碰到轮胎,弯沉仪测头置于测点上(轮隙中心前方3~5cm处),并安装百分表于弯沉仪的测定杆上,百分表调零,用手指轻轻扣打弯沉仪,检查百分表是否稳定回零。弯沉仪可以是单侧测定,也可以双侧同时测定。

④测定者吹哨发令指挥汽车缓缓前进,百分表随路面变形的增加而持续向前转动。当表针转动到最大值时,迅速读取初读数L_1。汽车仍在继续前进,表针反向回转,待汽车驶出弯沉影响半径(约3m以上)后,吹口哨或挥动红旗,汽车停止。待表针回转稳定后,再次读取终读数L_2。汽车前进的速度宜为5km/h左右。

(3)弯沉仪的支点变形修正

①当采用长度为3.6m的弯沉仪进行弯沉测定时,有可能引起弯沉仪支座处变形,因此测定时应检验支点有无变形。如果有变形,此时应用另一台检测用的弯沉仪安装在测定用弯沉仪的后方,其测点架于测定用弯沉仪的支点旁。当汽车开出时,同时测定两台弯沉仪的弯沉读数,如检验弯沉仪百分表有读数,即应该记录并进行支点变形修正。当在同一结构层上测定时,可在不同位置测定5次,求取平均值,以后每次测定时以此作为修正值。支点变形修正的原理如图7-11所示。

②当采用长度为5.4m的弯沉仪测定时,可不进行支点变形修正。

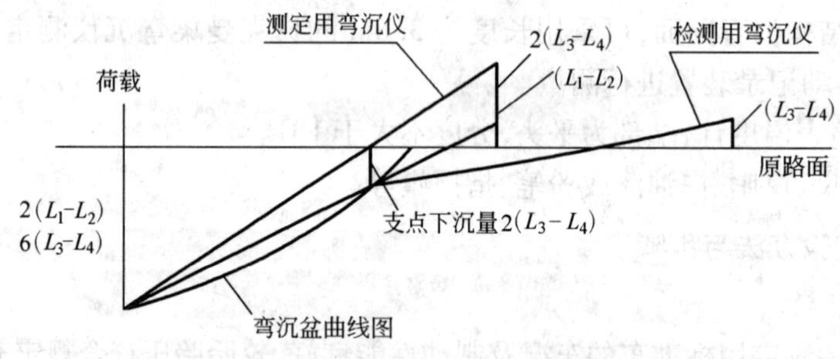

图7-11　弯沉仪支点变形修正原理

7.5.1.4　结果计算及温度修正

(1)路面测点的回弹弯沉值按式(7-35)计算:

$$L_T = (L_1 - L_2) \times 2 \tag{7-35}$$

式中:L_T——在路面温度为T时的回弹弯沉值,0.01mm;

L_1——车轮中心临近弯沉仪测头时百分表的最大读数即初读数,0.01mm;

L_2——汽车驶出弯沉影响半径后百分表的最大读数即终读数,0.01mm;

(2)当需要进行弯沉仪支点变形修正时,路面测点的回弹弯沉值按式(7-36)计算。

$$L_T = (L_1 - L_2) \times 2 + (L_3 - L_4) \times 6 \tag{7-36}$$

式中:L_1——车轮中心临近弯沉仪测头时测定用弯沉仪的最大读数,0.01mm;

L_2——汽车驶出弯沉影响半径后测定用弯沉仪的终读数,0.01mm;

L_3——车轮中心临近弯沉仪测头时检验用弯沉仪的最大读数,0.01mm;

L_4——汽车驶出弯沉影响半径后检验用弯沉仪的终读数,0.01mm。

注:此式适用于用弯沉仪支座处有变形,但百分表架处路面已无变形的情况。

(3)沥青面层厚度大于5cm的沥青路面,回弹弯沉值应进行温度修正。温度修正及回弹弯沉的计算宜按下列步骤进行。

①测定时的沥青层平均温度按式(7-37)计算:

$$T = (T_{25} + T_m + T_e)/3 \tag{7-37}$$

式中:T——测定时沥青层平均温度,℃;

T_{25}——根据T_0由图7-12决定的路表下25mm处的温度,℃;

T_m——根据T_0由图7-12决定的沥青层中间深度的温度,℃;

T_e——根据T_0由图7-12决定的沥青层底面处的温度,℃。

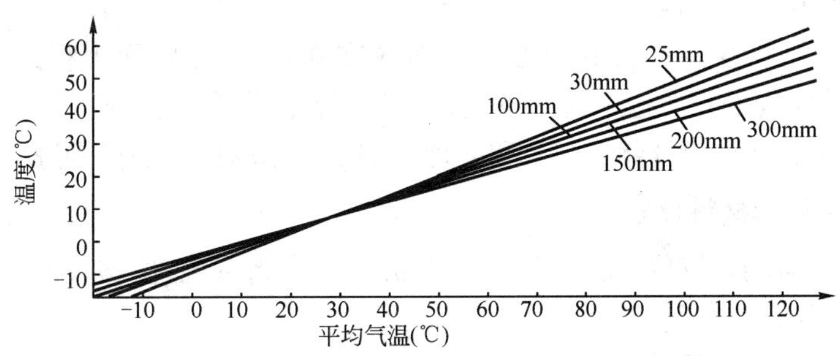

图7-12 沥青层平均温度的决定

T_0为测定时路表温度与测定前5d日平均气温的平均值之和(℃),日平均气温为日最高气温与最低气温的平均值。

②根据沥青层平均温度T及沥青层厚度,由图7-13求取不同基层的沥青路面弯沉值的温度修正系数K。

③沥青路面回弹弯沉按式(7-38)计算:

$$L_{20} = L_T \times K \tag{7-38}$$

式中:K——温度修正系数;

L_{20}——换算为20℃的沥青路面回弹弯沉值,0.01mm;

L_T——测定时沥青面层内平均温度为T时的回弹弯沉值,0.01mm。

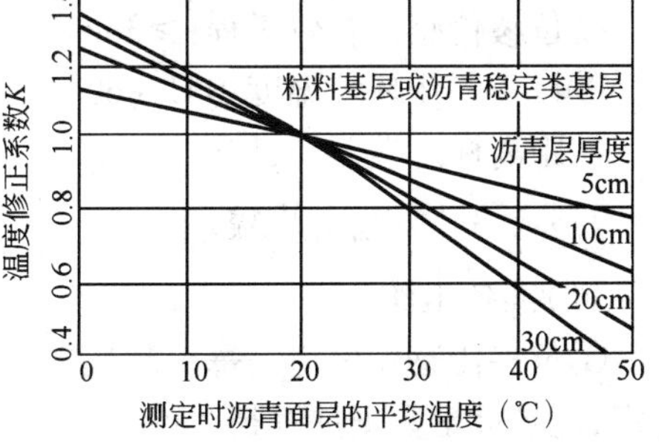

图7-13 路面弯沉温度系数曲线(适用于粒料基层及沥青稳定基层)

7.5.1.5 报告

报告应包括下列内容：

(1)弯沉测定表、支点变形修正值、测试时的路面温度及温度修正值。

(2)每一个评定路段的各测点弯沉的平均值、标准差及代表弯沉。

7.5.2 自动弯沉仪测定路面弯沉试验方法

利用贝克曼梁测定路面回弹弯沉值操作简便，应用广泛，我国路面设计及检测的标准方法和基本参数都是建立在这种试验方法基础之上的。但是，这种试验方法整个测试过程全是人工操作，检测结果受人为因素的影响较大，而且测速慢。自动弯沉仪是测定路面弯沉值的高效自动化设备，可对路面进行高密集点的强度测量，适用于路面施工质量控制、验收及路面养护管理。

自动弯沉仪的基本工作原理与贝克曼梁的原理是相同的，都是采用简单的杠杆原理。自动弯沉仪测定车在检测路段以一定速度行驶，将安装在测试车前后轴之间底盘下面的弯沉测定梁放到车辆底盘的前端并支于地面保持不动，当后轴双轮隙通过测头时，弯沉通过位移传感器等装置被自动记录下来。这时，测定梁被拖动，以2倍的汽车速度拖到下一测点，周而复始地向前连续测定。通过计算机可输出路段弯沉检测统计计算结果。

7.5.2.1 目的与适用范围

(1)本方法适用于各类Lacroix型自动弯沉仪在新建、改建路面工程的质量验收中，在无严重坑槽、车辙等病害的正常通车条件下连续采集沥青路面弯沉数据。

(2)本方法的数据采集、传输、记录和处理分别由专用软件自动控制进行。

7.5.2.2 仪具与材料技术要求

(1)Lacroix型自动弯沉仪：由承载车、测量机架及控制系统、位移、温度和距离传感器、数据采集与处理系统等基本部分组成。

(2)设备承载车技术要求和参数：自动弯沉仪的承载车辆应为单后轴、单侧双轮组的载重车，其标准条件参考贝克曼梁测定路基路面回弹弯沉试验方法中BZZ—100车型的标准参数。

(3)测试系统基本技术要求和参数：

①位移传感器分辨率：0.01mm。

②位移传感器有效量程：≥3mm。

③设备工作环境温度：0℃～60℃。

④距离标定误差：≤1%。

7.5.2.3 方法与步骤

(1)准备工作

①位移传感器标定。每次测试之前必须按照设备使用手册规定的方法进行位移传感器的标定，记录标定数据并存档。

②检查承载车轮胎气压。每次测试之前都必须检查后轴轮胎气压，应满足0.70MPa±0.05MPa的要求。

③检查承载车轮载。一般每年检查一次,如果承载车因改装等原因改变了后轴载,也必须进行此项工作,后轴载应满足100kN ±1kN的要求。

④检查测量架的易损部件情况,及时更换损坏部件。

⑤打开设备电源进行检查,控制面板功能键、指示灯、显示器等应正常。

⑥开动承载车试测2~3个步距,观察测试机构,测试机构应正常,否则需要调整。

(2)测试步骤

①测试系统在开始测试前需要通电预热,时间不少于设备操作手册要求,并开启工程警灯和导向标等警告标志。

②在测试路段前20m处将测量架放落在路面上,并检查各机构的部件情况。

③操作人员按照设备使用手册的规定和测试路段的现场技术要求设置完毕所需的测试状态。

④驾驶人员缓慢加速承载车到正常测试速度,沿正常行车轨迹驶入测试路段。

⑤操作人员将测试路段起终点、桥涵等特殊位置的桩号输入到记录数据中。

⑥当测试车辆驶出测试路段后,操作人员停止数据采集和记录,并恢复仪器各部分至初始状态,驾驶员缓慢停止承载车,提起测量架。

⑦操作人员检查数据文件,文件应完整,内容应正常,否则需要重新测试。

⑧关闭测试系统电源。

7.5.2.4 计算

(1)采用自动弯沉仪采集路面弯沉盆峰值数据。

(2)数据组中左臂测值、右臂测值按单独弯沉处理。

(3)对原始弯沉测试数据进行温度、坡度、相关性等修正。

7.5.2.5 弯沉值的横坡修正

当路面横坡不超过4%时,不进行超高影响修正;当横坡超过4%时,超高影响的修正参照表7-12的规定进行。

弯沉值横坡修正 表7-12

横坡范围	高位修正系数	低位修正系数
>4%	$\frac{1}{1-i}$	$\frac{1}{1+i}$

7.5.2.6 自动弯沉仪与贝克曼梁弯沉测值对比试验

(1)试验条件

①按弯沉值不同水平范围选择不少于4段路面结构相似的路段。路段长度可为300~500m,标记好起终点位置。

②对比试验路段的路面应清洁干燥,温度应在10℃~35℃范围内,并且选择温度变化不大的时间,宜选择晴天无风的天气条件,试验路段附近没有重型交通和震动。

(2)试验步骤

①按照7.5.2.3的步骤,令自动弯沉仪按照正常测试车速测试选定路段,工作人员仔细用

油漆每隔三个测试步距或约20m 标记测点位置。

②自动弯沉仪测试完毕后,等待30min;然后,在每一个标记位置用贝克曼梁按照贝克曼梁测定路基路面回弹弯沉试验方法测定各点回弹弯沉值。

③试验数据处理

从自动弯沉仪的记录数据中按照路面标记点的相应桩号提出各试验点测值,并与贝克曼梁测值一一对应,用数理统计的回归分析方法得到贝克曼梁测值和自动弯沉仪测值之间的相应关系方程,相关系数 R 不得小于0.95。

7.5.2.7 报告

测试报告中应该包括以下内容:

(1)弯沉平均值、标准差、代表值、测试时的路面温度及温度修正值。

(2)自动弯沉仪测值与贝克曼梁测值的相关关系式及相关系数。

7.5.3 落锤式弯沉仪测定路面弯沉试验方法

利用贝克曼梁方法测出的回弹弯沉是静态弯沉。自动弯沉仪检测弯沉时,因为汽车行进速度很慢,所测得的弯沉也接近静态弯沉。而实际上,当汽车行驶在道路上时,路面产生的回弹弯沉是动态弯沉,所以静态弯沉并不能很好地模拟路面在动态荷载下的状态。为了模拟汽车快速行驶的实际情况,不少国家开发了动态弯沉的测试设备。

落锤式弯沉仪(Falling Weight Deflectometer,简称 FWD)是目前国际上最先进的一种路面弯沉强度无损检测设备之一。其工作原理为:将测试车开到测试地点,通过计算机控制下的液压系统,启动落锤装置,使一定质量的落锤从一定高度自由落下,模拟行车荷载所产生的冲击作用。冲击力作用于承载板上并传递到路面,导致路面产生弯沉,分布于距测点不同距离的传感器检测结构层表面的变形,记录系统将信号输入计算机,得到路面测点弯沉及弯沉盆。

近年来,采用落锤式弯沉仪(FWD)测定路面的动态弯沉,并用来反算路面的回弹模量,已成为世界各国道路界的热门课题。这种设备特别适用于高等级公路路面和机场的弯沉量测和承载能力评定。

落锤式弯沉仪有拖车式和内置式两种。拖车式便于维修与存放,而内置式则较小巧、灵便。其主要包括以下几个部分:

(1)荷载发生装置:包括落锤和直径300mm 的4 分式扇形承载板。

(2)弯沉检测装置:由5 ~7 个高精度传感器组成。

(3)运算及控制装置。

(4)牵引装置:牵引 FWD 并安装运算及控制装置等的车辆。

7.5.3.1 目的与适用范围

本方法适用于在落锤式弯沉仪(FWD)标准质量的重锤落下一定高度发生的冲击荷载的作用下,测定路基或路面表面所产生的瞬时变形,即测定在动态荷载作用下产生的动态弯沉及弯沉盆,并可由此反算路基路面各层材料的动态弹性模量,作为设计参数使用。所测结果经转换至回弹弯沉值后可用于评定道路承载能力,也可用于调查水泥混凝土路面接缝的传力效果,探查路面板下的空洞等。

7.5.3.2 仪具与材料技术要求

落锤式弯沉仪,简称FWD,由荷载发生装置、弯沉检测装置、运算控制系统与车辆牵引系统等组成。

(1)荷载发生装置:重锤的质量及落高根据使用目的与道路等级选择,荷载由传感器测定。如无特殊需要,重锤的质量为200 kg ± 10kg,可采用产生50kN ± 2.5kN的冲击荷载。承载板宜为十字对称分开成4部分且底部固定有橡胶片的承载板。承载板的直径一般为300mm。

(2)弯沉检测装置:由一组高精度位移传感器组成,如图7-14所示,传感器可为差动变压器式位移计(LVDT)或地震检波器。自承载板中心开始,沿道路纵向隔开一定距离布设一组传感器,传感器总数不少于7个,建议布置在0~250cm范围内,必须包括0、30、60、90四点,其他根据需要及设备性能决定。

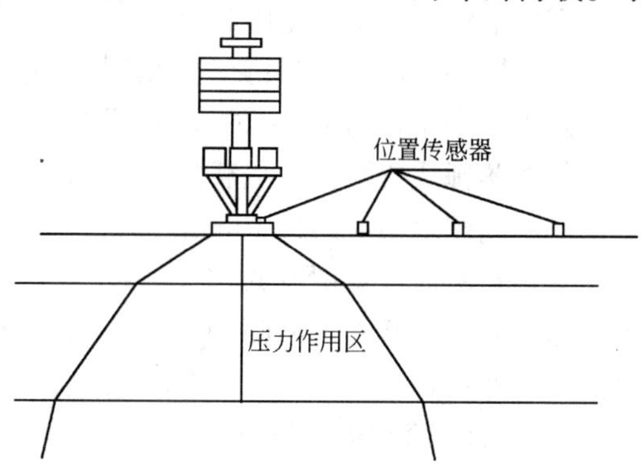

图7-14 落锤式弯沉仪传感器布置及应力作用状态示例

(3)运算及控制装置:能在冲击荷载作用的瞬间内,记录冲击荷载及各个传感器所在位置测点的动态变形。

(4)牵引装置:牵引FWD并安装运算及控制装置的车辆。

7.5.3.3 方法与步骤

(1)准备工作

①调整重锤的质量及落高,使重锤的质量及产生的冲击荷载符合规范要求。

②在测试路段的路基或路面各层表面布置测点,其位置或距离随测试需要而定。当在路面表面测定时,测点宜布置在行车车道的轮迹带上。测试时,还可利用距离传感器定位。

③检查FWD的车况及使用性能,用手动操作检查,各项指标符合仪器规定要求。

④将FWD牵引至测定地点,将仪器打开,进入工作状态。牵引FWD行驶的速度不宜超过50km/h。

⑤对位移传感器按仪器使用说明书进行标定,使之达到规定的精度要求。

(2)测试步骤

①承载板中心位置对准测点,承载板自动落下,放下弯沉装置的各个传感器。

②启动落锤装置,落锤瞬即自由落下,冲击力作用于承载板上,又立即自动提升至原来位置固定。同时,各个传感器检测结构层表面变形,记录系统将位移信号输入计算机,并得到峰值,即路面弯沉,同时得到弯沉盆。每一测点重复测定应不少于3次,除去第一个测定值,取以后几次测定值的平均值作为计算依据。

③提起传感器及承载板,牵引车向前移动至下一个测点,重复上述步骤,进行测定。

7.5.3.4 落锤式弯沉仪与贝克曼梁弯沉仪对比试验步骤

(1)路段选择

选择结构类型完全相同的路段,针对不同地区选择某种路面结构的代表性路段,进行两种测定方法的对比试验,以便将落锤式弯沉仪测定的动弯沉换算成贝克曼梁测定的回弹弯沉值。选择的对比路段长度300m~500m,弯沉值应有一定的变化幅度。

(2)对比试验步骤

①采用与实际使用相同且符合要求的落锤式弯沉仪及贝克曼梁弯沉仪测定车。落锤式弯沉仪的冲击荷载应与贝克曼梁弯沉仪测定车的后轴双轮荷载相同。

②用油漆标记对比路段起点位置。

③布置测点位置,用贝克曼梁定点测定回弹弯沉。测定车开走后,用粉笔以测点为圆心,在周围画一个半径为15cm的圆,标明测点位置。

④将落锤式弯沉仪的承载板对准圆圈,位置偏差不超过30mm。两种仪器对同一点弯沉测试的时间间隔不应超过10min。

⑤逐点对应计算两者的相关关系。

通过对比试验得出回归方程式 $L_B = a + bL_{FWD}$,其中 L_{FWD}、L_B 分别为落锤式弯沉仪、贝克曼梁测定的弯沉值,回归方程式的相关系数 R 应不小于0.95。

注:由于不同路面结构的材料、路基状况、温度、水文条件、路面使用状况不同,对比关系也有所不同,为了提高数据的准确性,应分情况作此项对比试验。

7.5.3.5 水泥混凝土路面板调查的方法与步骤

在测试路段的水泥混凝土路面板表面布置测点,当为调查水泥混凝土路面的接缝的传力效果时,测点布置在接缝的一侧,位移传感器分开在接缝两边布置。当为探查路面板下的空洞时,测点布置位置随测试需要而定,应在不同位置测定。

7.5.3.6 计算

(1)按桩号记录各测点的弯沉及弯沉盆数据,计算一个评定路段的平均值、标准差、变异系数。

(2)当为调查水泥混凝土路面接缝的传力效果时,利用分开在接缝两边布置的位移传感器测定值的差异及弯沉盆的形状进行判断。

(3)当为探查路面板下的空洞时,利用在不同位置测定的测定值差异及弯沉盆的形状进行判断。

7.5.3.7 报告

(1)报告应包括下列内容:

①各测点的最大弯沉及弯沉盆测定数据。

②每一个评定路段全部测点弯沉的平均值、标准差、变异系数及代表弯沉。

(2)如与贝克曼梁弯沉仪进行了对比试验,尚应报告相关关系式、相关系数和换算的回弹弯沉。

7.6 路面抗滑性能检测方法

路面抗滑性能是指车辆轮胎受到制动时沿表面滑移所产生的力。其评价指标分为当前抗滑性能和抗滑耐久性两个方面。通常,抗滑性能被看作是路面的表面性能,并用轮胎与路面间的摩擦系数来表示。表面特性包括路面细构造和粗构造。影响抗滑性能的因素有路面表面特性、路面潮湿程度和行车速度。

路表面细构造是指集料表面的粗糙度，它随车轮的反复磨耗而逐渐被磨光。通常采用石料磨光值（PSV）表征抗磨光的性能。细构造在低速（30～50km/h 以下）时对路表抗滑性能起决定作用；而高速时主要起作用的是粗构造，它是由路表外露集料形成的构造，功能是使车轮下的路表水迅速排除，以避免形成水膜。粗构造由构造深度表征。

路面表明抗滑能力评价指标的测定方法及设备直接决定着评价的准确性、代表性及工作效率，也影响着路面使用性能的评价。我国现行规范中提出的评价当前路面抗滑性能的方法主要有制动距离法、偏转轮拖车法（横向力系数测试）、摆式仪法、构造深度测试法（手工铺砂法、电动铺砂法、激光构造深度法仪法）。各种方法的特点和测试指标见表 7-13。其中，手工及电动铺砂法、激光构造深度仪法测定的是路面的粗构造深度，用于评价路面排水性能和抗滑性能。摆式仪发测定的是路面的抗滑值，该方法只能反映车速较低时的路面抗滑性能，还因费时、费力、精度低、代表性差而无法满足高等级公路发展的需要。

路面抗滑性能测试指标方法比较　　表 7-13

测试方法	测试指标	原　理	特点及适用范围
制动距离法	摩擦系数 f	以一定速度在潮湿路面上行使的 4 轮小客车或货车，当 4 个车轮被制动时，测试出从车辆减速滑移到停止的距离，运用动力学原理，测出摩擦系数	测试速度快，必须中断交通
摆式仪法	摩擦摆值 BPN	摆式仪的摆锤底面装一橡胶滑块，当摆锤从一定高度自由下摆时，滑块面同试验表面接触。由于两者间的摩擦而损耗部分能量，使摆锤只能回摆到一定高度。表面摩擦阻力越大，回摆高度越小（即摆值越大）	定点测量，原理简单，不仅可以用于室内，而且可用于野外测试沥青路面及水泥混凝土路面的抗滑值
手工铺砂法 电动铺砂法	构造深度 TD（mm）	将已知体积的砂，摊铺在所要测试路表的测点上，量取摊平覆盖的面积。砂的体积与所覆盖平均面积的比值，即为构造深度	定点测量，原理简单，便于携带，结果直观，适用于测定沥青路面及水泥混凝土路面表面构造深度，用于评定路面表面的宏观粗糙度、排水性能及抗滑性
激光构造深度测试法	构造深度 TD（mm）	中子源发射的许多束光线，照射到路表面的不同深度处，用 200 多个二极管接受返回的光束，利用二极管被电亮的时间差测出所测路面的构造深度	测试速度快，适用于测定沥青路面干燥表面的构造深度，用于评价路面抗滑及排水能力，但不适用于坑槽较多、显著不平或裂缝过多的路段
摩擦系数测定车测定路面横向力系数	横向力系数 SFC	测试车上安装有两只标准试验轮胎，它们对车辆行驶方向偏转一定的角度。汽车以一定速度在潮湿路面上行驶时，试验轮胎受到侧向摩阻作用。此摩阻力除以试验轮上的载重，即为横向力系数	测试速度快，用于以标准的摩擦系数测试车测定沥青或水泥混凝土路面的横向力系数，结果可作为竣工验收或使用期评定路面抗滑能力使用

路面的抗滑摆值是指用标准的手提式摆式摩擦系数测定仪,测定的路面在潮湿条件下对摆的摩擦阻力。路表构造深度是指一定面积的路表面凹凸不平的开口的平均深度。路面横向摩擦系数是指用标准的摩擦系数测定车测定,当测定轮与行车方向成一定角度且以一定速度行使时,轮胎与潮湿路面之间的摩擦阻力与试验轮上荷载的比值。

7.6.1 手工铺砂法测定路面构造深度试验方法

7.6.1.1 目的与适用范围

本方法适用于测定沥青路面及水泥混凝土路面表面构造深度,用以评定路面表面的宏观构造。

7.6.1.2 仪具与材料技术要求

本方法需要下列仪具与材料:

(1)人工铺砂仪:由圆筒、推平板组成。

①量砂筒:形状尺寸如图7-15所示,一端是封闭的,容积为25mL±0.15mL,可通过称量砂筒中水的质量以确定其容积 V,并调整其高度,使其容积符合规定要求。另带一专门的刮尺将筒口量砂刮平。

②推平板:形状尺寸如图7-16所示,推平板应为木制或铝制,直径50mm,底面粘一层厚1.5mm的橡胶片,上面有一圆柱把手。

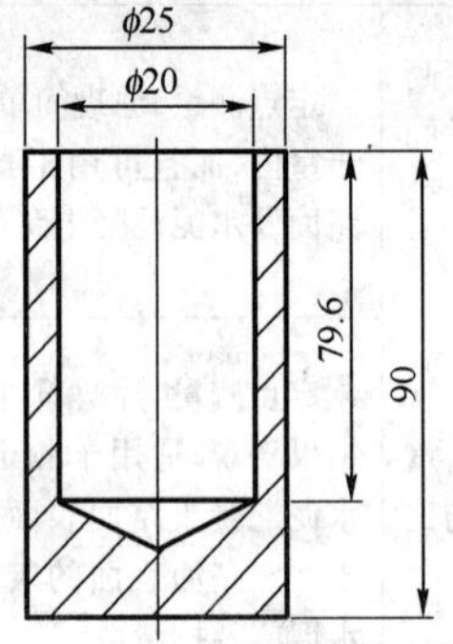

图7-15 量砂筒(尺寸单位:mm)

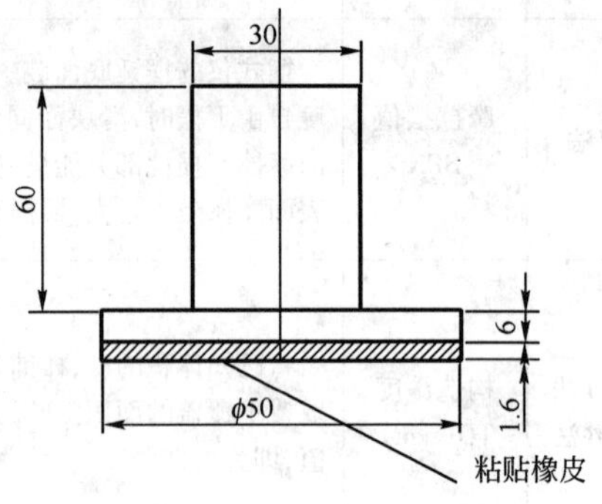

图7-16 摊平板(尺寸单位:mm)

③刮平尺:可用30cm钢板尺代替。

(2)量砂:足够数量的干燥洁净的匀质砂,粒径0.15~0.3mm。

(3)量尺:钢板尺、钢卷尺,或将直径换算成构造深度作为刻度单位的专用的构造深度尺。

(4)其他:装砂容器(小铲)、扫帚或毛刷、挡风板等。

7.6.1.3 方法与步骤

(1)准备工作

①量砂准备:取洁净的细砂,晾干过筛,取0.15~0.3mm的砂置适当的容器中备用。量砂只能在路面上使用一次,不宜重复使用。

②对测试路段按随机取样选点的方法,决定测点所在横断面位置。测点应选在行车道的轮迹带上,距路面边缘不应小于1m。

(2)测试步骤

①用扫帚或毛刷子将测点附近的路面清扫干净,面积不小于 30cm×30cm。

②用小铲装砂沿筒向圆筒中注满砂,手提圆筒上方,在硬质路表面上轻轻地叩打 3 次,使砂密实,补足砂面用钢尺一次刮平。

注:不可直接用量砂筒装砂,以免影响量砂密度的均匀性。

③将砂倒在路面上,用底面粘有橡胶片的推平板,由里向外重复做摊铺运动,稍稍用力将砂细心地尽可能的向外摊开,使砂填入凹凸不平的路表面的空隙中,尽可能将砂摊成圆形,并不得在表面上留有浮动余砂。注意摊铺时不可用力过大或向外推挤。

④用钢板尺测量所构成圆的两个垂直方向的直径,取其平均值,准确至 5mm。

⑤按以上方法,同一处平行测定不少于 3 次,3 个测点均位于轮迹带上,测点间距 3~5m。对同一处,应该由同一个试验员进行测定。该处的测定位置以中间测点的位置表示。

7.6.1.4　计算

(1)路面表面构造深度测定结果按式(7-39)计算:

$$\mathrm{TD} = \frac{1\,000V}{\pi D^2/4} = \frac{31\,831}{D^2} \tag{7-39}$$

式中:TD——路面表面构造深度,mm;

V——砂的体积(25cm^3);

D——摊平砂的平均直径,mm。

(2)每一处均取 3 次路面构造深度的测定结果的平均值作为试验结果,准确至 0.01mm。

(3)计算每一个评定区间路面构造深度的平均值、标准差、变异系数。

7.6.1.5　报告

(1)列表逐点报告路面构造深度的测定值及 3 次测定的平均值,当平均值小于 0.2mm 时,试验结果以“<0.2mm”表示。

(2)每一个评定区间路面构造深度的平均值、标准差、变异系数。

7.6.2　电动铺砂仪测定路面构造深度试验方法

7.6.2.1　目的与适用范围

本方法适用于测定沥青路面及水泥混凝土路面表面构造深度,用以评定路面表面的宏观构造。

7.6.2.2　仪具与材料技术要求

本方法需要下列仪具与材料:

(1)电动铺砂仪:利用可充电的直流电源将量砂通过砂漏铺设成宽度 5cm、厚度均匀一致的器具,如图 7-17 所示。

(2)量砂:足够数量的干燥洁净的匀质砂,粒径为 0.15~0.3mm。

(3)标准量筒:容积 50mL。

(4)玻璃板:面积大于铺砂器,厚 5mm。

(5)其他:直尺、扫帚、毛刷等。

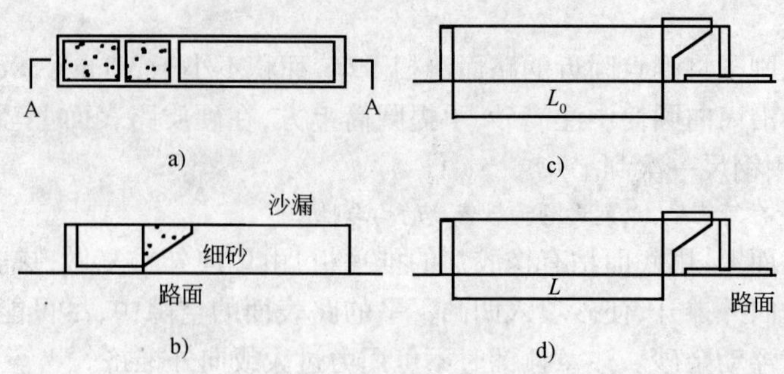

图 7-17　电动铺砂仪

7.6.2.3　方法与步骤

(1)准备工作

①量砂准备:取洁净的细砂,晾干过筛,取 0.15 ~ 0.3mm 的砂置适当的容器中备用。量砂只能在路面上使用一次,不宜重复使用。

②对测试路段按随机取样选点的方法,决定测点所在横断面位置。测点应选在行车道的轮迹带上,距路面边缘应不小于 1m。

(2)电动铺砂器标定

①将铺砂器平放在玻璃板上,将砂漏移至铺砂器端部。

②将灌砂漏斗口和量筒口大致齐平。通过漏斗向量筒中缓缓注入准备好的量砂至高出量筒呈尖顶状,用直尺沿筒口一次刮平,其容积为 50mL。

③将漏斗口与铺砂器砂漏上口大致齐平。将砂通过漏斗均匀倒入砂漏,漏斗前后移动,使砂的表面大致齐平,但不得用任何其他工具刮动砂。

④开动电动机,使砂漏向另一端缓缓运动,量砂沿砂漏底部铺成宽 5cm 的带状,待砂全部漏完后停止。

⑤按图 7-18 依式(7-40)由 L_1 及 L_2 的平均值决定量砂的摊铺长度 L_0,准确至 1mm:

$$L_0 = (L_1 + L_2)/2 \tag{7-40}$$

⑥重复标定 3 次,取平均值决定 L_0,准确至 1mm。

注:标定应在每次测试前进行,用同一种量砂,由承担测试的同一试验员进行。

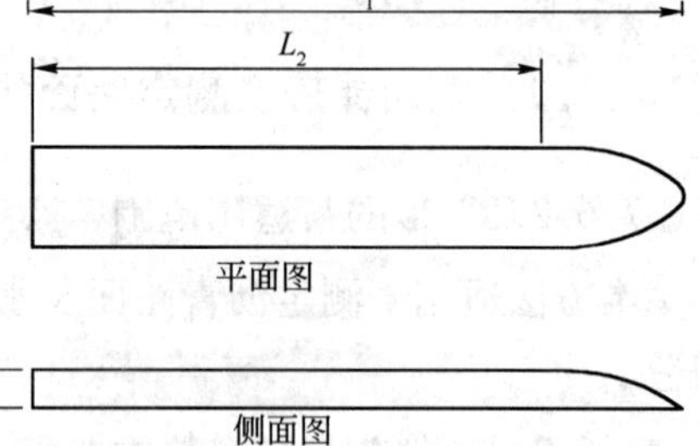

图 7-18　决定 L_0 的方法

(3)测试步骤

①将测试地点用毛刷刷净,面积大于铺砂仪。

②将铺砂仪沿道路纵向平稳地放在路面上,将砂漏移至端部。

③按(2)中② ~ ⑤相同的步骤,在测试地点摊铺 50mL 量砂,量取摊铺长度 L_1 及 L_2,由式(7-41)计算 L,准确至 1mm。

$$L = (L_1 + L_2)/2 \tag{7-41}$$

④按以上方法,同一处平行测定不少于 3 次,3 个测点均位于轮迹带上,测点间距 3 ~ 5m。该处的测定位置以中间测点的位置表示。

7.6.2.4　计算

(1)按式(7-42)计算铺砂仪在玻璃板上摊铺的量砂厚度 t_0：

$$t_0 = \frac{V}{B \times L_0} \times 1\,000 = \frac{1\,000}{L_0} \tag{7-42}$$

式中：t_0——量砂在玻璃板上摊铺的标定厚度，mm；

V——量砂体积(50mL)；

B——铺砂仪铺砂宽度(50mm)；

L_0——玻璃板上 50mL 量砂摊铺的长度，mm。

(2)按式(7-43)计算路面构造深度 TD：

$$\mathrm{TD} = \frac{L_0 - L}{L} \times t_0 = \frac{L_0 - L}{L \times L_0} \times 1\,000 \tag{7-43}$$

式中：TD——路面的构造深度，mm；

L——路面上 50mL 量砂摊铺的长度，mm。

(3)每一处均取 3 次路面构造深度的测定结果的平均值作为试验结果，准确至 0.1mm。

(4)计算每一个评定区间路面构造深度的平均值、标准差、变异系数。

7.6.2.5　报告

(1)列表逐点报告路面构造深度的测定值及 3 次测定的平均值，当平均值小于 0.2mm 时，试验结果以“ <0.2mm”表示。

(2)每一个评定区间路面构造深度的平均值、标准差、变异系数。

7.6.3　摆式仪测定路面抗滑值试验方法

7.6.3.1　目的与适用范围

本方法适用于以摆式摩擦系数测定仪(摆式仪)测定沥青路面、标线或其他材料试件的抗滑值，用以评定路面或路面材料试件在潮湿状态下的抗滑能力。

7.6.3.2　仪具与材料技术要求

本方法需要下列仪具与材料：

(1)摆式仪：摆及摆的连接部分总质量为 1 500g ±30g，摆动中心至摆的重心距离为 410 ± 5mm，测定时摆在路面上滑动长度为 126 ± 1mm，摆上橡胶片端部距摆动中心的距离为 510mm，橡胶片对路面的正向静压力为 22.2 N ±0.5N。

(2)橡胶片：当用于测定路面抗滑值时的尺寸为 6.35mm ×25.4mm ×76.2mm，橡胶质量应符合表 7-14 的要求。当橡胶片使用后，端部在长度方向上磨耗超过 1.6mm 或边缘在宽度方向上磨耗超过 3.2mm，或有油类污染时，即应更换新橡胶片。新橡胶片应先在干燥路面上测试 10 次后再用于测试。橡胶片的有效使用期从出厂日期起算为 12 个月。

(3)滑动长度量尺：长 126mm。

(4)喷水壶。

(5)硬毛刷。

(6)路面温度计:分度不大于1℃。

(7)其他:扫帚、记录表格等。

橡胶物理性质技术要求　　表7-14

性能指标	温度(℃)				
	0	10	20	30	40
弹性(%)	43~49	58~65	66~73	71~77	74~79
硬度	55±5				

7.6.3.3　方法与步骤

(1)准备工作

①检查摆式仪的调零灵敏情况,并定期进行仪器的标定。

②对测试路段按随机取样选点的方法。在横断面上测点应选在行车道轮迹处,且距路面边缘应不小于1m。

(2)测试步骤

1)清洁路面:用扫帚或其他工具将测点处的路面打扫干净。

2)仪器调平:

①将仪器置于路面测点上,并使摆的摆动方向与行车方向一致。

②转动底座上的调平螺栓,使水准泡居中。

3)调零:

①放松紧固把手,转动升降把手,使摆升高并能自由摆动,然后旋紧紧固把手。

②将摆固定在右侧悬臂上,使摆处于水平释放位置,并把指针拨至右端与摆杆平行处。

③按下释放开关,使摆向左带动指针摆动。当摆达到最高位置后下落时,用手将摆杆接住,此时指针应指零。

④若不指零,可稍旋紧或放松摆的调节螺母。

⑤重复上述四个步骤,直至指针指零。调零允许误差为±1。

4)校核滑动长度

①让摆处于自然下垂状态,松开固定把手,转动升降把手,使摆缓缓下降。与此同时,提起举升柄使摆向左侧移动,然后放下举升柄使橡胶片下缘轻轻触地,紧靠橡胶片摆放滑动长度量尺,使量尺左端对准橡胶片下缘;再提起举升柄使摆向右侧移动,然后放下举升柄使橡胶片下缘轻轻触地,检查橡胶片下缘应与滑动长度量尺的右端齐平。

②若齐平,则说明橡胶片两次触地的距离(滑动长度)符合126mm的规定。校核滑动长度时,应以橡胶片长边刚刚接触路面为准,不可借摆的力量向前滑动,以免标定的滑动长度与实际不符。

③若不齐平,升高或降低摆或仪器底座的高度。微调时,用旋转仪器底座上的调平螺丝调整仪器底座的高度的方法比较方便,但需注意保持水准泡居中。

④重复上述动作,直至滑动长度符合126mm的规定。

5)将摆固定在右侧悬臂上,使摆处于水平释放位置,并把指针拨至右端与摆杆平行处。

6）用喷壶浇洒测点，使路面处于湿润状态。

7）按下右侧悬臂上的释放开关，使摆在路面滑过。当摆杆回落时，用手接住，读数但不记录。然后使摆杆和指针重新置于水平释放位置。

8）重复 6）和 7）的操作 5 次，并读记每次测定的摆值。

单点测定的 5 个值中最大值与最小值的差值不得大于 3。如差值大于 3 时，应检查产生的原因，并再次重复上述各项操作，至符合规定为止。

取 5 次测定的平均值作为单点的路面抗滑值（即摆值 BPN_t），取整数。

9）在测点位置用温度计测记潮湿路表温度，准确至 1℃。

10）每个测点由 3 个单点组成，即需按以上方法在同一测点处平行测定 3 次，以 3 次测定结果的平均值作为该测点的代表值（精确到 1）。

3 个单点均应位于轮迹带上，单点间距离为 3～5m。该测点的位置以中间单点的位置表示。

7.6.3.4　抗滑值的温度修正

当路面温度为 T（℃）时，测得的摆值为 BPN_t，必须按式（7-44）换算成标准温度 20℃ 的摆值 BPN_{20}：

$$BPN_{20} = BPN_t + \Delta BPN \tag{7-44}$$

式中：BPN_{20}——换算成标准温度 20℃ 时的摆值；

BPN_t——路面温度 T 时测得的摆值；

ΔBPN——温度修正值，按表 7-15 采用；

温 度 修 正 值　　表 7-15

温度 T（℃）	0	5	10	15	20	25	30	35	40
温度修正值 Δ BPN	－6	－4	－3	－1	0	＋2	＋3	＋5	＋7

7.6.3.5　报告

报告应包含如下内容：

（1）路面单点测定值 BPN_t 经温度修正后的 BPN_{20}、现场温度、3 次的平均值。

（2）评定路段路面抗滑值的平均值、标准差、变异系数。

7.6.4　单轮式横向力系数测试系统测定路面摩擦系数试验方法

7.6.4.1　目的与适用范围

（1）本方法适用于工作原理和结构与 SCRIM 测试车相同的横向力系数测试系统在新建、改建路面工程质量验收和无严重坑槽、车辙等病害的正常行车条件下连续采集路面的横向力系数。

（2）本方法的数据采集、传输、记录和处理分别由专用软件自动控制进行。

7.6.4.2　仪具与材料技术要求

（1）测试系统构成

测试系统由承载车辆、距离测试装置、横向力测试装置、供水装置和主控制系统组成。主控制系统除实施对测试装置和供水装置的操作控制外，同时还控制数据的传输、记录与计算等环节。

(2)设备承载车基本技术要求和参数

横向力系数测试系统的承载车辆应为能够固定和安装测试、储供水、控制和记录等系统的载货车底盘,具有在水灌满载状态下最高车速大于100km/h的性能。

(3)测试系统技术要求和参数

①测试轮胎类型:光面天然橡胶充气轮胎。

②测试轮胎规格:3.00/20。

③测试轮胎标准气压:350kPa ± 20kPa。

④测试轮偏置角:19.5° ~ 21°。

⑤测试轮静态垂直标准荷载:2 000N ± 20N。

⑥拉力传感器非线性误差:<0.05%。

⑦拉力传感器有效量程:0 ~ 2 000N。

⑧距离标定误差:<2%。

7.6.4.3　方法与步骤

(1)准备工作

①每个测试项目开始前或连续测试超过1 000km后,必须按照设备使用手册规定的方法进行测试系统的标定,记录标定数据并存档。

②检查测试车轮胎气压,应达到车辆轮胎规定的标准气压。

③检查测试轮胎磨损情况,当其直径比新轮胎减小达6mm(即胎面磨损3mm)以上或有明显磨损裂口时,必须立即更换新轮胎。更换的新轮胎在正式测试前应试测2km。

④检测测试轮气压,应达到0.35MPa ± 0.02MPa的要求。

⑤检查测试轮固定螺栓应拧紧。将测试轮放到正常测试时的位置,检查其应能够沿两侧滑柱上下自由升降。

⑥根据测试里程的需要向水罐加注清洁测试用水。

⑦检查洒水口出水情况和洒水位置应正常;洒水位置应在测试轮触地面中点沿行驶方向前方400mm ± 50mm处,洒水宽度应为中心线两侧各不小于75mm。

⑧将控制面板电源打开,检查各项控制功能键、指示灯和技术参数选择状态应正常。

(2)测试步骤

①正式开始测试前,首先应按设备操作手册规定的时间要求对系统进行通电预热。

②进入测试路段前应将测试轮胎降至路面上预跑约500m。

③按照设备操作手册的规定和测试路段的现场技术要求设置完毕所需的测试状态。

④驾驶员在进入测试路段前应保持车速在规定的测试速度范围内,沿正常行车轨迹驶入测试路段。

⑤进入测试路段后,测试人员启动系统的采集和记录程序。在测试过程中,测试人员必须及时准确地将测试路段的起终点和其他需要特殊标记点的位置输入测试数据记录中。

⑥当测试车辆驶出测试路段后,仪器操作人员停止数据采集和记录,提升测量轮并恢复仪器各部分至初始状态。

⑦操作人员检查数据文件应完整,内容应正常,否则需要重新测试。

⑧关闭测试系统电源。

7.6.4.4　SFC 值的修正

(1)SFC 值的速度修正

测试系统的标准测试速度范围规定为 50km/h ±4km/h,其他速度条件下测试的 SFC 值必须通过下式转换至标准速度下的等效 SFC 值。

$$SFC_{标} = SFC_{测} - 0.22(v_{标} - v_{测}) \tag{7-45}$$

式中:$SFC_{标}$——标准测试速度下的等效 SFC 值;

$SFC_{测}$——现场实际测试速度条件下的 SFC 测试值;

$v_{标}$——标准测试速度,取值 50km/h;

$v_{测}$——现场实际测试速度。

(2)SFC 值的温度修正

测试系统的标准现场测试地面温度范围为 20℃ ±5℃,其他地面温度条件下测试的 SFC 值必须通过表 7-16 转换至标准温度下的等效 SFC 值。系统测试要求地面温度控制在 8℃ ~ 60℃范围内。

SFC 值温度修正(℃)　　表 7-16

温度	10	15	20	25	30	35	40	45	50	55	60
修正	-3	-1	0	+1	+3	+4	+6	+7	+8	+9	+10

7.6.4.5　不同类型摩擦系数测试设备间相关关系对比试验

(1)基本要求

不同类型摩擦系数测试设备的测值应换算成 SFC 值后使用,所以制动式摩擦系数测试设备和其他类型横向力式测试设备在使用时必须和 SCRIM 系统进行比对试验,建立测试结果与 SCRIM 系统测值——SFC 值的相关关系。

(2)试验条件

①按 SFC 值 0 ~30、30 ~50、50 ~70、70 ~100 的范围选择 4 段不同摩擦系数的路段,路段长度可为 100 ~300m。

②对比试验路段地面应清洁干燥,地面温度应在 10℃ ~30℃范围内,天气条件宜为晴天无风。

(3)试验步骤

①测试系统和需要进行对比试验的其他类型设备分别按 7.6.4.3 中(1)的方法及其操作手册规定的程序准备就绪。

②两套设备分别以 40km/h、50km/h、60km/h、70km/h、80km/h 的速度在所选择的 4 种试验路段上各测试 3 次,3 次测试的平均值的绝对差值不得大于 5,否则重测。

③两种试验设备设置的采样频率差值不应超过一倍,每个试验路段的采样数据量不应少于 10 个。

(4)试验数据处理

①分别计算出每种速度下各路段 3 次测试结果的总平均值和标准差,超过 3 倍标准差的值应予以舍弃。

②用数理统计的回归分析方法建立试验设备测值与速度的相关关系式,相关系数 R 不得

小于0.95。

③建立不同速度下试验设备测值SFC的相关关系式，相关系数R不得小于0.95。

7.6.4.6 报告

报告应包括横向力系数SFC的平均值、标准差、代表值及现场测试速度和温度。

7.6.5 车载式激光构造深度仪测定路面构造深度试验方法

7.6.5.1 目的与适用范围

本方法适用与各类车载式激光构造深度仪在新建、改建路面工程质量验收和无严重破损病害及无积水、积雪、泥浆等正常行车条件下测定，连续采集路面构造深度，但不适用与带有沟槽构造的水泥混凝土路面构造深度的测定。

本方法的数据采集、传输、记录和处理分别由专用软件自动控制进行。

7.6.5.2 仪具与材料技术要求

(1)测试系统构成

测试系统由承载车辆、距离传感器、激光传感器和主控制系统组成。主控制系统对测试装置的操作实施控制，完成数据采集、传输、存储与计算过程。

(2)设备承载车要求

根据设备供应商的要求选择测试系统承载车辆。

(3)测试系统基本技术要求和参数：

①最大测试速度：≥50km/h。

②采样间隔：≤10mm。

③传感器测试精度：0.1mm。

④距离标定误差：<0.1%。

⑤系统工作环境温度：0℃～60℃。

7.6.5.3 方法与步骤

(1)准备工作

①设备安装到承载车上以后应进行相关性标定试验。

②根据设备操作手册的要求对测试系统各传感器进行校准。

③距离测量装置需要现场安装的，根据设备操作手册说明进行安装，确保机械紧固装置安装牢固。

④测试系统各部分应符合测试要求，不应有明显的可视性破损。

⑤打开系统电源，启动控制程序，检查各部分的工作状态。

(2)测试步骤

①按照设备使用说明规定的预热时间对测试系统预热。

②测试车停在测试起点前50～100m处，启动测试系统程序，按照设备操作手册的规定和测试路段的现场技术要求设置完毕所需的测试状态。

③驾驶员应按照设备操作手册要求的测试速度范围驾驶测试车，避免急加速和急减速。急转弯路段应放慢车速，沿正常行驶轨迹驶入测试路段。

④进入测试路段后，测试人员启动系统的采集和记录程序。在测试过程中，测试人员必须及时准确地将测试路段的起终点和其他需要特殊标记的位置输入测试数据记录中。

⑤当测试车辆驶出测试路段后，测试人员停止数据采集和记录，并恢复仪器各部分至初始状态。

⑥检查：测试数据文件应完整，内容应正常，否则需重新测试。

⑦关闭测试系统电源，结束测试。

7.6.5.4 激光构造深度仪测值与铺砂法构造深度值相关关系对比试验

(1)选择构造深度分别在0~0.3mm、0.3~0.55mm、0.55~0.8mm、0.8~1.2mm范围的4个各长100m的试验路段。试验前将路面清扫干净，并在起终点做上标记。

(2)在每个试验路段上沿一侧行车轮迹用铺砂法测试至少10点的构造深度值，并计算平均值。

(3)驾驶测试车以30~50km/h速度驶过试验路段，并且保证激光构造深度仪的激光传感器探头沿铺砂法所测构造深度的行车轮迹运行，计算试验路段的构造深度平均值。

(4)建立两种方法的相关关系式，要求相关系数 R 不小于0.97。

7.6.5.5 报告

构造深度检测报告应包括以下内容：

(1)路段构造深度平均值、标准差。

(2)提供激光构造深度仪测值与铺砂法构造深度值在选定测试条件下的相关关系式及相关系数。

7.7 路面平整度检测方法

路面平整度直接反映了道路通车后的整体效果，是体现路面使用品质与行车舒适性最直接的外观指标。所以平整度是路面施工质量与服务水平的重要指标之一。它是指以规定的标准量规，间断地或连续地量测路表面的凹凸情况，即不平整度的指标。路面平整度与路面结构层次的平整状况有着一定的联系，即各层次的平整度效果将累积反映到路面表面上。路面面层由于直接与车辆接触，不平整的表面将会增大行车阻力，将使车辆产生附加振动作用。这种振动作用会造成行车颠簸，影响行车速度和安全及驾驶的平稳和乘客的舒适。同时，振动作用还会对路面施加冲击力，从而加剧路面和汽车机件损坏和轮胎的磨损，并增大油耗；而且不平整的路面会积滞雨水，加速路面的破坏。因此，平整度的检测与评定是公路施工与养护的一个非常重要的环节。

平整度的测试设备分为断面类及反应类两大类 。断面类实际上是测定路面表面凹凸情况，如最常用的3m直尺及连续式平整度仪，还可以精确测定高程得到；反应类测定路面凹凸引起车辆振动的颠簸情况。反应类指标是驾驶员和乘客直接感受到的平整度指标，因此它实际上是舒适性能指标，最常用的测试设备是车载式颠簸累积仪。现已有更新型的自动化测试设备，如纵断面分析仪、路面平整度数据采集系统测定车等。常见几种平整度测试方法的特点及技术指标比较见表7-17。国际上通用国际平整度指数IRI衡量路面行驶舒适性或路面行驶质量，可通过标定试验得出IRI与标准差 σ 或单向累计值VBI之间的关系。

平整度测试方法比较 表7-17

方 法	特 点	技术指标
3m直尺法	设备简单,结果直观,间断测试,工作效率低,反映凹凸程度	最大间隙h(mm)
连续式平整度仪法	设备较复杂,连续测试,工作效率高,反映凹凸程度	标准差σ(mm)
颠簸累积仪	设备复杂、工作效率高,连续测试,反映舒适性	单向累计值VBI(cm/km)

7.7.1 3m直尺测定平整度试验方法

3m直尺测定法有单尺测定最大间隙及等距离(1.5m)连续测定两种。两种方法测定的路面平整度有较好的相关关系。前者常用与施工质量控制与检查验收,单尺测定时要计算出测定段的合格率;等距离连续测试也可用于施工质量检查验收,要算出标准差,用标准差来表示平整程度。

7.7.1.1 目的与适用范围

(1)本方法规定用3m直尺测定路表面的平整度。定义3m直尺基准面距离路表面的最大间隙表示路基路面的平整度,以mm计。

(2)本方法适用于测定压实成型的路面各层表面的平整度,以评定路面的施工质量,也可用于路基表面成型后的施工平整度检测。

7.7.1.2 仪具与材料技术要求

本方法需要下列仪具与材料:

(1)3m直尺:测量基准面长度为3m,基准面应平直,用硬木或铝合金钢等材料制成。

(2)最大间隙测量器具:

①楔形塞尺:硬木或金属制的三角形塞尺,有手柄。塞尺的长度与高度之比不小于10,宽度不大于15mm,边部有高度标记,刻度读数分辨率小于或等于0.2mm。

②深度尺:金属制的深度测量尺,有手柄。深度尺测量杆端头直径不小于10mm,刻度读数分辨率小于或等于0.2mm。

③其他:皮尺或钢尺、粉笔等。

7.7.1.3 方法与步骤

(1)准备工作

①按有关规范规定选择测试路段。

②测试路段的测试地点选择:当为沥青路面施工过程中的质量检测时,测试地点应选在接缝处,以单杆测定标定;除高速公路以外,可用于其他等级公路路基路面工程质量检查验收或进行路况评定,每200m测2处,每处连续测量10尺。除特殊需要者外,应以行车道一侧车轮轮迹(距车道线0.8~1.0m)作为连续测定的标准位置。对旧路已形成车辙的路面,应取车辙中间位置为测定位置,用粉笔在路面上做好标记。

③清扫路面测定位置处的污物。

(2)测试步骤

①施工过程中检测时,按根据需要确定的方向,将3m直尺摆在测试地点的路面上。

②目测 3m 直尺底面与路面之间的间隙情况，确定最大间隙的位置。

③用有高度标线的塞尺塞进间隙处，量测其最大间隙的高度（mm）；或者用深度尺在最大间隙位置量测直尺上顶面距地面的深度，该深度减去尺高即为测试点的最大间隙的高度，准确至 0.2mm。

7.7.1.4　计算

单杆检测路面的平整度计算，以 3m 直尺与路面的最大间隙为测定结果。连续测定 10 尺时，判断每个测定值是否合格，根据要求计算合格百分率，并计算 10 个最大间隙的平均值。

7.7.1.5　报告

单杆检测的结果应随时记录测试位置及检测结果。连续测定 10 尺时，应报告平均值、不合格尺数、合格率。

7.7.2　连续式平整度仪测定平整度试验方法

7.7.2.1　目的与适用范围

（1）本方法规定用连续式平整度仪量测路面的不平整度的标准差（σ），以表示路面的平整度，以 mm 计。

（2）本方法适用于测定路表面的平整度，评定路面的施工质量和使用质量，但不适用于在已有较多坑槽、破损严重的路面上测定。

7.7.2.2　仪具与材料技术要求

本方法需要下列仪具与材料：

（1）连续式平整度仪：

①整体结构：除特殊情况外，连续式平整度仪的标准长度为 3m，其质量应符合仪器标准的要求；中间为一个 3m 长的机架，机架可缩短或折叠，前后各有 4 个行走轮，前后两组轮的轴间距离为 3m。

②标准差测量传感器：安装在机架中间，可以是能起落的测定轮，或非接触式位移传感器，如激光或超声位移测量传感器。

③其他辅助机构：蓄电池电源，距离传感器，与数据采集、处理、存储、输出部分配套的采集控制箱及计算机、打印机等。

④测定间距为 10cm，每一计算区间的长度为 100m 并输出一次结果。

⑤可记录测试长度（m）、曲线振幅大于某一定值（如 3mm、5mm、8mm、10mm 等）的次数、曲线振幅的单向（凸起或凹下）累计值及以 3m 机架为基准的中点路面偏差曲线图，计算打印。

⑥机架装有一牵引钩及手拉柄，可用人力或汽车牵引。

（2）牵引车：小面包车或其他小型牵引汽车。

（3）皮尺或测绳。

7.7.2.3　方法与步骤

（1）准备工作

①选择测试路段。

②当为施工过程中质量检测需要时，测试地点根据需要决定；当为路面工程质量检查验收或进行路况评定需要时，通常以行车道一侧车轮轮迹带作为连续测定的标准位置。对旧路已形成车辙的路面，取一侧车辙中间位置为测定位置。在测试路段路面上确定测试位置，当以内侧轮迹带（IWP）或外侧轮迹带（OWP）作为测定位时，测定位置距车道标线 80 ~ 100cm。

③清扫路面测定位置处的脏物。

④检查仪器，检测箱各部分是否完好、灵敏，并将各连接线接妥，安装记录设备。

（2）测试步骤

①将连续式平整度测定仪置于测试路段路面起点上。

②在牵引汽车的后部，将连续式平整度仪与牵引汽车连接好，按照仪器使用手册依次完成各项操作。

③启动牵引汽车，沿道路纵向行驶，横向位置保持稳定。

④确认连续式平整度仪工作正常。牵引连续式平整度仪的速度应保持匀速，速度宜为 5km/h，最大不得超过 12km/h。

在测试路段较短时，也可用人力拖拉平整度仪测定路面的平整度，但拖拉时应保持匀速前进。

7.7.2.4　计算

（1）连续式平整度仪测定后，可按每 10cm 间距采集的位移值自动计算得到每 100m 计算区间的平整度标准差（mm），还可记录测试长度（m）

（2）每一计算区间的路面平整度以该区间测定结果的标准差表示，按式（7-46）计算：

$$\sigma_i = \sqrt{\frac{\sum d_i^2 - (\sum d_i)^2/n}{n-1}} \tag{7-46}$$

式中：σ_i ——各计算区间的平整度计算值，mm；

d_i ——以 100m 为一个计算区间，每隔一定距离（自动采集间距 10cm，人工采集间距为 1.5m）采集的路面凸凹偏差位移值，mm；

n ——计算区间用于计算标准差的测试数据个数。

（3）计算一个评定路段内各区间平整度标准差的平均值、标准差、变异系数。

7.7.2.5　报告

试验应列表报告每一个评定路段内各测定区间的平整度标准差、各评定路段平整度的平均值、标准差、变异系数以及不合格区间数。

7.7.3　车载式颠簸累积仪测定平整度试验方法

7.7.3.1　目的与适用范围

（1）本方法适用于各类颠簸累积仪在新建、改建路面工程质量验收和无严重坑槽、车辙等病害的正常行车条件下连续采集路段平整度数据。

（2）本方法的数据采集、传输、记录和处理分别由专用软件自动控制进行。

7.7.3.2　仪具与材料技术要求

（1）测试系统

测试系统由承载车辆、距离测量装置、颠簸累积值测试装置和主控制系统组成。主控制系统对测试装置的操作实施控制,完成数据采集、传输、存储与计算过程。

(2)设备承载车要求

根据设备供应商的要求选择测试系统承载车辆。

(3)测试系统基本技术要求和参数

①测试速度:30 ~ 80km/h。

②最大测试幅值:±20cm。

③垂直位移分辨率:1mm。

④距离标定误差:<0.5%。

⑤系统工作环境温度:0℃ ~ 60℃;

⑥系统软件能够依据相关关系公式自动对颠簸累积值进行换算,间接输出国际平整度指数 IRI。

7.7.3.3　方法与步骤

(1)准备工作

①测试车辆具备以下条件之一时,都应进行仪器测值与国际平整度指数 IRI 的相关性标定,相关系数 R 应不低于 0.99:在正常状态下行驶超过 20 000km;标定的时间间隔超过 1 年;减震器、轮胎等发生更换、维修。

②检查测试车轮胎气压,应达到车辆轮胎规定的标准气压;车胎应清洁,不得黏附杂物;车上载重、人数以及分布应与仪器相关性标定试验时一致。

③距离测量系统需要现场安装的,根据设备操作手册说明进行安装,确保紧固装置安装牢固。

④检查测试系统,各部分应符合测试要求,不应有明显的可视性破损。

⑤打开系统电源,启动控制程序,检查系统各部分的工作状态。

(2)测试步骤

①测试开始之前应让测试车以测试速度行驶 5 ~ 10km,按照设备操作手册规定的预热时间对测试系统进行预热。

②测试车停在测试起点前 300 ~ 500m 处,启动平整度测试系统程序,按照设备操作手册的规定和测试路段的现场技术要求设置完毕所需的测试状态。

③驾驶员在进入测试路段前应保持车速在规定的测试速度范围内,沿正常行车轨迹驶入测试路段。

④进入测试路段后,测试人员启动系统的采集和记录程序。在测试过程中必须及时准确地将测试路段的起终点和其他需要特殊标记点的位置输入测试记录中。

⑤当测试车辆驶出测试路段后,仪器操作人员停止数据采集和记录,并恢复仪器各部分至初始状态。

⑥操作人员检查数据文件,文件应完整,内容应正常,否则需要重新测试。

⑦关闭测试系统电源,结束测试。

7.7.3.4　计算

颠簸累积仪直接测试输出的颠簸累积值 VBI,要按照相关性标定试验得到相关关系式,并

以100m为计算区间换算成IBI(以m/km计)

7.7.3.5　颠簸累积仪测值与国际平整度指数IBI相关关系对比试验

(1)基本要求

由于颠簸累积仪测值受测试速度等影响,因此,测试系统的每一种实际采用的测试速度都应单独进行标定,建立相关关系公式。标定过程及分析结果应详细记录并存档。

(2)试验条件

①按照每段IBI值变化幅度不小于1.0的范围选择不少于4段不同平度水平的路段,且有足够加速减速长度的路段。根据实际测试道路IBI的分布情况,可以增加某些范围内的标定路段。

②每路段长度不小于300m。

③每一段内的平整度应均匀,包括路段前50m的引道。

④选择坡度变化较小的直线路段,路段交通量小,便于疏导。

⑤标定宜选择在车道的正常行驶轮迹上进行,明确标出标定路段的轮迹、起终点。

(3)试验步骤

1)距离标定

①依据设备供应商建议的长度,选择坡度变化较小的平坦直线路段,标出起终点和行驶轨迹。

②标定开始前应让测试车以测试速度行驶5~10km,按照设备操作手册规定的预热时间对测试系统进行预热。

③将测试车的前轮对准起点线,启动距离校准程序,然后令车辆沿着路段轨迹直线行驶,避免突然加速或减速。接近终点时,看指挥人员手势减速停车,确保测试车的前轮对准终点线,结束距离校准程序。重复此过程,确保距离传感器脉冲当量的准确性,应在允许误差范围之内。

2)参照7.7.3.3中(2)测试步骤,令颠簸累积仪按选定的测试速度测试每个标定路段的反应值,重复测试至少5次,取其平均值作为该路段的反应值。

3)IRI值的确定

①以精密水准仪作为标准仪具,分别测量标定路段两个轮迹的纵断高程,要求采样间隔为250mm,高程测试精度为0.5mm;然后用IRI标准计算程序对每个轮迹的纵断面测量值进行模型计算,得到该轮迹的IRI值。两个轮迹IBI值的平均值即为该路段的IBI值。

②其他符合世界银行一类平整度测试标准的纵断面测试仪具也可以作为确定标定路段标准IRI值的仪具。

(4)试验数据处理

用数理统计的方法将各标定路段的IRI值和相应的颠簸累积仪测值进行回归分析,建立相关关系方程式,相关系数R不得小于0.99。

7.7.3.6　报告

(1)平整度检测报告应包括颠簸累积值VBI、国际平整度IBI平均值和现场测试速度。

(2)提供颠簸累积值VBI与国际平整度指数IRI在选定测试条件下的相关关系式及相关

系数。

7.7.4　车载式激光平整度仪测定平整度试验方法

7.7.4.1　目的与适用范围

(1)本方法适用于各类车载式激光平整度仪在新建、改建路面工程质量验收和无严重坑槽、车辙等病害及无积水、积雪、泥浆的正常通车条件下连续采集路段平整度数据。

(2)本方法的数据采集、传输、记录和处理分别由专用软件自动控制进行。

7.7.4.2　仪具与材料技术要求

(1)测试系统

测试系统由承载车辆、距离传感器、纵断面高程传感器和主控制系统组成。主控制系统对测试装置的操作实施控制,完成数据采集、传输、存储与计算过程。

(2)设备承载车要求

根据设备供应商的要求选择测试系统承载车辆。

(3)测试系统基本技术要求和参数

①测试速度:30 ~ 100km/h。

②采样间隔:≤500mm。

③传感器测试精度:0.5mm。

④距离标定误差:<0.1%。

⑤系统工作环境温度:0℃ ~60℃。

7.7.4.3　方法与步骤

(1)准备工作

①设备安装到承载车上以后应按本方法 7.7.4.5 进行相关性试验。

②根据设备操作手册的要求对测试系统各传感器进行校准。

③检查测试车轮胎气压,应达到车辆轮胎规定的标准气压,车胎应清洁,不得黏附杂物。

④距离测量装置需要现场安装的,根据设备操作手册说明进行安装,确保机械紧固装置安装牢固。

⑤检测测试系统各部分应符合测试要求,不应有明显的可视性破损。

⑥打开系统电源,启动控制程序,检查各部分的工作状态。

(2)测试步骤

①测试开始前应让测试车以测试速度形式 5 ~ 10km,按照设备使用说明规定的预热时间对测试系统进行预热。

②测试车停在测试起点前 50 ~ 100m 处,启动平整度测试系统程序,按照设备操作手册的规定和测试路段的现场技术要求设置完毕所需的测试状态。

③驾驶员应按照设备操作手册要求的测试速度范围驾驶测试车,宜在 50 ~ 80km/h 之间,避免急加速和急减速,急弯路段应放慢车速,沿正常行车轨道驶入测试路段。

④进入测试路段后,测试人员启动系统的采集和记录程序,在测试过程中必须及时准确地将测试路段的起终点和其他需要特殊标记的位置输入测试数据记录中。

⑤当测试车辆驶出测试路段后,测试人员停止数据采集和记录,并恢复仪器各部分至初始状态。

⑥检查测试数据文件,文件应完整,内容应正常,否则需要重新测试。

⑦关闭测试系统电源,结束测试。

7.7.4.4 计算

激光平整度仪采集的数据是路面相对高程值,应以100m为计算区间长度用IRI的标准计算程序计算IRI值,以m/km计。

7.7.4.5 激光平整度仪测值与国际平整度指数IRI相关关系对比试验

(1)试验条件

①按照每段IRI值变化幅度不小于1.0的范围选择不少于4段不同平整度水平的路段,且有足够加速或减速长度的路段。根据实际测试道路IRI的分布情况,可以适当增加某些范围内的标定路段。

②每路段长度不小于300m。

③每一段内的平整度应均匀,包括路段前50m的引道。

④选择坡度变化较小的直线路段,路段交通量小,便于疏导。

⑤有多个激光测头的系统需要分别标定。

⑥标定宜选择在车道的正常行驶轮迹上进行,明确画出轮迹带测线和起终点位置。

(2)试验步骤

1)距离标定

①依据设备供应商建议的长度,选择坡度变化较小的平坦直线路段,标出起终点和行驶轨迹。

②标定开始前应让测试车以测试速度行驶5~10km,按照设备操作手册规定的预热时间对测试系统进行预热。

③将测试车的前轮对准起点线,启动距离校准程序,然后令车辆沿着路段轨迹直线行驶,避免突然加速或减速。接近终点时,看指挥人员手势减速停车,确保测试车的前轮对准终点线,结束距离校准程序。重复此过程,确保距离传感器测试结果的准确性,应在允许误差范围之内。

2)参照7.7.4.3中(2)方法与步骤,令所标定的纵断面高程传感器对准测线重复5次,取其IRI计算值的平均值作为该路段的测试值。

3)IRI值的确定

①以精密水准仪作为标准仪具,测量标定路段上测线的纵断高程,要求采样间隔为250mm,高程测试精度为0.5mm;然后用IRI标准计算程序对纵断面测量值进行模型计算,得到标定线路的IRI值。

②其他符合世界银行一类平整度测试标准的纵断面测试仪具也可以作为确定标定路段IRI值的仪具。

(3)试验数据处理

用数理统计的方法将各标定路段的IRI值和相应的平整度仪值进行回归分析,建立相关关系方程式,相关系数R不得小于0.99。

7.7.4.6　报告

平整度检测报告应包括以下内容：

(1)国际平整度指数IRI平均值。

(2)提供激光平整度仪测值与国际平整度指数IRI在选定测试条件下的相关关系式及相关系数。

7.8　路面破损调查方法

道路在通车后经常会伴随各种破损、病害发生，为了对这些破损进行及时的调查和统计，从而快速的进行维修和养护，必须要进行路面破损调查。传统的调查方法为人工调查。由于沥青路面与水泥混凝土路面的主要破损类型不同，因此在此分两类进行说明。

7.8.1　沥青路面破损调查方法

7.8.1.1　目的和适用范围

本方法适用于测定沥青路面各类破损的数量与面积，计算路面破损率及裂缝率等，供路面质量管理与验收、建立路面管理系统和决定路面维修方案时使用。

7.8.1.2　仪具与材料

本试验需要下列仪具与材料：

(1)量尺：钢卷尺、皮尺、钢尺等。

(2)破损记录纸(毫米方格纸)。

(3)高速摄影车或其他高效测试设备。

(4)其他：粉笔、扫帚、小红旗及安全标志等。

7.8.1.3　方法与步骤

(1)沥青路面破损分11类21项，包括：

①龟裂

轻：初期裂缝，裂区无变形、无散落，缝细，主要裂缝宽度在2mm以下，主要裂缝块度在0.2～0.5m之间，损坏按面积计算。

中：龟裂的发展期，龟裂状态明显，裂缝区有轻度散落或轻度变形，主要裂缝宽度在2～5mm之间，部分裂缝块度小于0.2m，损坏按面积计算。

重：龟裂特征显著，裂块较小，裂缝区变形明显、散落严重，主要裂缝宽度大于5mm，大部分裂缝块度小于0.2m，损坏按面积计算。

②块状裂缝

轻：缝细、裂缝区无散落，裂缝宽度在3mm以内，大部分裂缝块度大于1.0m，损坏按面积计算。

重：缝宽、裂缝区有散落，裂缝宽度在3mm以上，主要裂缝块度在0.5～1.0m之间，损坏按面积计算。

③纵向裂缝

指与行车方向基本平行的裂缝。

轻:缝细、裂缝壁无散落或有轻微散落,无支缝或有少量支缝,裂缝宽度在3mm以内,损坏按长度计算,检测结果要用影响宽度(0.2m)换算成面积。

重:缝宽、裂缝壁有散落、有支缝,主要裂缝宽度大于3mm,损坏按长度(m)计算,检测结果要用影响宽度(0.2m)换算成面积。

④横向裂缝

指与行车方向基本垂直的裂缝。

轻:缝细、裂缝壁无散落或有轻微散落,裂缝宽度在3mm以内,损坏按长度计算,检测结果要用影响宽度(0.2m)换算成面积。

重:缝宽、裂缝贯通整个路面、裂缝壁有散落并以伴有少量支缝,主要裂缝宽度大于3mm,损坏按长度计算,检测结果要用影响宽度(0.2m)换算成面积。

⑤坑槽

轻:坑浅,有效坑槽面积在0.1m^2以内(约0.3m×0.3m),损坏按面积计算。

重:坑深,有效坑槽面积大于0.1m^2(约0.3m×0.3m),损坏按面积计算。

⑥松散

轻:路面细集料散失、脱皮、麻面等表面损坏,损坏按面积计算。

重:路面粗集料散失、脱皮、麻面、露骨、表面剥落、有小坑洞,损坏按面积计算。

⑦沉陷

指大于10mm的路面局部下沉。

轻:深度在10~25mm之间,正常行车无明显感觉,损坏按面积计算。

重:深度大于25mm,正常行车有明显感觉,损坏按面积计算。

⑧车辙

指轮迹处深度大于10mm的纵向带状凹槽(辙槽)。

轻:辙槽浅,深度在10~15mm之间,损坏按长度计算,检测结果要用影响宽度(0.4m)换算成面积。

重:辙槽深,深度15mm以上,损坏按长度计算,检测结果要用影响宽度(0.4m)换算成面积。

⑨波浪拥包

轻:波峰波谷高差小,高差在10~25mm之间,损坏按面积计算。

重:波峰波谷高差大,高差大于25mm,损坏按面积计算。

⑩泛油

路面沥青被挤出或表面被沥青膜覆盖形成发亮的薄油层,损坏按面积计算。

⑪修补

龟裂、坑槽、松散、沉陷、车辙等的修补面积或修补影响面积(裂缝修补按长度计算,影响宽度为0.2m)。

(2)准备工作

①根据目的选择各类破损调查的时间,如对强度不足或疲劳引起的荷载性裂缝(龟裂),宜在春季或雨季最不利季节之后调查;对由于温度收缩等引起的非荷载性裂缝(块裂及横向裂缝),宜在冬季以后观测;对车辙、拥包、波浪等热稳性变形,宜在夏季观测;对松散类破损宜

在雨季观测。也可在规定的同一时间观测，需要时可定期观测，以了解破损情况。为便于裂缝观测，宜选择在雨后（或预先洒水）路表已干燥但尚有水迹的时机观测。

②选择测试路段并量测其路面的长度及宽度，计算测试路段总面积（A）。

③在毫米方格纸上按比例绘制破损记录方格，填好里程桩号。

④如路面不洁妨碍观测时，应用扫帚清扫路面。

⑤观测前应通报有关交通管理部门，观测时应有专人指挥交通（必要时可封闭交通），并设置交通安全标志等以确保观测车及观测者的安全。

（3）调查步骤

①当采用高速摄影车或其他高效测试设备测试时，按有关使用说明书操作。采用自动摄影车测试时，进行连续摄影或录像，然后在室内评定或用计算机检测裂缝等各类破损数量。

②当为人工检测时，由 2 ~4 人组成一组，沿路面仔细观察路面各类破损情况。若观测裂缝时，一般以逆光观测较为清楚，对不明显的裂缝，可在裂缝位置用粉笔作出标记。

③目测或用量尺测试路段的路面上各类破损的长度或范围，准确至 0.1m。

④车辙检测按本规范进行。拥包、波浪、沉陷等变形类损坏除记录面积外，尚应测记拥起高度或下陷深度。

⑤记录破损位置（桩号），就地在方格纸上按比例描绘破损图，记录破损类别。

⑥必要时，可拍摄照片或录像备查。

7.8.1.4　计算

（1）测试路段的沥青路面各类破损的长度或面积可按表 7-18 分类统计。

（2）沥青路面的破损率为各种类型破损的换算面积与调查区域总面积之比。根据需要，可以计入破损类型及严重程度的系数，并按破损类别分别统计：

$$\mathrm{DR} = 100\frac{\sum_{i=1}^{21} w_i A_i}{A} \tag{7-47}$$

式中：DR——沥青混凝土路面破损率，为路面各种破损的折合面积之和与调查路面面积之比，以百分数表示；

A_i——沥青混凝土路面破损中，第 i 类破损（分严重程度）的调查面积，m^2；

A——沥青混凝土路面的实际调查面积（调查路段长度与有效路面破宽度之积），m^2；

w_i——沥青混凝土路面破损中，第 i 类破损（分严重程度）的权重，按 7-18 取值。

沥青路面破损分类分级　　表 7-18

类　型（i）	损 坏 名 称	损 坏 程 度	权　重（w_i）	计 量 单 位
1	龟裂	轻	0.6	面积 m^2
2		中	0.8	
3		重	1.0	
4	块状裂缝	轻	0.6	面积 m^2
5		重	0.8	

续上表

类 型 (i)	损坏名称	损坏程度	权 重 (w_i)	计量单位
6	纵向裂缝	轻	0.6	长度 m (影响宽度:0.2m)
7		重	1.0	
8	横向裂缝	轻	0.6	长度 m (影响宽度:0.2m)
9		重	1.0	
10	坑槽	轻	0.8	面积 m^2
11		重	1.0	
12	松散	轻	0.6	面积 m^2
13		重	1.0	
14	沉陷	轻	0.6	面积 m^2
15		重	1.0	
16	车辙	轻	0.6	长度 m (影响宽度:0.4m)
17		重	1.0	
18	波浪拥包	轻	0.6	面积 m^2
19		重	1.0	
20	泛油	—	0.2	面积 m^2
21	修补	—	0.1	面积 m^2

注:①横向裂缝、纵向裂缝和车辙的检测单位为米(m)。
②对于高速公路和一级公路,将路面车辙列为独立的检测评价指标,并用路面车辙深度指数(RDI)表示,与此同时,高速公路和一级公路技术状况评定时,路面车辙损坏不再重复计算。

(3)路面状况指数(PCI)的数值范围为0~100,其值越大,路况越好。PCI的计算公式为:

$$PCI = 100 - a_0 DR^{a_1} \tag{7-48}$$

式中:a_0 ——标定系数,采用15.00;

a_1 ——标定系数,采用0.412。

(4)路面状况指数(PCI)可按表7-19进行评价。

路面状况指数(PCI)评价标准 表7-19

评价等级	优	良	中	次	差
PCI	≥90	≥80,<90	≥70,<80	≥60,<70	<60
DR(%)	≤0.4	>0.4,≤2.0	>2.0,≤5.5	>5.5,≤11.0	>11.0

7.8.1.5 报告

沥青路面破损调查的报告包括如下内容:

(1)路线名称、调查时间、调查方法、调查段落、调查环境等。

(2)评价标准及调查统计。

(3)数据统计及评价与分析等。

(4)破损原因分析及处理建议。

7.8.2　水泥混凝土路面破损调查方法

7.8.2.1　目的与适用范围

本方法适用于测定水泥混凝土路面的路面板开裂、接缝损坏等各种破损情况，供路面质量管理与验收、建立路面管理系统和决定路面维修方案时使用。

7.8.2.2　仪具与材料

本试验需要下列仪具与材料：

(1)量尺：钢卷尺、皮尺、钢尺等。

(2)记录纸(毫米方格纸)。

(3)其他：改锥、粉笔、扫帚、小红旗及安全标志等。

7.8.2.3　方法与步骤

(1)水泥混凝土路面损坏分类共 11 类，20 项(表 7-20)，包括：

水泥混凝土路面破损分类分级　　表 7-20

类型 (i)	损坏名称	损坏程度	权重 (w_i)	计量单位
1	破损板	轻	0.8	面积 m^2
2		重	1.0	
3	裂缝	轻	0.6	长度 m (影响宽度：1.0m)
4		中	0.8	
5		重	1.0	
6	板角断裂	轻	0.6	面积 m^2
7		中	0.8	
8		重	1.0	
9	错台	轻	0.6	长度 m (影响宽度：1.0m)
10		重	1.0	
11	唧泥		1.0	长度 m (影响宽度：1.0m)
12	边角剥落	轻	0.6	长度 m (影响宽度：1.0m)
13		中	0.8	
14		重	1.0	
15	接缝料损坏	轻	0.4	长度 m (影响宽度：1.0m)
16		重	0.6	
17	坑洞		1.0	面积 m^2
18	拱起		1.0	面积 m^2
19	露骨		0.3	面积 m^2
20	修补		0.1	面积 m^2

①破碎板

轻:板块被裂缝分为3块以上,破碎板未发生松动和沉陷,损坏按板块面积计算。

重:板块被裂缝分为3块以上,破碎板有松动、沉陷和唧泥等现象,损坏按板块面积计算。

②裂缝

板块上只有一条裂缝,裂缝类型包括横向、纵向和不规则的斜裂缝等。

轻:裂缝窄、裂缝处未剥落,缝宽小于3mm,一般为未贯通裂缝,损坏按长度计算,检测结果要用影响宽度(1.0m)换算成面积。

中:边缘有碎裂,裂缝宽度在3~10mm之间,损坏按长度计算,检测结果要用影响宽度(1.0m)换算成面积。

重:缝宽、边缘有碎裂并伴有错台出现,缝宽大于10mm,损坏按长度计算,检测结果要用影响宽度(1.0m)换算成面积。

③板角断裂

指裂缝与纵横接缝相交,且交点距板角小于或等于板边长度一半的损坏。

轻:缝宽宽度小于3mm,损坏按断裂板角的面积计算。

中:缝宽宽度在3~10mm之间,损坏按断裂板角的面积计算。

重:缝宽宽度大于10mm,断角有松动,损坏按断裂板角的面积计算。

④错台

指接缝两边出现的高差大于5mm的损坏。

轻:高差小于10mm,损坏按长度计算,检测结果要用影响宽度(1.0m)换算成面积。

重:高差10mm以上,损坏按长度计算,检测结果要用影响宽度(1.0m)换算成面积。

⑤唧泥

板块在车辆驶过后,接缝处有基层泥浆涌出,损坏按长度计算,检测结果要用影响宽度(1.0m)换算成面积。

⑥边角剥落

指沿接缝方向和板边碎裂、脱落,裂缝面与板面呈一定角度。

轻:浅层剥落,损坏按长度计算,检测结果要用影响宽度(1.0m)换算成面积。

中:中深层剥落,接缝附近水泥混凝土有开裂,损坏按长度计算,检测结果要用影响宽度(1.0m)换算成面积。

轻:深层剥落,接缝附近水泥混凝土多处开裂,深度超过接缝槽底部,损坏按长度计算,检测结果要用影响宽度(1.0m)换算成面积。

⑦接缝料损坏

由于接缝的填缝料老化、剥落等原因,接缝内已无填料,接缝被砂、石、土等填塞。

轻:填料老化,不密水,但尚未剥落脱空,未被砂、石、泥土等填塞,损坏按长度计算,检测结果要用影响宽度(1.0m)换算成面积。

重:1/3以上接缝出现缝或被砂、石、土等填塞,填料老化,损坏按长度计算,检测结果要用影响宽度(1.0m)换算成面积。

⑧坑洞

板面出现有效直径大于30mm、深度大于10mm的局部坑洞，损坏按坑洞或坑洞群所涉及的面积计算。

⑨拱起

横缝两侧的板体发生明显抬高，高度大于10mm，损坏按拱起所涉及的板块面积计算。

⑩露骨

板块表面细集料散失、粗集料暴露或表层松疏剥落，损坏按面积计算。

⑪修补

裂缝、板角断裂、边角剥落、坑洞和层状剥落的修补面积或修补影响面积（裂缝修补按长度计算，影响宽度为0.2m）。

（2）准备工作

①选定路段并量测其路面的长度及宽度。

②如路面不洁妨碍观测时，可用扫帚清扫裂缝附近路面。

注：为便于观测，宜选择在雨后路面已干燥但裂缝尚有水迹的时机观测。观测时应有专人指挥交通（需要时可封闭交通），并设置交通安全标志等以确保观测者的安全。

（3）调查步骤

①沿路面纵向1～2人负责一块混凝土板宽度，仔细观察裂缝等各种破损情况，必要时用粉笔做出标记。

②用目测或量尺分别测量测试路段的路面上每条裂缝长度及破损面积，准确至10cm。对伸缩缝接缝处的破坏及边角部已成块的破坏都应单独记录条数、面积。其中接缝拱起还应记录高度。

③记录板块号、破损位置（桩号），在方格纸中按比例绘制裂缝及破损情况图。

④根据需要，拍摄照片或录像备查。

7.8.2.4　计算

（1）水泥混凝土路面的破损率为各种类型破损的换算面积与调查区域总面积之比。根据需要，可以计入破损类型及严重程度的系数，并按破损类别分别统计：

$$DR = 100\frac{\sum_{i=1}^{20} w_i A_i}{A} \tag{7-49}$$

式中：DR——水泥混凝土路面的破损率，%；

A_i——水泥混凝土路面破损中，第i类破坏（分严重程度）的调查面积，m^2；

w_i——水泥混凝土路面或水泥混凝土路面破损中第i类破损（分严重程度）的权重。

A——调查路段路面面积，m^2。

（2）路面状况指数（PCI）的数值范围为0～100，其值越大，路况越好。PCI的计算公式为：

$$PCI = 100 - a_0 DR^{a_1} \tag{7-50}$$

式中：a_0——标定系数，采用10.66；

a_1——标定系数，采用0.461。

（3）路面状况指数（PCI）可按表7-21进行评价。

路面状况指数(PCI)评价标准　　表7-21

优	良	中	次	差
≥90	≥80,<90	≥70,<80	≥60,<70	<60

7.8.2.5　报告

水泥混凝土路面破损调查报告应包括如下内容：

(1)路线名称、调查时间、调查方法、调查段落、调查环境等。

(2)评价标准及调查统计。

(3)数据统计及评价与分析等。

(4)破损原因分析及处理建议。

人工目测丈量的路面破损状况调查方法费工费时,危险性大,评价结果的准确性及重现性低,这促使人们研究路面破损自动调查与评价技术。路面破损数字图像采集系统的出现有效的改善了这种现状。其工作原理为:采用车载式数字摄像系统连续高速采集路表的图像,然后在是被通过后处理软件自动处理与人工判读相结合,识别、分类与统计路面破损情况。但是由于其设备昂贵,后处理分析要求高,所以暂时还没有得到充分的发展和利用。

7.9　沥青路面渗水试验方法

沥青路面的水损害问题已经成为道路通车后最引人瞩目的早期损害,被认为在沥青路面早期破坏中排在第一位的损害模式。因此,沥青路面的渗水性能检测非常必要。

沥青路面铺筑中的一个基本点就是沥青面层能够基本上封闭雨水的下渗,即路面必须具有良好的防渗水性。如果路面渗水严重,则沥青混合料和路面的耐久性将大幅降低。因此,沥青路面渗水性能成为反映沥青混合料级配组成的一个间接指标。如果整个沥青面层均透水,则表明水势必透入基层或路基,大幅度降低路面承载能力,且易导致水损害快速出现。而沥青面层中至少有一层不透水,且表面层能透水,则表面水能及时下渗,不致形成水膜,提高抗滑性能,减少噪声。

沥青路面渗水性能通常用渗水系数表征,渗水系数是指在规定的水头压力下,水在单位时间内通过一定面积的路面渗入下层的数量,单位为mL/min。

由于路面在使用过程中,灰尘极易堵塞空隙,使渗水试验无法做好,因此,渗水系数测试应在路面施工结束后进行测试。同时,对于公称粒径大于26.5mm的下面层或基层混合料,由于渗水系数的测定方法及指标问题,不适用于渗水系数的测定。

7.9.1　目的与适用范围

本方法适用于用路面现场测定沥青路面的渗水系数。

7.9.2　仪具与材料技术要求

本试验需要下列仪具与材料：

(1)路面渗水仪:上部盛水量筒由透明有机玻璃制成,容积600mL,上有刻度,在100mL及

500mL 处有粗标线,下方通过 ϕ 10mm 的细管与底座相接,中间有一开关。量筒通过支架联结,底座下方开口内径 ϕ 150mm,外径 ϕ 220mm,仪器附不锈钢圈压重两个,每个质量约 5kg,内径 ϕ 160mm。

(2)水筒及大漏斗。

(3)秒表。

(4)密封材料:防水腻子、油灰或橡皮泥。

(5)其他:水、塑料圈、粉笔、刮刀、扫帚等。

7.9.3　方法与步骤

(1)准备工作

①在测试路段的行车道路面上,按随机取样方法选择测试位置,每一个检测路段应测定 5 个测点,并用粉笔画上测试标记。

②试验前,首先用扫帚清扫表面,并用刷子将路面表面的杂物刷去。杂物的存在一方面会影响水的渗入,另一方面也会影响渗水仪和路面或者试件的密封效果。

(2)测试步骤

①将塑料圈置于试件中央或者路面表面的测点上,用粉笔分别沿塑料圈的内侧和外侧画上圈,在外环和内环之间的部分就是需要用密封材料进行密封的区域。

②用密封材料对环状密封区域进行密封处理,注意不要使密封材料进入内圈。如果密封材料不小心进入内圈,必须用刮刀将其刮走;然后再将搓成拇指粗细的条状密封材料摞在环状密封区域的中央,并且摞成一圈。

③将渗水仪放在试件或者路面表面的测点上,注意使渗水仪的中心尽量和圆环中心重合;然后略微使劲将渗水仪压在条状密封材料表面,再将配重加上,以防压力水从底座与路面间流出。

④将开关关闭,向量筒中注满水,然后打开开关,使量筒中的水下流排除渗水仪底部内的空气,当量筒中水面下降速度变慢时用双手轻压渗水仪使渗水仪底部的气泡全部排出。关闭开关,并再次向量筒中注满水。

⑤将开关打开,待水面下降至 100mL 刻度时,立即开动秒表进行计时,每间隔 60s,读记仪器管的刻度一次,至水面下降 500mL 时为止。测试过程中,如水从底座与密封材料间渗出,说明底座与路面密封不好,应移至附近干燥路面处重新操作。当水面下降速度较慢,则测定 3min 的渗水量即可停止;如果水面下降速度较快,在不到 3min 的时间内到达了 500mL 刻度线,则记录到达了 500mL 刻度线时的时间;若水面下降至一定程度后基本保持不动,说明基本不透水或根本不透水,在报告中注明。

⑥按以上步骤在同一个检测路段选择 5 个测点渗水系数,取其平均值作为检测结果。

7.9.4　计算

计算时以水面从 100mL 下降至 500mL 所需的时间为标准,若渗水时间过长,也可采用 3min 通过的水量计算:

$$C_w = \frac{V_2 - V_1}{t_2 - t_1} \times 60 \tag{7-51}$$

式中：C_w ——路面渗水系数，mL/min；

V_1 ——第一次计时时的水量，mL，通常为100mL；

V_2 ——第二次计时时的水量，mL，通常为500mL；

t_1 ——第一次计时的时间，s；

t_2 ——第二次计时的时间，s。

7.9.5　报告

现场检测，每一个检测路段应测定5个测点，计算其平均值作为检测结果。若路面不透水，在报告中注明渗水系数为0。

第 8 章　试验检测数据处理

8.1　数字的修约规则

8.1.1　有效数字

在测量工作中,由于测量结果总会有误差,因此表示测量结果的位数不宜太多,也不宜太少:太多,容易使人误认为测量精度很高;太少,则会损失精度。

测量过程中,由于受到一系列不可控制和不可避免的主观和客观因素的影响,所获得的测量值必定含有误差,即获得的测量值仅仅是被测量的近似值。另一方面,在数据处理过程中引入的诸如 π、π/2 等一些常量,在大多数情况下是以无穷小数形式的无理数来表示,这就需要确定一项原则,将测得的或计算的数截取到所需的位数。认为在一个数值中小数点后面的位数愈多,这个数值就愈准确;或者在计算中,保留的位数愈多,这个数值就愈准确的想法都是错误的。第一种想法的错误在于没有弄清楚小数点的位置不是决定准确与否的标准,而仅与所用计量单位的大小有关。如长度为 1.3mm 与 0.001 3m,其准确程度完全相同。第二种想法的错误在于不了解所用的测量仪器。由于仪器和人们的感官只能做到一定的准确程度,这个准确程度一方面决定于所用仪器刻度的精细程度;另一方面也与所用方法有关。因此在计算结果中,无论取多少位数都不可能把准确程度增加到超过测量误差所允许的范围。反之,表示一个数值时,如果书写的位数过少,即数值所取的有效位数少于实际所能达到的精度,不能把已经达到的精度表示出来,也是错误的。

例如,不考虑测量误差,单从有效数字来考虑,在数学上 15 与 15.00 两个数是相等的。而作为表示测量结果的数值,两者相差是很悬殊的。用 15 表示的测量结果,其误差可能为 ±0.5;而 15.00 表示的测量结果,其误差可能是 ±0.005。再如,1 和 0.1 在数值上相差 10 倍,单从数值上看两数是不等的,而作为测量结果可能因所用单位不同,所表示的测量结果和所达到的精度是相同的。

因此,在对测量数据的处理中,掌握有效数字的有关知识是十分重要的。

对于"0"这个数字,它在数中的位置不同,可能是有效数字,也可能是多余数字。整数前面的"0"无意义,是多余数字。对纯小数,在小数点后,数字前的"0"只起定位,决定数量级的作用(相当于所取的测量单位不同),所以也是多余数字。处于数中间位置的"0"是有效数字。处于数后面位置的"0"是否算有效数字可分三种情况:

(1)对于数后面的"0",若把多余数字的"0"用 10 的乘幂来表示,使其与有效数字分开,这样在 10 的乘幂前面所有数字包括"0"皆为有效数字。

(2)作为测量结果并注明误差值的数值,其表示的数值等于或大于误差值的所有数字,包括"0"皆为有效数字。

(3)上面两种情况外的数后面的"0"则很难判断是有效数字还是多余数字,因此,应避免采用这种不确切的表示方法。

一个数,有效数字占有的位数,即有效数字的个数,为该数的有效位数。在测量或计量中应取多少位有效数字,可根据下述准则判定:

(1)对不需要标明误差的数据,其有效位数应取到最末一位数字为可疑数字(也称不确切或参考数字)。

(2)对需要标明误差的数据,其有效位数应取到与误差同一数量级。

8.1.2 数字修约规则

(1)修约间隔

修约间隔是指确定修约保留位数的一种方式。修约间隔的数值一经确定,修约值即应为该数值的整数倍。

例如指定修约间隔为0.1,修约值即应在0.1的整数倍中选取,相当于将数值修约到一位小数。又如指定修约间隔为100,修约值即应在100的整数倍中选取,相当于将数值修约到"百"数位。

0.5单位修约(半个单位修约)是指修约间隔为指定数位的0.5单位,即修约到指定数位的0.5单位。0.2单位修约是指修约间隔为指定数位的0.2单位,即修约到指定数位的0.2单位。最基本的修约间隔是10^n(n为整数),它等同于确定修约到某数位。

(2)数值修约进舍规则

①拟舍弃数字的最左一位数字小于5时,则舍去,即保留的各位数字不变。

②拟舍弃数字的最左一位数字大于5,或者是5,而且后面的数字并非全部为0时,则进1,即保留数的末位数字加1。

③拟舍弃数字的最左一位数字为5,而后面无数字或全部为0时,若所保留的末位数字为奇数(1、3、5、7、9)则进1,为偶数(2、4、6、8、0)则舍弃。

④负数修约时,先将它的绝对值按上述三条规定进行修约,然后在修约值前面加上负号。

⑤0.5单位修约时,将拟修约数值乘以2,按指定数位依进舍规则修约,所得数值再除以2。

⑥0.2单位修约时,将拟修约数值乘以5,按指定数位依进舍规则修约,所得数值再除以5。

上述数值修约规则(有时称之为"奇升偶舍法")与常用的"四舍五入"的方法区别在于,用"四舍五入"法对数值进行修约,从很多修约后的数值中得到的均值偏大;而用上述的修约规则,进舍的状况具有平衡性,进舍误差也具有平衡性,若干数值经过这种修约后,修约值之和变大的可能性与变小的可能性是一样的。

(3)数值修约注意事项

实行数值修约,应在明确修约间隔、确定修约位数后一次完成,而不应连续修约,否则会导致不正确的结果。然而,实际工作中常有这种情况,有的部门先将原始数据按修约要求多一位至几位报出,而后另一个部门按此报出值再按规定位数修约和判定,这样就有连续修约的错误。

①拟修约数字应在确定修约后一次修约获得结果,而不得多次按进舍规则连续修约。

②在具体实施中,有时测量与计算部门先将获得数值按指定的修约数位多一位或几位报出,而后由其他部门判定。为避免产生连续修约的错误,应按下列步骤进行:报出数值最右的非 0 数字为 5 时,应在数值后面加“(+)”号或“(-)”号或不加符号,以分别表明已进行过舍、进或未舍未进;如果判定报出值需要进行修约,当拟舍弃数字的最左一位数字为 5 而后面无数字或全部为 0 时,数值后面有“(+)”号者进 1,数值后面有“(-)”号者舍去,其他仍按进舍规则进行。

8.1.3　计算法则

(1)加减运算

应以各数中有效数字末位数的数位最高者为准(小数即以小数部分位数最少者为准),其余数均比该数向右多保留一位有效数字。

(2)乘除运算

应以各数中有效数字位数最少者为准,其余数均多取一位有效数字,所得积或商也多取一位有效数字。

(3)平方或开方运算

其结果可比原数多保留一位有效数字。

(4)对数运算

所取对数位数应与真数有效数字位数相等。

(5)查角度的三角函数

所用函数值的位数通常随角度误差的减小而增多,一般选择见表 8-1:

表 8-1

角度误差	表的位数	角度误差	表的位数
10″	5	0.1″	7
1″	6	0.01″	8

在所有计算式中,常数 π,e 的数值以及因子 $\sqrt{2}$ 等的有效数字位数可认为无限制,需要几位就取几位。表示精度时,一般取一位有效数字,最多取两位有效数字。

8.2　数据的统计特征与分布

8.2.1　总体与样本

在工程质量检验中,对无限总体中的个体,逐一考察其某个质量特性显然是不可能的。对有限总体,若所含个体数量虽不大,但考察方法是破坏性的,同样不能采用全数考察。所以,通过抽取总体中的一小部分个体加以检测以了解和分析总体质量状况,这是工程质量检验的主要方法(有关工程质量的抽样检验方法将在 8.5 节中讨论)。因此,除特殊项目外,大多采用抽样检验,这就涉及总体与样本的概念。

总体又称母体,是统计分析中所要研究对象的全体。而组成总体的每个单元称为个体。

例如,在沥青混合料拌和工地上需要确定某公司运来的一批沥青质量是否合格,则这批沥青就是总体。总体分为有限总体和无限总体,如果是一批产品,由于其数量有限,所以称其为有限总体;如果是一道工序,由于工序总在源源不断地生产出产品,有时是一个连续的整体,所以这样的总体称为无限总体。

从总体中抽取出的部分个体就是样本(又称子样)。例如,从每一桶沥青中取两个试样,一批沥青有100桶,抽查了200个试样做试验,则这200个试样就是样本。而组成样本的每一个个体,即为样品。例如,上述200个试样中的某一个,就是该样本中的一个样品。

样本容量是样本中所含样品的数量,通常用n来表示。上例中样本容量$n=200$。样本容量的大小,直接关系到判断结果的可靠性。一般来说,样本容量愈大,可靠性愈好,但检测所耗费的工作量也愈大,成本也就愈高。样本容量与总体中所含个体的数量相等时,是一种极限情况。因此,全数检验是抽样检验的极限。

8.2.2 数据的统计特征量

用来表示统计数据分布及其某些特性的特征量分为两类:一类表示数据的集中位置,例如算术平均值、中位数等;一类表示数据的离散程度,主要有极差、标准偏差、变异系数等。

(1)算术平均值

算术平均值是表示一组数据集中位置最有用的统计特征量,经常用样本的算术平均值来代表总体的平均水平。总体的算术平均值用μ表示,样本的算术平均值则用$\bar{x}$表示。如果n个样本数据为x_1、x_2、…、x_n,那么,样本的算术平均值为:

$$\bar{x}=\frac{1}{n}(x_1+x_2+\cdots+x_n)=\frac{1}{n}\sum_{i=1}^{n}x_i \tag{8-1}$$

(2)中位数

在一组数据x_1、x_2、…、x_n中,按其大小次序排序,以排在正中间的一个数表示总体的平均水平,称之为中位数,或称中值,用$\tilde{x}$表示。n为奇数时,正中间的数只有一个;n为偶数时,正中间的数有两个,则取这两个数的平均值作为中位数,即:

$$\tilde{x}=\begin{cases}x_{\frac{n+1}{2}} & (n\text{ 为奇数})\\ \frac{1}{2}(x_{\frac{n}{2}}+x_{\frac{n}{2}+1}) & (n\text{ 为偶数})\end{cases} \tag{8-2}$$

(3)极差

在一组数据中最大值与最小值之差,称为极差,记作R:

$$R=x_{\max}-x_{\min} \tag{8-3}$$

极差没有充分利用数据的信息,但计算十分简单,仅适用于样本容量较小($n<10$)的情况。

(4)标准偏差

标准偏差有时也称标准离差、标准差或称均方差,它是衡量样本数据波动性(离散程度)的指标。在质量检验中,总体的标准偏差σ一般不易求得。样本的标准偏差S按式(8-4)计算。

$$S=\sqrt{\frac{(x_1-\bar{x})^2+(x_2-\bar{x})^2+\cdots+(x_n-\bar{x})^2}{n-1}}=\sqrt{\frac{\sum_{i=1}^{n}(x_i-\bar{x})^2}{n-1}}$$

$$=\sqrt{\frac{1}{n-1}\left(\sum_{i=1}^{n}x_i^2-n\bar{x}^2\right)} \tag{8-4}$$

(5)变异系数

标准偏差反映了样本数据的绝对波动状况，当测量较大的量值时，绝对误差一般较大；而测量较小的量值时，绝对误差一般较小。因此，用相对波动的大小，即变异系数更能反映样本数据的波动性。

变异系数用 C_v 表示，是标准偏差 S 与算术平均值 $\bar{x}$ 的比值，即：

$$C_v=\frac{S}{\bar{x}}\times 100\% \tag{8-5}$$

8.2.3　直方图

直方图即质量分布图，是把收集到的工序质量数据，用相等的组距进行分组，按要求进行频数(每组中出现数据的个数)统计，再在直角坐标系中以组界为顺序、组距为宽度在横坐标上描点，以各组的频数为高度在纵坐标上描点，然后画成长方形(柱状)连接图。

直方图绘制步骤：

(1)收集数据

绘制直方图的数据不应少于 50 ~ 100 个。

(2)数据分析与整理

从收集的数据中找出最大值与最小值，并计算极差。

(3)确定组数与组距

通常先确定组数，后定组距。组数用 B 表示，应根据收集数据总数而定。当数据总数为 50 以下时，$B=5\sim7$ 组；总数为 50 ~ 100 时，$B=6\sim10$ 组；总数为 100 ~ 250 时，$B=7\sim12$ 组；总数为 250 以上时，$B=10\sim20$ 组。

(4)确定组界值

为避免数据刚好落在组界上，组界值要比原数据的精度高一位。

$$\left.\begin{aligned}\text{第一组的下界值}&=x_{\min}-\frac{h}{2}\\ \text{第一组的上界值}&=x_{\min}+\frac{h}{2}\end{aligned}\right\} \tag{8-6}$$

第一组的上界值就是第二组的下界值，第二组的下界值加上组距 h 即为第二组的上界值，其余依此类推。

(5)统计频数

组界值确定后按组号统计频数、频率(相对频数)。

(6)绘制直方图

依横坐标为质量特征,纵坐标为频数(或频率)作直方图。

如果收集的检测数据愈来愈多,分组愈来愈细,直方图就转化为一条光滑的曲线。这条曲线成为概率分布曲线。概率分布曲线的形式很多,在公路工程质量检验与评价中,常用到正态分布和 t 分布。

作直方图的目的,是通过观察图的形状来判断质量是否稳定,质量分布状态是否正常,预测不合格率。因此,直方图在质量控制中的用途,主要有估计可能出现的不合格率、考察工序能力、判断质量分布状态和判断施工能力等。

8.2.4 正态分布

正态分布是应用最多、最广泛的一种概率分布曲线,而且是其他概率分布的基础。

正态分布的概率密度函数为:

$$f(x)=\frac{1}{\sqrt{2\pi}\cdot\sigma}e^{-\frac{(x-\mu)^2}{2\sigma^2}}\qquad(-\infty<x<+\infty)\tag{8-7}$$

式中:x——随机变量;

μ——正态分布的平均值;

σ——正态分布的标准偏差。

平均值 μ 是 $f(x)$ 曲线的位置参数,决定曲线最高点的横坐标。标准偏差 σ 是曲线 $f(x)$ 的形状参数,它的大小反映了曲线的宽窄程度。σ 愈大,曲线低而宽,随机变量在平均值 μ 附近出现的密度愈小;σ 愈小,曲线高而窄,随机变量在平均值 μ 附近出现的密度愈大。

已知平均值 μ 和标准偏差 σ 后,就可绘出正态分布曲线。

正态分布具有以下特点:

(1)正态分布曲线对称于 $x=\mu$,即以平均值为中心。

(2)当 $x=\mu$ 时,曲线处于最高点,当 x 向左右偏离时,曲线逐渐降低,整个曲线呈中间高、两边低的形状。

(3)曲线与横坐标轴所围成的面积等于1,即:

$$\int_{-\infty}^{+\infty}\frac{1}{\sqrt{2\pi}\cdot\sigma}e^{-\frac{(x-\mu)^2}{2\sigma^2}}dx=1\tag{8-8}$$

随机变量 x 服从参数 μ 与 σ 的正态分布时,可记作 $x\sim N(\mu,\sigma)$。当 $\mu=0$、$\sigma=1$ 时的正态分布为标准正态分布,用 $N(0,1)$ 表示。它的概率密度函数为:

$$f(x)=\frac{1}{\sqrt{2\pi}}e^{-\frac{x^2}{2}}\tag{8-9}$$

对于正态分布 $N(\mu,\sigma)$,它的测量值落入区间 (a,b) 的概率 $P<(a<x<b)$[即测量值落入区间 (a,b) 的可能性]是明确的,它等于 $x_1=a$,$x_2=b$ 时横坐标与曲线所围成的面积,可由式(8-10)表示。

$$P(a<x<b)=\Phi\left(\frac{b-\mu}{\sigma}\right)-\Phi\left(\frac{a-\mu}{\sigma}\right)\tag{8-10}$$

其中:

$$\Phi(t) = \int_{-\infty}^{t} \frac{1}{\sqrt{2\pi}} e^{-\frac{x^2}{2}} dx \tag{8-11}$$

利用式(8-10)可以求得双边置信区间的几个重要数据：

$$P\{\mu - \sigma < x < \mu + \sigma\} = 68.26\%$$
$$P\{\mu - 2\sigma < x < \mu + 2\sigma\} = 95.44\%$$
$$P\{\mu - 3\sigma < x < \mu + 3\sigma\} = 99.73\%$$
$$P\{\mu - 1.96\sigma < x < \mu + 1.96\sigma\} = 95.00\%$$

双边置信区间可统一写成：

$$\mu - u_{1-\frac{\beta}{2}} \cdot \sigma < x < \mu + u_{1-\frac{\beta}{2}} \cdot \sigma \tag{8-12}$$

式中：β——显著性水平；

$1 - \beta/2$——置信水平；

$u_{1-\frac{\beta}{2}}$——双边置信区间的正态分布临界值；

$\mu - u_{1-\frac{\beta}{2}} \cdot \sigma$，$\mu + u_{1-\frac{\beta}{2}} \cdot \sigma$——置信下限与上限。

同理可得，单边置信区时：

$$P\{x < \mu + \sigma\} = P\{x > \mu - \sigma\} = 84.13\%$$
$$P\{x < \mu + 2\sigma\} = P\{x > \mu - 2\sigma\} = 97.72\%$$
$$P\{x < \mu + 3\sigma\} = P\{x > \mu - 3\sigma\} = 99.87\%$$
$$P\{x < \mu + 1.645\sigma\} = P\{x > \mu - 1.645\sigma\} = 95.00\%$$

其置信区间可表示为：

$$x < \mu + u_{1-\frac{\beta}{2}} \cdot \sigma \quad 或 \quad x > \mu - u_{1-\frac{\beta}{2}} \cdot \sigma \tag{8-13}$$

式中：$\mu - u_{1-\frac{\beta}{2}} \cdot \sigma$，$\mu + u_{1-\frac{\beta}{2}} \cdot \sigma$——单边置信下限与上限。

在公路工程质量检验与评价中，把式(8-12)、式(8-13)中 μ 称为保证率系数(常用 Z_a 表示)，其取值与公路等级有关，而且常常用样本的平均值 $\bar{x}$、标准偏差 S 分别代替上述公式中 μ 与 σ。

8.2.5　*t* 分布

t 分布的概率密度函数为：

$$t(x,n) = \frac{\Gamma\left(\frac{n+1}{2}\right)}{\Gamma\left(\frac{n}{2}\right)\sqrt{n\pi}} \left(1 + \frac{x^2}{n}\right)^{\frac{-n+1}{2}} \tag{8-14}$$

式中：x——随机变量；

n——样本容量，在数理统计学中称自由度。

当随机变量 x 服从自由度为 n 的 t 分布时，记作 $x \sim t(n)$。

可以证明：当 $n \to \infty$ 时，t 分布趋于正态分布，一般来说，当 $n > 30$ 时，t 分布与标准正态分布就非常接近了。但对较小的 n 值，t 分布与正态分布之间有较大的差异，且：

$$P\{|T| \geqslant t_0\} \geqslant P\{|x| \geqslant t_0\} \tag{8-15}$$

其中 $x \sim N(0,1)$，即在 t 分布的尾部比在标准正态分布的尾部有着更大的概率。

在施工质量评价中，常需要解决总体标准偏差 σ 未知，如何估计平均值置信区间的问题。为解决这一问题，一个很自然的想法就是利用样本标准偏差 S 代替总体标准偏差 σ 。

设 $(x_1, x_2, \cdots, x_n)$ 来自正态分布总体，根据抽样分布定理可知：

$$T = \frac{\bar{x} - \mu}{\frac{S}{\sqrt{n}}} \sim t(n-1) \tag{8-16}$$

因此，根据给定的 β 和自由度 $n-1$，由“t 分布概率系数表”查得 $t_{1-\frac{\beta}{2}}(n-1)$ 的值，由此得平均值 μ 的双边置信区间：

$$\left(\bar{x} - t_{1-\frac{\beta}{2}}(n-1)\frac{S}{\sqrt{n}}, \bar{x} + t_{1-\frac{\beta}{2}}(n-1)\frac{S}{\sqrt{n}}\right) \tag{8-17}$$

同理可得 μ 的单边置信区间：

$$\mu < \bar{x} + t_{1-\frac{\beta}{2}}(n-1)\frac{S}{\sqrt{n}} \text{或} \mu > \bar{x} - t_{1-\frac{\beta}{2}}(n-1)\frac{S}{\sqrt{n}} \tag{8-18}$$

8.3 可疑数据的取舍方法

在一组条件完全相同的重复试验中，个别的测量值可能会出现异常。如测量值过大或过小，这些过大或过小的测量数据是不正常的，或称为可疑的。对于这些可疑数据应该用数理统计的方法判别其真伪，并决定取舍。常用的方法有拉依达（PaЙTa）法、肖维纳特（Chavenet）法、格拉布斯（Grubbs）法等。

8.3.1 拉依达法

当试验次数较多时，可简单地用 3 倍标准偏差（3S）作为确定可疑数据取舍的标准。当某一测量数据（x_i）与其测量结果的算术平均值（$\bar{x}$）之差大于 3 倍标准偏差时，即：

$$|x_i - \bar{x}| > 3S \tag{8-19}$$

则该测量数据应舍弃。

这是美国混凝土标准中所采用的方法，由于该方法是以 3 倍标准偏差作为判别标准，所以也称 3 倍标准偏差法，简称 3S 法。

取 3S 的理由是：根据随机变量的正态分布规律，在多次试验中，测量值落在 $\bar{x} - 3S$ 与 $\bar{x} + 3S$ 之间的概率为 99.73%，出现在此范围之外的概率仅为 0.27%，也就是在近 400 次试验中才能遇到一次，这种事件为小概率事件，出现的可能性很小。因而在实际试验中，一旦出现，就认为该测量数据是不可靠的，应将其舍弃。

另外，当测量值与平均值之差大于 2 倍标准偏差（$|x_i - \bar{x}| > 2S$）时，则该测量值应保留，但需存疑。如发现生产（施工）、试验过程中有可疑的变异时，该测量值则应予舍弃。

拉依达法简单方便，不需查表，但要求较宽，当试验检测次数较多或要求不高时可以应用，当试验检测次数较少时（如 $n < 10$）在一组测量值中即使混有异常值，也无法舍弃。

8.3.2　肖维纳特法

进行 n 次试验,其测量值服从正态分布,以概率 $\frac{1}{2n}$ 设定一判别范围 $(-k_nS, k_nS)$,当偏差(测量值 x_i 与其算术平均值 $\bar{x}$ 之差)超出该范围时,就意味着该测量值 x_i 是可疑的,应予舍弃。判别范围由式(8-20)确定:

$$\frac{1}{2n} = 1 - \int_{-k_n}^{k_n} \frac{1}{\sqrt{2\pi}} e^{-\frac{t^2}{2}} dt \tag{8-20}$$

式中:k_n—肖维纳特系数,与试验次数 n 有关,可由正态分布系数表查得,见表 8-2。

肖维纳特系数 k_n　　表 8-2

n	k_n	n	k_n	n	k_n	n	k_n	n	k_n	n	k_n
3	1.38	8	1.86	13	2.07	18	2.20	23	2.30	50	2.58
4	1.53	9	1.92	14	2.10	19	2.22	24	2.31	75	2.71
5	1.65	10	1.96	15	2.13	20	2.24	25	2.33	100	2.81
6	1.73	11	2.00	16	2.15	21	2.26	30	2.39	200	3.02
7	1.80	12	2.03	17	2.17	22	2.28	40	2.49	500	3.20

肖维纳特法可疑数据舍弃的标准为:

$$\frac{|x_i - \bar{x}|}{S} \geqslant k_n \tag{8-21}$$

肖维纳特法改善了拉依达法,但从理论上分析,当 $n \to \infty$、$k_n \to \infty$,此时所有异常值都无法舍弃。此外,肖维纳特系数与置信水平间无明显联系。

8.3.3　格拉布斯法

格拉布斯法假定测量结果服从正态分布,根据顺序统计量来确定可疑数据的取舍。

进行 n 次重复试验,试验结果为 x_1、x_2、…、x_n,而且 x_i 服从正态分布。为了检验 x_i $(i=1,2,\cdots,n)$ 中是否有可疑值,可将 x_i 按其值由小到大顺序重新排列,得:$x_{(1)} \leqslant x_{(2)} \leqslant \cdots \leqslant x_{(n)}$。

根据顺序统计原则,给出标准化顺序统计量 g:当最小值 $x_{(1)}$ 可疑时,$g = \frac{\bar{x} - x_{(1)}}{S}$;当最大值 $x_{(n)}$ 可疑时,则 $g = \frac{x_{(n)} - \bar{x}}{S}$。

根据格拉布斯统计量的分布,在指定的显著性水平 β(一般 $\beta=0.05$)下,求得判别可疑值的临界值 $g_0(\beta, n)$,格拉布斯法的判别标准为:

$$g \geqslant g_0(\beta, n) \tag{8-22}$$

当测量值 $x_{(i)}$ 异常时应予舍去。其中 $g_0(\beta, n)$ 值列于表 8-3。

格拉布斯系数 g_0 (β,n) 表 8-3

n \ β	0.01	0.05	n \ β	0.01	0.05	n \ β	0.01	0.05
3	1.15	1.15	13	2.61	2.33	23	2.96	2.62
4	1.49	1.46	14	2.66	2.37	24	2.99	2.64
5	1.75	1.67	15	2.70	2.41	25	3.01	2.66
6	1.94	1.82	16	2.74	2.44	30	3.10	2.74
7	2.10	1.94	17	2.78	2.47	35	3.18	2.81
8	2.22	2.03	18	2.82	2.50	40	3.24	2.87
9	2.32	2.11	19	2.85	2.53	50	3.34	2.96
10	2.41	2.18	20	2.88	2.56	100	3.59	3.17
11	2.48	2.24	21	2.91	2.58			
12	2.55	2.29	22	2.94	2.60			

利用格拉布斯法每次只能舍弃一个可疑值,若有两个以上的可疑数据,应该一个一个舍弃,舍弃第一个数据后,试验次数由 n 变为 $n-1$,以此为基础再判别第二个可疑数据。

8.4 数据的表达方法

通过试验检测获得一系列数据,如何对这些数据进行深入分析,以便得到各参数之间的关系,甚至用数学解析的方法,导出各参数之间的函数关系,这是数据处理的任务之一。

测量数据的表达方法通常有表格法、图示法和经验公式法等三种。

8.4.1 表格法

用表格来表示函数的方法,在自然科学和工程技术上用得特别多。在科学试验中,一系列测量数据都是首先列成表格,然后再进行其他的处理。表格法简单方便,但若要进行深入分析,表格就不能胜任了。首先,尽管测量次数相当多,但它不能给出所有的函数关系;其次,从表格中不易看出自变量变化时函数的变化规律,而只能大致估计出函数是递增的、递减的或是周期性变化的等等。列成表格是为了表示出测量结果,或是为了以后计算方便,同时也是图示法和经验公式法的基础。

表格有两种:一种是试验检测数据记录表;另一种是试验检测结果表。

试验检测数据记录表是该项试验检测的原始记录表,它包括的内容应有试验检测目的、内容摘要、试验日期、环境条件、检测仪器设备、原始数据、测量数据、结果分析以及参加人员和负责人等。

试验检测结果表只反映试验检测结果的最后结论,一般只有几个变量之间的对应关系。其应力求简明扼要,能说明问题。

8.4.2 图示法

在自然科学和工程技术中用图形来表示测量数据是最普遍的一种方法。图示法的最大优点是一目了然，即从图形中可非常直观地看出函数的变化规律，如递增性或递减性，最大值或最小值，是否具有周期性变化规律等。但是，从图形上只能得到函数变化关系而不能进行数学分析。

图示法的基本要点为：

(1)在直角坐标系中绘制测量数据的图形时，应以横坐标为自变量，纵坐标为对应的函数量。

(2)坐标纸的大小与分度的选择应与测量数据的精度相适应。分度过粗时，影响原始数据的有效数字，绘图精度将低于试验中参数测量的精度；分度过细时会高于原始数据的精度。

坐标分度值不一定自零起，可用低于试验数据的某一数值作起点和高于试验数据的某一数值作终点，曲线以基本占满全幅坐标纸为宜。

(3)坐标轴应注明分度值的有效数字和名称、单位，必要时还应标明试验条件，坐标的文字书写方向应与该坐标轴平行，在同一图上表示不同数据时应该用不同的符号加以区别。

(4)曲线平滑方法。测量数据往往是分散的，如果用短线连接各点得到的就不是光滑的曲线，而是折线。由于每一个测点总存在误差，按带有误差的各数据所描的点不一定是真实值的正确位置。根据足够多的测量数据，完全有可能作出一光滑曲线。试验决定曲线的走向时，人员应考虑使曲线尽可能通过或接近所有的点，但曲线不必强求通过所有的点，尤其是两端的点，当不可能时，则应移动曲线尺，顾及到所绘制的曲线与实测值之间的误差的平方和最小。此时，曲线两边的点数接近于相等。

8.4.3　经验公式法

测量数据不仅可用图形表示出函数之间的关系，而且可用与图形对应的一个公式来表示所有的测量数据，当然这个公式不可能完全准确地表达全部数据。因此，常把与曲线对应的公式称为经验公式，在回归分析中则称之为回归方程。

把全部测量数据用一个公式来代替，不仅有紧凑扼要的优点，而且可以对公式进行必要的数学运算，以研究各自变量与函数之间的关系。

根据一系列测量数据，如何建立公式，建立什么形式的公式，这是首先需要解决的问题。

所建立的公式能正确表达测量数据的函数关系，往往不是一件容易的事情，在很大程度上取决于试验人员的经验和判断能力；而且建立公式的过程比较繁琐，有时还要多次反复才能得到与测量数据更接近的公式。

建立公式的步骤大致可归纳如下：

(1)描绘曲线。以自变量为横坐标，函数量为纵坐标，将测量数据描绘在坐标纸上，并把数据点描绘成测量曲线(详见图示法)。

(2)对所描绘的曲线进行分析，确定公式的基本形式。

如果数据点描绘的基本上是直线，则可用一元线性回归方法确定直线方程；如果数据点描绘的是曲线，则要根据曲线的特点判断曲线属于何种类型。判断时可参考现成的数学曲线形状加以选择，对选择的曲线则按一元非线性回归方法处理；如果测量曲线很难判断属何种类型，则可按多项式回归处理。

(3)曲线化直。如果测量数据描绘的曲线被确定为某种类型的曲线，则可先将该曲线方程变换为直线方程，然后按一元线性回归方法处理。

(4)确定公式中的常量。代表测量数据的直线方程或经曲线化直后的直线方程表达式为 $y = a + bx$，可根据一系列测量数据确定方程中的常量 a 和 b。其方法一般有图解法、端值法、平均法和最小二乘法等。

(5)检验所确定的公式的准确性，即用测量数据中自变量值代入公式计算出函数值，看它与实际测量值是否一致，如果差别很大，说明所确定的公式基本形式可能有错误，则应建立另外形式的公式。

8.4.4 一元线性回归分析

若两个变量 x 和 y 之间存在一定的关系，并通过试验获得 x 和 y 的一系列数据，用数学处理的方法得出这两个变量之间的关系式，这就是回归分析，也就是工程上所说的拟合问题，所得关系式称为经验公式，或称回归方程、拟合方程。

如果两变量 x 和 y 之间的关系是线性关系，就称为一元线性回归或称直线拟合。如果两变量之间的关系是非线性关系，则称为一元非线性回归或称曲线拟合。前面已经介绍，对于非线性问题，可以通过坐标变换转化为线性回归问题进行处理。

设两变量之间的关系为 $y = f(x)$，通过实验可以得到若干组对应数据 (x_1, y_1)、(x_2, y_2)、…、(x_n, y_n)。根据这些数据在 x 和 y 平面坐标系中绘出相应的数据点，当点大致分布在同一条支线附近时，说明两变量 x 和 y 之间存在线性关系，即可以用一条适当的直线来表示这两个变量的关系，此直线方程为：

$$Y = a + bx \tag{8-23}$$

式中：a，b——回归系数。

平面上直线很多，而 a，b 值构成的最优直线必须使 $Y = a + bx$ 方程的函数值 Y_i 与实际测量值 y_i 之间的偏差最小。理论分析和工程实践均表明，最小二乘法确定的回归方程偏差小，平均法次之，端值法偏差最大。为此，下面仅讨论最小二乘法。

最小二乘法的基本原理为：当所有测量数据的偏差平方和最小时，所拟合的直线最优。最小二乘原理可表示为：

$$Q = \sum_{i=1}^{n}(y_i - Y_i)^2 = \sum_{i=1}^{n}(y_i - a - bx_i)^2 = 最小 \tag{8-24}$$

根据极值原理，要使 Q 最小，只需将上式分别对 a 和 b 求偏导数，并令其等于零，即：

$$\frac{\partial Q}{\partial a} = \sum_{i=1}^{n}[-2(y_i - a - bx_i)] = 0 \tag{8-25}$$

$$\frac{\partial Q}{\partial b} = \sum_{i=1}^{n}[-2(x_i - a - bx_i)] = 0 \tag{8-26}$$

根据上述两式，可求得：

$$b = \frac{L_{xy}}{L_{xx}} \tag{8-27}$$

$$a = \bar{y} - b\bar{x} \tag{8-28}$$

式中：

$$L_{xy}=\sum_{i=1}^{n}(x_i-\bar{x})(y_i-\bar{y})=\sum_{i=1}^{n}x_iy_i-\frac{1}{n}(\sum_{i=1}^{n}x_i)(\sum_{i=1}^{n}y_i) \tag{8-29}$$

$$L_{xx}=\sum_{i=1}^{n}(x_i-\bar{x})^2=\sum_{i=1}^{n}x_i^2-\frac{1}{n}(\sum_{i=1}^{n}x_i)^2 \tag{8-30}$$

顺便说明，回归系数 b 的物理意义是回弹值 N 每增减 1，抗压强度增减 1.573MPa。

任何两个变量 x 、y 的若干组试验数据，都可以按上述方法配置一条回归直线。假如两变量 x 、y 之间根本不存在线性关系，那么所建立的回归方程就毫无实际意义。因此，需要引入一个数量指标来衡量其相关程度，这个指标就是相关系数，用 r 表示：

$$r=\frac{L_{xy}}{\sqrt{L_{xx}L_{yy}}} \tag{8-31}$$

式中：

$$L_{yy}=\sum_{i=1}^{n}(y_i-\bar{y})^2=\sum_{i=1}^{n}y_i^2-\frac{1}{n}(\sum_{i=1}^{n}y_i)^2 \tag{8-32}$$

相关系数 r 是描述回归方程线性相关的密切程度的指标，其取值范围为$[-1,1]$。r 的绝对值越接近于 1，x 、y 之间的线性关系越好。当 $r=\pm1$ 时，x 、y 之间没有线性关系。这时 x 、y 可能不相关，也可能是曲线相关。

对于一个具体问题，只有当相关系数 r 的绝对值大于临界值 r_β 时，才可用直线近似表示 x 、y 之间的关系，也就是 x 、y 之间存在线性相关关系，其中临界值 r_β 与测量数据的个数 n 和显著性水平 β 有关，其值列于附录一。

8.5　抽样检验基础

检验是指通过测量、试验等质量检测方法，将工程产品与其质量要求相比较并作出质量评判的过程。工程质量检验是工程质量控制的一个重要环节，是保证工程质量的必要手段。

检验可分为全数检验和抽样检验两大类。全数检验是对一批产品中的每一个产品进行检验，从而判断该批产品质量状况；抽样检验是从一批产品中抽出少量的单个产品进行检验，从而推断该批产品质量状况。全数检验较抽样检验可靠性好，但检验工作量大，往往难以实现；抽样检验方法以数理统计学为理论依据，具有很强的科学性和经济性，在许多情况下只能采用抽样检验方法。公路工程不同于一般产品，它是一个连续的整体，且采用的质量检测手段又多属于破坏性的，所以就公路工程质量检验而言，不可能采用全数检验，而只能采用抽样检验。即从待检工程中抽取样本，根据样本的质量检查结果，推断整个待检工程的质量状况。

质量检验的目的在于准确判断工程质量状况，以促进工程质量的提高。

下面三个因素密切相关：

(1)质量检测手段的可靠性。

(2)抽样检验方法的科学性。

(3)抽样检验方案的科学性。

在质量检验过程中，必须全面考虑上述三个因素，以提高质量检验的可靠性。

8.5.1　抽样检验的类型

抽样是从总体中抽取样本的过程，并通过样本了解总体。总的来说，抽样检验分为非随机抽样与随机抽样两大类。

(1)非随机抽样

进行人为的有意识的挑选取样即为非随机抽样。非随机抽样中,人的主观因素起主导作用,由此所得到的质量数据,可能会对总体做出错误的判断。因此,采用非随机抽样方法所得的检验结论,其可信度较低。

(2)随机抽样

随机抽样排除了人的主观因素,使待检总体中的每一个产品具有同等被抽取到的机会。只有随机抽取的样本才能客观地反映总体的质量状况。这类方法所得到的数据代表性强,质量检验的可靠性得到了基本保证。因此,随机抽样是以数理统计的原理,根据样本取得的质量数据来推测、判断总体的一种科学抽样检验方法,因而被广泛使用。

8.5.2 随机抽样的方法

(1)单纯随机抽样

在总体中,直接抽取样本的方法即为单纯随机抽样。这是一种完全随机化的抽样方法。要实现单纯随机抽样,应对总体中各个个体进行编码。随机抽样并不意味着随便地、任意地取样,而是应采取一定的方式获取随机数,以确保抽样的随机性。而随机数可以利用随机数表获得,也可以利用掷骰子和抽签的方法获得。

(2)系统抽样

有系统地将总体分成若干部分,然后从每一个部分抽取一个或若干个个体,组成样本。这一方法称之为系统抽样。在工程质量控制中,系统抽样的实现主要有三种方式。

①将比较大的工程分为若干部分,再根据样本容量的大小,在每部分按比例进行单纯随机抽样,将各部分抽取的样品组合成一个样本。

②间隔定时法,每隔一定的时间,从工作面抽取一个或若干个样品。该方法适合于工序质量控制。

③间隔定量法,每隔一定数量的产品,抽取一个或若干个样品,该方法主要适合于工序质量控制。

(3)分层抽样

一项工程或工序往往是由若干不同的班组施工的。分层抽样法就是根据此类情况,将工程或工序分为若干层。如同一个班组施工的工程或工序作为一层,若某项工程或工序是由三个不同的班组施工的,则可分为三层,然后按一定比例确定每层应抽取样品数,对每层则按单纯随机抽样法抽取样品。分层时,应尽量使层内均匀,而层间不均匀。分层抽样法便于了解每层的质量状况,分析每层产生质量问题的原因。

8.5.3 路基路面现场随机取样方法

为了公正、合理地反映工程质量状况,取样的位置不应带有任何倾向性,应该根据随机数表来确定现场取样的具体位置,详见《公路路基路面现场测试规程》(JTG E60—2008)。

应用随机数表确定现场取样位置时,应事先准备好编号从 1 ~ 28 共 28 块硬纸片,并将其装入布袋中。下面分测定区间或测定断面和测点位置两种情况加以讨论。

(1)测定区间或断面确定方法

①路段确定,根据路基路面施工或验收、质量评定方法等有关规范决定需检测的路段。它可以是一个作业段、一天完成的路段或路线全程,在路基路面工程检查验收时,通常以 1km 为一个检测路段,此时,检测路段的确定也应按本方法的步骤进行。

②将确定的测试路段划分为一定长度的区间或按桩号间距(一般为 20m)划分若干个断面,并按 1、2、…、T 进行编号,其中 T 为总的区间数或断面数。

③从布袋中随机摸出一块硬纸片,硬纸片上的号数即为随机数表中的栏号,从 1 ~ 28 栏中选出该栏号的一栏。

④按照测定区间数、断面数的频度要求(总的取样数为 n,当 $n>30$ 时应分次进行),依次找出与 A 列中 01、02、…、n 对应的 B 列中的值,共 n 对对应的 A、B 值。

⑤将 n 个 B 值与总的区间数或断面数 T 相乘,四舍五入成整数,即得到 n 个断面的编号。

(2) 测点位置确定方法

①从布袋中任意取出一块硬纸片,纸片上的号数即为随机数表中的栏号。从 1 ~ 28 栏中选出该栏号的一栏。

②按照测点数的频度要求(总的取样数为 n)依次找出栏号的取样位置数,每个栏号均有 A、B、C 三列。根据检验数量 n(当 $n>30$ 时应分次进行),在所选定栏号的 A 列找出等于所需取样位置数的全部数,如 01、02 、…、n。

③确定取样位置的纵向距离,找出与 A 列中相对应的 B 列中的数值,以此数乘以检测区间的总长度,并加上该段的起点桩号,即可得出取样位置距该段起点的距离或桩号。

④确定取样位置的横向距离,找出与 A 列中相对应的 C 列中的数值,以此数乘以路基路面的宽度,再减去宽度的一半,即得出取样位置离路中心线的距离。如差值是正值(+),表示在中心线的右侧;如差值是负值(-),表示在中心线的左侧。

8.5.4　抽样检验的评定方法

抽样检验的目的,就是根据样本取得的质量数据来推测样本所属的一批产品或工序的质量状况,并判断该批产品或该工序是否合格。抽样检验评定基本原理可参见图 8-1。

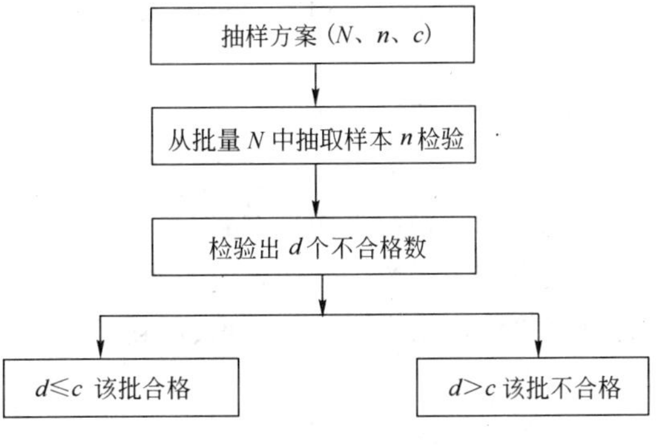

图 8-1　抽样检验评定原理

图中,N 为一批产品数量(即批量),n 为从批量中随即抽取的样本数,d 为抽出样本中不合格品数量;c 为抽样中允许不合格数(或称合格判定数)。若 $d \leqslant c$,则认为该产品合格,可以接受;若 $d>c$ 则说明该产品不合格,应拒绝接受。

根据《公路工程质量检验评定标准》(JTJ F80/1—2004),公路工程质量评定采用合格率与评分的方法,也就是根据检测值是否符合质量标准进行评定,按合格率计分。

对于路基路面压实度、弯沉值,路面结构层厚度,半刚性基层材料强度,水泥混凝土抗折强度等检验项目,应采用数理统计的方法进行评定计分。具体的评定方法请参阅《公路工程质量检验评定标准》(JTJ F80/1—2004)。

8.6 误差的基本概念

由于人们认识能力的局限,科学技术水平的限制,以及测量数值不能以有限位数表示(如圆周率 π)等原因,在对某一对象进行试验或测量时,所测得的数值与其真实值不会完全相等,这种差异即称为误差。但是随着科学技术的发展,人们认识水平的提高,实践经验的增加,测量的误差数值可以被控制到很小的范围,或者说测量值可更接近于其真实值。

8.6.1 真值

真值即真实值,是指在一定条件下,被测量客观存在的实际值。真值通常是个未知量,一般所说的真值是指理论真值、规定真值和相对真值。

理论真值:也称绝对真值,如平面三角形三内角之和恒为 180°。

规定真值:国际上公认的某些基准量值,如 1960 年国际计量大会规定“1m 等于真空中氪 86 原子的 $2P_{10}$ 和 $5P_5$ 能级之间跃迁时辐射的 1 650 763.73 个波长的长度”。1982 年国际计量局召开的米定义咨询委员会提出新的米定义为“米等于光在真空中 1/299 792 458s 时间间隔内所经路径的长度”。这个米基准就当作计量长度的规定真值。规定真值也称约定真值。

相对真值:计量器具按精度不同分为若干等级,上一等级的指示值即为下一等级的真值,此真值称为相对真值。例如,在力值的传递标准中,用二等标准测力机校准三等标准测力计,此时二等标准测力机的指示值即为三等标准测力计的相对真值。

8.6.2 误差

根据误差表示方法的不同,有绝对误差和相对误差。

(1)绝对误差

绝对误差是指实测值与被测之量的真值之差,即:

$$\Delta L = L - L_0 \tag{8-33}$$

式中:ΔL——绝对误差;

L——实测值;

L_0——被测之量的真值。

但是,大多数情况下,真值是无法得知的,因而绝对误差也无法得到。一般只能应用一种更精密的量具或仪器进行测量,所得数值称为实际值,它更接近真值,并用它代替真值计算误差。

绝对误差具有以下一些性质:

①它是有单位的,与测量时采用的单位相同。

②它能表示测量的数值是偏大还是偏小以及偏离程度。

③它不能确切地表示测量所达到的精确程度。

(2)相对误差

相对误差是指绝对误差与被测真值(或实际值)的比值,即:

$$\delta = \frac{\Delta L}{L_0} \times 100 \approx \frac{\Delta L}{L} \times 100 \tag{8-34}$$

式中：δ——相对误差%。

相对误差不仅表示测量的绝对误差，而且能反映出测量时所达到的精度。相对误差具有以下一些性质：

①它是无单位的，通常以百分数表示，而且与测量所采用的单位无关，而绝对误差则不然，测量单位改变，其值亦变。

②能表示误差的大小和方向，因为相对误差大时绝对误差亦大。

③能表示测量的精确程度。当测量所得绝对误差相同时，则测量的量大者精度就高。

因此，通常都用相对误差来表示测量误差。

8.6.3 误差的来源

在任何测量过程中，无论采用多么完善的测量仪器和测量方法，也无论在测量过程中怎样细心和注意，都不可避免地存在误差。产生误差的原因是多方面的，可以归纳如下：

(1)装置误差

主要由设备装置的设计制造、安装、调整与运用引起的误差，如试验机示值误差，等臂天平不等臂，仪器安装不垂直、偏心等。

(2)环境误差

由于各种环境因素达不到要求的标准状态所引起的误差，如混凝土养护条件达不到标准的温度、湿度要求等。

(3)人员误差

测试者生理上的最小分辨力和固有习惯引起的误差，如对准示值读数时，始终偏左或偏右、偏上或偏下、偏高或偏低。

(4)方法误差

测试者未按规定的操作方法进行试验所引起的误差，如强度试验时试块放置偏心，加荷速度过快或过慢等。

需要指出，以上几种误差来源，有时是联合作用的，在进行误差分析时，可作为一个独立的误差因素来考虑。

8.6.4 误差的分类

误差就其性质而言，可分为系统误差、随机误差(或称偶然误差)和过失误差(或称粗差)。

(1)系统误差

在同一条件下，多次重复测试同一量时，误差的数值和正负号有较明显的规律。系统误差通常在测试之前就已经存在，而且在试验过程中，始终偏离一个方向，在同一试验中其大小和符号相同，如试验机示值的偏差等。系统误差容易识别，并可通过试验或用分析方法掌握其变化规律，在测量结果中加以修正。

(2)随机误差

在相同条件下，多次重复测试同一量时，出现误差的数值和正负号没有明显的规律，它是由许多难以控制的微小因素造成的。例如,原材料特性的正常波动,试验条件的微小变化等。由于每个因素出现与否,以及这些因素所造成的误差大小、方向事先无法知道,有时大、有时小,有时正、有时负,其发生完全出于偶然,因而很难在测试过程中加以消除。但是,完全可以掌握这种误差的统计规律,用概率论与数理统计方法对数据进行分析和处理,以获得可靠的测量结果。

(3)过失误差

过失误差明显地歪曲试验结果,如测错、读错、记错或计算错误等。含有过失误差的测量数据是不能采用的,必须利用一定的准则从测得的数据中剔除。因此,在进行误差分析时,只考虑系统误差与随机误差。

8.6.5 精密度、准确度和精确度

精密度与准确度两者并不相同。精密度系用同一测量方法自某一总体反复抽样时,样本平均值($\bar{x}$)离开总体平均值(μ)的程度。系统误差越大即二者的偏差越大,则精密度越低。通常将系统误差的大小作为反映精密度高低的定量指标。准确度系用同一方法自某一总体反复抽样时,或自同一(或均匀)样本用同一方法反复测量时,各观测值(x_i)离开观测平均值($\bar{x}$)的程度。数据越分散,准确度越差。引起数据分散的随机误差作为反映准确度的定量指标。

由此可见,精密度与准确度分别是对两类不同性质的系统误差和随机误差的描述。只有当系统误差和随机误差都很小时才能说精确度高。精确度是对系统误差和随机误差的综合描述。

对于上述概念,目前国内外尚不完全统一,有的把准确度称为正确度,而把精确度称为准确度;有的把精密度简称为精度,而有的则把精确度简称为精度。尽管在名词的称谓上有所差异,但其所包含的内容(即系统误差与随机误差对测量结果影响的程度)是完全一致的。

附录一　相关系数检验表

相关系数检验表（γ_{β}）

$n-2$	显著性水平 β		$n-2$	显著性水平 β		$n-2$	显著性水平 β	
	0.01	0.05		0.01	0.05		0.01	0.05
1	1.000	0.997	15	0.606	0.482	29	0.456	0.355
2	0.990	0.950	16	0.590	0.468	30	0.449	0.349
3	0.959	0.878	17	0.575	0.456	35	0.418	0.325
4	0.917	0.811	18	0.561	0.444	40	0.393	0.304
5	0.874	0.754	19	0.549	0.433	45	0.372	0.288
6	0.834	0.707	20	0.537	0.423	50	0.354	0.273
7	0.798	0.666	21	0.526	0.413	60	0.325	0.250
8	0.765	0.632	22	0.515	0.404	70	0.302	0.232
9	0.735	0.602	23	0.505	0.396	80	0.283	0.271
10	0.708	0.576	24	0.496	0.388	90	0.267	0.205
11	0.684	0.553	25	0.487	0.381	100	0.254	0.195
12	0.661	0.532	26	0.478	0.374	200	0.181	0.138
13	0.641	0.514	27	0.470	0.367	300	0.148	0.113
14	0.623	0.497	28	0.463	0.361	400	0.128	0.098

附录二 ASTM D6373 规定的沥青黏结剂等级

ASTM D6373 规定的沥青黏结剂等级(SUPERPAVE 规范 PG 分级)

性 能 等 级	PG46			PG52							PG58					PG64					
	34	40	46	10	16	22	28	34	40	46	16	22	28	34	40	10	16	22	28	34	40
7d 平均最高设计温度,℃	<46			<52							<58					<64					
最低设计温度,℃	>-34	>-40	>-46	>-10	>-16	>-22	>-28	>-34	>-40	>-46	>-16	>-22	>-28	>-34	>-40	>-10	>-16	>-22	>-28	>-34	>-40
新鲜沥青																					
闪点,℃,min	230																				
黏度最大为 3 000mpa · s 的试验温度①,℃	135																				
$G^*/\sin\delta \geq 1.00$ 的最低温度②,℃	46			52							58					64					
旋转薄膜烘箱试验后残余物																					
最大质量损失③,%	1.00																				
$G^*/\sin\delta \geq 2.20$ 的最低温度②,℃	46			52							58					64					
压力老化容器(PAV)试验后残余物																					
PAV 老化温度④,℃	90			90							100					100					
$G^* \sin\delta \leq 5\ 000$ 的最高温度②,℃	10	7	4	25	22	19	16	13	10	7	25	22	19	16	13	31	28	25	22	19	16
$S(60) \leq 300\text{MPa}$、$m(60) \geq 0.300$ 的试验温度⑤,℃	-24	-30	-36	0	-6	-12	-18	-24	-30	-36	-6	-12	-18	-24	-30	0	-6	-12	-18	-24	-30
直接拉伸速率为 1mm/min 时,破坏应变≥1% 的试验温度⑥,℃	-24	-30	-36	0	-6	-12	-18	-24	-30	-36	-6	-12	-18	-24	-30	0	-6	-12	-18	-24	-30

续上表

性能等级	PG70						PG76					PG82				
	34	10	16	22	28	34	40	10	16	22	28	34	10	16	22	28
7d 平均最高设计温度,℃	<70						<76					<82				
最低设计温度,℃	>-10	>-16	>-22	>-28	>-34	>-40	>-10	>-16	>-22	>-28	>-34	>-10	>-16	>-22	>-28	>-34
新鲜沥青																
闪点,℃,min	230															
黏度最大为 3000mpa·s 的试验温度①,℃	135															
$G^*/\sin\delta \geq 1.00$ 的最低温度②,℃	70						76					82				
旋转薄膜烘箱试验后残余物																
最大质量变化③,%	1.00															
$G^*/\sin\delta \geq 2.20$ 的最低温度②,℃	70						76					82				
压力老化罐(PAV)试验后残余物																
PAV 老化温度④,℃	100(110)						100(110)					100(110)				
$G^*\sin\delta \leq 5\,000$ 的最高温度②,℃	34	31	28	25	22	19	37	34	31	28	25	40	37	34	31	28
$S(60) \leq 300$MPa、$m(60) \geq 0.300$ 的试验温度⑤,℃	0	-6	-12	-18	-24	-30	0	-6	-12	-18	-24	0	-6	-12	-18	-24
直接拉伸速率为 1mm/min 时,破坏应变≥1%的试验温度⑥,℃	0	-6	-12	-18	-24	-30	0	-6	-12	-18	-24	0	-6	-12	-18	-24

注:①如果供应商能保证在满足应用温度标准下沥青黏结剂的安全泵送和施工,135℃黏度可不做要求。如为了控制新鲜沥青黏合剂的生产质量,在沥青黏合剂为牛顿流体的试验温度下可用 $G^*/\sin\delta$ 代替黏度的测量。黏度可以用毛细管黏度计和旋转黏度计测量。

②G^* 为复合剪切模量。δ 为应力和应变间的相位角。$G^*/\sin\delta$ 试验条件为平行板直径为 25mm、板间隙为 1mm 和平行板直径为 8mm、板间隙为 2mm,两个指标的试验频率都为 10rad/s。

③不管是质量增加还是质量减少,质量变化都应低于 1.00%。

④老化温度是基于气候条件设定的,可为 90℃、100℃、110℃中的一个。对 PG64 或更高等级的沥青黏合剂除了在沙漠气候条件下为 110℃外,其余条件的老化温度都是 100℃。

⑤$S(60)$为载荷时间为 60s 时的弯曲蠕变劲度。$m(60)$为载荷时间为 60s 时弯曲蠕变劲度斜率。

⑥蠕变劲度低于 300MPa 和 $m(60) \geq 0.3$ 时,直接拉伸试验可不做要求。当蠕变劲度在 300~600 MPa 之间,$m(60) \geq 0.3$ 时,直接拉伸试验测得的破坏应变大于 1% 时,可代替蠕变劲度要求,也算通过指标。

参考文献

[1] 中华人民共和国行业标准. JTG F40—2004 公路沥青路面施工技术规范. 北京:人民交通出版社. 2004.

[2] 中华人民共和国行业标准. JTJ 052—2000 公路工程沥青及沥青混合料试验规程. 北京:人民交通出版社. 2000.

[3] 中华人民共和国行业标准. JTG D50—2006 公路沥青路面设计规范. 北京:人民交通出版社. 2006.

[4] 沈金安. 沥青及沥青混合料路用性能. 北京:人民交通出版社. 2003.

[5] 盛安连. 路基路面检测技术. 北京:人民交通出版社. 1996.

[6] 孙朝云. 现代道路交通检测技术. 北京:人民交通出版社. 2000.

[7] 中华人民共和国行业标准. JTG E40—2007 公路土工试验规程. 北京:人民交通出版社. 2007.

[8] 中华人民共和国行业标准. JTG E60—2008 公路路基路面现场测试规程. 北京:人民交通出版社. 2008.

[9] 中华人民共和国行业标准. JTG E30—2005 公路工程水泥及水泥混凝土试验规程. 北京:人民交通出版社. 2005.

[10] 中华人民共和国行业标准. JTG E41—2005 公路工程岩石试验规程. 北京:人民交通出版社. 2005.

[11] 中华人民共和国行业标准. JTJ 057—94 公路工程无机结合料稳定材料试验规程. 北京:人民交通出版社. 1994.

[12] 中华人民共和国行业标准. JTG E42—2005 公路工程集料试验规程. 北京:人民交通出版社. 2005.

[13] 中华人民共和国行业标准. JTJ/T 060—98 公路土工合成材料试验规程. 北京:人民交通出版社. 1999.

[14] 中华人民共和国行业标准. JTG F80/1—2004 公路工程质量检验评定标准. 北京:人民交通出版社. 2004.

[15] 中华人民共和国行业标准. JTJ 034—2000 公路路面基层施工技术规范. 北京:人民交通出版社. 2000.

[16] 中华人民共和国行业标准. JTG F30—2003 公路水泥混凝土路面施工技术规范. 北京:人民交通出版社. 2003.

[17] 李云雁,胡传荣. 试验设计与数据处理. 北京:化学工业出版社. 2005.